여러분의
꺾이지 않는 마음을
응원합니다.

시간없는 독학자를 위한
최강의 합격서

공인중개사 2차 시험은 1차 시험과 완전 다릅니다. 대체로 법령 조문이 그대로 출제되기 때문에 이해보다는 조문이 눈에 익숙해 지도록 여러 번 읽어야 합니다. 하지만 어느 과목이든 내용이 방대하기 때문에 그냥 공부하면 기억에 잘 남질 않습니다. **시험에 잘 나올 법한 조문만 골라 여러 번 반복해야 효율적으로 공부할 수 있고, 이것이 합격을 좌우합니다.** 그래서 쉽따는 이렇게 만들었습니다.

1. 법령과 기출문제로 기본서의 내용을 구성했습니다.

해당 법률을 읽기 편하게 배열했고, 최신 개정내용을 반영했습니다. 시행령과 시행규칙도 출제가 유력한 부분은 기본서의 내용으로 추가했습니다. 여기에 시중 교재 가운데 가장 방대한 분량의 기출문제로 기본서를 완성했습니다.

2. 기본서의 내용이 바로 기출문제로 연결됩니다.

쉽따책에서는 법령을 학습한 후 바로 기출문제를 경험할 수 있습니다. 관련 조문이 시험에서 어떻게 출제되는지를 바로 알게 되기 때문에 단기에 공부 요령을 터득할 수 있게 됩니다. 출제가능한 지문은 무궁무진합니다만, 요령이 생기면 나올 만한 문제를 스스로 예측할 수 있게 되어 공부가 쉬워집니다.

3. 보기지문 끝에 (○),(×)를 달았습니다.

쉽따책에서 기출문제는 '문제'이면서 동시에 기본서의 '내용'이기도 합니다. 기출문제의 보기지문을 읽으면서 정오(正誤)를 바로 확인할 수 있어 빠른 학습이 가능합니다. 맞는 지문은 "아, 맞구나!"하면서 지나가고, 틀린 지문은 해설을 참고하면 됩니다. 1~2회독을 신속히 마치는 데 큰 도움이 될 것입니다.

4. 시험에 나올 법한 부분을 파란색으로 표시했습니다.

방대한 조문 중에서 시험에 나올 법한 중요한 부분은 일일이 파란색으로 강조하여 표시했습니다. 여러번 읽으면서 파란색 글자가 눈에 익숙해져야 합니다. 2차 시험문제는 지문 대부분이 파란색을 중심으로 출제됩니다.

5. 합격에 필요한 모든 것을 이 한권에 담았습니다.

쉽따책은 기본서, 요약서, 기출문제집의 경계를 무너뜨립니다. 기본서, 요약서, 기출문제집을 따로 사지 않아도 됩니다. 쉽따책 한권만 여러 번 반복해서 보면 됩니다. 그러면 여러분은 합격에 필요한 점수를 넉넉하게 얻을 수 있습니다.

쉽따는 독자님들이 저자와 함께 학습한다는 느낌이 들도록 만들었습니다. **아래와 같이 학습하면 효과가 클 거라 생각합니다.**

1. 1~2회 통독을 신속히 끝내세요.

책을 사면 바로 읽어보세요. 이해가 안 되는 내용이 나오더라도 주눅 들지 말고 쭉 읽어나가세요. 2회독을 마치면 자신감이 솔솔 생겨납니다. 회독수를 늘려갈수록 1회독에 필요한 시간이 팍팍 줄어드는 쾌감도 느껴보세요.

2. 저자의 한마디, 쉽따맨 캐릭터의 말에 귀를 기울이세요.

본문의 좌우에 배치된 저자의 한마디와 쉽따맨(쉽따걸) 캐릭터를 꼭 참고하기 바랍니다. 촌철살인의 핵심적인 내용을 담고 있어 많은 도움이 될 것입니다.

3. 별의 개수로 중요도를 표시했으니 꼭 참고하세요.

쉽따는 별★의 개수로 중요도를 표시합니다. 가장 중요한 부분은 별이 5개입니다. 별이 4개 이상인 주제는 각별히 신경 써서 공부해야 합니다.

4. 좌우 빈 칸을 활용하여 단권화해 보세요.

본문의 좌우 공간에 각자 필요한 내용을 보충하여 단권화시켜 보십시오. 단권화는 시험에 임박할수록 효과가 커집니다.

5. 너무 깊이 알려고 하지 마세요.

쉽따의 기본이론과 문제해설 정도만 알면 시험 준비에 충분합니다. 더 깊이 알려고 하지 마세요! 그러면 시간 낭비가 될 가능성이 많습니다.

6. 쉽따 블로그와 유튜브 채널에 놀러오세요.

쉽따 독자들을 위한 온라인 공간을 마련했습니다. 방문해서 저자 직강도 듣고, 수험정보도 공유하시기 바랍니다.(검색 창에 '쉽따 공인중개사)

쉽따는 아래와 같은 분들이 **주요 독자**가 되길 바랍니다.

1. 직장인과 대학생(시간 없는 사람들)

직장인과 대학생은 공부할 시간을 내기 정말 힘듭니다. 학원이나 인터넷 강의는 언감생심입니다. 쉽따는 직장인이나 대학생에게 최적화된 독학용 수험서입니다. 시간과 돈과 노력을 적게 들이면서, 자격증을 쉽게 딸 수 있도록 도와줄 것입니다.

2. 수년간 공부해도 합격하지 못하는 분들(정리 안 되는 사람들)

학원에서 수년간 공부해도 합격하지 못한 분들을 보면, 공부량은 많지만 정리가 잘 안 되는 분들이 많습니다. 쉽따는 이분들의 능력을 극대화시킬 수 있습니다.

차례

PART1. 공인중개사법

PART2. 부동산거래신고법 부동산 거래신고 등에 관한 법률

PART3. 중개실무

최근 5년간 파트별 출제수 및 학습전략

구분	31회	32회	33회	34회	35회	평균출제수
공인중개사법	29	27	23	25	22	26.0
부동산거래신고법	5	8	9	8	7	7.4
중개실무	6	5	8	7	11	6.6
합계	40	40	40	40	40	40

PART1. 공인중개사법

공인중개사법은 공인중개사 시험과목을 통틀어 학습량 대비 출제비중이 가장 높습니다. 출제수는 해마다 다소 차이가 있지만 평균 26문제가 출제됩니다. 내용이 가장 쉽습니다. 따라서 최소 20문제는 맞힐 수 있도록 준비하세요. 최종합격을 좌우하는 전략과목입니다. 명심하세요!

PART2. 부동산거래신고법

부동산거래신고법도 학습량 대비 출제비중이 매우 높습니다. 7~8문제 중에서 4문제 맞히기를 목표로 준비하기 바랍니다.

PART3. 중개실무

중개실무는 1차 과목인 민사특별법을 잘 준비하면 절반 정도는 쉽게 해결할 수 있습니다. 6~7문제 중에서 4문제 맞히기를 목표로 해보세요. .

이렇게 준비하면 70점(28문제)을 득점할 수 있습니다. 욕심을 더 내서 80점을 목표로 해보세요. 2차 시험은 공인중개사법령 및 실무 과목에서 80점 이상을 득점하고, 부동산공법에서 과락(40점 미만)을 면하면 대체로 합격한다는 것이 정설입니다. 그만큼 공인중개사법령 및 실무가 합격의 키를 쥐고 있다는 반증이겠지요. 부디 잘 준비하시기 바랍니다.

PART 1 공인중개사법

01 총칙★★★★

용어 정의★★★

1. 중개

중개대상물에 대하여 거래당사자간의 매매 · 교환 · 임대차 그 밖의 권리의 득실변경에 관한 행위를 알선하는 것

2. 공인중개사

공인중개사법(외국법×)에 의한 공인중개사자격을 취득한 자

3. 중개업

다른 사람의 의뢰에 의하여 일정한 보수를 받고 중개를 업으로 행하는 것

4. 개업공인중개사

공인중개사법에 의하여 중개사무소의 개설등록을 한 자

5. 소속공인중개사

개업공인중개사에 소속된 공인중개사(개업공인중개사인 법인의 사원 또는 임원으로서 공인중개사인 자를 포함)로서 중개업무를 수행하거나 개업 공인중개사의 중개업무를 보조하는 자

6. 중개보조원

공인중개사가 아닌 자로서 개업공인중개사에 소속되어 중개대상물에 대한 현장안내 및 일반서무 등 개업공인중개사의 중개업무와 관련된 단순한 업무를 보조하는 자

공인중개사법령상 용어의 설명으로 틀린 것은?[33회]

① 중개는 중개대상물에 대하여 거래당사자간의 매매·교환·임대차 그 밖의 권리의 득실변경에 관한 행위를 알선하는 것을 말한다.(○)

② 개업공인중개사는 이 법에 의하여 중개사무소의 개설등록을 한 자를 말한다.(○)

③ 중개업은 다른 사람의 의뢰에 의하여 일정한 보수를 받고 중개를 업으로 행하는 것을 말한다.(○)

④ 개업공인중개사인 법인의 사원 또는 임원으로서 공인중개사인 자는 소속 공인중개사에 해당하지 않는다.(×)

⑤ 중개보조원은 공인중개사가 아닌 자로서 개업공인중개사에 소속되어 개업 공인중개사의 중개업무와 관련된 단순한 업무를 보조하는 자를 말한다.(○)

④ 법인에서 사원 또는 임원으로 일하는 공인중개사도 소속공인중개사(소공)입니다.

저자의 한마디

개설등록을 하지 않은 채, 보수 받고 중개를 업으로 해도 중개업에 해당해요. 이것을 무등록 중개업이라고 하죠.

저자의 한마디

소속공인중개사와 중개보조원은 모두 개업공인중개사에 속한 자입니다. 하지만 소속공인중개사는 공인중개사이고, 중개업무를 수행할 수 있음에 반해 중개보조원은 공인중개사가 아니고 중개업무를 수행할 수 없다는 점이 다릅니다. 또한 둘 다 중개업무를 보조할 수 있으나 중개보조원은 단순업무만 보조합니다. 차이점에 유의하세요.

공인중개사법령상 **용어**에 관한 설명으로 틀린 것은?[25회]

① 거래당사자 사이에 중개대상물에 관한 교환계약이 성립하도록 알선하는 행위도 중개에 해당한다.(○)

② 중개업이란 다른 사람의 의뢰에 의하여 일정한 보수를 받고 중개를 업으로 행하는 것을 말한다.(○)

③ 중개보조원이란 공인중개사가 아닌 자로서 중개업을 하는 자를 말한다. (×)

④ 소속공인중개사에는 개업공인중개사인 법인의 사원 또는 임원으로서 공인중개사인 자가 포함된다.(○)

⑤ 공인중개사란 공인중개사법에 의한 공인중개사자격을 취득한 자를 말 한다.(○)

③ 중개보조원은 중개업을 하는 자가 아닙니다. 개공의 중개업무와 관련된 단순업무를 보조할 뿐이죠.

공인중개사법령상 **용어**와 관련된 설명으로 옳은 것을 모두 고른 것은?(다툼이 있으면 판례에 따름)[27회]

ㄱ. 개업공인중개사란 공인중개사법에 의하여 중개사무소의 개설등록을 한 자이다.(○)
ㄴ. 소속공인중개사에는 개업공인중개사인 법인의 사원 또는 임원으로서 중개업무를 수행하는 공인중개사인 자가 포함된다.(○)
ㄷ. 공인중개사로서 개업공인중개사에 고용되어 그의 중개업무를 보조하는 자도 소속공인중개사이다.(○)
ㄹ. 우연한 기회에 단 1회 임대차계약의 중개를 하고 보수를 받은 사실만으로는 중개를 업으로 한 것이라고 볼 수 없다.(○)

① ㄱ,ㄴ ② ㄱ,ㄷ ③ ㄱ,ㄴ,ㄹ ④ ㄴ,ㄷ,ㄹ ⑤ ㄱ,ㄴ,ㄷ,ㄹ

모두 옳은 지문입니다. 참고로 ㄷ. 중개업무를 보조하면 소공, 중개업무와 관련된 단순업무를 보조하면 중개보조원입니다. ㄹ. 판례 정답⑤

공인중개사법령상 **용어의 정의**로 틀린 것은?[29회]

① 개업공인중개사라 함은 공인중개사 자격을 가지고 중개를 업으로 하는 자를 말한다.(×)

② 중개업이라 함은 다른 사람의 의뢰에 의하여 일정한 보수를 받고 중개를 업으로 행하는 것을 말한다.(○)

③ 소속공인중개사라 함은 개업공인중개사에 소속된 공인중개사(개업공인중개사인 법인의 사원 또는 임원으로서 공인중개사인 자 포함)로서 중개업무를 수행하거나 개업공인중개사의 중개업무를 보조하는 자를 말한다.(○)

④ 공인중개사라 함은 공인중개사자격을 취득한 자를 말한다.(○)

⑤ 중개라 함은 중개대상물에 대하여 거래당사자간의 매매·교환·임대차 그 밖의 권리의 득실변경에 관한 행위를 알선하는 것을 말한다.(○)

① 개업공인중개사는 이 법(공인중개사법)에 의하여 중개사무소의 개설등록을 한 자를 말해요. 용어 정의, 정확히 공부하세요.

공인중개사법령상 **용어**와 관련된 설명으로 옳은 것은?(다툼이 있으면 판례에 따름)^{28회}

① 공인중개사에는 외국법에 따라 공인중개사 자격을 취득한 자도 포함된다.(×)

② 중개업은 다른 사람의 의뢰에 의하여 보수의 유무와 관계없이 중개를 업으로 행하는 것을 말한다.(×)

③ 개업공인중개사인 법인의 사원으로서 중개업무를 수행하는 공인중개사는 소속공인중개사가 아니다.(×)

④ 중개보조원은 개업공인중개사에 소속된 공인중개사로서 개업공인중개사의 중개업무를 보조하는 자를 말한다.(×)

⑤ 개업공인중개사의 행위가 손해배상책임을 발생시킬 수 있는 중개행위에 해당하는지는 객관적으로 보아 사회통념상 거래의 알선·중개를 위한 행위라고 인정되는지에 따라 판단해야 한다.(○)

> ① 외국법에 따라 공인중개사 자격을 취득한 자는 포함되지 않아요. 공인중개사법에 따라 자격을 취득해야 합니다. ② 보수를 받아야 중개업입니다. ③ 법인의 사원인 공인중개사도 소공입니다. ④ 중개보조원이 아니라 소공에 대한 설명입니다. ⑤ 판례

공인중개사법령상 **용어**에 관한 설명으로 옳은 것은?^{34회}

① 중개대상물을 거래당사자 간에 교환하는 행위는 '중개'에 해당한다.(×)

② 다른 사람의 의뢰에 의하여 중개를 하는 경우는 그에 대한 보수를 받지 않더라도 '중개업'에 해당한다.(×)

③ 개업공인중개사인 법인의 임원으로서 공인중개사인 자가 중개업무를 수행하는 경우에는 '개업공인중개사'에 해당한다.(×)

④ 공인중개사가 개업공인중개사에 소속되어 개업공인중개사의 중개업무와 관련된 단순한 업무를 보조하는 경우에는 '중개보조원'에 해당한다.(×)

⑤ 공인중개사자격을 취득한 자는 중개사무소의 개설등록여부와 관계없이 '공인중개사'에 해당한다.(○)

> ① 중개는 중개대상물 교환을 '알선'하는 행위(2조1호)입니다. 교환하는 행위는 그냥 교환행위일 뿐이죠. ② 보수를 받아야 중개업에 해당합니다.(2조3호) ③ 개업공인중개사가 아니라 소속공인중개사입니다.(2조5호) ④ 지문 첫 부분 '공인중개사가'가 '공인중개사가 아닌 자로서'라야 맞는 지문입니다.(2조6호) ⑤ 2조2호

공인중개사 정책심의위원회***

① 공인중개사의 업무에 관한 **다음 사항**을 심의하기 위하여 국토교통부에 공인중개사 정책심의위원회를 둘 수 있다.

ㄱ. 공인중개사의 시험 등 공인중개사의 자격취득에 관한 사항

ㄴ. 부동산 중개업의 육성에 관한 사항

ㄷ. 중개보수 변경에 관한 사항

ㄹ. 손해배상책임의 보장 등에 관한 사항

공인중개사법령상 공인중개사 **정책심의위원회**의 공인중개사 업무에 관한 심의 사항에 해당하는 것을 모두 고른 것은?[33회]

> ㄱ. 공인중개사의 시험 등 공인중개사의 자격취득에 관한 사항(○)
> ㄴ. 부동산 중개업의 육성에 관한 사항(○)
> ㄷ. 중개보수 변경에 관한 사항(○)
> ㄹ. 손해배상책임의 보장 등에 관한 사항(○)

① ㄱ ② ㄴ,ㄷ ③ ㄴ,ㄹ ④ ㄱ,ㄴ,ㄹ ⑤ ㄱ,ㄴ,ㄷ,ㄹ

심의위원회의 심의사항 4가지가 모두 보기지문으로 나왔네요. 정답⑤

② 심의위원회는 위원장 1명을 포함하여 7명 이상 11명 이내의 위원으로 구성한다.

③ 심의위원회 위원장은 국토교통부 제1차관이 되고, 위원은 **다음 사람** 중에서 국토교통부장관이 임명하거나 위촉한다.

위원 수는 세븐 일레븐!
부위원장은 없어요~

쉽따껄

ㄱ. 국토교통부의 4급 이상 또는 이에 상당하는 공무원이나 고위공무원단에 속하는 일반직공무원

ㄴ. 고등교육법에 따른 학교에서 부교수 이상의 직에 재직하고 있는 사람

ㄷ. 변호사 또는 공인회계사의 자격이 있는 사람

ㄹ. 공인중개사협회에서 추천하는 사람

ㅁ. 공인중개사자격시험의 시행에 관한 업무를 위탁받은 기관의 장이 추천하는 사람

ㅂ. 비영리민간단체 지원법에 따라 등록한 비영리민간단체에서 추천한 사람

ㅅ. 소비자 기본법에 따라 등록한 소비자단체 또는 한국소비자원의 임직원으로 재직하고 있는 사람

ㅇ. 그밖에 부동산·금융 관련 분야에 학식과 경험이 풍부한 사람

④ 위원장은 심의위원회를 대표하고, 심의위원회의 업무를 총괄한다.

⑤ 위원장이 부득이한 사유로 직무를 수행할 수 없을 때에는 위원장이 미리 지명한 위원이 그 직무를 대행한다.

⑥ 위원장은 심의위원회의 회의를 소집하고, 그 의장이 된다.

⑦ 심의위원회의 회의는 재적위원 과반수의 출석으로 개의하고, 출석위원 과반수의 찬성으로 의결한다.

⑧ 위원장은 심의위원회의 회의를 소집하려면 회의 개최 7일 전까지 회의의 일시, 장소 및 안건을 각 위원에게 통보하여야 한다. 다만, 긴급하게 개최하여야 하거나 부득이한 사유가 있는 경우에는 회의 개최 전날까지 통보할 수 있다.

⑨ 위원장은 심의에 필요하다고 인정하는 경우 관계 전문가를 출석하게 하여 의견을 듣거나 의견 제출을 요청할 수 있다.

⑩ 심의위원회에 심의위원회의 사무를 처리할 간사 1명을 둔다. 간사는 심의위원회의 위원장이 국토교통부 소속 공무원 중에서 지명한다.

⑪ 공무원을 제외한 나머지 위원의 임기는 2년으로 하되, 위원의 사임 등으로 새로 위촉된 위원의 임기는 전임위원 임기의 남은 기간으로 한다.

⑫ 심의위원회의 위원이 **다음에 해당하는 경우**에는 심의위원회의 심의ㆍ의결에서 제척된다.

ㄱ. 위원 또는 그 배우자나 배우자이었던 사람이 해당 안건의 당사자(당사자가 법인ㆍ단체 등인 경우에는 그 임원을 포함)가 되거나 그 안건의 당사자와 공동권리자 또는 공동의무자인 경우

ㄴ. 위원이 해당 안건의 당사자와 친족이거나 친족이었던 경우

ㄷ. 위원이 해당 안건에 대하여 증언, 진술, 자문, 조사, 연구, 용역 또는 감정을 한 경우

ㄹ. 위원이나 위원이 속한 법인ㆍ단체 등이 해당 안건의 당사자의 대리인이거나 대리인이었던 경우

⑬ 해당 안건의 당사자는 위원에게 공정한 심의ㆍ의결을 기대하기 어려운 사정이 있는 경우에는 심의위원회에 기피 신청을 할 수 있고, 심의위원회는 의결로 이를 결정한다. 이 경우 기피 신청의 대상인 위원은 그 의결에 참여하지 못한다. 위원 본인이 제척 사유에 해당하는 경우에는 스스로 해당 안건의 심의ㆍ의결에서 회피하여야 한다. 국토교통부장관은 위원이 제척 사유에 해당하는 데에도 불구하고 회피하지 아니한 경우에는 해당 위원을 해촉할 수 있다.

⑭ 심의위원회에서 심의한 사항 중 <u>공인중개사의 시험 등 공인중개사의 자격취득</u>에 관한 사항에는 특별시장ㆍ광역시장ㆍ도지사ㆍ특별자치도지사 (→시ㆍ도지사)는 이에 따라야 한다.

공인중개사법령상 **공인중개사 정책심의위원회**의 소관사항이 아닌 것은?[28회]
① 중개보수 변경에 관한 사항의 심의(○)
② 공인중개사협회의 설립인가에 관한 의결(×)
③ 심의위원에 대한 기피신청을 받아들일 것인지 여부에 관한 의결(○)
④ 국토교통부장관이 직접 공인중개사자격시험 문제를 출제할 것인지 여부에 관한 의결(○)
⑤ 부득이한 사정으로 당해 연도의 공인중개사자격시험을 시행하지 않을 것인지 여부에 관한 의결(○)

국토교통부장관은 국장으로 부르기로 약속!

② 국장이 공인중개사협회의 설립을 인가할 때는 심의위원회의 의결을 거치지 않아요. ③ 당사자가 기피신청하면 심의위원회는 의결로 이를 결정합니다.(시행령1조의3 2항) ④⑤는 공인중개사의 시험 등 공인중개사의 자격취득에 관한 사항으로 의결을 거치도록 규정하고 있죠.

공인중개사법령상 **공인중개사 정책심의위원회**(이하 위원회라 함)에 관한 설명으로 옳은 것은?[35회]

① 위원회는 국무총리 소속으로 한다.(×)

② 손해배상책임의 보장에 관한 사항은 위원회의 심의사항에 해당하지 않는다.(×)

③ 위원회 위원장은 위원이 제척사유에 해당하는 데에도 불구하고 회피하지 아니한 경우에는 해당 위원을 해촉할 수 있다.(×)

④ 위원회에서 심의한 중개보수 변경에 관한 사항의 경우 시·도지사는 이에 따라야 한다.(×)

⑤ 국토교통부장관이 직접 공인중개사자격시험을 시행하려는 경우에는 위원회의 의결을 미리 거쳐야 한다.(○)

① 위원회는 국토교통부에 둘 수 있다.(2조의2 1항) ② 손해배상책임의 보장에 관한 사항은 위원회의 심의사항에 해당합니다.(2조의2 1항4호) ③ 위원회 위원장이 아니라 국장이 해촉할 수 있어요.(시행령1조의3 4항) ④ 시·도지사가 4개의 심의사항 중 따라야 하는 건 공인중개사의 시험 등 공인중개사의 자격취득에 관한 사항뿐입니다.(2조의2 3항) ⑤ 나중에 자격시험에서 학습하게 됩니다.(시행령3조)

공인중개사법령상 공인중개사 **정책심의위원회**(이하 '위원회'라 함)에 관한 설명으로 옳은 것을 모두 고른 것은?[32회]

> ㄱ. 위원회는 중개보수 변경에 관한 사항을 심의할 수 있다.(○)
> ㄴ. 위원회는 위원장 1명을 포함하여 7명 이상 11명 이내의 위원으로 구성한다.(○)
> ㄷ. 위원장은 국토교통부장관이 된다.(×)
> ㄹ. 위원장이 부득이한 사유로 직무를 수행할 수 없을 때에는 위원 중에서 호선된 자가 그 직무를 대행한다.(×)

① ㄱ,ㄴ ② ㄱ,ㄷ ③ ㄷ,ㄹ ④ ㄱ,ㄴ,ㄷ ⑤ ㄱ,ㄴ,ㄹ

ㄷ. 위원장은 장관이 아니라 1차관 ㄹ. 호선된 자가 아니라 위원장이 미리 지명한 위원이 직무를 대행합니다. 정답①

공인중개사법령상 **공인중개사 정책심의위원회**에 관한 설명으로 틀린 것은?[30회]

① 국토교통부에 심의위원회를 둘 수 있다.(○)

② 심의위원회는 위원장 1명을 포함하여 7명 이상 11명 이내의 위원으로 구성한다.(○)

③ 심의위원회의 위원이 해당 안건에 대하여 자문을 한 경우 심의위원회의 심의·의결에서 제척된다.(○)

④ 심의위원회의 위원장이 부득이한 사유로 직무를 수행할 수 없을 때에는 부위원장이 그 직무를 대행한다.(×)

⑤ 심의위원회의 회의는 재적위원 과반수의 출석으로 개의하고, 출석위원 과반수의 찬성으로 의결한다.(○)

공인중개사법령상 공인중개사 **정책심의위원회**(이하 위원회라 함)에 관한 설명으로 틀린 것은?[34회]

① 위원은 위원장이 임명하거나 위촉한다.(×)

② 심의사항에는 중개보수 변경에 관한 사항이 포함된다.(○)

③ 위원회에서 심의한 사항 중 공인중개사의 자격취득에 관한 사항의 경우 시·도지사는 이에 따라야 한다.(○)

④ 위원장 1명을 포함하여 7명 이상 11명 이내의 위원으로 구성한다.(○)

⑤ 위원이 속한 법인이 해당 안건의 당사자의 대리인이었던 경우 그 위원은 위원회의 심의·의결에서 제척된다.(○)

중개대상물, 중개대상권리, 중개대상행위★★★★★

1. 중개대상물

① 중개대상물

토지, 건축물 그 밖의 토지의 정착물, 입목에 관한 법률에 따른 입목, 공장 및 광업재단 저당법에 따른 공장재단 및 광업재단, 공유수면매립지, 명인방법을 갖춘 수목집단, 동·호수가 특정된 아파트, 토지거래 허가구역 내의 토지, 가압류된 토지, 미등기건축물

② 중개대상물이 아닌 것

자동차, 선박, 항공기, 어업재단, 항공운송사업재단, 포락지, 무주의 부동산, 금전기타 동산, 금전채권, 권리금, 미채굴광물, 온천수, 행정재산

2. 중개대상권리

① 중개대상권리

소유권, 지상권, 지역권, 전세권, 저당권, 유치권의 양도, 담보가등기, 법정지상권의 양도, 임차권, 등기된 환매권

② 중개대상권리가 아닌 것

점유권, 질권, 유치권의 성립, 법정지상권의 성립, 법정저당권의 성립, 분묘기지권, 광업권, 어업권, 특허권, 저작권, 대토권

저자의 한마디

중개대상물인지 아닌지를 구분하는 문제가 자주 출제됩니다. 출제되면 1초만에 맞출 수 있도록 준비하세요.

저자의 한마디

유치권과 법정지상권의 경우, 양도는 중개대상이지만 성립은 중개대상이 아니에요.

3. 중개대상행위

① 중개대상행위

매매·교환·임대차계약, 지상권·지역권·전세권·저당권설정계약 및 이전계약, 유치권이전계약, 법정지상권이전계약, 환매계약

② 중개대상행위가 아닌 것 : 상속, 증여, 환매행위, 경매, 공매

공인중개사법령상 **중개대상물**에 해당하지 않는 것을 모두 고른 것은?[30회]

> ㄱ. 미채굴광물 ㄴ. 온천수 ㄷ. 금전채권 ㄹ. 점유

① ㄱ,ㄴ ② ㄷ,ㄹ ③ ㄱ,ㄴ,ㄹ ④ ㄴ,ㄷ,ㄹ ⑤ ㄱ,ㄴ,ㄷ,ㄹ

모두 중개대상물이 아닙니다. 정답⑤

공인중개사법령상 **중개대상**에 해당하는 것을 모두 고른 것은?(다툼이 있으면 판례에 따름)[31회]

> ㄱ. 공장 및 광업재단 저당법에 따른 공장재단(○)
> ㄴ. 영업용 건물의 영업시설·비품 등 유형물이나 거래처, 신용 등 무형의 재산적 가치(×)
> ㄷ. 가압류된 토지(○)
> ㄹ. 토지의 정착물인 미등기 건축물(○)

① ㄱ ② ㄱ,ㄴ ③ ㄱ,ㄷ,ㄹ ④ ㄴ,ㄷ,ㄹ ⑤ ㄱ,ㄴ,ㄷ,ㄹ

ㄴ. 권리금은 중개대상이 아니에요. 나머지는 중개할 수 있죠. 정답③

공인중개사법령상 **중개대상물**에 포함되지 않는 것을 모두 고른 것은?(다툼이 있으면 판례에 따름)[28회]

> ㄱ. 피분양자가 선정된 장차 건축될 특정의 건물(○)
> ㄴ. 영업용 건물의 비품(×)
> ㄷ. 거래처, 신용 또는 점포 위치에 따른 영업상의 이점 등 무형물(×)
> ㄹ. 주택이 철거될 경우 일정한 요건 하에 이주자택지를 공급받을 대토권(×)

① ㄱ ② ㄱ,ㄴ ③ ㄴ,ㄷ ④ ㄱ,ㄴ,ㄹ ⑤ ㄴ,ㄷ,ㄹ

ㄴ,ㄷ 이것들은 권리금이라 할 수 있는데, 권리금은 중개대상물이 아니에요. ㄹ. 판례에 의하면, 대토권은 중개대상물이 아닙니다. 정답⑤

공인중개사법령상 **중개대상물**에 해당하는 것은?(다툼이 있으면 판례에 따름)^{32회}

① 토지에서 채굴되지 않은 광물 ② 영업상 노하우 등 무형의 재산적 가치

③ 토지로부터 분리된 수목 ④ 지목이 양어장인 토지

⑤ 주택이 철거될 경우 일정한 요건 하에 택지개발지구 내 이주자택지를 공급
   받을 수 있는 지위

> ①은 국유, ②는 권리금, ③은 동산, ⑤는 대토권이므로 중개대상물이 아니에요. ④ 지목이
> 무엇이든 토지는 중개대상물입니다. 정답④

공인중개사법령상 **중개대상물**에 해당하는 것을 모두 고른 것은?(다툼이 있으면
판례에 따름)^{34회}

> ㄱ. 근저당권이 설정되어 있는 피담보채권
> ㄴ. 아직 완성되기 전이지만 동·호수가 특정되어 분양계약이 체결된 아파트
> ㄷ. 입목에 관한 법률에 따른 입목
> ㄹ. 점포 위치에 따른 영업상의 이점 등 무형의 재산적 가치

① ㄱ,ㄹ ② ㄴ,ㄷ ③ ㄴ,ㄹ ④ ㄱ,ㄴ,ㄷ ⑤ ㄱ,ㄷ,ㄹ

> ㄱ. 채권은 중개대상물이 아닙니다. ㄴ. 분양권은 중개대상물 ㄷ. 입목도 중개 대상물 ㄹ.
> 권리금은 중개대상물이 아니에요. 정답②

공인중개사법령상 **중개대상물**에 해당하는 것을 모두 고른 것은?(다툼이 있으면
판례에 따름)^{29회}

> ㄱ. 특정 동·호수에 대하여 수분양자가 선정된 장차 건축될 아파트(○)
> ㄴ. 입목에 관한 법률의 적용을 받지 않으나 명인방법을 갖춘 수목의 집단(○)
> ㄷ. 콘크리트 지반 위에 볼트조립방식으로 철제파이프 기둥을 세우고 3면에 천막을
>   설치하여 주벽이라고 할 만한 것이 없는 세차장 구조물(×)
> ㄹ. 토지거래 허가구역 내의 토지(○)

① ㄱ ② ㄱ,ㄹ ③ ㄴ,ㄷ ④ ㄱ,ㄴ,ㄹ ⑤ ㄱ,ㄷ,ㄹ

> ㄷ. 판례에 의하면, 주벽이 없으면 중개대상물로 보지 않아요. 정답④

공인중개사법령상 **중개대상물**에 해당하는 것을 모두 고른 것은?(다툼이 있으면
판례에 따름)^{33회}

> ㄱ. 동·호수가 특정되어 분양계약이 체결된 아파트분양권(○)
> ㄴ. 기둥과 지붕 그리고 주벽이 갖추어진 신축 중인 미등기상태의 건물(○)
> ㄷ. 아파트 추첨기일에 신청하여 당첨되면 아파트의 분양예정자로 선정될 수 있는 지위인
>   입주권(×)
> ㄹ. 주택이 철거될 경우 일정한 요건 하에 택지개발지구 내에 이주자택지를 공급받을
>   지위인 대토권(×)

① ㄱ,ㄴ ② ㄴ,ㄷ ③ ㄷ,ㄹ ④ ㄱ,ㄴ,ㄹ ⑤ ㄱ,ㄴ,ㄷ,ㄹ

공인중개사법령에 관한 내용으로 틀린 것은?(다툼이 있으면 판례에 따름)[30회]

① 개업공인중개사에 소속된 공인중개사로서 중개업무를 수행하거나 개업공인중개사의 중개업무를 보조하는 자는 소속공인중개사이다.(○)

② 개업공인중개사인 법인의 사원으로서 중개업무를 수행하는 공인중개사는 소속공인중개사이다.(○)

③ 무등록 중개업자에게 중개를 의뢰한 거래당사자는 무등록 중개업자의 중개행위에 대하여 무등록 중개업자와 공동정범으로 처벌된다.(×)

④ 개업공인중개사는 다른 개업공인중개사의 중개보조원 또는 개업공인중개사인 법인의 사원·임원이 될 수 없다.(○)

⑤ 거래당사자간 지역권의 설정과 취득을 알선하는 행위는 중개에 해당한다.(○)

공인중개사법령상 **용어**와 관련된 설명으로 옳은 것은?(다툼이 있으면 판례에 따름)[26회]

① 법정지상권을 양도하는 행위를 알선하는 것은 중개에 해당한다.(○)

② 반복, 계속성이나 영업성 없이 단 1회 건물매매계약의 중개를 하고 보수를 받은 경우 중개를 업으로 한 것으로 본다.(×)

③ 외국의 법에 따라 공인중개사 자격을 취득한 자도 공인중개사법에서 정의하는 공인중개사로 본다.(×)

④ 소속공인중개사란 법인인 개업공인중개사에 소속된 공인중개사만을 말한다.(×)

⑤ 중개보조원이란 공인중개사가 아닌 자로서 개업공인중개사에 소속되어 중개대상물에 대한 현장안내와 중개대상물의 확인·설명의무를 부담하는 자를 말한다.(×)

자격시험★★

1. 자격시험

① 공인중개사가 되려는 자는 시ㆍ도지사가 시행하는 공인중개사자격시험에 합격하여야 한다.

② 국토교통부장관은 공인중개사자격시험 수준의 균형유지 등을 위하여 필요하다고 인정하는 때에는 직접 시험문제를 출제하거나 시험을 시행할 수 있다.

③ 국토교통부장관이 직접 시험문제를 출제하거나 시험을 시행하려는 경우에는 심의위원회의 의결을 미리 거쳐야 한다.

2. 시험방법 및 시험의 일부면제

① 시험은 제1차시험 및 제2차시험으로 구분하여 시행한다. 이 경우 제2차시험은 제1차시험에 합격한 자를 대상으로 시행한다.

② 제1차시험은 선택형으로 출제하는 것을 원칙으로 하되, 주관식 단답형 또는 기입형을 가미할 수 있다.

③ 제2차시험은 논문형으로 출제하는 것을 원칙으로 하되, 주관식 단답형 또는 기입형을 가미할 수 있다.

④ 시험을 시행하는 특별시장ㆍ광역시장ㆍ도지사ㆍ특별자치도지사 (→시ㆍ도지사) 또는 국토교통부장관이 필요하다고 인정하는 경우에는 제1차시험과 제2차시험을 구분하되 동시에 시행할 수 있으며, 이 경우 제2차시험의 시험방법은 선택형으로 출제하는 것을 원칙으로 하되, 주관식 단답형 또는 기입형을 가미할 수 있다.

⑤ 제1차시험과 제2차시험을 동시에 시행하는 경우에는 제1차시험에 불합격한 자의 제2차시험은 무효로 한다.

⑥ 제1차시험에 합격한 자에 대하여는 다음 회의 시험에 한하여 제1차시험을 면제한다.

3. 시험의 시행ㆍ공고

① 시험은 매년 1회 이상 시행한다. 다만, 시험시행기관장은 시험을 시행하기 어려운 부득이한 사정이 있는 경우에는 심의위원회의 의결을 거쳐 당해연도의 시험을 시행하지 아니할 수 있다.

② 시험시행기관장은 시험을 시행하고자 하는 때에는 예정 시험일시 · 시험방법 등 시험시행에 관한 개략적인 사항을 매년 2월 28일까지 관보 및 일간신문에 공고하여야 한다.

③ 시험시행기관장은 공고 후 시험을 시행하고자 하는 때에는 시험일시, 시험장소, 시험방법, 합격자 결정방법 및 응시수수료의 반환에 관한 사항 등 시험의 시행에 관하여 필요한 사항을 시험시행일 90일 전까지 관보 및 일간신문에 공고하여야 한다.

저자의 한마디

개략적인 사항은 2월28일까지, 시험장소, 합격자 결정방법 등을 포함한 자세한 사항은 시행일 90일전까지 공고합니다.

4. 응시원서 등

① 시험에 응시하고자 하는 자는 응시원서를 제출하여야 한다.

② 응시수수료의 전부 또는 일부를 반환하는 경우

ㄱ. 수수료를 과오납한 경우

ㄴ. 시험시행기관의 귀책사유로 시험에 응하지 못한 경우

ㄷ. 시험시행일 10일 전까지 응시원서 접수를 취소하는 경우

③ 응시수수료의 반환기준

ㄱ. 수수료를 과오납한 경우에는 그 과오납한 금액의 전부

ㄴ. 시험시행기관의 귀책사유로 시험에 응하지 못한 경우에는 납입한 수수료의 전부

ㄷ. 응시원서 접수기간 내에 접수를 취소하는 경우에는 납입한 수수료의 전부

ㄹ. 응시원서 접수마감일의 다음 날부터 7일 이내에 접수를 취소하는 경우에는 납입한 수수료의 60%

ㅁ. 응시원서 접수마감일의 다음 날부터 7일이 경과한 날부터 시험시행일 10일 전까지 접수를 취소하는 경우에는 납입한 수수료의 50%

5. 시험의 출제 및 채점

① 시험시행기관장은 부동산중개업무 및 관련 분야에 관한 학식과 경험이 풍부한 자 중에서 시험문제의 출제 · 선정 · 검토 및 채점을 담당할 자(출제위원)를 임명 또는 위촉한다.

② 출제위원으로 임명 또는 위촉된 자는 시험시행기관장이 요구하는 시험문제의 출제 · 선정 · 검토 또는 채점상의 유의사항 및 준수사항을 성실히 이행하여야 한다.

③ 시험시행기관장은 위의 규정을 위반함으로써 시험의 신뢰도를 크게 떨어뜨리는 행위를 한 출제위원이 있는 때에는 그 명단을 다른 시험시행기관장 및 그 출제위원이 소속하고 있는 기관의 장에게 통보하여야 한다.

④ 국토교통부장관 또는 시·도지사는 시험시행기관장이 명단을 통보한 출제위원에 대하여는 그 명단을 통보한 날부터 5년간 시험의 출제위원으로 위촉하여서는 아니 된다.

6. 시험의 합격자 결정

① 제1차시험에 있어서는 매과목 100점을 만점으로 하여 매과목 40점 이상, 전과목 평균 60점 이상 득점한 자를 합격자로 한다.

② 제2차시험에 있어서는 매과목 100점을 만점으로 하여 매과목 40점 이상, 전과목 평균 60점 이상 득점한 자를 합격자로 한다. 다만, 시험시행기관장이 공인중개사의 수급상 필요하다고 인정하여 심의위원회의 의결을 거쳐 선발예정인원을 미리 공고한 경우에는 매과목 40점 이상인 자 중에서 선발예정인원의 범위 안에서 전과목 총득점의 고득점자순으로 합격자를 결정한다.

③ 합격자를 결정함에 있어서 동점자로 인하여 선발예정인원을 초과하는 경우에는 그 동점자 모두를 합격자로 한다.

④ 시험시행기관장은 응시생의 형평성 확보 등을 위하여 필요하다고 인정하는 경우에는 심의위원회의 의결을 거쳐 최소선발인원 또는 응시자 대비 최소선발비율을 미리 공고할 수 있다.

⑤ 최소선발인원 또는 최소선발비율을 공고한 경우 제2차시험에서 매과목 40점 이상, 전과목 평균 60점 이상 득점한 자가 최소선발인원 또는 최소선발비율에 미달되는 경우에는 매과목 40점 이상인 자 중에서 최소선발인원 또는 최소선발비율의 범위 안에서 전과목 총득점의 고득점자순으로 합격자를 결정한다.

7. 부정행위자에 대한 제재

수험생이든 출제위원이든
나쁜 짓하면 5년!

시험을 시행하는 시·도지사 또는 국토교통부장관(→시험시행기관장)은 시험에서 부정한 행위를 한 응시자에 대하여는 그 시험을 무효로 하고, 그 처분이 있은 날부터 5년간 시험응시자격을 정지한다. 이 경우 시험시행기관장은 지체 없이 이를 다른 시험시행기관장에게 통보하여야 한다.

자격증***

1. 자격증의 교부 · 재교부

① 공인중개사자격시험을 시행하는 시험시행기관의 장은 공인중개사자격 시험의 합격자가 결정된 때에는 이를 공고하여야 한다.

② 시 · 도지사는 시험합격자의 결정 공고일부터 1개월 이내에 시험합격자에 관한 사항을 공인중개사자격증교부대장에 기재한 후, 시험 합격자에게 공인중개사자격증을 교부하여야 한다.

③ 공인중개사자격증을 교부받은 자는 공인중개사자격증을 잃어버리거나 못쓰게 된 경우에는 시 · 도지사에게 재교부를 신청할 수 있다.

④ 공인중개사자격증의 재교부를 신청하는 자는 재교부신청서를 자격증을 교부한 시 · 도지사에게 제출하여야 한다.

⑤ 공인중개사자격증교부대장은 전자적 처리가 불가능한 특별한 사유가 없으면 전자적 처리가 가능한 방법으로 작성 · 관리하여야 한다.

공인중개사법령상 **공인중개사 자격시험** 등에 관한 설명으로 옳은 것은?[30회]

① 국토교통부장관이 직접 시험을 시행하려는 경우에는 미리 공인중개사 정책심의위원회의 의결을 거치지 않아도 된다.(×)

② 공인중개사자격증의 재교부를 신청하는 자는 재교부신청서를 국토교통부장관에게 제출해야 한다.(×)

③ 국토교통부장관은 공인중개사시험의 합격자에게 공인중개사자격증을 교부해야 한다.(×)

④ 시험시행기관장은 시험에서 부정한 행위를 한 응시자에 대하여는 그 시험을 무효로 하고, 그 처분이 있은 날부터 5년간 시험응시자격을 정지한다.(○)

⑤ 시험시행기관장은 시험을 시행하고자 하는 때에는 시험시행에 관한 개략적인 사항을 전년도 12월 31일까지 관보 및 일간신문에 공고해야 한다. (×)

자격증은 시·도지사!
쉽따걸

① 미리 정책심의위원회의 의결을 거쳐야 합니다. ②③ '자격증'하면 시·도지사입니다. 여러분이 시험에 합격하면 시·도지사가 합격증을 교부할 겁니다. 따라서 재교부도 당연히 시·도지사죠. ⑤ 개략적인 사항은 매년 2월 28일까지입니다. 전년도말에 공고하지 않아요.

2. 결격사유

공인중개사의 자격이 취소된 후 3년이 지나지 아니한 자는 공인중개사가 될 수 없다.

3. 자격증 대여 등의 금지

① 공인중개사는 다른 사람에게 자기의 성명을 사용하여 중개업무를 하게 하거나 자기의 공인중개사자격증을 양도 또는 대여하여서는 아니된다.

② 누구든지 다른 사람의 공인중개사자격증을 양수하거나 대여받아 이를 사용하여서는 아니 된다.

③ 누구든지 위에서 금지한 행위를 알선하여서는 아니 된다.

4. 유사명칭의 사용금지

공인중개사가 아닌 자는 공인중개사 또는 이와 유사한 명칭을 사용하지 못한다.

공인중개사법 제7조에서 규정하고 있는 **'자격증 대여 등의 금지'** 행위에 해당하는 것을 모두 고른 것은?[28회]

> ㄱ. 다른 사람의 공인중개사자격증을 양수하여 이를 사용하는 행위(○)
> ㄴ. 공인중개사가 다른 사람에게 자기의 공인중개사자격증을 양도하는 행위(○)
> ㄷ. 공인중개사가 다른 사람에게 자기의 공인중개사자격증을 대여하는 행위(○)
> ㄹ. 공인중개사가 다른 사람에게 자기의 성명을 사용하여 중개업무를 하게 하는 행위(○)

① ㄱ,ㄹ ② ㄴ,ㄷ ③ ㄱ,ㄴ,ㄷ ④ ㄴ,ㄷ,ㄹ ⑤ ㄱ,ㄴ,ㄷ,ㄹ

모두 '자격증 대여 등의 금지' 행위에 속합니다. 정답⑤

공인중개사법령상 **공인중개사자격증**에 관한 설명으로 틀린 것은?[33회]
① 시·도지사는 공인중개사자격 시험합격자의 결정 공고일부터 2개월 이내에 시험 합격자에게 공인중개사자격증을 교부해야 한다.(×)
② 공인중개사자격증의 재교부를 신청하는 자는 재교부신청서를 자격증을 교부한 시·도지사에게 제출해야 한다.(○)
③ 공인중개사자격증의 재교부를 신청하는 자는 해당 지방자치단체의 조례로 정하는 바에 따라 수수료를 납부해야 한다.(○)
④ 공인중개사는 유·무상 여부를 불문하고 자기의 공인중개사자격증을 양도해서는 아니된다.(○)
⑤ 공인중개사가 아닌 자로서 공인중개사 명칭을 사용한 자는 1년 이하의 징역 또는 1천만원 이하의 벌금에 처한다.(○)

① 결정공고일부터 2개월이 아니라 1개월이죠? ③ 47조1항2호 ⑤ 49조1항2호

공인중개사법령상 **공인중개사의 자격 및 자격증** 등에 관한 설명으로 틀린 것은?
(다툼이 있으면 판례에 따름)[27회]

① 시·도지사는 공인중개사자격시험 합격자의 결정공고일부터 2개월 이내에
시험합격자에 관한 사항을 공인중개사자격증교부대장에 기재한 후
자격증을 교부해야 한다.(×)

② 공인중개사의 자격이 취소된 후 3년이 경과되지 아니한 자는 공인중개사
가 될 수 없다.(○)

③ 공인중개사자격증의 재교부를 신청하는 자는 재교부신청서를 자격증을
교부한 시·도지사에게 제출해야 한다.(○)

④ 공인중개사자격증의 대여란 다른 사람이 그 자격증을 이용하여 공인
중개사로 행세하면서 공인중개사의 업무를 행하려는 것을 알면서도 그에게
자격증 자체를 빌려주는 것을 말한다.(○)

⑤ 공인중개사가 다른 사람에게 자기의 성명을 사용하여 중개업무를 하게 한
경우, 시·도지사는 그 자격을 취소해야 한다.(○)

① 합격자의 결정공고일부터 2개월이 아니라 1개월 이내에 자격증을 교부해야 합니다.(시행
규칙 3조1항) ⑤ 이 경우는 자격취소사유가 맞아요. 자격의 취소 및 정지는 나중에 학습하게
됩니다.

공인중개사법령상 **공인중개사 자격증** 등에 관한 설명으로 옳은 것은?(다툼이
있으면 판례에 의함)[24회]

① 공인중개사 자격증은 특정 업무를 위하여 일시적으로 대여할 수 있다.(×)

② 무자격자인 乙이 공인중개사인 甲명의의 중개사무소에서 동업형식으로
중개업무를 한 경우, 乙은 형사처벌의 대상이 된다.(○)

③ 공인중개사 자격증을 대여받은 자가 임대차의 중개를 의뢰한 자와 직접
거래당사자로서 임대차계약을 체결하는 것도 중개행위에 해당한다.(×)

④ 무자격자가 공인중개사의 업무를 수행하였는지 여부는 실질적으로
무자격자가 공인중개사의 명의를 사용하여 업무를 수행하였는지 여부에
상관없이, 외관상 공인중개사가 직접 업무를 수행하는 형식을 취하였는지
여부에 따라 판단해야 한다.(×)

⑤ 무자격자가 자신의 명함에 중개사무소명칭을 '부동산뉴스', 그 직함을
'대표'라고 기재하여 사용하였더라도, 이를 공인중개사와 유사한 명칭을
사용한 것이라고 볼 수 없다.(×)

① 자격증 대여가 허용되는 예외규정은 없습니다. ② 무자격자가 중개업무를 한 경우, 3년
이하의 징역 또는 3천만원 이하의 벌금을 부과할 수 있습니다. 나중에 배웁니다. ③ 판례는
자격증을 대여받은 자가 임대차 중개를 의뢰한 자와 직접 임대차계약을 체결한 것은 중개행위에
해당한다고 보지 않아요. ④ 판례에 의하면, 무자격자가 공인중개사의 업무를 수행하였는지
여부는 실질적으로 무자격자가 공인중개사의 명의를 사용하여 업무를 수행하였는지를
기준으로 판단합니다. ⑤ 판례는 무자격자가 자신의 명함에 중개사무소명칭을 '부동산뉴스', 그
직함을 '대표'라고 기재하여 사용한 것은 공인중개사와 유사한 명칭을 사용한 것이라고 봅니다.

저자의 한마디

보기지문으로 출제된 판례는 다
시 출제될 가능성이 많습니다.
잘 정리해두시기 바랍니다.

03 중개업★★★★★

개설등록은 시·군·구청장에게!

개설등록신청서에 첨부하는 것

ㄱ. 실무교육수료증
ㄴ. 사진
ㄷ. 사무소계약서

저자의 한마디

공인중개사 자격증, 법인 등기사항증명서, 건축물대장은 첨부하지 않아요. 등록관청이 직접 요청하거나 확인합니다.

중개사무소의 개설등록 및 그 신청★★

① 중개업을 영위하려는 자는 중개사무소(법인의 경우에는 주된 중개사무소)를 두려는 지역을 관할하는 시장(구가 설치되지 아니한 시의 시장과 특별자치도 행정시의 시장)·군수 또는 구청장(─등록관청)에게 중개사무소의 개설등록을 하여야 한다.

② 공인중개사 또는 법인이 아닌 자는 중개사무소의 개설등록을 신청할 수 없다.

③ 중개사무소의 개설등록을 하려는 자는 부동산중개사무소 개설등록신청서에 **다음 서류**(전자문서를 포함)를 첨부하여 등록관청에 신청하여야 한다.

ㄱ. 실무교육의 수료확인증 사본(실무교육을 위탁받은 기관 또는 단체가 실무교육 수료 여부를 등록관청이 전자적으로 확인할 수 있도록 조치한 경우는 제외)

ㄴ. 여권용 사진(─중개사무소등록증에 붙일 사진)

ㄷ. 건축물대장에 기재된 건물(준공검사, 준공인가, 사용승인, 사용검사 등을 받은 건물로서 건축물대장에 기재되기 전의 건물을 포함)에 중개사무소를 확보(소유·전세·임대차 또는 사용대차 등의 방법에 의하여 사용권을 확보하여야 함)하였음을 증명하는 서류(건축물대장에 기재되지 아니한 건물에 중개사무소를 확보하였을 경우에는 건축물대장 기재가 지연되는 사유를 적은 서류도 함께 내야 함)

이 경우 **등록관청**은 공인중개사 자격증을 발급한 시·도지사에게 개설등록을 하려는 자(법인의 경우에는 대표자를 포함한 공인중개사인 임원 또는 사원)의 공인중개사 자격 확인을 **요청**하여야 하고, 행정정보의 공동이용을 통하여 법인 등기사항증명서와 건축물대장을 **확인**하여야 한다.

ㄹ. 외국인이나 외국에 주된 영업소를 둔 법인이 제출하는 서류

• 등록의 결격사유에 해당되지 아니함을 증명하는 외국 정부나 그 밖에 권한 있는 기관이 발행한 서류

• 상법에 따른 영업소의 등기를 증명할 수 있는 서류

④ 중개사무소 개설등록의 신청을 받은 등록관청은 **다음**의 개업공인중개사의 종별에 따라 구분하여 개설등록을 하고, 개설등록 신청을 받은 날부터 7일 이내에 등록신청인에게 서면으로 통지하여야 한다.

ㄱ. 법인인 개업공인중개사

ㄴ. 공인중개사인 개업공인중개사

⑤ 중개사무소의 개설등록을 한 개업공인중개사가 종별을 달리하여 업무를 하고자 하는 경우에는 등록신청서를 다시 제출하여야 한다. 이 경우 종전에 제출한 서류 중 변동사항이 없는 서류는 제출하지 아니할 수 있으며, 종전의 등록증은 이를 반납하여야 한다.

공인중개사법령상 **중개사무소 개설등록을 위한 제출 서류**에 관한 설명으로 틀린 것은?[34회]

① 공인중개사자격증 사본을 제출하여야 한다.(×)

② 사용승인을 받았으나 건축물대장에 기재되지 아니한 건물에 중개사무소를 확보하였을 경우에는 건축물대장 기재가 지연되는 사유를 적은 서류를 제출하여야 한다.(○)

③ 여권용 사진을 제출하여야 한다.(○)

④ 실무교육을 위탁받은 기관이 실무교육 수료 여부를 등록관청이 전자적으로 확인할 수 있도록 조치한 경우에는 실무교육의 수료확인증 사본을 제출하지 않아도 된다.(○)

⑤ 외국에 주된 영업소를 둔 법인의 경우에는 상법상 외국회사 규정에 따른 영업소의 등기를 증명할 수 있는 서류를 제출하여야 한다.(○)

① 공인중개사자격증 사본은 제출하지 않아도 됩니다. 등록관청이 직접 자격확인을 하기 때문이죠.(시행규칙4조1항) ② 시행규칙4조1항5호 ③ 시행규칙4조1항4호 ④ 시행규칙4조1항3호 ⑤ 시행규칙4조1항6호나목

중개사무소 개설등록의 기준****

① 중개사무소 개설등록의 기준

ㄱ. 공인중개사 중개사무소를 개설하고자 하는 경우

• 실무교육을 받았을 것

• 건축물대장(가설건축물대장은 제외)에 기재된 건물(준공검사, 준공인가, 사용승인, 사용검사 등을 받은 건물로서 건축물대장에 기재되기 전의 건물을 포함)에 중개사무소를 확보(소유·전세·임대차 또는 사용대차 등의 방법에 의하여 사용권을 확보)할 것

ㄴ. 법인이 중개사무소를 개설하려는 경우

• 상법상 회사 또는 협동조합(사회적협동조합은 제외)으로서 자본금이 5천만원 이상일 것

• 법정 업무(14조)만을 영위할 목적으로 설립된 법인일 것

• 대표자는 공인중개사이어야 하며, 대표자를 제외한 임원 또는 사원의 3분의 1 이상은 공인중개사일 것

• 대표자, 임원 또는 사원 전원 및 분사무소의 책임자가 실무교육을 받았을 것

• 건축물대장에 기재된 건물에 중개사무소를 확보(소유 · 전세 · 임대차 또는 사용대차 등의 방법에 의하여 사용권을 확보)할 것

상법상 회사(참고)
주식회사, 합명회사, 합자회사, 유한회사, 유한책임회사

② 등록관청은 개설등록 신청이 다음에 해당하는 경우를 제외하고는 개설등록을 해 주어야 한다.

ㄱ. 공인중개사 또는 법인이 아닌 자가 중개사무소의 개설등록을 신청한 경우

ㄴ. 중개사무소의 개설등록을 신청한 자가 등록결격사유에 해당하는 경우

ㄷ. 개설등록 기준에 적합하지 아니한 경우

ㄹ. 그밖에 이 법 또는 다른 법령에 따른 제한에 위반되는 경우

중개사무소는
반드시 자가일 필요가 없어요!

공인중개사법령상 법인이 중개사무소를 개설하려는 경우 **개설등록 기준**에 부합하는 것을 모두 고른 것은?(단, 다른 법률의 규정은 고려하지 않음)^{33회}

> ㄱ. 대표자가 공인중개사이다.(○)
> ㄴ. 건축물대장(건축법에 따른 가설건축물대장은 제외)에 기재된 건물에 전세로 중개사무소를 확보하였다.(○)
> ㄷ. 중개사무소를 개설하려는 법인이 자본금 5천만원 이상인 협동조합 기본법상 사회적협동조합이다.(×)

① ㄱ ② ㄷ ③ ㄱ,ㄴ ④ ㄴ,ㄷ ⑤ ㄱ,ㄴ,ㄷ

ㄷ. 사회적협동조합은 개설등록을 신청할 수 없어요. 정답③

공인중개사법령상 **법인의 중개사무소 개설등록**의 기준으로 틀린 것은?(단, 다른 법령의 규정은 고려하지 않음)^{34회}

① 대표자는 공인중개사일 것(○)
② 대표자를 포함한 임원 또는 사원(합명회사 또는 합자회사의 무한책임사원을 말함)의 3분의 1 이상은 공인중개사일 것(×)
③ 상법상 회사인 경우 자본금은 5천만원 이상일 것(○)
④ 대표자, 임원 또는 사원(합명회사 또는 합자회사의 무한책임사원을 말함) 전원이 실무교육을 받았을 것(○)
⑤ 분사무소를 설치하려는 경우 분사무소의 책임자가 실무교육을 받았을 것(○)

① 시행령13조1항2호다호 ② 대표자를 '포함한'이 아니라 '제외한'이어야 맞아요.(시행령13조1항2호다호) ③ 시행령13조1항2호가호 ④⑤ 시행령13조1항2호라호

공인중개사법령상 **중개사무소의 개설등록**에 관한 설명으로 옳은 것은?(단, 다른 법률의 규정은 고려하지 않음)^{31회}

① 합명회사가 개설등록을 하려면 사원 전원이 실무교육을 받아야 한다.(○)
② 자본금이 1,000만원 이상인 협동조합기본법상 협동조합은 개설등록을 할 수 있다.(×)
③ 합명회사가 개설등록을 하려면 대표자는 공인중개사이어야 하며, 대표자를 포함하여 임원 또는 사원의 3분의 1이상이 공인중개사이어야 한다.(×)
④ 법인 아닌 사단은 개설등록을 할 수 있다.(×)
⑤ 개설등록을 하려면 소유권에 의하여 사무소의 사용권을 확보하여야 한다. (×)

② 협동조합 자본금도 5천만원 이상입니다. ③ 대표자를 '포함하여'가 아니라 '제외한' 입니다. 빈출지문! ④ 개설등록은 공인중개사 개인이나 법인이 할 수 있어요. 법인 아닌 사단은 불가! ⑤ 사무실은 빌려도 됩니다. 꼭 소유할 필요가 없어요.

공인중개사법령상 **법인이 중개사무소를 개설하려는 경우 그 등록기준**으로 옳은 것은?(다른 법률에 따라 중개업을 할 수 있는 경우는 제외함)[27회]

① 건축물대장에 기재된 건물에 100㎡ 이상의 중개사무소를 확보할 것(×)

② 대표자, 임원 또는 사원 전원이 부동산거래사고 예방교육을 받았을 것(×)

③ 협동조합 기본법에 따른 사회적협동조합인 경우 자본금이 5천만원 이상일 것(×)

④ 상법상 회사인 경우 자본금이 5천만원 이상일 것(○)

⑤ 대표자는 공인중개사이어야 하며, 대표자를 제외한 임원 또는 사원의 2분의 1 이상은 공인중개사일 것(×)

> ① 건축물대장에 기재된 건물에 중개사무소를 확보하면 됩니다. 면적 제한은 없어요. ② 부동산거래사고 예방교육이 아니라 실무교육을 받아야죠. ③ 사회적협동조합은 개설등록을 신청할 수 없어요. ⑤ 1/2 이상이 아니라 1/3 이상이 공인중개사여야 해요.

공인중개사법령상 **법인이 중개사무소를 등록·설치**하려는 경우 그 기준으로 틀린 것은?(다른 법률의 규정은 고려하지 않음)[28회]

① 분사무소 설치 시 분사무소의 책임자가 분사무소 설치신고일 전 2년 이내에 직무교육을 받았을 것(×)

② 상법상 회사는 자본금이 5천만원 이상일 것(○)

③ 대표자를 제외한 임원 또는 사원(합명회사 또는 합자회사의 무한책임사원)의 3분의 1 이상이 공인중개사일 것(○)

④ 법인이 중개업 및 겸업제한에 위배되지 않는 업무만을 영위할 목적으로 설립되었을 것(○)

⑤ 대표자는 공인중개사일 것(○)

> ① 2년 이내에 직무교육이 아니라 <u>1년 이내에 실무교육</u>입니다. 직무교육은 중개보조원이 받는 교육이죠. 나중에 배워요.

개설등록의 결격사유★★★★★

① 중개사무소의 개설등록의 결격사유

ㄱ. 미성년자

ㄴ. 피성년후견인 또는 피한정후견인(피특정후견인×)

ㄷ. 파산선고를 받고 복권되지 아니한 자

ㄹ. 금고 이상의 실형의 선고를 받고 그 집행이 종료(집행이 종료된 것으로 보는 경우를 포함)되거나 집행이 면제된 날부터 3년이 지나지 아니한 자

ㅁ. 금고 이상의 형의 집행유예를 받고 그 유예기간이 만료된 날부터 2년이 지나지 아니한 자

ㅂ. 공인중개사의 자격이 취소된 후 3년이 지나지 아니한 자

저자의 한마디

개설등록의 결격사유는 거의 매회 출제되는 매우 중요한 테마입니다. 반드시 기억하세요.

결격사유에는 3이 많네!
3년, 300만원

쉽파곌

ㅅ. 공인중개사의 자격이 정지된 자로서 자격정지기간 중에 있는 자

ㅇ. 중개사무소의 개설등록이 취소된 후 3년이 지나지 아니한 자
(→개인사망, 법인해산, 결격사유, 등록기준 미달로 개설등록이 취소된 경우는 3년의 기간 제한을 받지 않음)

ㅈ. 업무정지처분을 받고 폐업신고를 한 자로서 업무정지기간(폐업에도 불구하고 진행되는 것으로 봄)이 지나지 아니한 자

ㅊ. 업무정지처분을 받은 개업공인중개사인 법인의 업무정지의 사유가 발생한 당시의 사원 또는 임원이었던 자로서 해당 개업공인중개사에 대한 업무정지기간이 지나지 아니한 자
(→업무정지사유가 발생한 후에 새롭게 선임된 사원 또는 임원은 업무정지기간 중에 결격사유에 해당하지 않음)

ㅋ. 공인중개사법을 위반하여 300만원 이상의 벌금형의 선고를 받고 3년이 지나지 아니한 자

ㅌ. 사원 또는 임원 중 위의 결격사유에 해당하는 자가 있는 법인

② 위의 결격사유에 해당하는 자는 소속공인중개사 또는 중개보조원이 될 수 없다.

③ 등록관청은 개업공인중개사 · 소속공인중개사 · 중개보조원 및 개업공인중개사인 법인의 사원 · 임원(→개업공인중개사 등)이 결격사유에 해당하는지 여부를 확인하기 위하여 관계 기관에 조회할 수 있다.

결격사유에 해당하면
중개보조도 못해!

> ➕ **결격사유가 아닌 것**
> ㄱ.피특정후견인 ㄴ.선고유예 ㄷ.다른 법을 위반하여 벌금형 선고 ㄹ.개인회생신청자

공인중개사법령상 **중개사무소 개설등록의 결격사유에 해당하지 않는 자는?**[30회]

① 공인중개사법을 위반하여 200만원의 벌금형의 선고를 받고 3년이 경과되지 아니한 자(×)

② 금고 이상의 실형의 선고를 받고 그 집행이 종료되거나 집행이 면제된 날부터 3년이 경과되지 아니한 자(○)

③ 공인중개사의 자격이 취소된 후 3년이 경과되지 아니한 자(○)

④ 업무정지처분을 받은 개업공인중개사인 법인의 업무정지의 사유가 발생한 당시의 사원 또는 임원이었던 자로서 당해 개업공인중개사에 대한 업무정지기간이 경과되지 아니한 자(○)

⑤ 공인중개사의 자격이 정지된 자로서 자격정지기간 중에 있는 자(○)

① 300만원에 3년이어야 결격사유!

공인중개사법령상 중개사무소 **개설등록의 결격사유**가 있는 자를 모두 고른 것은?[33회]

> ㄱ. 금고 이상의 실형의 선고를 받고 그 집행이 면제된 날부터 2년이 된 자
> ㄴ. 공인중개사법을 위반하여 200만원의 벌금형의 선고를 받고 2년이 된 자
> ㄷ. 사원 중 금고 이상의 형의 집행유예를 받고 그 유예기간 중에 있는 자가 있는 법인

① ㄱ ② ㄴ ③ ㄱ,ㄷ ④ ㄴ,ㄷ ⑤ ㄱ,ㄴ,ㄷ

ㄱ. 3년이 지나지 않아서 결격사유입니다. ㄴ. 공인중개사법을 위반하여 300만원 이상의 벌금형을 선고받고 3년이 지나지 않은 자가 결격사유입니다. 200만원 벌금형은 결격사유가 아니에요. ㄷ. 결격사유 맞습니다. 정답③

공인중개사법령상 **중개사무소 개설등록의 결격사유**에 해당하는 자를 모두 고른 것은?[29회]

> ㄱ. 피특정후견인(×)
> ㄴ. 형의 선고유예를 받고 3년이 경과되지 아니한 자(×)
> ㄷ. 금고 이상의 형의 집행유예를 받고 그 유예기간 중에 있는 자(○)
> ㄹ. 공인중개사자격증을 대여하여 그 자격이 취소된 후 3년이 경과되지 아니한 자(○)

① ㄱ,ㄴ ② ㄱ,ㄷ ③ ㄴ,ㄷ ④ ㄴ,ㄹ ⑤ ㄷ,ㄹ

ㄱ. 피특정후견인은 결격사유가 아니에요. 피한정후견인이나 피성년후견인이 결격사유죠. ㄴ. 선고유예는 결격사유가 아닙니다. 빈출지문! 정답⑤

공인중개사법령상 **중개사무소 개설등록의 결격사유**에 해당하는 자를 모두 고른 것은?[24회]

> ㄱ. 미성년자가 임원으로 있는 법인(○)
> ㄴ. 개인회생을 신청한 후 법원의 인가 여부가 결정되지 않은 공인중개사(×)
> ㄷ. 공인중개사의 자격이 취소된 후 4년이 된 자(×)
> ㄹ. 음주교통사고로 징역형을 선고받고 그 형의 집행 유예기간 중인 공인중개사(○)

① ㄱ ② ㄱ,ㄹ ③ ㄴ,ㄷ ④ ㄱ,ㄴ,ㄹ ⑤ ㄴ,ㄷ,ㄹ

ㄴ. 개인회생 신청자는 결격사유가 아니에요. ㄷ. 자격취소 후 3년이 경과하면 결격사유가 아닙니다. 정답②

공인중개사법령상 **중개사무소 개설등록의 결격사유**를 모두 고른 것은?[31회]

> ㄱ. 파산선고를 받고 복권되지 아니한 자(○)
> ㄴ. 피특정후견인(×)
> ㄷ. 공인중개사 자격이 취소된 후 3년이 지나지 아니한 임원이 있는 법인(○)
> ㄹ. 개업공인중개사인 법인의 해산으로 중개사무소 개설등록이 취소된 후 3년이 지나지 않은 경우 그 법인의 대표이었던 자(×)

① ㄱ ② ㄱ,ㄷ ③ ㄴ,ㄷ ④ ㄴ,ㄹ ⑤ ㄱ,ㄷ,ㄹ

ㄴ. 피특정후견인은 결격사유가 아니에요. ㄹ. 법인의 해산으로 개설등록이 취소된 경우에는 3년의 기간제한을 받지 않습니다. 즉 결격사유가 아니므로 바로 개설등록을 할 수 있어요. 정답②

2025년 10월 23일 현재 공인중개사법령상 **중개사무소 개설등록 결격사유**에 해당하는 자는?(주어진 조건만 고려함)[26회]

① 형의 선고유예 기간 중에 있는 자

② 2019년 4월 15일 파산선고를 받고 2025년 4월 15일 복권된 자

③ 도로교통법을 위반하여 2022년 11월 15일 벌금 500만원을 선고받은 자

④ 거짓으로 중개사무소의 개설등록을 하여 2022년 11월 15일 개설등록이 취소된 자

⑤ 2025년 4월 15일 공인중개사 자격의 정지처분을 받은 자

> ① 선고유예는 결격사유가 아니에요. 빈출지문! ② 2025년 4월 15일 복권되어 결격사유에서 벗어났네요. ③ 공인중개사법이 아닌 다른 법을 위반한 벌금형 선고는 결격사유가 아닙니다. ④ 3년 후인 2025년 11월 15일에 결격사유에서 벗어납니다. 따라서 정답! ⑤ 자격정지는 최장 6개월이므로 늦어도 2025년 10월 15일에는 결격사유에서 벗어나게 되죠. 정답④

공인중개사법령상 **중개사무소의 개설등록**에 관한 설명으로 틀린 것은?[27회]

① 사기죄로 징역 2년형을 선고받고 그 형의 집행이 3년간 유예된 경우, 그 유예기간이 종료된 공인중개사는 중개사무소의 개설등록을 할 수 있다.(○)

② 배임죄로 징역 2년의 실형을 선고받고 그 집행이 종료된 날부터 2년이 경과된 공인중개사는 중개사무소의 개설등록을 할 수 있다.(×)

③ 등록관청은 이중으로 등록된 중개사무소의 개설등록을 취소해야한다.(○)

④ 개업공인중개사인 법인이 해산한 경우, 등록관청은 그 중개사무소의 개설등록을 취소해야 한다.(○)

⑤ 등록관청은 중개사무소등록증을 교부한 경우, 그 등록에 관한 사항을 다음달 10일까지 공인중개사협회에 통보해야 한다.(○)

> ② 집행종료일로부터 2년이 아니라 3년이 경과되어야 개설등록을 할 수 있습니다. ⑤ 빈출지문!

공인중개사법령상 甲이 **중개사무소의 개설등록**을 할 수 있는 경우에 해당하는 것은?[28회]

① 甲이 부정한 방법으로 공인중개사의 자격을 취득하여 그 자격이 취소된 후 2년이 경과되지 않은 경우

② 甲이 도로교통법을 위반하여 금고 이상의 실형을 선고 받고 그 집행이 종료된 날부터 3년이 경과되지 않은 경우

③ 甲이 등록하지 않은 인장을 사용하여 공인중개사의 자격이 정지되고 그 자격정지기간 중에 있는 경우

④ 甲이 대표자로 있는 개업공인중개사인 법인이 해산하여 그 등록이 취소된 후 3년이 경과되지 않은 경우

⑤ 甲이 중개대상물 확인·설명서를 교부하지 않아 업무정지처분을 받고 폐업신고를 한 후 그 업무정지기간이 경과되지 않은 경우

> 결격사유가 아닌 것을 고르는 문제입니다. ④ 법인해산으로 등록이 취소되면 3년의 제한을 받지 않는다고 했죠? 법인의 대표자였던 갑은 바로 개설등록을 할 수 있어요. 나머지는 결격사유에 해당합니다. 정답④

공인중개사법령상 **중개사무소 개설등록**에 관한 설명으로 옳은 것을 모두 고른 것은?[32회]

> ㄱ. 피특정후견인은 중개사무소의 등록을 할 수 없다.(×)
> ㄴ. 금고 이상의 형의 집행유예를 받고 그 유예기간 중에 있는 자는 중개사무소의 등록을 할 수 없다.(○)
> ㄷ. 자본금이 5천만원 이상인 협동조합기본법 상 사회적협동조합은 중개사무소의 등록을 할 수 있다.(×)

① ㄱ ② ㄴ ③ ㄱ,ㄴ ④ ㄱ,ㄷ ⑤ ㄴ,ㄷ

ㄱ. 피한정후견인이나 피성년후견인은 등록할 수 없지만, 피특정후견인은 등록할 수 있어요. ㄷ. 사회적협동조합은 등록을 할 수 없어요. 정답②

등록증의 교부★★★★

① 등록관청은 중개사무소의 개설등록을 한 자가 보증을 설정하였는지 여부를 확인한 후 중개사무소등록증을 지체 없이 교부하여야 한다.

② 등록관청이 부동산중개사무소등록대장에 그 등록에 관한 사항을 기록한 후 중개사무소등록증을 교부하여야 한다.

③ 중개사무소등록증을 교부받은 자는 중개사무소등록증을 잃어버리거나 못쓰게 된 경우에는 등록관청에게 재교부를 신청할 수 있다.

④ 개업공인중개사가 등록증의 기재사항의 변경으로 인하여 다시 등록증을 교부받고자 하거나, 이 법에 따른 중개사무소의 개설등록을 한 것으로 보는 자(부칙상 공인중개사)가 공인중개사 자격을 취득하여 그 등록관청의 관할구역 안에서 공인중개사인 개업공인중개사로서 업무를 계속하고자 하는 경우에는 신청서에 이미 교부받은 등록증과 변경사항을 증명하는 서류를 첨부 하여 등록증의 재교부를 신청하여야 한다.

저자의 한마디

구청 직원이 중개사무소등록증을 교부하기 직전에 하는 말, "보증 설정하셨어요?" 보증설정 안했으면 등록증 내주지 않습니다.

공인중개사법령상 **공인중개사 자격증이나 중개사무소 등록증의 교부**에 관한 설명으로 틀린 것은?[26회]

① 자격증 및 등록증의 교부는 국토교통부령이 정하는 바에 따른다.(○)

② 등록증은 중개사무소를 두려는 지역을 관할하는 시장(구가 설치되지 아니한 시의 시장과 특별자치도 행정시의 시장을 말함)·군수 또는 구청장이 교부한다.(○)

③ 자격증 및 등록증을 잃어버리거나 못쓰게 된 경우에는 시·도지사에게 재교부를 신청한다.(×)

④ 등록증을 교부한 관청은 그 사실을 공인중개사협회에 통보해야 한다.(○)

⑤ 자격증의 재교부를 신청하는 자는 당해 지방자치단체의 조례가 정하는 바에 따라 수수료를 납부해야 한다.(○)

자격증은 시·도지사,
등록증은 등록관청

② 등록증이니까 등록관청(시·군·구청장)이 교부하죠. ③ 교부한 자에게 재교부를 신청합니다. 따라서 자격증은 시·도지사에게 신청하고, 등록증은 등록관청에 신청합니다. ④ 다음달 10일까지 통보합니다.

공인중개사법령상 **중개사무소의 개설등록 및 등록증교부**에 관한 설명으로 옳은 것은?[28회]

① 소속공인중개사는 중개사무소의 개설등록을 신청할 수 있다.(×)

② 등록관청은 중개사무소등록증을 교부하기 전에 개설등록을 한 자가 손해배상책임을 보장하기 위한 조치(보증)를 하였는지 여부를 확인해야 한다.(○)

③ 국토교통부장관은 중개사무소의 개설등록을 한 자에 대하여 국토교통부령이 정하는 바에 따라 중개사무소등록증을 교부해야 한다.(×)

④ 중개사무소의 개설등록신청서에는 신청인의 여권용 사진을 첨부하지 않아도 된다.(×)

⑤ 중개사무소의 개설등록을 한 개업공인중개사가 종별을 달리하여 업무를 하고자 등록신청서를 다시 제출하는 경우, 종전의 등록증은 반납하지 않아도 된다.(×)

> ① 소속공인중개사는 개설등록을 신청할 수 없어요. 이중소속이 되니까! ③ 중개사무소등록증은 국장이 아니라 등록관청이 교부합니다. ④ 등록증에 사진을 붙여야 하므로 첨부해야죠. ⑤ 종전의 등록증을 반납해야 합니다.

공인중개사법령상 **공인중개사 자격·자격증, 중개사무소 등록증**에 관한 설명으로 틀린 것은?(다툼이 있으면 판례에 따름)[26회]

① 자격증 대여행위는 유·무상을 불문하고 허용되지 않는다.(○)

② 자격을 취득하지 않은 자가 자신의 명함에 '부동산뉴스(중개사무소의 상호임) 대표'라는 명칭을 기재하여 사용한 것은 공인중개사와 유사한 명칭을 사용한 것에 해당한다.(○)

③ 공인중개사가 자기 명의로 개설등록을 마친 후 무자격자에게 중개 사무소의 경영에 관여하게 하고 이익을 분배하였더라도 그 무자격자에게 부동산거래 중개행위를 하도록 한 것이 아니라면 등록증 대여행위에 해당 하지 않는다.(○)

④ 개업공인중개사가 등록증을 타인에게 대여한 경우 공인중개사 자격의 취소사유가 된다.(×)

⑤ 자격증이나 등록증을 타인에게 대여한 자는 1년 이하의 징역 또는 1천만원 이하의 벌금에 처한다.(○)

등록증 대여 → 등록취소
자격증 대여 → 자격취소
*두 경우 모두 <u>1년-1천만원</u>

> ② 유사명칭 인정 판례 ③ 중개행위를 하도록 한 것이 아니기 때문에 대여행위가 아니라는 거죠. 판례는 핵심 내용만 기억하세요! ④ 등록증을 대여하면 등록취소사유이고, 자격증을 대여하면 자격취소사유 입니다. 나중에 배우니 이 정도만!

등록사항 등의 통보★★

① 등록관청은 **다음에 해당하는 때**에는 그 사실을 공인중개사협회에 통보하여야 한다.

ㄱ. 중개사무소등록증을 교부한 때(재교부한 때×)

ㄴ. 분사무소 설치신고, 중개사무소 이전신고, 휴·폐업신고, 휴업 후 재개신고, 휴업기간 변경신고를 받은 때

ㄷ. 소속공인중개사 또는 중개보조원의 고용이나 고용관계 종료의 신고를 받은 때

ㄹ. 등록취소 또는 업무정지 처분을 한 때

② 등록관청은 매월 중개사무소의 등록 · 행정처분 및 신고 등에 관한 사항을 중개사무소등록 · 행정처분등통지서에 기재하여 다음달 10일까지 공인중개사협회에 통보하여야 한다.

공인중개사법령상 **등록관청이 공인중개사협회에 통보**해야 하는 경우로 틀린 것은?[29회]

① 중개사무소등록증을 교부한 때   ② 중개사무소등록증을 재교부한 때
③ 휴업기간변경신고를 받은 때   ④ 중개보조원 고용신고를 받은 때
⑤ 업무정지처분을 한 때

② 중개사무소등록증을 재교부한 때에는 통보하지 않아요. 변동사항이 아니니까요.

공인중개사법령상 **중개사무소의 개설등록**에 관한 설명으로 틀린 것은?[35회]

① 금고 이상의 형의 집행유예를 받고 그 유예기간이 만료된 날부터 2년이 지나지 아니한 자는 개설등록을 할 수 없다.(○)

② 공인중개사협회는 매월 중개사무소의 등록에 관한 사항을 중개사무소등록 · 행정처분등통지서에 기재하여 다음달 10일까지 시 · 도지사에게 통보하여야 한다.(×)

③ 외국에 주된 영업소를 둔 법인의 경우에는 상법 상 외국회사 규정에 따른 영업소의 등기를 증명할 수 있는 서류를 제출하여야 한다.(○)

④ 개설등록의 신청을 받은 등록관청은 개업공인중개사의 종별에 따라 구분하여 개설등록을 하고, 개설등록 신청을 받은 날부터 7일 이내에 등록신청인에게 서면으로 통지하여야 한다.(○)

⑤ 공인중개사인 개업공인중개사가 법인인 개업공인중개사로 업무를 하고자 개설등록신청서를 다시 제출하는 경우 종전의 등록증은 이를 반납하여야 한다.(○)

① 10조1항5호 ② 등록관청이 다음달 10일까지 공인중개사협회에게 통보합니다.(시행규칙 6조) ③ 시행규칙4조1항6호나목 ④ 시행규칙4조2항 ⑤ 시행규칙4조3항

이중등록 · 이중소속의 금지 ★★★

① 개업공인중개사는 이중으로 중개사무소의 개설등록을 하여 중개업을 할 수 없다. (→이중등록 금지)

② 개업공인중개사 등은 다른 개업공인중개사의 소속공인중개사 · 중개보조원 또는 개업공인중개사인 법인의 사원 · 임원이 될 수 없다.(→이중소속 금지)

공인중개사법령상 **이중등록 및 이중소속의 금지**에 관한 설명으로 옳은 것을 모두 고른 것은?[27회]

> ㄱ. A군에서 중개사무소개설등록을 하여 중개업을 하고 있는 자가 다시 A군에서 개설등록을 한 경우, 이중등록에 해당한다.(○)
> ㄴ. B군에서 중개사무소개설등록을 하여 중개업을 하고 있는 자가 다시 C군에서 개설등록을 한 경우, 이중등록에 해당한다.(○)
> ㄷ. 개업공인중개사 甲에게 고용되어 있는 중개보조원은 개업공인중개사인 법인 乙의 사원이 될 수 없다.(○)
> ㄹ. 이중소속의 금지에 위반한 경우 1년 이하의 징역 또는 1천만원 이하의 벌금형에 처한다.(○)

① ㄱ,ㄴ ② ㄷ,ㄹ ③ ㄱ,ㄴ,ㄷ ④ ㄴ,ㄷ,ㄹ ⑤ ㄱ,ㄴ,ㄷ,ㄹ

ㄱ,ㄴ은 이중등록 금지, ㄷ은 이중소속 금지입니다. ㄹ. 이중소속 금지를 위반하면 1년-1천만원이죠. 모두 옳은 지문입니다. 정답⑤

저자의 한마디

공인중개사법 마지막 파트에서 벌칙을 자세히 학습하게 됩니다만, 그때까지 간간히 나오는 벌칙들은 대부분 중요한 내용들이니 기억해두는 것이 좋습니다.

중개사무소의 설치기준*****

① 개업공인중개사는 그 등록관청의 관할구역 안에 중개사무소를 두되, 1개의 중개사무소만을 둘 수 있다.

② 개업공인중개사는 천막 그밖에 이동이 용이한 임시 중개시설물(→떴다방)을 설치하여서는 아니 된다.

③ 법인인 개업공인중개사는 등록관청에 신고하고 그 관할 구역 외의 지역에 분사무소를 둘 수 있다.

④ 분사무소는 주된 사무소의 소재지가 속한 시 · 군 · 구를 제외한 시·군·구 별(시·도별×)로 설치하되, 시 · 군 · 구별로 1개소를 초과할 수 없다.

⑤ 분사무소에는 공인중개사를 책임자로 두어야 한다. 다만, 다른 법률의 규정에 따라 중개업을 할 수 있는 법인(특수법인:지역농협)의 분사무소인 경우에는 공인중개사를 책임자로 두지 않아도 된다.

⑥ 분사무소의 설치신고를 하려는 자는 분사무소설치신고서에 **다음 서류**를 첨부하여 주된 사무소의 소재지를 관할하는 등록관청에 제출하여야 한다.

ㄱ. 분사무소 책임자의 실무교육의 수료확인증 사본

ㄴ. 보증의 설정을 증명할 수 있는 서류(여권용 사진×)

ㄷ. 건축물대장에 기재된 건물에 분사무소를 확보하였음을 증명하는 서류(건축물대장에 기재되지 아니한 건물에 분사무소를 확보하였을 경우에는 건축물대장 기재가 지연되는 사유를 적은 서류도 함께 내야 함)

이 경우 등록관청은 공인중개사 자격증을 발급한 시 · 도지사에게 분사무소 책임자의 공인중개사 자격 확인을 요청하여야 하고, 행정정보의 공동이용을 통하여 법인 등기사항증명서를 확인하여야 한다.

저자의 한마디

중개사무소 개설등록 시에는 사진을 첨부하지만 분사무소 설치신고 시에는 보증서류를 첨부합니다. 개설등록 시에는 보증서류를 첨부하지 않으므로, 구청직원이 등록증을 교부할 때 보증설정을 확인한 후 내준다고 했죠?

⑦ 분사무소 설치신고를 받은 등록관청은 그 신고내용이 적합한 경우에는 신고확인서를 교부하고 지체 없이 그 분사무소설치예정지역을 관할하는 시장·군수 또는 구청장에게 이를 통보하여야 한다.

⑧ 신고확인서를 교부받은 자는 신고확인서를 잃어버리거나 못쓰게 된 경우에는 등록관청에 재교부를 신청할 수 있다.

⑨ 개업공인중개사는 그 업무의 효율적인 수행을 위하여 다른 개업공인중개사와 중개사무소를 공동으로 사용할 수 있다. 중개사무소를 공동으로 사용하려는 개업공인중개사는 중개사무소의 개설등록 또는 중개사무소의 이전신고를 하는 때에 그 중개사무소를 사용할 권리가 있는 다른 개업공인중개사의 승낙서를 첨부하여야 한다.

⑩ 업무의 정지기간 중에 있는 개업공인중개사는 다음 방법으로 다른 개업공인중개사와 중개사무소를 공동으로 사용할 수 없다.

ㄱ. 업무의 정지기간 중에 있는 개업공인중개사가 다른 개업공인중개사에게 중개사무소의 공동사용을 위하여 승낙서를 주는 방법(업무의 정지기간 중에 있는 개업공인중개사가 영업정지 처분을 받기 전부터 중개사무소를 공동사용 중인 다른 개업공인중개사는 제외)

ㄴ. 업무의 정지기간 중에 있는 개업공인중개사가 다른 개업공인중개사의 중개사무소를 공동으로 사용하기 위하여 중개사무소의 이전신고를 하는 방법

공인중개사법령상 **분사무소 설치신고서의 기재사항**이 아닌 것은?[28회]

① 본사 명칭 ② 본사 소재지 ③ 본사 등록번호

④ 분사무소 설치사유 ⑤ 분사무소 책임자의 공인중개사 자격증 발급 시·도

④ 분사무소 설치사유는 기재사항이 아닙니다. 정답④

공인중개사법령상 **분사무소의 설치**에 관한 설명으로 옳은 것은?[31회]

① 군에 주된 사무소가 설치된 경우 동일 군에 분사무소를 둘 수 있다.(×)

② 개업공인중개사가 분사무소를 설치하기 위해서는 등록관청으로부터 인가를 받아야 한다.(×)

③ 공인중개사인 개업공인중개사는 분사무소를 설치할 수 없다.(○)

④ 다른 법률의 규정에 따라 중개업을 할 수 있는 법인의 분사무소에도 공인중개사를 책임자로 두어야 한다.(×)

⑤ 분사무소의 책임자인 공인중개사는 등록관청이 실시하는 실무교육을 받아야 한다.(×)

① 동일 시·군·구에는 분사무소를 둘 수 없어요. ② 인가를 받는 것이 아니라 신고하는 겁니다. 분사무소 설치신고! ③ 법인만 분사무소를 설치할 수 있어요. ④ 특수법인(지역농협)의 분사무소에는 공인중개사를 책임자로 두지 않아도 됩니다. ⑤ 실무교육은 시·도지사가 실시합니다. 교육은 나중에 배우게 됩니다.

저자의 한마디

중개사무소 개설등록 시에는 등록관청이 건축물대장까지 확인해야 하지만, 분사무소 설치신고 시에는 건축물대장 확인의무가 없습니다. 주의!

분사무소설치신고서 기재사항
• 신고인: 성명,주민번호,주소
• 본사: 명칭,등록번호,소재지
• 분사무소: 소재지, 책임자의 성명·주소·주민번호·자격증발급시·도(시행규칙 별지9호서식)

공인중개사법령상 **중개사무소의 설치**에 관한 설명으로 틀린 것은?[34회]

① 개업공인중개사는 그 등록관청의 관할 구역 안에 1개의 중개사무소만을 둘 수 있다.(○)

② 개업공인중개사는 이동이 용이한 임시 중개시설물을 설치하여서는 아니 된다.(○)

③ 주된 사무소의 소재지가 속한 군에는 분사무소를 설치할 수 없다.(○)

④ 법인이 아닌 개업공인중개사가 그 관할 구역 외의 지역에 분사무소를 설치하기 위해서는 등록관청에 신고하여야 한다.(×)

⑤ 분사무소 설치신고를 받은 등록관청은 그 신고내용이 적합한 경우에는 신고확인서를 교부하여야 한다.(○)

① 13조1항 ② 13조2항 ③ 13조3항 ④ 분사무소는 법인만 설치할 수 있어요.(13조3항) ⑤ 13조4항

공인중개사법령상 **중개사무소의 설치** 등에 관한 설명으로 틀린 것은?[30회]

① 개업공인중개사는 그 등록관청의 관할구역 안에 1개의 중개사무소만을 둘 수 있다.(○)

② 개업공인중개사는 천막 그밖에 이동이 용이한 임시 중개시설물을 설치하여서는 아니된다.(○)

③ 법인이 아닌 개업공인중개사는 분사무소를 둘 수 없다.(○)

④ 개업공인중개사는 등록관청의 관할구역 외의 지역에 있는 중개대상물을 중개할 수 없다.(×)

⑤ 법인인 개업공인중개사는 등록관청에 신고하고 그 관할구역 외의 지역에 분사무소를 둘 수 있다.(○)

①②③⑤ 빈출지문! ④ 개업공인중개사는 등록관청의 관할구역 외의 지역에 있는 중개대상물도 중개할 수 있습니다. 나중에 학습합니다.

공인중개사법령상 **중개사무소의 설치**에 관한 설명으로 틀린 것은?[32회]

① 법인이 아닌 개업공인중개사는 그 등록관청의 관할구역 안에 1개의 중개사무소만 둘 수 있다.(○)

② 다른 법률의 규정에 따라 중개업을 할 수 있는 법인의 분사무소에는 공인중개사를 책임자로 두지 않아도 된다.(○)

③ 개업공인중개사가 중개사무소를 공동으로 사용하려면 중개사무소의 개설등록 또는 이전신고를 할 때 그 중개사무소를 사용할 권리가 있는 다른 개업공인중개사의 승낙서를 첨부해야 한다.(○)

④ 법인인 개업공인중개사가 분사무소를 두려는 경우 소유·전세 임대차 또는 사용대차 등의 방법으로 사용권을 확보해야 한다.(○)

⑤ 법인인 개업공인중개사가 그 등록관청의 관할구역 외의 지역에 둘 수 있는 분사무소는 시·도별로 1개소를 초과할 수 없다.(×)

공인중개사법령상 **중개사무소 개설등록**에 관한 설명으로 틀린 것은?(단, 다른 법률의 규정은 고려하지 않음)^{29회}

① 법인은 주된 중개사무소를 두려는 지역을 관할하는 등록관청에 중개사무소 개설등록을 해야 한다.(○)

② 대표자가 공인중개사가 아닌 법인은 중개사무소를 개설할 수 없다.(○)

③ 법인의 임원 중 공인중개사가 아닌 자도 분사무소의 책임자가 될 수 있다.(×)

④ 소속공인중개사는 중개사무소 개설등록을 신청할 수 없다.(○)

⑤ 등록관청은 개설등록을 하고 등록신청을 받은 날부터 7일 이내에 등록신청인에게 서면으로 통지해야 한다.(○)

③ 분사무소의 책임자는 공인중개사여야 합니다.

개업공인중개사의 업무 및 겸업제한*****

① 법인인 개업공인중개사는 다른 법률에 규정된 경우를 제외하고는 **다음 업무만** 할 수 있다.

ㄱ. 중개업(←본업)

ㄴ. 상업용 건축물 및 주택의 임대관리 등 부동산의 관리대행(농업용 건축물 관리대행×, 부동산임대업×)

ㄷ. 부동산의 이용·개발 및 거래에 관한 상담(부동산 이용 및 개발×)

ㄹ. 개업공인중개사를 대상으로 한 중개업의 경영기법 및 경영정보의 제공

ㅁ. 상업용 건축물 및 주택의 분양대행(토지분양대행×)

ㅂ. 중개의뢰인의 의뢰에 따른 도배·이사업체의 소개 등 주거이전에 부수되는 용역의 알선(용역의 제공×)

ㅅ. 민사집행법에 의한 경매 및 국세징수법 그 밖의 법령에 의한 공매대상 부동산에 대한 권리분석 및 취득의 알선과 매수신청 또는 입찰신청의 대리(←부칙상 개업공인중개사는 겸업 불가능)

> **✚ 법인**인 개업공인중개사가 겸업할 수 없는 것
> ㄱ.토지분양 대행 ㄴ.주거이전에 부수되는 용역의 제공(운영) ㄷ.부동산 이용 및 개발
> ㄹ.부동산 임대업 ㅁ.농업용 건축물 관리대행 ㅂ.부동산금융 알선

법인은 딱 7가지만 가능해!

공인중개사법령상 **법인인 개업공인중개사**가 **중개업과 함께 할 수 없는 업무**는?(단, 다른 법률의 규정은 고려하지 않음)^{35회}

① 주택의 임대업
② 상업용 건축물의 분양대행
③ 부동산의 이용. 개발 및 거래에 관한 상담
④ 중개의뢰인의 의뢰에 따른 도배·이사업체의 소개
⑤ 개업공인중개사를 대상으로 한 중개업의 경영기법 및 경영정보의 제공

① 법인인 개공은 부동산 임대업을 중개업과 겸업할 수 없어요.(14조1항) 정답①

공인중개사법령상 **법인인 개업공인중개사의 업무범위**에 해당하지 않는 것은?(단, 다른 법령의 규정은 고려하지 않음)^{32회}

① 주택의 임대관리(○)
② 부동산 개발에 관한 상담 및 주택의 분양대행(○)
③ 개업공인중개사를 대상으로 한 공제업무의 대행(×)
④ 국세징수법 상 공매대상 부동산에 대한 취득의 알선(○)
⑤ 중개의뢰인의 의뢰에 따른 이사업체의 소개(○)

③ 공제업무 대행은 법인인 개공의 업무가 아니라 협회의 업무죠.

공인중개사법령상 **법인인 개업공인중개사가 겸업할 수 있는 것**을 모두 고른 것은?(단, 다른 법률의 규정은 고려하지 않음)^{30회}

> ㄱ. 상업용 건축물 및 주택의 분양대행(○)
> ㄴ. 부동산의 이용·개발 및 거래에 관한 상담(○)
> ㄷ. 개업공인중개사를 대상으로 한 중개업의 경영 기법 및 경영정보의 체공(○)
> ㄹ. 중개의뢰인의 의뢰에 따른 도배·이사업체의 소개 등 주거이전에 부수되는 용역의 알선(○)

① ㄱ,ㄴ ② ㄱ,ㄷ ③ ㄱ,ㄷ,ㄹ ④ ㄴ,ㄷ,ㄹ ⑤ ㄱ,ㄴ,ㄷ,ㄹ

모두 할 수 있어요. 정답⑤

공인중개사법령상 **법인인 개업공인중개사가 중개업과 겸업할 수 있는 업무**가 아닌 것은?(다른 법률에 규정된 경우를 제외함)^{28회}

① 주택의 임대관리(○)
② 부동산의 개발에 관한 상담(○)
③ 토지에 대한 분양대행(×)
④ 개업공인중개사를 대상으로 한 중개업의 경영기법 제공(○)
⑤ 중개의뢰인과 의뢰에 따른 주거이전에 부수되는 용역의 알선(○)

공인중개사법령상 **법인인 개업공인중개사가 겸업할 수 있는 업무**를 모두 고른 것은?(단, 다른 법률의 규정은 고려하지 않음)^{29회}

> ㄱ. 주택의 임대관리 및 부동산의 임대업(×)
> ㄴ. 부동산의 이용·개발에 관한 상담(○)
> ㄷ. 중개의뢰인의 의뢰에 따른 주거이전에 부수되는 용역의 제공(×)
> ㄹ. 상업용 건축물의 분양대행(○)
> ㅁ. 국세징수법에 의한 공매대상 부동산에 대한 입찰신청의 대리(○)

① ㄱ, ㄴ ② ㄷ, ㄹ ③ ㄱ, ㄷ, ㅁ ④ ㄴ, ㄷ, ㄹ ⑤ ㄴ, ㄹ, ㅁ

공인중개사법령상 **법인인 개업공인중개사가 겸업할 수 있는 것**을 모두 고른 것은? (단, 다른 법률의 규정은 고려하지 않음)^{31회}

> ㄱ. 주택용지의 분양대행(×)
> ㄴ. 주택복합 건물의 분양 및 관리의 대행(○)
> ㄷ. 부동산의 거래에 관한 상담 및 금융의 알선(×)
> ㄹ. 국세징수법상 공매대상 동산에 대한 입찰신청의 대리(×)
> ㅁ. 법인인 개업공인중개사를 대상으로 한 중개업의 경영기법 제공(○)

① ㄱ, ㄴ ② ㄴ, ㅁ ③ ㄷ, ㄹ ④ ㄱ, ㄴ, ㅁ ⑤ ㄴ, ㄷ, ㄹ, ㅁ

② 개업공인중개사가 민사집행법에 의한 경매(공매×)대상 부동산의 매수신청 또는 입찰신청의 대리를 하고자 하는 때에는 대법원규칙으로 정하는 요건을 갖추어 법원에 등록을 하고 그 감독을 받아야 한다.

공인중개사법령상 개업공인중개사가 다음의 행위를 하기 위하여 **법원에 등록해야 하는 것**을 모두 고른 것은?(단, 법 제7638호 부칙 제6조제2항은 고려하지 않음)^{35회}

> ㄱ. 민사집행법에 의한 경매대상 부동산의 매수신청의 대리(○)
> ㄴ. 국세징수법에 의한 공매대상 부동산의 입찰신청의 대리(×)
> ㄷ. 중개행위에 사용할 인장의 변경(×)
> ㄹ. 중개행위로 인한 손해배상책임을 보장하기 위한 보증보험의 가입(×)

① ㄱ ② ㄱ, ㄴ ③ ㄴ, ㄹ ④ ㄱ, ㄴ, ㄷ ⑤ ㄱ, ㄷ, ㄹ

개업공인중개사의 고용인의 신고*****

① 개업공인중개사는 소속공인중개사 또는 중개보조원을 고용하거나 고용관계가 종료된 때에는 등록관청에 신고하여야 한다.

② 개업공인중개사는 소속공인중개사 또는 중개보조원을 고용한 경우에는 실무교육 또는 직무교육을 받도록 한 후 업무개시 전까지(업무개시 후에×) 등록관청에 신고(전자문서에 의한 신고를 포함)하여야 한다.

③ 고용 신고를 받은 등록관청은 공인중개사 자격증을 발급한 시·도지사에게 그 소속공인중개사의 공인중개사 자격 확인을 요청하여야 한다.

④ 고용 신고를 받은 등록관청은 결격사유 해당 여부와 교육 수료 여부를 확인하여야 한다.

⑤ 소속공인중개사 또는 중개보조원으로 외국인을 고용하는 경우에는 **다음 서류**를 첨부하여야 한다.

ㄱ. 외국 정부나 그밖에 권한 있는 기관이 발행한 서류 또는 공증인(법률에 따른 공증인의 자격을 가진 자만 해당)이 공증한 신청인의 진술서로서 재외공관 공증법에 따라 그 국가에 주재하는 대한민국공관의 영사관이 확인한 서류

ㄴ. 외국공문서에 대한 인증의 요구를 폐지하는 협약을 체결한 국가의 경우에는 해당 국가의 정부나 공증인, 그 밖의 권한이 있는 기관이 발행한 것으로서 해당 국가의 아포스티유(Apostille) 확인서 발급 권한이 있는 기관이 그 확인서를 발급한 서류

⑥ 개업공인중개사는 소속공인중개사 또는 중개보조원과의 고용관계가 종료된 때에는 고용관계가 종료된 날부터 10일 이내에 등록관청에 신고하여야 한다.

⑦ 소속공인중개사 또는 중개보조원의 업무상 행위는 그를 고용한 개업공인중개사의 행위로 본다.

⑧ 개업공인중개사가 고용할 수 있는 중개보조원의 수는 개업공인중개사와 소속공인중개사를 합한 수의 5배를 초과하여서는 아니 된다.

⑨ 중개보조원은 현장안내 등 중개업무를 보조하는 경우 중개의뢰인에게 본인이 중개보조원이라는 사실을 미리 알려야 한다.

소공→실무교육(ㅅㅅ)
중개보조원→직무교육(ㅈㅈ)

저자의 한마디

외국인을 소속공인중개사 또는 중개보조원으로 고용할 수 있습니다. 외국인의 고용을 신고할 때는 옆의 서류(확인서)를 첨부하면 되고, 그의 공인중개사 자격을 증명하는 서류를 첨부하진 않습니다.

공인중개사법령상 **중개보조원**에 관한 설명으로 틀린 것은?[27회]

① 중개보조원은 공인중개사가 아닌 자로서 개업공인중개사에 소속되어 중개대상물에 대한 현장안내 및 일반서무 등 개업공인중개사의 중개업무와 관련된 단순한 업무를 보조하는 자이다.(○)

② 중개보조원은 고용관계가 종료된 날부터 7일 이내에 등록관청에 그 사실을 신고해야 한다.(×)

③ 중개보조원은 인장등록 의무가 없다.(○)

④ 개업공인중개사는 중개보조원을 고용한 경우 등록관청에 신고할 의무가 있다.(○)

⑤ 중개보조원의 업무상 행위는 그를 고용한 개업공인중개사의 행위로 본다.(○)

② 중개보조원을 고용했던 개공이 10일 이내에 신고해야 합니다. 빈출지문!

개업공인중개사 甲은 **소속공인중개사** 乙과 **중개보조원** 丙을 고용하고자 한다. 공인중개사법령상 이에 관한 설명으로 옳은 것을 모두 고른 것은?[31회]

ㄱ. 丙은 외국인이어도 된다.(○)
ㄴ. 乙에 대한 고용신고를 받은 등록관청은 乙의 직무교육 수료 여부를 확인하여야 한다.(×)
ㄷ. 甲은 乙의 업무개시 후 10일 이내에 등록관청에 고용신고를 하여야 한다.(×)

① ㄱ ② ㄱ,ㄴ ③ ㄱ,ㄷ ④ ㄴ,ㄷ ⑤ ㄱ,ㄴ,ㄷ

ㄴ. 소속공인중개사는 직무교육이 아니고, 실무교육이죠. 나중에 배워요. ㄷ. 업무개시 후 10일 이내가 아니라 업무개시 전에 신고해야 합니다. 정답①

저자의 한마디

고용신고는 업무개시 전에, 고용종료신고는 종료일로부터 10일 이내에 신고합니다.

공인중개사법령상 **개업공인중개사의 고용인**에 관한 설명으로 틀린 것은?[32회]

① 개업공인중개사는 중개보조원과 고용관계가 종료된 경우 그 종료일부터 10일 이내에 등록관청에 신고해야 한다.(○)

② 소속공인중개사의 고용신고를 받은 등록관청은 공인중개사 자격증을 발급한 시·도지사에게 그 소속공인중개사의 공인중개사 자격 확인을 요청해야 한다.(○)

③ 중개보조원 뿐만 아니라 소속공인중개사의 업무상 행위는 그를 고용한 개업공인중개사의 행위로 본다.(○)

④ 개업공인중개사는 중개보조원을 고용한 경우, 등록관청에 신고한 후 업무개시 전까지 등록관청이 실시하는 직무교육을 받도록 해야 한다.(×)

⑤ 중개보조원의 고용신고를 받은 등록관청은 그 사실을 공인중개사협회에 통보해야 한다.(○)

④ 직무교육을 받은 자를 업무개시 전에 신고해야합니다. 신고한 후 직무교육을 받도록 하면 안돼요. 개공 등에 대한 교육에서 배우게 됩니다.

저자의 한마디

⑤ 중개보조원은 개설등록을 하거나 자격증을 가진 자가 아니므로 업무정지나 자격정지를 할 수가 없죠.

공인중개사법령상 **개업공인중개사의 고용인**에 관한 설명으로 틀린 것은?(다툼이 있으면 판례에 따름)[30회]

① 중개보조원의 업무상 행위는 그를 고용한 개업공인중개사의 행위로 본다.(○)

② 개업공인중개사는 중개보조원과의 고용관계가 종료된 때에는 고용관계가 종료된 날부터 14일 이내에 등록관청에 신고하여야 한다.(×)

③ 중개보조원이 중개업무와 관련된 행위를 함에 있어서 과실로 거래당사자에게 손해를 입힌 경우, 그를 고용한 개업공인중개사 뿐만 아니라 중개보조원도 손해배상책임이 있다.(○)

④ 개업공인중개사가 소속공인중개사를 고용한 경우에는 개업공인중개사 및 소속공인중개사의 공인중개사자격증 원본을 중개사무소에 게시하여야 한다.(○)

⑤ 중개보조원의 고용신고는 전자문서에 의해서도 할 수 있다.(○)

> ① 빈출지문! ② 14일이 아니라 10일 이내에 신고해야 해요. 빈출지문! ③ 둘 다 책임이 있다는 것이 판례의 입장. 빈출지문! ④ 개공이든 소공이든 원본을 제시합니다.

공인중개사법령상 **고용인의 신고 등**에 관한 설명으로 옳은 것은?[35회]

① 등록관청은 중개보조원의 고용 신고를 받은 경우 이를 공인중개사협회에 통보하지 않아도 된다.(×)

② 개업공인중개사는 소속공인중개사를 고용한 경우에는 소속공인중개사가 업무를 개시한 날부터 10일 이내에 등록관청에 신고하여야 한다.(×)

③ 개업공인중개사가 고용할 수 있는 중개보조원의 수는 개업공인중개사와 소속공인중개사를 합한 수의 5배를 초과하여서는 아니 된다.(○)

④ 개업공인중개사는 소속공인중개사와의 고용관계가 종료된 때에는 고용관계가 종료된 날부터 30일 이내에 등록관청에 신고하여야 한다.(×)

⑤ 소속공인중개사에 대한 고용 신고를 받은 등록관청은 공인중개사협회에게 그 소속공인중개사의 공인중개사 자격 확인을 요청하여야 한다.(×)

> ① 중개보조원도 공인중개사협회에 통보합니다.(15조1항) ② 고용신고는 업무를 개시한 날부터 10일 이내가 아니라 신고개시 전까지 합니다.(시행규칙8조1항) ③ 15조3항 ④ 고용관계 종료신고는 고용관계가 종료된 날부터 10일 이내에 합니다.(시행규칙8조4항) ⑤ 공인중개사협회가 아니라 자격증을 발급한 시 · 도지사에게 자격 확인을 요청해야 합니다.(시행규칙8조2항)

공인중개사법령상 **개업공인중개사의 고용인**에 관한 설명으로 옳은 것은?[34회]

① 중개보조원의 업무상 행위는 그를 고용한 개업공인중개사의 행위로 보지 아니한다.(×)

② 소속공인중개사를 고용하려는 개업공인중개사는 고용 전에 미리 등록관청에 신고해야 한다.(×)

③ 개업공인중개사는 중개보조원과의 고용관계가 종료된 때에는 고용관계가 종료된 날부터 10일 이내에 등록관청에 신고하여야 한다.(○)

④ 개업공인중개사가 소속공인중개사의 고용 신고를 할 때에는 해당 소속공인중개사의 실무교육 수료확인증을 제출하여야 한다.(×)

⑤ 개업공인중개사는 외국인을 중개보조원으로 고용할 수 없다.(×)

> ① 중개보조원의 업무상 행위는 그를 고용한 개공의 행위로 봅니다.(15조2항) ② '고용 전에'가 아니라 고용한 후 '업무개시 전까지'만 신고하면 됩니다.(시행규칙8조1항) ③ 시행규칙8조4항 ④ 실무교육 수료확인증을 제출하지 않아도 됩니다. 왜냐하면 신고 받은 등록관청이 교육수료 여부를 스스로 확인해야 하니까요.(시행규칙8조3항) ⑤ 외국인을 중개보조원으로 고용할 수 있어요.(시행규칙8조5항)

공인중개사법령상 **개업공인중개사의 고용인의 신고**에 관한 설명으로 옳은 것은?[28회]

시행규칙 8조1항
① 개업공인중개사는 소속공인중개사 또는 중개보조원을 고용한 경우에는 〈생략〉 업무개시 전까지 등록관청에 신고(전자문서에 의한 신고를 포함한다)하여야 한다.

① 소속공인중개사에 대한 고용 신고는 전자문서에 의하여도 할 수 있다.(○)

② 중개보조원에 대한 고용 신고를 받은 등록관청은 시·도지사에게 그의 공인중개사 자격 확인을 요청해야 한다.(×)

③ 중개보조원은 고용 신고일 전 1년 이내에 실무교육을 받아야 한다.(×)

④ 개업공인중개사는 소속공인중개사와의 고용관계가 종료된 때에는 고용 관계가 종료된 날부터 30일 이내에 등록관청에 신고해야 한다.(×)

⑤ 외국인을 소속공인중개사로 고용 신고하는 경우에는 그의 공인중개사 자격을 증명하는 서류를 첨부해야 한다.(×)

> ① 고용신고는 전자문서로 가능! ② 중개보조원은 공인중개사가 아니므로 자격 확인이 필요하지 않아요. 하지만 소속공인중개사라면 자격확인을 요청해야죠. ③ 중개보조원은 직무교육, 소속공인중개사는 실무교육입니다. ④ 30일이 아니라 10일 ⑤ 자격 증빙서류를 첨부하지 않고, 다른 것(확인서)을 첨부하죠. 앞에서 찾아보세요.

인장의 등록★★★★★

저자의 한마디
최초 인장등록은 업무개시 전에 하고, 변경 인장등록은 7일 이내에 합니다. 인장등록은 전자문서로도 가능해요.

① 개업공인중개사 및 소속공인중개사(중개보조원×)는 업무를 개시하기 전(업무개시 후×)에 중개행위에 사용할 인장을 등록관청에 등록(전자문서에 의한 등록을 포함) 하여야 한다.

② 등록한 인장을 변경한 경우에는 개업공인중개사 및 소속공인중개사는 변경일부터 7일 이내에 그 변경된 인장을 등록관청에 등록(전자문서에 의한 등록을 포함)하여야 한다.

③ 개업공인중개사 및 소속공인중개사가 등록하여야 할 인장은 1) 공인중개사인 개업공인중개사, 부칙에 규정된 개업공인중개사 및 소속공인중개사의 경우에는 가족관계등록부 또는 주민등록표에 기재되어 있는 성명이 나타난 인장으로서 그 크기가 가로·세로 각각 7밀리미터 이상 30밀리미터 이내인 인장이어야 하며, 2) 법인인 개업공인중개사의 경우에는 상업등기규칙에 따라 신고한 법인의 인장이어야 한다. 다만, 분사무소에서 사용할 인장의 경우에는 법인의 대표자가 보증하는 인장을 등록할 수 있다.

④ 법인인 개업공인중개사의 인장 등록은 인감증명서의 제출로 갈음한다.

⑤ 인장의 등록은 다음 신청이나 신고와 같이 할 수 있다.

ㄱ. 중개사무소 개설등록신청

ㄴ. 소속공인중개사ㆍ중개보조원에 대한 고용 신고

⑥ 개업공인중개사 및 소속공인중개사는 중개행위를 하는 경우 등록한 인장을 사용하여야 한다.

공인중개사법령상 **인장등록**에 관한 설명으로 옳은 것을 모두 고른 것은?[25회]

> ㄱ. 개업공인중개사는 중개행위에 사용할 인장을 업무개시 전에 등록관청에 등록해야 한다.(○)
> ㄴ. 법인인 개업공인중개사의 인장등록은 상업등기규칙에 따른 인감증명서의 제출로 갈음한다.(○)
> ㄷ. 분사무소에서 사용할 인장으로는 상업등기규칙에 따라 법인의 대표자가 보증하는 인장을 등록할 수 있다.(○)
> ㄹ. 등록한 인장을 변경한 경우에는 개업공인중개사는 변경일부터 10일 이내에 그 변경된 인장을 등록관청에 등록해야 한다.(×)

① ㄱ,ㄴ ② ㄷ,ㄹ ③ ㄱ,ㄴ,ㄷ ④ ㄴ,ㄷ,ㄹ ⑤ ㄱ,ㄴ,ㄷ,ㄹ

모두 빈출지문입니다. ㄹ. 10일이 아니라 7일 이내에 등록해야 합니다. 정답③

공인중개사법령상 **인장등록** 등에 관한 설명으로 틀린 것은?[34회]

① 개업공인중개사는 중개사무소 개설등록 후에도 업무를 개시하기 전이라면 중개행위에 사용할 인장을 등록할 수 있다.(○)

② 소속공인중개사의 인장등록은 소속공인중개사에 대한 고용 신고와 같이 할 수 있다.(○)

③ 분사무소에서 사용할 인장의 경우에는 상업등기규칙에 따라 법인의 대표자가 보증하는 인장을 등록할 수 있다.(○)

④ 소속공인중개사가 등록하여야 할 인장의 크기는 가로ㆍ세로 각각 7밀리미터 이상 30밀리미터 이내이어야 한다.(○)

⑤ 소속공인중개사가 등록한 인장을 변경한 경우에는 변경 일부터 10일 이내에 그 변경된 인장을 등록해야 한다.(×)

① 시행규칙9조1항 ② 시행규칙9조6항2호 ③④ 시행규칙9조3항 ⑤ 10일이 아니라 7일(시행규칙9조2항)

공인중개사법령상 **인장등록**에 관한 설명으로 틀린 것은?[27회]

① 개업공인중개사는 업무를 개시하기 전에 중개행위에 사용할 인장을 등록관청에 등록해야 한다.(○)

② 소속공인중개사가 등록한 인장을 변경한 경우 변경일부터 7일 이내에 그

변경된 인장을 등록관청에 등록해야 한다.(○)

③ 소속공인중개사의 인장의 크기는 가로·세로 각각 7mm이상 30mm이내 이어야 한다.(○)

④ 법인인 개업공인중개사의 분사무소에서 사용할 인장은 상업등기규칙에 따라 신고한 법인의 인장으로만 등록해야 한다.(×)

⑤ 법인인 개업공인중개사의 인장등록은 상업등기규칙에 따른 인감증명서의 제출로 갈음한다.(○)

분사무소는 법인의 대표자가 보증하는 인장도 가능해요.

원파걸

④ 분사무소에서는 꼭 법인의 인장이 아니어도 됩니다. 법인의 대표자가 보증하는 인장을 등록할 수도 있어요.

공인중개사법령상 **인장의 등록**에 관한 설명으로 옳은 것은?[28회]

① 소속공인중개사는 중개업무를 수행하더라도 인장등록을 하지 않아도 된다.(×)

② 개업공인중개사가 등록한 인장을 변경한 경우, 변경일부터 7일 이내에 그 변경된 인장을 등록관청에 등록하지 않으면 이는 업무정지사유에 해당한다.(○)

③ 법인인 개업공인중개사의 주된 사무소에서 사용할 인장은 상업등기규칙에 따라 법인의 대표자가 보증하는 인장이어야 한다.(×)

④ 법인인 개업공인중개사의 인장등록은 상업등기규칙에 따른 인감증명서의 제출로 갈음할 수 없다.(×)

⑤ 개업공인중개사의 인장등록은 중개사무소 개설등록신청과 같이 할 수 없다.(×)

① 소공도 인장등록해야 합니다. ② 변경인장을 등록하지 않으면 업무정지사유. 일단 여기 까지만! ③ 법인의 주된 사무소에서 사용할 인장은 상업등기규칙에 따라 신고한 법인의 인장을 등록해야 합니다. 단, 분사무소에서는 법인의 대표자가 보증하는 인장을 사용할 수도 있죠. 빈출지문! ④ 인감증명서의 제출로 갈음할 수 있어요. ⑤ 개공의 인장등록과 개설등록은 한 장의 신고서로 되어있어 같이 할 수 있습니다.

공인중개사법령상 **인장의 등록** 등에 관한 설명으로 틀린 것은?[29회]

① 소속공인중개사는 업무개시 전에 중개행위에 사용할 인장을 등록관청에 등록 해야 한다.(○)

② 개업공인중개사가 등록한 인장을 변경한 경우 변경일부터 7일 이내에 그 변경된 인장을 등록관청에 등록해야 한다.(○)

③ 법인인 개업공인중개사의 인장 등록은 상업등기규칙에 따른 인감증명서의 제출로 갈음한다.(○)

④ 분사무소에서 사용할 인장의 경우에는 상업등기규칙에 따라 법인의 대표자가 보증하는 인장을 등록할 수 있다.(○)

⑤ 법인의 분사무소에서 사용하는 인장은 분사무소 소재지등록관청에 등록해야 한다.(×)

①②③④ 빈출지문! ⑤ 분사무소 소재지 등록관청이 아니라 주된 사무소 소재지 등록관청에 등록합니다.

저자의 한마디

⑤ 분사무소 설치신고나 인장등 록은 법인의 주된 사무소가 소재 한 등록관청에서 합니다. 분사무 소 소재지 등록관청이 아니랍니 다.

공인중개사법령상 **인장등록** 등에 관한 설명으로 옳은 것은?[31회]

① 중개보조원은 중개업무를 보조하기 위해 인장등록을 하여야 한다.(×)

② 개업공인중개사가 등록한 인장을 변경한 경우 변경일로부터 10일 이내에 그 변경된 인장을 등록관청에 신고하면 된다.(×)

③ 분사무소에서 사용할 인장은 분사무소 소재지 시장·군수 또는 구청장에게 등록해야 한다.(×)

④ 분사무소에서 사용할 인장은 상업등기규칙에 따라 신고한 법인의 인장이어야 하고, 상업등기규칙에 따른 인감증명서의 제출로 갈음할 수 없다.(×)

⑤ 법인의 소속공인중개사가 등록하지 아니한 인장을 사용한 경우, 6개월의 범위 안에서 자격정지처분을 받을 수 있다.(○)

> ① 중개보조원은 인장을 등록하지 않아요. ② 10일이 아니라 7일 이내에 신고합니다. 빈출지문!
> ③ 분사무소 소재지의 등록관청이 아니라 주된 사무소 소재지의 등록관청에 등록해야 합니다.
> 빈출지문! ④ 분사무소에서 사용할 인장은 법인의 대표자가 보증하는 인장을 등록할 수 있습니다.
> ⑤ 나중에 배우니까 일단 패스!

공인중개사법령상 **인장등록** 등에 관한 설명으로 틀린 것은?[30회]

① 법인인 개업공인중개사의 인장등록은 상업등기규칙에 따른 인감증명서의 제출로 갈음한다.(○)

② 소속공인중개사가 등록하지 아니한 인장을 중개행위에 사용한 경우, 등록관청은 1년의 범위 안에서 업무의 정지를 명할 수 있다.(×)

③ 인장의 등록은 중개사무소 개설등록신청과 같이 할 수 있다.(○)

④ 소속공인중개사의 인장등록은 소속공인중개사에 대한 고용신고와 같이 할 수 있다.(○)

⑤ 개업공인중개사가 등록한 인장을 변경한 경우, 변경일부터 7일 이내에 그 변경된 인장을 등록관청에 등록하여야 한다.(○)

> ② 소공이 등록하지 않은 인장을 사용하면 6개월의 범위 안에서 자격정지처분을 받게 됩니다.
> 빈출지문!

중개사무소등록증 등의 게시***

개업공인중개사는 **다음 사항**을 해당 중개사무소 안의 보기 쉬운 곳에 게시하여야 한다.

① 중개사무소등록증 원본(법인인 개업공인중개사의 분사무소의 경우에는 분사무소 설치신고확인서 원본)

② 중개보수 · 실비의 요율 및 한도액표

③ 개업공인중개사 및 소속공인중개사의 공인중개사자격증 원본(해당되는 자가 있는 경우로 한정)

④ 보증의 설정을 증명할 수 있는 서류

⑤ 사업자등록증

공인중개사법령상 개업공인중개사가 **중개사무소 안의 보기 쉬운 곳에 게시해야 하는 것**은?[31회수정]

① 개업공인중개사의 실무교육 수료확인증 원본

② 소속공인중개사가 있는 경우 소속공인중개사의 실무교육 수료확인증 사본

③ 사업자등록증

④ 소속공인중개사가 있는 경우 소속공인중개사의 공인중개사자격증 사본

⑤ 분사무소의 경우 분사무소설치신고확인서 사본

> ①② 실무교육 수료확인증은 게시하지 않아도 됩니다. ④ 개공이든 소공이든 자격증은 원본! ⑤ 분사무소설치신고확인서 원본을 사무소 안의 보기 쉬운 곳에 게시해야 합니다. 정답③

공인중개사법령상 소속공인중개사를 둔 개업공인중개사가 **중개사무소 안의 보기 쉬운 곳에 게시하여야 하는 것**을 모두 고른 것은?[35회]

> ㄱ. 소속공인중개사의 공인중개사자격증 원본(○)
> ㄴ. 보증의 설정을 증명할 수 있는 서류(○)
> ㄷ. 소속공인중개사의 고용신고서(×)
> ㄹ. 개업공인중개사의 실무교육 수료확인증(×)

① ㄱ,ㄴ ② ㄱ,ㄹ ③ ㄴ,ㄷ ④ ㄷ,ㄹ ⑤ ㄱ,ㄴ,ㄹ

> ㄱ. 시행규칙10조3호 ㄴ. 시행규칙10조4호 ㄷ. 소공의 고용신고서나 ㄹ. 개공의 실무교육 수료확인증은 게시 의무가 없습니다. 정답①

명칭★★★★

① 개업공인중개사는 그 사무소의 명칭에 공인중개사사무소 또는 부동산중개라는 문자를 사용하여야 한다.

② 개업공인중개사가 아닌 자는 공인중개사사무소, 부동산중개 또는 이와 유사한 명칭을 사용하여서는 아니 된다.

③ 개업공인중개사가 옥외광고물(─간판)을 설치하는 경우 중개사무소등록증에 표기된 개업공인중개사(법인의 경우에는 대표자, 법인 분사무소의 경우에는 신고확인서에 기재된 책임자)의 성명을 표기하여야 한다.

④ 개업공인중개사는 옥외광고물을 설치하는 경우 옥외광고물 중 벽면 이용 간판, 돌출간판 또는 옥상간판에 개업공인중개사의 성명을 인식할 수 있는 정도의 크기로 표기해야 한다.

⑤ 등록관청은 위의 규정을 위반한 사무소의 간판 등에 대하여 철거를 명할 수 있다. 이 경우 그 명령을 받은 자가 철거를 이행하지 아니하는 경우에는 행정대집행법에 의하여 대집행을 할 수 있다.

공인중개사법령상 **중개사무소의 명칭 및 등록증 등의 게시**에 관한 설명으로 틀린 것은?(다툼이 있으면 판례에 따름)[32회]

① 법인인 개업공인중개사의 분사무소에는 분사무소 설치 신고확인서 원본을 게시해야 한다.(○)

② 소속공인중개사가 있는 경우 그 소속공인중개사의 공인중개사자격증 원본도 게시해야 한다.(○)

③ 개업공인중개사가 아닌 자가 '부동산중개'라는 명칭을 사용한 경우, 3년 이하의 징역 또는 3천만원 이하의 벌금에 처한다.(×)

④ 무자격자가 자신의 명함에 '부동산뉴스 대표'라는 명칭을 기재하여 사용하였다면 공인중개사와 유사한 명칭을 사용한 것에 해당한다.(○)

⑤ 공인중개사인 개업공인중개사가 옥외광고물 등의 관리와 옥외광고산업진흥에 관한 법률에 따른 옥외광고물을 설치하는 경우, 중개사무소등록증에 표기된 개업공인중개사의 성명을 표기해야 한다.(○)

③ 3년-3천만원이 아니라 1년-1천만원입니다. 일단 이 정도만 알아두세요. ④ 판례

공인중개사법령상 **중개사무소의 명칭** 등에 관한 설명으로 틀린 것은?[27회]

① 법인인 개업공인중개사는 그 사무소의 명칭에 공인중개사사무소 또는 부동산중개라는 문자를 사용해야 한다.(○)

② 개업공인중개사는 옥외광고물을 설치할 의무를 부담하지 않는다.(○)

③ 개업공인중개사가 설치한 옥외광고물에 인식할 수 있는 크기의 연락처를 표기하지 않으면 100만원 이하의 과태료 부과대상이 된다.(×)

④ 개업공인중개사가 아닌 자가 사무소 간판에 공인중개사사무소의 명칭을 사용한 경우 등록관청은 그 간판의 철거를 명할 수 있다.(○)

⑤ 개업공인중개사가 아닌 자는 중개대상물에 대한 표시·광고를 해서는 안 된다.(○)

③ 연락처가 아니라 성명을 인식할 수 있는 정도의 크기로 표시해야 합니다.

공인중개사법령상 **중개사무소의 명칭**에 관한 설명으로 옳은 것은?[28회]

① 개업공인중개사가 아닌 자로서 부동산중개라는 명칭을 사용한 자는 1년 이하의 징역 또는 1천만원 이하의 벌금에 처한다.(○)

② 개업공인중개사 아닌 자가 공인중개사사무소라는 명칭을 사용한 간판을 설치한 경우, 등록관청은 그 철거를 명할 수 없다.(×)

③ 법인 분사무소의 옥외광고물을 설치하는 경우 법인 대표자의 성명을 표기

해야 한다.(×)

④ 개업공인중개사는 옥외광고물을 설치해야 할 의무가 있다.(×)

⑤ 개업공인중개사가 사무소의 명칭에 공인중개사사무소 또는 부동산중개라는 문자를 사용하지 않은 경우, 이는 개설등록의 취소사유에 해당한다. (×)

> ① 일단 패스! ② 철거를 명할 수 있어요. ③ 법인 대표자의 성명이 아니라 분사무소 책임자의 성명을 표기해야 해요. ④ 개업공인중개사가 옥외광고물을 설치해야 할 의무는 없어요. 빈출지문! ⑤ 개설등록 취소사유가 아니라 100만원 이하의 과태료가 부과되는 사유입니다.

공인중개사법령상 중개사무소의 명칭 및 등록증 등의 게시에 관한 설명으로 틀린 것은?[34회]

① 공인중개사인 개업공인중개사는 공인중개사자격증 원본을 해당 중개사무소 안의 보기 쉬운 곳에 게시하여야 한다.(○)

② 개업공인중개사는 부가가치세법 시행령에 따른 사업자등록증을 해당 중개사무소 안의 보기 쉬운 곳에 게시하여야 한다.(○)

③ 법인인 개업공인중개사는 그 사무소의 명칭에 '공인중개사사무소' 또는 '부동산중개'라는 문자를 사용하여야 한다.(○)

④ 법인인 개업공인중개사의 분사무소에 옥외광고물을 설치하는 경우 분사무소설치 신고확인서에 기재된 책임자의 성명을 표기하여야 한다.(○)

⑤ 법 제7638호 부칙 제6조제2항에 따른 개업공인중개사는그 사무소의 명칭에 '공인중개사사무소' 및 '부동산중개'라는 문자를 사용하여서는 아니 된다.(×)

> ① 시행규칙10조3호 ② 시행규칙10조5호 ③ 18조1항 ④ 18조3항 ⑤ 부칙상 개공은 공인중개사사무소를 사용하지는 못하지만 부동산중개는 사용할 수 있어요.(법7638호 부칙6조3항)

공인중개사법령상 중개사무소 명칭에 관한 설명으로 옳은 것은?[31회]

① 공인중개사인 개업공인중개사는 그 사무소의 명칭에 공인중개사사무소 또는 부동산중개라는 문자를 사용하여야 한다.(○)

② 공인중개사가 중개사무소의 개설등록을 하지 않은 경우, 그 사무소에 공인중개사사무소라는 명칭을 사용할 수 없지만, 부동산중개라는 명칭은 사용할 수 있다.(×)

③ 공인중개사인 개업공인중개사가 관련법령에 따른 옥외광고물을 설치하는 경우, 중개사무소등록증에 표기된 개업공인중개사의 성명을 표기할 필요는 없다.(×)

④ 중개사무소 개설등록을 하지 않은 경우 공인중개사가 부동산중개라는 명칭을 사용한 경우,국토교통부장관은그 명칭이 사용된 간판등의 철거를 명할수 있다.(×)

⑤ 개업공인중개사가 의뢰받은 중개대상물에 대하여 표시·광고를 하려는 경우, 중개사무소의 명칭은 명시하지 않아도 된다.(×)

> ② 개설등록을 하지 않으면 부동산중개라는 명칭도 사용할 수 없어요. ③ 성명을 인식할 수 있는 정도의 크기로 표시해야죠. 빈출지문! ④ 국장이 아니라 등록관청이 철거를 명할 수 있어요. ⑤ 중개사무소의 명칭을 명시해야 합니다.

중개대상물의 표시 · 광고★★★

① 개업공인중개사가 의뢰받은 중개대상물에 대하여 표시 · 광고를 하려면 중개사무소, 개업공인중개사에 관한 사항으로서 **다음 사항**을 명시하여야 하며, 중개보조원에 관한 사항은 명시해서는 아니 된다.

ㄱ. 중개사무소의 명칭, 소재지, 연락처 및 등록번호

ㄴ. 개업공인중개사의 성명(법인인 경우에는 대표자의 성명)

소공의 성명은 명시하지 않아!

② 개업공인중개사가 인터넷을 이용하여 중개대상물에 대한 표시 · 광고를 하는 때에는 위에서 정하는 사항 외에 중개대상물의 종류별로 **다음 사항**을 명시하여야 한다.

ㄱ. 소재지 ㄴ. 면적 ㄷ. 가격 ㄹ. 중개대상물 종류 ㅁ. 거래 형태

ㅂ. 건축물 및 그 밖의 토지의 정착물인 경우 **다음 사항**

총 층수 , 사용승인 · 사용검사 · 준공검사 등을 받은 날, 해당 건축물의 방향, 방의 개수, 욕실의 개수, 입주가능일, 주차대수 및 관리비

③ 중개대상물에 대한 **구체적인 표시 · 광고 방법**에 대해서는 국토교통부장관이 정하여 고시한다.

④ 개업공인중개사가 아닌 자는 중개대상물에 대한 표시 · 광고를 하여서는 아니 된다.

⑤ 개업공인중개사는 중개대상물에 대하여 **다음에 해당하는 부당한 표시·광고**를 하여서는 아니 된다.

ㄱ. 중개대상물이 존재하지 않아서 실제로 거래를 할 수 없는 중개대상물에 대한 표시 · 광고

ㄴ. 중개대상물의 가격 등 내용을 사실과 다르게 거짓으로 표시 · 광고하거나 사실을 과장되게 하는 표시 · 광고

ㄷ. 그밖에 표시 · 광고의 내용이 부동산거래질서를 해치거나 중개의뢰인에게 피해를 줄 우려가 있는 것으로서 **다음 내용**의 표시 · 광고

• 중개대상물이 존재하지만 실제로 중개의 대상이 될 수 없는 중개대상물에 대한 표시 · 광고

• 중개대상물이 존재하지만 실제로 중개할 의사가 없는 중개대상물에 대한 표시 · 광고

• 중개대상물의 입지조건, 생활여건, 가격 및 거래조건 등 중개대상물 선택에 중요한 영향을 미칠 수 있는 사실을 빠뜨리거나 은폐 · 축소하는 등의 방법으로 소비자를 속이는 표시 · 광고

공인중개사법령상 개업공인중개사가 의뢰받은 **중개대상물에 대하여 표시·광고**를 하려는 경우 **중개사무소, 개업공인중개사에 관한 사항**으로서 명시해야하는 것을 모두 고른 것은?[30회]

> ㄱ. 중개사무소의 연락처 ㄴ. 중개사무소의 명칭
> ㄷ. 소속공인중개사의 성명 ㄹ. 개업공인중개사의 성명

① ㄱ,ㄴ ② ㄴ,ㄷ ③ ㄷ,ㄹ ④ ㄱ,ㄴ,ㄹ ⑤ ㄱ,ㄷ,ㄹ

ㄷ. 소속공인중개사의 성명은 명시하지 않아요. 정답④

공인중개사법령상 **중개사무소 명칭 및 표시·광고**에 관한 설명으로 옳은 것은?[29회]

① 공인중개사는 개설등록을 하지 않아도 그 사무소에 부동산중개라는 명칭을 사용할 수 있다.(×)

② 공인중개사인 개업공인중개사가 법령에 따른 옥외광고물을 설치하는 경우 중개사무소 등록증에 표기된 개업공인중개사의 성명을 표기할 필요가 없다.(×)

③ 법 제7638호 부칙 제6조 제2항에 규정된 개업공인중개사는 사무소의 명칭에 공인중개사사무소라는 문자를 사용해서는 안 된다.(○)

④ 등록관청은 규정을 위반한 사무소 간판의 철거를 명할 수 있으나, 법령에 의한 대집행은 할 수 없다.(×)

⑤ 법인인 개업공인중개사가 의뢰받은 중개대상물에 대하여 법령에 따른 표시·광고를 하는 경우 대표자의 성명을 명시할 필요는 없다.(×)

① 개설등록을 하지 않으면, 즉 개공이 아니면 부동산중개라는 명칭을 사용할 수 없어요. ② 간판에 개업공인중개사의 성명을 표기해야 합니다. ③ 부칙상 개공은 공인중개사사무소라는 명칭을 쓸 수 없어요.(법7638호 부칙6조3항) ④ 철거하지 않으면 대집행할 수 있어요. ⑤ 법인의 경우, 대표자의 성명을 명시해야 합니다.

공인중개사법령상 **중개업 등**에 관한 설명으로 옳은 것은?[33회]

① 소속공인중개사는 중개사무소의 개설등록을 신청할 수 있다.(×)

② 법인인 개업공인중개사는 '중개업'과 '개업공인중개사를 대상으로 한 중개업의 경영기법 및 경영정보의 제공업무'를 함께 할 수 없다.(×)

③ 법인인 개업공인중개사가 등록관청의 관할 구역 외의 지역에 분사무소를 두기 위해서는 등록관청의 허가를 받아야 한다.(×)

④ 소속공인중개사는 등록관청에 신고를 거쳐 천막 그밖에 이동이 용이한 임시 중개시설물을 설치할 수 있다.(×)

⑤ 개업공인중개사는 의뢰받은 중개대상물에 대한 표시·광고에 중개보조원에 관한 사항을 명시해서는 아니된다.(○)

① 소공이 개설등록을 하면 이중소속이 됩니다. ② 둘 다 14조에 규정된 업무죠? 가능해요. ③ 허가받는 게 아니라 (설치)신고하면 됩니다. ④ 떴다방 안돼요! ⑤ 18조의1 1항

인터넷 표시 · 광고 모니터링★★★

① 국토교통부장관은 인터넷을 이용한 중개대상물에 대한 표시 · 광고가 규정을 준수하는지 여부를 모니터링 할 수 있다. 모니터링 업무는 **다음 구분**에 따라 수행한다.

ㄱ. 기본 모니터링 : 모니터링 기본계획서에 따라 분기별로 실시하는 모니터링

ㄴ. 수시 모니터링 : 중개대상물의 표시 · 광고 규정을 위반한 사실이 의심되는 경우 등 국토교통부장관이 필요하다고 판단하여 실시하는 모니터링

② 국토교통부장관은 모니터링을 위하여 필요한 때에는 정보통신서비스 제공자에게 관련 자료의 제출을 요구할 수 있다. 이 경우 관련 자료의 제출을 요구받은 정보통신서비스 제공자는 정당한 사유가 없으면 이에 따라야 한다.

③ 국토교통부장관은 모니터링 결과에 따라 정보통신서비스 제공자에게 이 법 위반이 의심되는 표시 · 광고에 대한 확인 또는 추가정보의 게재 등 필요한 조치를 요구할 수 있다. 이 경우 필요한 조치를 요구받은 정보통신서비스 제공자는 정당한 사유가 없으면 이에 따라야 한다.

④ 국토교통부장관은 모니터링 업무를 **다음 기관**에 위탁할 수 있다.

ㄱ. 공공기관   ㄴ. 정부출연연구기관

ㄷ. 민법에 따라 설립된 비영리법인으로서 인터넷 표시 · 광고 모니터링 또는 인터넷 광고 시장 감시와 관련된 업무를 수행하는 법인

ㄹ. 그밖에 인터넷 표시 · 광고 모니터링 업무 수행에 필요한 전문인력과 전담 조직을 갖췄다고 국토교통부장관이 인정하는 기관 또는 단체

⑤ 모니터링 업무 수탁기관(·모니터링 기관)은 업무를 수행하려면 **다음**에 따라 계획서를 국토교통부장관에게 제출해야 한다.

ㄱ. 기본 모니터링 업무 : 다음 연도의 모니터링 기본계획서를 매년 12월 31일까지 제출할 것

ㄴ. 수시 모니터링 업무 : 모니터링의 기간, 내용 및 방법 등을 포함한 계획서를 제출할 것

⑥ 모니터링 기관은 업무를 수행하면 해당 업무에 따른 결과보고서를 **다음 기한**까지 국토교통부장관에게 제출해야 한다.

ㄱ. 기본 모니터링 업무: 매 분기의 마지막 날부터 30일 이내

ㄴ. 수시 모니터링 업무: 해당 모니터링 업무를 완료한 날부터 15일 이내

⑦ 국토교통부장관은 제출받은 결과보고서를 시 · 도지사 및 등록관청 등에 통보하고 필요한 조사 및 조치를 요구할 수 있다.

⑧ 시 · 도지사 및 등록관청 등은 요구를 받으면 신속하게 조사 및 조치를 완료하고, 완료한 날부터 10일 이내에 그 결과를 국토교통부장관에게 통보해야 한다.

공인중개사법령상 **중개대상물의 표시·광고 및 모니터링**에 관한 설명으로 틀린 것은?[32회]

① 개업공인중개사는 의뢰받은 중개대상물에 대하여 표시·광고를 하려면 개업공인중개사, 소속공인중개사 및 중개보조원에 관한 사항을 명시해야 한다.(×)

② 개업공인중개사는 중개대상물이 존재하지 않아서 실제로 거래를 할 수 없는 중개대상물에 대한 광고와 같은 부당한 표시·광고를 해서는 안 된다.(○)

③ 개업공인중개사는 중개대상물의 가격 등 내용을 과장되게 하는 부당한 표시·광고를 해서는 안 된다.(○)

④ 국토교통부장관은 인터넷을 이용한 중개대상물에 대한 표시·광고의 규정 준수 여부에 관하여 기본 모니터링과 수시 모니터링을 할 수 있다.(○)

⑤ 국토교통부장관은 인터넷 표시·광고 모니터링 업무 수행에 필요한 전문인력과 전담조직을 갖췄다고 국토교통부장관이 인정하는 단체에게 인터넷 표시·광고 모니터링 업무를 위탁할 수 있다.(○)

① 개공만 명시해야 합니다. 소공은 의무사항이 아니고요, 중개보조원은 명시하면 안됩니다.

공인중개사법령상 개업공인중개사가 의뢰받은 **중개대상물에 대하여 표시·광고**를 하는 경우에 관한 설명으로 옳은 것은?[31회]

① 중개보조원이 있는 경우 개업공인중개사의 성명과 함께 중개보조원의 성명을 명시할 수 있다.(×)

② 중개대상물에 대한 표시·광고를 위하여 대통령령으로 정해진 사항의 구체적인 표시·광고 방법은 국토교통부장관이 정하여 고시한다.(○)

③ 중개대상물의 내용을 사실과 다르게 거짓으로 표시·광고한 자를 신고한 자는 포상금 지급 대상이다.(×)

④ 인터넷을 이용하여 표시·광고하는 경우 중개사무소에 관한 사항은 명시하지 않아도 된다.(×)

⑤ 인터넷을 이용한 중개대상물의 표시·광고 모니터링 업무수탁기관은 기본 계획서에 따라 6개월마다 기본 모니터링 업무를 수행한다.(×)

① 중개보조원의 성명을 명시하면 안 됩니다. ③ 중개대상물의 내용을 사실과 다르게 거짓으로 표시·광고한 자를 신고한 자는 포상금 지급 대상이 아니에요. 포상금에 대해서는 나중에 배우게 됩니다. ④ 인터넷을 이용하여 표시·광고하더라도 중개사무소의 명칭, 소재지, 연락처 및 등록번호는 기본적인 명시사항입니다. ⑤ 6개월이 아니라 분기(3개월)마다 기본 모니터링 업무를 수행합니다.

포상금 지급 대상(다음의 자를 신고한 자)

1. 중개사무소의 개설등록을 하지 아니하고 중개업을 한 자

2. 거짓이나 그 밖의 부정한 방법으로 중개사무소의 개설등록을 한 자

3. 중개사무소등록증 또는 공인중개사자격증을 다른 사람에게 양도·대여하거나 다른 사람으로부터 양수·대여받은 자

중개사무소등록증 대여 등의 금지★★★

① 개업공인중개사는 다른 사람에게 자기의 성명 또는 상호를 사용하여 중개업무를 하게 하거나 자기의 중개사무소등록증을 양도 또는 대여하는 행위를 하여서는 아니된다.

② 누구든지 다른 사람의 성명 또는 상호를 사용하여 중개업무를 하거나 다른 사람의 중개사무소등록증을 양수 또는 대여받아 이를 사용하는 행위를 하여서는 아니된다.

③ 누구든지 위에서 금지한 행위를 알선하여서는 아니 된다.

공인중개사법령상 개업공인중개사에게 금지되어 있는 행위를 모두 고른 것은?[28회]

> ㄱ. 다른 사람에게 자기의 상호를 사용하여 중개업무를 하게 하는 행위(○)
> ㄴ. 중개업을 하려는 공인중개사에게 중개사무소 등록증을 대여하는 행위(○)
> ㄷ. 공인중개사를 고용하여 중개업무를 보조하게 하는 행위(×)

① ㄴ ② ㄷ ③ ㄱ,ㄴ ④ ㄱ,ㄷ ⑤ ㄱ,ㄴ,ㄷ

ㄷ. 소속공인중개사를 고용하는 건 금지행위가 아니죠. 정답③

공인중개사법령상 금지되는 행위를 모두 고른 것은?(단, 다른 법령의 규정은 고려하지 않음)[34회]

> ㄱ. 법인인 개업공인중개사가 중개업과 함께 주택의 분양대행을 겸업하는 행위
> ㄴ. 다른 사람의 중개사무소등록증을 양수하여 이를 사용하는 행위
> ㄷ. 공인중개사로 하여금 그의 공인중개사자격증을 다른 사람에게 대여하도록 알선하는 행위

① ㄴ ② ㄱ,ㄴ ③ ㄱ,ㄷ ④ ㄴ,ㄷ ⑤ ㄱ,ㄴ,ㄷ

ㄱ. 중개업과 주택의 분양대행 겸업 가능(14조1항4호) ㄴ. 등록증양수 사용행위 금지(19조2항) ㄷ. 자격증대여 알선행위 금지(7조3항) 정답④

중개사무소의 이전신고★★★★

① 개업공인중개사는 중개사무소를 이전한 때에는 이전한 날부터 10일 이내에 등록관청에 이전사실을 신고하여야 한다. 이때 중개사무소이전 신고서에 **다음 서류**를 첨부하여 등록관청(분사무소의 경우에는 주된 사무소의 소재지를 관할하는 등록관청)에 제출하여야 한다.

ㄱ. 중개사무소등록증(분사무소의 경우에는 분사무소설치신고확인서)

ㄴ. 건축물대장에 기재된 건물에 중개사무소를 확보(소유 · 전세 · 임대차 또는 사용대차 등의 방법에 의하여 사용권을 확보하여야 한다)하였음을 증명하는 서류(건축물대장에 기재되지 아니한 건물에 중개사무소를 확보하였을 경우에는 건축물대장 기재가 지연되는 사유를 적은 서류도 함께 내야 함)

다만, 중개사무소를 등록관청의 관할 지역 외의 지역으로 이전한 경우에는 이전 후의 중개사무소를 관할하는 시장·군수 또는 구청장(=이전 후 등록관청)에게 신고하여야 한다.

② 신고를 받은 이전 후 등록관청은 종전의 등록관청에 관련 서류를 송부하여 줄 것을 요청하여야 한다. 이 경우 종전의 등록관청은 지체없이 **다음 관련** 서류를 이전 후 등록관청에 송부하여야 한다.

ㄱ. 이전신고를 한 중개사무소의 부동산중개사무소등록대장

ㄴ. 부동산중개사무소 개설등록 신청서류

ㄷ. 최근 1년간의 행정처분 및 행정처분절차가 진행 중인 경우 그 관련서류

최근 1년간 행정처분자료만 넘겨주면 돼!

③ 중개사무소의 이전신고를 받은 등록관청은 그 내용이 적합한 경우에는 중개사무소등록증 또는 분사무소설치신고확인서를 재교부하여야 한다. 다만, 개업공인중개사가 등록관청의 관할지역 내로 이전한 경우에는 등록관청은 (재교부하지 않고) 중개 사무소등록증 또는 분사무소설치신고확인서에 변경사항을 기재하여 이를 교부할 수 있다.

④ (주된 사무소의) 등록관청은 분사무소의 이전신고를 받은 때에는 지체 없이 그 분사무소의 이전 전 및 이전 후의 소재지를 관할하는 시장·군수 또는 구청장에게 이를 통보하여야 한다.

⑤ 신고 전에 발생한 사유로 인한 개업공인중개사에 대한 행정처분은 이전 후 등록관청이 이를 행한다.

공인중개사법령상 개업공인중개사의 중개사무소 이전신고 등에 관한 설명으로 틀린 것은?[34회]

① 개업공인중개사가 중개사무소를 등록관청의 관할 지역외의 지역으로 이전한 경우에는 이전 후의 중개사무소를 관할하는 시장·군수 또는 구청장에게 신고하여야 한다.(○)

② 개업공인중개사가 등록관청에 중개사무소의 이전사실을 신고한 경우에는 지체 없이 사무소의 간판을 철거하여야 한다.(○)

③ 분사무소의 이전신고를 하려는 경우에는 주된 사무소의 소재지를 관할 하는 등록관청에 중개사무소 이전신고서를 제출해야 한다.(○)

④ 업무정지 기간 중에 있는 개업공인중개사는 중개사무소의 이전신고를 하는 방법으로 다른 개업공인중개사의 중개사무소를 공동으로 사용할 수 없다.(○)

⑤ 공인중개사인 개업공인중개사가 중개사무소 이전신고서를 제출할 때 중개 사무소등록증을 첨부하지 않아도 된다.(×)

① 관할 지역 외로 이전하면 이전 후 등록관청에 신고(20조1항) ② 21조의2 1항1호 ③ 분사무소 이전신고는 주된 사무소 소재지 관할 등록관청에!(시행규칙11조1항) ④ 시행령16조2항2호 ⑤ 중개사무소등록증을 첨부해야 합니다.(시행규칙11조1항1호)

공인중개사법령상 공인중개사인 개업공인중개사가 **중개사무소**를 등록관청의 **관할지역 내로 이전**한 경우에 관한 설명으로 틀린 것을 모두 고른 것은?[32회]

> ㄱ. 중개사무소를 이전한 날부터 10일 이내에 신고해야 한다.(○)
> ㄴ. 등록관청이 이전신고를 받은 경우, 중개사무소등록증에 변경사항만을 적어 교부할 수 없고 재교부해야 한다.(×)
> ㄷ. 이전신고를 할 때 중개사무소등록증을 제출하지 않아도 된다.(×)
> ㄹ. 건축물대장에 기재되지 않은 건물로 이전신고를 하는 경우, 건축물대장 기재가 지연되는 사유를 적은 서류도 제출해야 한다.(○)

① ㄱ,ㄴ ② ㄱ,ㄹ ③ ㄴ,ㄷ ④ ㄷ,ㄹ ⑤ ㄴ,ㄷ,ㄹ

ㄴ. 관할지역 내로 이전하는 경우에는 재교부하지 않고 변경 사항만을 적어 교부할 수 있어요.
ㄷ. 이전신고를 할 때는 중개사무소등록증을 제출해야 합니다. 정답③

공인중개사법령상 개업공인중개사가 **중개사무소를 등록관청의 관할지역 외의 지역으로 이전**하는 경우에 관한 설명으로 틀린 것은?[29회]

① 이전신고 전에 발생한 사유로 인한 행정처분은 이전 전의 등록관청이 이를 행한다.(×)
② 이전신고는 이전한 날부터 10일 이내에 해야 한다.(○)
③ 주된 사무소의 이전신고는 이전 후 등록관청에 해야 한다.(○)
④ 주된 사무소의 이전신고서에는 중개사무소등록증과 건축물대장에 기재된 건물에 중개사무소를 확보한 경우 이를 증명하는 서류가 첨부되어야 한다.(○)
⑤ 분사무소 이전신고를 받은 등록관청은 이전 전 및 이전 후의 분사무소 소재지 관할 시장·군수 또는 구청장에게 이를 지체 없이 통보해야 한다.(○)

'이'전신고는 '10'일 이내!

① 이전 후의 등록관청이 행합니다.

공인중개사법령상 법인인 개업공인중개사가 **등록관청 관할지역 외의 지역으로 중개사무소 또는 분사무소를 이전하는 경우**에 관한 설명으로 옳은 것은?[31회]

① 중개사무소 이전신고를 받은 등록관청은 그 내용이 적합한 경우, 중개사무소 등록증의 변경사항을 기재하여 교부하거나 중개사무소등록증을 재교부하여야 한다.(×)
② 건축물대장에 기재되지 않은 건물에 중개사무소를 확보한 경우, 건축물 대장의 기재가 지연된 사유를 적은 서류는 첨부할 필요가 없다.(×)
③ 중개사무소 이전신고를 하지 않은 경우 과태료 부과대상이 아니다.(×)
④ 분사무소 이전신고는 이전한 날부터 10일 이내에 이전할 분사무소의 소재지를 관할하는 등록관청에 하면 된다.(×)
⑤ 등록관청은 분사무소의 이전신고를 받은 때에는 지체 없이 그 분사무소의 이전 전 및 이전 후의 소재지를 관할하는 시장·군수 또는 구청장에게 이를 통보하여야 한다.(○)

관할지역 외로 이전하면 항상 재교부!

① 관할지역 외의 지역으로 이전하는 경우에는 등록증을 재교부합니다. 등록증의 변경사항을 기재하여 교부하는 것은 관할지역 내로 이전하는 경우에 등록증 재교부 대신에 쓸 수 있는 방법이죠. ② 건축물대장의 기재가 지연된 사유를 적은 서류를 첨부해야 합니다. ③ 중개사무소 이전신고를 하지 않으면 100만원 이하의 과태료가 부과됩니다. ④ 분사무소 이전신고는 주된 사무소의 소재지를 관할하는 등록관청에 합니다.

공인중개사법령상 **중개사무소의 설치 및 이전** 등에 관한 설명으로 틀린 것은?[27회]

① 개업공인중개사는 중개사무소로 개설등록할 건물의 소유권을 반드시 확보해야 하는 것은 아니다.(○)

② 분사무소는 주된 사무소의 소재지가 속한 시·군·구에 설치할 수 있다.(×)

③ 분사무소 설치신고는 주된 사무소의 소재지를 관할하는 등록관청에 해야 한다.(○)

④ 다른 법률의 규정에 따라 중개업을 할 수 있는 법인의 분사무소에는 공인중개사를 책임자로 두지 않아도 된다.(○)

⑤ 중개사무소를 등록관청의 관할 지역 외의 지역으로 이전한 경우에는 이전 후의 중개사무소를 관할하는 등록관청에 신고해야 한다.(○)

② 분사무소는 시·군·구별로 하나만 설치할 수 있어요. 따라서 주된 사무소의 소재지가 속한 시·군·구에는 설치할 수 없죠. ①③④⑤ 빈출지문!

공인중개사법령상 **중개사무소의 이전신고**에 관한 설명으로 틀린 것은?[28회]

① 중개사무소를 이전한 때에는 이전한 날부터 10일 이내에 이전신고를 해야 한다.(○)

② 분사무소를 이전한 때에는 주된 사무소의 소재지를 관할하는 등록관청에 이전신고를 해야 한다.(○)

③ 분사무소의 이전신고를 하려는 법인인 개업공인중개사는 중개사무소 등록증을 첨부해야 한다.(×)

④ 분사무소의 이전신고를 받은 등록관청은 지체없이 이를 이전 전 및 이전 후의 소재지를 관할하는 시장·군수 또는 구청장에게 통보해야 한다.(○)

⑤ 중개사무소를 등록관청의 관할지역 외의 지역으로 이전한 경우, 그 이전신고 전에 발생한 사유로 인한 개업공인중개사에 대한 행정처분은 이전 후 등록관청이 행한다.(○)

③ 분사무소 이전신고를 할 때는 중개사무소등록증이 아니라 분사무소설치신고확인서를 첨부해야 합니다. ①②④⑤ 빈출지문!

① 개업공인중개사는 **다음에 해당하는 경우**에는 국토교통부령으로 정하는 신고서에 <u>중개사무소등록증을 첨부</u>(휴업 및 폐업의 경우만 해당)하여 등록관청에 미리 신고(휴업후 재개 및 휴업기간 변경의 경우에는 전자문서에 의한 신고를 포함)해야 한다.

ㄱ. 3개월을 초과하여 휴업(중개사무소 개설등록 후 업무를 개시하지 않는 경우를 포함)하려는 경우

ㄴ. 폐업하려는 경우

ㄷ. 3개월을 초과하여 휴업한 부동산중개업을 재개하려는 경우

ㄹ. 신고한 휴업기간을 변경하려는 경우

② 법인인 개업공인중개사는 분사무소를 둔 경우에는 **위의 신고**를 <u>분사무소별로 할 수 있다</u>. 이 경우 신고확인서를 첨부(휴업 및 폐업의 경우만 해당)해야 한다.

③ 신고를 하려는 자가 부가가치세법에 따른 신고를 같이 하려는 경우에는 위의 신고서에 부가가치세법 시행령에 따른 신고서를 함께 제출해야 한다. 이 경우 등록관청은 함께 제출받은 신고서를 지체 없이 관할 세무서장에게 송부(정보통신망을 이용한 송부를 포함)해야 한다.

④ 관할 세무서장이 위의 신고서를 받아 해당 등록관청에 송부한 경우에는 위의 신고서가 제출된 것으로 본다.

⑤ 중개사무소재개신고를 받은 등록관청은 반납받은 중개사무소등록증 또는 신고확인서를 즉시 반환하여야 한다.

⑥ 휴업은 6개월을 초과할 수 없다.

다만, **다음 사유가 있는 경우**에는 6개월을 초과하여 휴업할 수 있다.

ㄱ. 질병으로 인한 요양 ㄴ. 징집으로 인한 입영 ㄷ. 취학 ㄹ. 임신 또는 출산

ㅁ. 그밖에 부득이한 사유로서 국토교통부장관이 정하여 고시하는 사유

공인중개사법령상 개업공인중개사의 휴업의 신고 등에 관한 설명으로 틀린 것은?[35회]

① 법인인 개업공인중개사가 4개월간 분사무소의 휴업을 하려는 경우 휴업신고서에 그 분사무소설치 신고확인서를 첨부하여 분사무소의 휴업신고를 해야 한다.(○)

② 개업공인중개사가 신고한 휴업기간을 변경하려는 경우 휴업기간 변경신고서에 중개사무소등록증을 첨부하여 등록관청에 미리 신고해야 한다.(×)

③ 관할 세무서장이 부가가치세법 시행령에 따라 공인중개사법령상의 휴업신고서를 함께 받아 이를 해당 등록관청에 송부한 경우에는 휴업신고서가 제출된 것으로 본다.(○)

④ 등록관청은 개업공인중개사가 대통령령으로 정하는 부득이한 사유가 없음에도 계속하여 6개월을 초과하여 휴업한 경우 중개사무소의 개설등록을

취소할 수 있다.(○)

⑤ 개업공인중개사가 휴업한 중개업을 재개하고자 등록관청에 중개사무소 재개신고를 한 경우 해당 등록관청은 반납받은 중개사무소등록증을 즉시 반환해야 한다.(○)

① 법인인 개공이 3개월을 초과하여 분사무소의 휴업을 하려는 경우에는 휴업신고서에 중개사무소등록증이 아니라 분사무소설치 신고확인서를 첨부합니다.(21조1항, 시행령18조2항) ② 개공이 신고한 휴업기간을 변경하려는 경우에는 전자신고해야죠? 휴업신고할 때 이미 중개사무소등록증을 첨부하여 제출했기 때문에 신고한 휴업기간을 변경할 때는 제출할 등록증이 없어요.(시행령18조1항4호) ③ 시행령18조3항 ④ 38조2항5호 ⑤ 시행령18조5항

⑦ 개업공인중개사는 다음 경우에 지체 없이 사무소의 간판을 철거하여야 한다.

ㄱ. 등록관청에 중개사무소의 이전사실을 신고한 경우

ㄴ. 등록관청에 폐업사실을 신고한 경우

ㄷ. 중개사무소의 개설등록 취소처분을 받은 경우

⑧ 등록관청은 간판의 철거를 개업공인중개사가 이행하지 아니하는 경우에는 대집행을 할 수 있다.

휴업신고할 때는 간판철거하지 않아요!

공인중개사법령상 개업공인중개사가 **지체 없이 사무소의 간판을 철거해야 하는 사유**를 모두 고른 것은?[32회]

ㄱ. 등록관청에 중개사무소의 이전사실을 신고한 경우(○)
ㄴ. 등록관청에 폐업사실을 신고한 경우(○)
ㄷ. 중개사무소의 개설등록 취소처분을 받은 경우(○)
ㄹ. 등록관청에 6개월을 초과하는 휴업신고를 한 경우(×)

① ㄹ ② ㄱ,ㄷ ③ ㄴ,ㄷ ④ ㄱ,ㄴ,ㄷ ⑤ ㄱ,ㄴ,ㄷ,ㄹ

ㄹ. 휴업할 때는 간판을 내리지 않아도 됩니다. 빈출지문! 정답④

공인중개사법령상 **개업공인중개사가 등록관청에 미리 신고해야 하는 사유**를 모두 고른 것은?[28회]

ㄱ. 질병 요양을 위한 6개월을 초과하는 휴업(○) ㄴ. 신고한 휴업기간의 변경(○)
ㄷ. 분사무소의 폐업(○) ㄹ. 신고하고 휴업한 중개업의 재개(○)

① ㄱ ② ㄴ,ㄷ ③ ㄱ,ㄴ,ㄷ ④ ㄴ,ㄷ,ㄹ ⑤ ㄱ,ㄴ,ㄷ,ㄹ

휴업, 폐업, 휴업 후 재개, 휴업기간 변경은 모두 미리 신고해야 합니다. 정답⑤

공인중개사법령상 **개업공인중개사의 휴업**에 관한 설명으로 틀린 것을 모두 고른 것은?^{29회}

> ㄱ. 중개사무소 개설등록 후 업무를 개시하지 않고 3월을 초과하는 경우에는 신고해야
> 한다.(○)
> ㄴ. 법령에 정한 사유를 제외하고 휴업은 6월을 초과할 수 없다.(○)
> ㄷ. 분사무소는 주된 사무소와 별도로 휴업할 수 없다.(×)
> ㄹ. 휴업신고는 원칙적으로 휴업개시 후 휴업종료 전에 해야 한다.(×)
> ㅁ. 휴업기간 변경신고서에는 중개사무소등록증을 첨부해야 한다.(×)

① ㄱ,ㄴ   ② ㄷ,ㅁ   ③ ㄱ,ㄴ,ㄹ   ④ ㄴ,ㄷ,ㅁ   ⑤ ㄷ,ㄹ,ㅁ

ㄷ. 분사무소는 주된 사무소와 별도로 휴업할 수 있어요. ㄹ. 휴업신고는 휴업개시 전에 미리 신고해야 합니다. ㅁ. 휴업신고할 때 이미 제출된 상태이니 휴업기간 변경할 때는 낼 수가 없죠. 빈출지문! 정답⑤

공인중개사법령상 **휴업과 폐업**에 관한 설명으로 틀린 것은?^{27회}

① 2개월의 휴업을 하는 경우 신고할 의무가 없다.(○)
② 취학을 이유로 하는 휴업은 6개월을 초과할 수 있다.(○)
③ 휴업기간 변경신고는 전자문서에 의한 방법으로 할 수 있다.(○)
④ 등록관청에 폐업사실을 신고한 경우 1개월 이내에 사무소의 간판을 철거해야
 한다.(×)
⑤ 중개사무소재개신고를 받은 등록관청은 반납을 받은 중개사무소등록증을
 즉시 반환해야 한다.(○)

④ 1개월 이내가 아니라 지체없이 간판을 철거해야 합니다.

공인중개사법령상 **개업공인중개사의 부동산중개업 휴업 또는 폐업**에 관한 설명
으로 옳은 것을 모두 고른 것은?^{34회}

> ㄱ. 분사무소의 폐업신고를 하는 경우 분사무소설치신고확인서를 첨부해야 한다.(○)
> ㄴ. 임신은 6개월을 초과하여 휴업할 수 있는 사유에 해당한다.(○)
> ㄷ. 업무정지처분을 받고 부동산중개업 폐업신고를 한 개업공인중개사는 업무정지
> 기간이 지나지 아니하더라도 중개사무소 개설등록을 할 수 있다.(×)

① ㄴ   ② ㄱ,ㄴ   ③ ㄱ,ㄷ   ④ ㄴ,ㄷ   ⑤ ㄱ,ㄴ,ㄷ

ㄱ. 시행령18조2항 ㄴ. 시행령18조6항4호 ㄷ. 업무정지처분을 받고 폐업신고를 한 개공은 업무정지기간이 지나지 아니하면 개설등록을 할 수 없어요.(10조1항9호) 정답②

공인중개사법령상 **개업공인중개사의 휴업과 폐업** 등에 관한 설명으로 틀린 것은?^{30회}

① 부동산중개업휴업신고서의 서식에 있는 개업공인중개사의 종별란에는 법인,
 공인중개사, 법 제7638호 부칙 제6조 제2항에 따른 개업공인중개사가 있다.(○)
② 개업공인중개사가 부동산중개업폐업신고서를 작성하는 경우에는 폐업 기간,
 부동산중개업휴업신고서를 작성하는 경우에는 휴업기간을 기재하여 야 한다.(×)

③ 중개사무소의 개설등록 후 업무를 개시하지 않은 개업공인중개사라도 3월을 초과하는 휴업을 하고자 하는 때에는 부동산중개업휴업신고서에 중개사무소등록증을 첨부하여 등록관청에 미리 신고하여야 한다.(○)

④ 개업공인중개사가 등록관청에 폐업사실을 신고한 경우에는 지체없이 사무소의 간판을 철거하여야 한다.(○)

⑤ 개업공인중개사가 취학을 하는 경우 6월을 초과하여 휴업을 할 수 있다.(○)

② 폐업은 사업을 그만 두는 건데 '폐업기간'은 말이 안 됩니다. 폐업일을 기재해야죠. 한편 휴업할 때는 휴업기간을 기재하는 게 맞아요.

공인중개사법령상 **중개업의 휴업 및 재개신고** 등에 관한 설명으로 옳은 것은?[32회]

① 개업공인중개사가 3개월의 휴업을 하려는 경우 등록관청에 신고해야 한다.(×)

② 개업공인중개사가 6개월을 초과하여 휴업을 할 수 있는 사유는 취학, 질병으로 인한 요양, 징집으로 인한 입영에 한한다.(×)

③ 개업공인중개사가 휴업기간 변경신고를 하려면 중개사무소등록증을 휴업기간 변경신고서에 첨부하여 제출해야 한다.(×)

④ 재개 신고는 휴업기간 변경신고와 달리 전자문서에 의한 신고를 할 수 없다.(×)

⑤ 재개 신고를 받은 등록관청은 반납을 받은 중개사무소등록증을 즉시 반환 해야 한다.(○)

① 3개월을 초과하여 휴업하는 경우에 신고합니다. 3개월은 신고하지 않아요. ② 취학, 질병, 징집 외에 임신 또는 출산도 사유가 됩니다. ③ 휴업신고할 때 이미 중개사무소등록증을 반납했으니까 휴업기간을 변경할 때는 제출할 수가 없잖아요? ④ 재개 신고는 전자신고 가능해요.

중개계약★★★★★

1. 일반중개계약

① 중개의뢰인은 중개의뢰내용을 명확하게 하기 위하여 필요한 경우에는 개업공인중개사에게 **다음 사항**을 기재한 일반중개계약서의 작성을 요청할 수 있다.

ㄱ. 중개대상물의 위치 및 규모 ㄴ. 거래예정가격

ㄷ. 거래예정가격에 대하여 정한 중개보수

ㄹ. 그밖에 개업공인중개사와 중개의뢰인이 준수하여야 할 사항

② 권리이전(매도·임대 등)의 경우에는 소유자 및 등기명의인, 중개대상물의 표시, 권리관계, 거래규제 및 공법상 제한사항, 중개의뢰 금액, 그 밖의 사항을 기재한다.

③ 권리취득(매수·임차 등)의 경우에는 희망물건의 종류, 취득 희망가격, 희망지역, 그 밖의 희망조건을 기재한다.

④ 국토교통부장관은 일반중개계약의 표준이 되는 서식을 정하여 그 사용을 <u>권장할 수 있다.</u>(사용의무 없음)

일반중개계약서는 사용의무 없음!

쉽따쌤

매수인이나 임차인은 집을 구하는 사람이므로 희망지역, 희망가격. 희망물건 등 '희망'이 들어가는 사항을 기재합니다. 보기지문에서 얼른 '희망'을 찾아야죠.

개업공인중개사가 주택을 임차하려는 중개의뢰인과 일반중개계약을 체결하면서 공인중개사법령상 표준서식인 **일반중개계약서**를 작성할 때 기재할 사항은?[33회]

① 소유자 및 등기명의인 ② 은행융자·권리금·제세공과금 등

③ 중개의뢰 금액 ④ 희망 지역 ⑤ 거래규제 및 공법상 제한사항

문제지문의 의뢰인은 집을 구하는 사람이니까 '희망'이 들어가는 사항을 기재해야죠. 정답④

무주택자인 甲이 주택을 물색하여 매수하기 위해 개업공인중개사인 乙과 일반중개계약을 체결하고자 한다. 이 경우 공인중개사법령상 표준서식인 **일반중개계약서에 기재하는 항목**을 모두 고른 것은?[30회]

ㄱ. 소유자 및 등기명의인 ㄴ. 희망 지역
ㄷ. 취득 희망가격 ㄹ. 거래규제 및 공법상 제한사항

① ㄷ ② ㄱ,ㄴ ③ ㄴ,ㄷ ④ ㄷ,ㄹ ⑤ ㄱ,ㄴ,ㄷ

갑은 주택을 사려는 사람이므로 ㄴ. 희망 지역과 ㄷ. 취득 희망가격을 일반중개계약서에 넣으면 되겠네요. 정답③

일반중개계약서와 전속중개계약서는 모두 표준 서식이 있습니다만, 전자는 사용의무가 없는 반면, 후자는 <u>사용의무가 있어요</u>. 한편, 전속중개계약서에는 중개의뢰인과 개업공인중개사가 모두 서명 또는 날인하게 되어 있습니다.

2. 전속중개계약

① 중개의뢰인은 중개대상물의 중개를 의뢰하는 경우 특정한 개업공인중개사를 정하여 그 개업공인중개사에 한정하여 해당 중개대상물을 중개하도록 하는 계약(→전속중개계약)을 체결할 수 있다.

② 전속중개계약의 유효기간은 3월로 한다. 다만, 당사자간에 다른 약정이 있는 경우에는 그 약정에 따른다.

③ 전속중개계약은 국토교통부령으로 정하는 계약서에 의하여야 하며, 개업공인중개사는 전속중개계약을 체결한 때에는 해당 계약서를 3년 동안 보존하여야 한다.

④ 개업공인중개사는 전속중개계약을 체결한 때에는 계약체결 후 7일 이내에 부동산거래정보망 또는 일간신문에 해당 중개대상물에 관한 다음 정보를 공개하여야 한다. 다만, 중개의뢰인이 비공개를 요청한 경우에는 이를 공개하여서는 아니된다.

ㄱ. 중개대상물의 종류, 소재지, 지목 및 면적, 건축물의 용도 · 구조 및 건축연도 등 중개대상물을 특정하기 위하여 필요한 사항

ㄴ. 벽면 및 도배의 상태

ㄷ. 수도·전기·가스·소방·열공급·승강기 설비, 오수·폐수·쓰레기 처리 시설 등의 상태

ㄹ. 도로 및 대중교통수단과의 연계성, 시장 · 학교 등과의 근접성, 지형 등 입지조건, 일조 · 소음 · 진동 등 환경조건

ㅁ. 소유권·전세권·저당권·지상권 및 임차권 등 중개대상물의 권리관계에 관한 사항(각 권리자의 주소 · 성명 등 인적 사항에 관한 정보는 비공개)

ㅂ. 공법상의 이용제한 및 거래규제에 관한 사항

ㅅ. 중개대상물의 거래예정금액 및 공시지가
(임대차의 경우에는 공시지가를 공개하지 아니할 수 있음)

⑤ 개업공인중개사는 전속중개계약 채결 후 중개의뢰인에게 2주일에 1회 이상 중개업무 처리상황을 문서로 통지해야 한다.

공인중개사법령상 개업공인중개사와 중개의뢰인의 **중개계약**에 관한 설명으로 틀린 것은?[35회]

① 일반중개계약은 계약서의 작성 없이도 체결할 수 있다.(○)

② 전속중개계약을 체결하면서 유효기간을 3개월 미만으로 약정한 경우 그 유효기간은 3개월로 한다.(×)

③ 전속중개계약을 체결한 개업공인중개사는 중개대상물의 권리자의 인적 사항에 관한 정보를 공개해서는 안 된다.(○)

④ 중개의뢰인은 일반중개계약을 체결하면서 거래 예정가격을 포함한 일반중개계약서의 작성을 요청할 수 있다.(○)

⑤ 임대차에 대한 전속중개계약을 체결한 개업공인중개사는 중개의뢰인의 비공개 요청이 없어도 중개대상물의 공시지가를 공개하지 아니할 수 있다.(○)

① 일반중개계약은 불요식계약입니다. ② 유효기간은 3월로 하되, 이에 대한 별도의 약정이 있으면 그 약정에 따릅니다.(시행령20조1항) ③ 시행령20조2항5호 ④ 22조2호 ⑤ 시행령20조2항7호

공인중개사법령상 **일반중개계약서와 전속중개계약서의 서식**에 공통으로 기재된 사항이 아닌 것은?[31회]

① 첨부서류로서 중개보수 요율표 ② 계약의 유효기간

③ 개업공인중개사의 중개업무 처리상황에 대한 통지의무

④ 중개대상물의 확인·설명에 관한 설명

⑤ 개업공인중개사가 중개보수를 과다 수령한 경우 차액 환급

③ 전속중개의 경우에만 중개업무 처리상황에 대한 통지의무가 있습니다. 2주에 1회 이상 문서로 통지하는 거죠. 정답③

공인중개사법령상 개업공인중개사의 **일반중개계약과 전속중개계약**에 관한 설명으로 옳은 것은?[33회]

① 일반중개계약은 중개의뢰인이 중개대상물의 중개를 의뢰하기 위해 특정한 개업공인중개사를 정하여 그 개업공인중개사에 한정하여 중개대상물을 중개하도록 하는 계약을 말한다.(×)

② 개업공인중개사가 일반중개계약을 체결한 때에는 중개의뢰인이 비공개를 요청하지 않은 경우, 부동산거래정보망에 해당 중개대상물에 관한 정보를 공개해야 한다.(×)

저자의 한마디
⑤ 중개보수 과다수령 시 차액 환급은 두 계약서 모두 5호에서 규정하고 있습니다.

5. 을의 손해배상책임
을이 다음의 행위를 한 경우에는 갑에게 그 손해를 배상하여야 한다.
1) 중개보수 또는 실비의 과다 수령: 차액 환급
2) 중개대상물의 확인·설명을 소홀히 하여 재산상의 피해를 발생하게 한 경우: 손해액 배상

③ 개업공인중개사가 일반중개계약을 체결한 때에는 중개의뢰인에게 2주일에 1회 이상 중개업무 처리상황을 문서로 통지해야 한다.(×)

④ 개업공인중개사가 국토교통부령으로 정하는 전속중개계약서에 의하지 아니하고 전속중개계약을 체결한 행위는 업무정지 사유에 해당하지 않는다.(×)

⑤ 표준서식인 일반중개계약서와 전속중개계약서에는 개업공인중개사가 중개보수를 과다수령 시 그 차액의 환급을 공통적으로 규정하고 있다.(○)

> ①②③은 일반중개계약이 아니라 전속중개계약에 대한 내용입니다. ④ 업무정지사유입니다. ⑤ 중개보수 과다수령 시 차액환급은 공동규정입니다.

甲소유 X부동산을 매도하기 위한 甲과 개업공인중개사 乙의 **전속중개계약**에 관한 설명으로 틀린 것은?[28회]

① 甲과 乙의 전속중개계약은 국토교통부령이 정하는 계약서에 의해야 한다.(○)

② 甲과 乙이 전속중개계약의 유효기간을 약정하지 않은 경우 유효기간은 3개월로 한다.(○)

③ 乙이 甲과의 전속중개계약 체결 뒤 6개월 만에 그 계약서를 폐기한 경우 이는 업무정지사유에 해당한다.(○)

④ 甲이 비공개를 요청하지 않은 경우, 乙은 전속중개계약 체결 후 2주 내에 X부동산에 관한 정보를 부동산거래정보망 또는 일간신문에 공개해야 한다.(×)

⑤ 전속중개계약 체결 후 乙이 공개해야 할 X부동산에 관한 정보에는 도로 및 대중교통수단과의 연계성이 포함된다.(○)

> ① 전속중개계약서는 사용의무가 있습니다. ③ 3년간 보관하지 않으면 업무정지 ④ 2주가 아니라 7일 내에 공개해야 합니다.(별지15호서식 참고)

중개의뢰인 甲과 개업공인중개사 乙은 공인중개사법령에 따른 **전속중개계약**을 체결하고 전속중개계약서를 작성하였다. 이에 관한 설명으로 틀린 것은?[33회]

① 甲과 乙이 전속중개계약의 유효기간을 4개월로 약정한 것은 유효하다.(○)

② 乙은 전속중개계약서를 3년 동안 보존해야 한다.(○)

③ 甲은 乙이 공인중개사법령상의 중개대상물 확인·설명의무를 이행하는데 협조해야 한다.(○)

④ 전속중개계약에 정하지 않은 사항에 대하여는 甲과 乙이 합의하여 별도로 정할 수 있다.(○)

⑤ 전속중개계약의 유효기간 내에 甲이 스스로 발견한 상대방과 거래한 경우, 甲은 乙에게 지급해야 할 중개보수 전액을 위약금으로 지급해야 한다.(×)

저자의 한마디

⑤ 위약금 내용은 법정 전속중개계약서 양식에 규정되어 있습니다.(시행규칙 별지15호 서식)

> ① 유효기간은 자유롭게 정할 수 있어요. 약정하지 않을 때, 3개월로 하는 거죠. ⑤ 중개보수의 50%에 해당하는 금액의 범위 안에서 을이 중개행위를 함에 있어서 소요된 비용(사회통념에 비추어 상당하다고 인정되는 비용)을 위약금으로 지불합니다.

중개의뢰인 甲은 자신 소유의 X부동산에 대한 **임대차계약**을 위해 개업공인중개사 乙과 **전속중개계약**을 체결하였다. X부동산에 기존 임차인 丙, 저당권자 丁이 있는 경우 乙이 **부동산거래정보망 또는 일간신문에 공개해야만 하는 중개대상물에 관한 정보**를 모두 고른 것은?(단, 중개의뢰인이 비공개 요청을 하지 않음)^{30회}

> ㄱ. 丙의 성명   ㄴ. 丁의 주소   ㄷ. X부동산의 공시지가
> ㄹ. X부동산에 대한 일조·소음·진동 등 환경조건

① ㄹ ② ㄱ,ㄴ ③ ㄷ,ㄹ ④ ㄱ,ㄴ,ㄹ ⑤ ㄱ,ㄴ,ㄷ,ㄹ

ㄱ. 임차인 병의 성명과 ㄴ. 저당권자 정의 주소는 인적사항에 대한 정보이므로 공개하면 안 됩니다. ㄷ. X부동산의 공시지가는 원칙적으로 공개하여야 하지만, 임대차인 경우에는 공개하지 않아도 됩니다. 한편 ㄹ의 환경조건은 공개해야 합니다. 정답①

공인중개사법령상 **일반중개계약**에 관한 설명으로 옳은 것은?^{28회}

① 일반중개계약서는 국토교통부장관이 정한 표준이 되는 서식을 사용해야 한다.(×)

② 중개의뢰인은 동일한 내용의 일반중개계약을 다수의 개업공인중개사와 체결할 수 있다.(○)

③ 일반중개계약의 체결은 서면으로 해야 한다.(×)

④ 중개의뢰인은 일반중개계약서에 개업공인중개사가 준수해야 할 사항의 기재를 요청할 수 없다.(×)

⑤ 개업공인중개사가 일반중개계약을 체결한 때에는 부동산거래정보망에 중개대상물에 관한 정보를 공개해야 한다.(×)

① 일반중개계약서는 전속중개계약서처럼 사용의무가 없어요. ② 전속이 아니니까 여러 명의 개업공인중개사와 계약할 수 있는 거죠. ③ 전속중개계약은 서면(표준서식)을 사용해야 하지만, 일반중개계약은 반드시 서면으로 하는 건 아니에요. ④ 개업공인중개사가 준수해야 할 사항의 기재를 요청할 수 있어요. ⑤ 중개대상물에 관한 정보공개는 전속중개계약을 체결한 개공의 의무입니다. 일반중개계약의 경우는 정보공개의 의무가 없어요.

공인중개사법령상 **중개계약**에 관한 설명으로 틀린 것은?(다툼이 있으면 판례에 따름)^{29회}

① 임대차에 대한 전속중개계약을 체결한 개업공인중개사는 중개대상물의 공시지가를 공개해야 한다.(×)

② 부동산중개계약은 민법상 위임계약과 유사하다.(○)

③ 전속중개계약은 법령이 정하는 계약서에 의하여야 하며, 중개의뢰인과 개업공인중개사가 모두 서명 또는 날인한다.(○)

④ 개업공인중개사는 전속중개계약 체결 후 중개의뢰인에게 2주일에 1회 이상 중개업무 처리상황을 문서로 통지해야 한다.(○)

⑤ 중개의뢰인은 일반중개계약을 체결할 때 일반중개계약서의 작성을 요청할 수 있다.(○)

저자의 한마디

임대차의 경우 공지지가 공개는 임의적 사항입니다. 따라서 반드시 공개해야만 하는 정보는 아니지요. 문제지문을 제대로 읽지 않으면 ③번을 답으로 고를 수도 있는 문제랍니다. 조심하세요!

공인중개사법령상 중개의뢰인 甲과 개업공인중개사 乙의 **중개계약**에 관한 설명
으로 옳은 것은?[34회]

① 甲의 요청에 따라 乙이 일반중개계약서를 작성한 경우 그 계약서를 3년간
보존해야 한다.(×)

② 일반중개계약은 표준이 되는 서식이 정해져 있다.(○)

③ 전속중개계약은 법령이 정하는 계약서에 의하여야 하며, 乙이 서명 및 날인
하되 소속공인중개사가 있는 경우 소속공인중개사가 함께 서명 및 날인해야
한다.(×)

④ 전속중개계약의 유효기간은 甲과 乙이 별도로 정하더라도 3개월을 초과할
수 없다.(×)

⑤ 전속중개계약을 체결한 甲이 그 유효기간 내에 스스로 발견한 상대방과 거래한
경우 중개보수에 해당하는 금액을 乙에게 위약금으로 지급해야 한다.(×)

부동산거래정보망의 지정 및 이용★★★★

① 국토교통부장관은 개업공인중개사 상호간에 부동산매매 등에 관한 정보의
공개와 유통을 촉진하고 공정한 부동산거래질서를 확립하기 위하여 부동산
거래정보망을 설치·운영할 자(→거래정보사업자)를 지정할 수 있다.

② 지정을 받을 수 있는 자는 전기통신사업법의 규정에 의한 부가통신사업자
로서 다음 요건을 갖춘 자로 한다.

ㄱ. 그 부동산거래정보망의 가입·이용신청을 한 개업공인중개사의 수가 5백명
이상이고 2개 이상의 특별시·광역시·도 및 특별자치도(→시·도)에서 각각
30인 이상의 개업공인중개사가 가입·이용신청을 하였을 것

ㄴ. 정보처리기사 1명 이상을 확보할 것

ㄷ. 공인중개사 1명 이상을 확보할 것

ㄹ. 부동산거래정보망의 가입자가 이용하는데 지장이 없는 정도로서 용량 및
성능을 갖춘 컴퓨터설비를 확보할 것

공인중개사법령상 **부동산거래정보망**을 설치·운영할 자로 지정받기 위한 요건의 일부이다. ( )에 들어갈 내용으로 옳은 것은?[31회]

○ 부동산거래정보망의 가입·이용신청을 한 (ㄱ)의 수가 500명 이상이고 (ㄴ)개 이상의 특별시·광역시·도 및 특별자치도에서 각각 (ㄷ)인 이상의 (ㄱ)가 가입·이용신청을 하였을 것
○ 정보처리기사 1명 이상을 확보할 것
○ 공인중개사 (ㄹ)명 이상을 확보할 것

① ㄱ: 공인중개사,　　ㄴ: 2,　ㄷ: 20,　ㄹ: 1
② ㄱ: 공인중개사,　　ㄴ: 3,　ㄷ: 20,　ㄹ: 3
③ ㄱ: 개업공인중개사,　ㄴ: 2,　ㄷ: 20,　ㄹ: 3
④ ㄱ: 개업공인중개사,　ㄴ: 2,　ㄷ: 30,　ㄹ: 1
⑤ ㄱ: 개업공인중개사,　ㄴ: 3,　ㄷ: 30,　ㄹ: 1

개공 500명 이상, 2이상의 시·도에 각각 30명이상, 정보처리기사와 공인중개사 각 1명씩
정답④

③ 부동산거래정보망을 설치·운영할 자로 지정받으려는 자는 거래정보사업자지정신청서에 **다음 서류**를 첨부하여 국토교통부장관에게 제출하여야 한다. 이 경우 국토교통부장관은 행정정보의 공동이용을 통하여 법인 등기사항증명서(신청인이 법인인 경우로 한정)를 확인하여야 한다.

ㄱ. 위에서 정한 수 이상의 개업공인중개사로부터 받은 부동산거래정보망 가입·이용신청서 및 그 개업공인중개사의 중개사무소등록증 사본

ㄴ. 정보처리기사 자격증 사본

ㄷ. 공인중개사 자격증 사본

ㄹ. 주된 컴퓨터의 용량 및 성능 등을 확인할 수 있는 서류

ㅁ. 부가통신사업신고서를 제출하였음을 확인할 수 있는 서류

④ 국토교통부장관은 지정신청을 받은 때에는 지정신청을 받은 날부터 30일 이내에 이를 검토하여 지정기준에 적합하다고 인정되는 경우에는 거래정보사업자로 지정하고, **다음 사항**을 거래정보사업자지정대장에 기재한 후에 거래정보사업자지정서를 교부하여야 한다.

ㄱ. 지정 번호 및 지정 연월일　ㄴ. 상호 또는 명칭 및 대표자의 성명
ㄷ. 사무소의 소재지　　　　　ㄹ. 주된 컴퓨터설비의 내역
ㅁ. 전문자격자의 보유에 관한 사항

저자의 한마디

위의 지정요건을 암기하면, 첨부 서류를 그냥 유추할 수 있죠? 첨부 서류는 요건을 증빙하는 것이기 때문이죠.

공인중개사법령상 **거래정보사업자 지정대장 서식**에 기재되는 사항이 아닌 것은?^{32회}

① 지정 번호 및 지정 연월일 ② 상호 또는 명칭 및 대표자의 성명

③ 주된 컴퓨터 설비의 내역 ④ 전문자격자의 보유에 관한 사항

⑤ 전기통신사업법에 따른 부가통신사업자번호

⑤ 부가통신사업자번호는 서식에 기재되는 사항이 아닙니다. 정답⑤

⑤ 지정을 받은 거래정보사업자는 지정받은 날부터 3개월 이내에 부동산거래정보망의 이용 및 정보제공방법 등에 관한 운영규정을 정하여 국토교통부장관의 승인을 얻어야 한다. 이를 변경하고자 하는 때에도 또한 같다. 운영규정에는 **다음 사항**을 정하여야 한다.

ㄱ. 부동산거래정보망에의 등록절차

ㄴ. 자료의 제공 및 이용방법에 관한 사항

ㄷ. 가입자에 대한 회비 및 그 징수에 관한 사항

ㄹ. 거래정보사업자 및 가입자의 권리·의무에 관한 사항

ㅁ. 그밖에 부동산거래정보망의 이용에 관하여 필요한 사항

⑥ 거래정보사업자는 개업공인중개사로부터 공개를 의뢰받은 중개대상물의 정보에 한정하여 이를 부동산거래정보망에 공개하여야 하며, 의뢰받은 내용과 다르게 정보를 공개하거나 어떠한 방법으로든지 개업공인중개사에 따라 정보가 차별적으로 공개되도록 하여서는 아니된다.

⑦ 국토교통부장관은 거래정보사업자가 **다음에 해당하는 경우**에는 그 지정을 취소할 수 있다.

ㄱ. 거짓이나 그 밖의 부정한 방법으로 지정을 받은 경우

ㄴ. 운영규정의 승인 또는 변경승인을 받지 아니하거나 운영규정을 위반하여 부동산거래정보망을 운영한 경우

ㄷ. 정보공개규정(⑥)을 위반하여 정보를 공개한 경우

ㄹ. 정당한 사유 없이 지정받은 날부터 1년 이내에 부동산거래정보망을 설치·운영하지 아니한 경우

ㅁ. 개인인 거래정보사업자의 사망 또는 법인인 거래정보사업자의 해산 그 밖의 사유로 부동산거래정보망의 계속적인 운영이 불가능한 경우

⑧ 국토교통부장관은 위의 규정에 의하여 거래정보사업자 지정을 취소하고자 하는 경우에는 청문을 실시하여야 한다.(⑦의 ㅁ의 경우는 청문을 실시하지 않음)

⑨ 개업공인중개사는 부동산거래정보망에 중개대상물에 관한 정보를 거짓으로 공개하여서는 아니 되며, 해당 중개대상물의 거래가 완성된 때에는 지체 없이 이를 해당 거래정보사업자에게 통보하여야 한다.

공인중개사법령상 **거래정보사업자의 지정을 취소할 수 있는 사유**에 해당하는 것을 모두 고른 것은?[33회]

> ㄱ. 거짓 등 부정한 방법으로 지정을 받은 경우(○)
> ㄴ. 정당한 사유 없이 지정받은 날부터 1년 이내에 부동산거래정보망을 설치·운영하지 아니한 경우(○)
> ㄷ. 개업공인중개사로부터 공개를 의뢰받은 중개대상물의 내용과 다르게 부동산거래 정보망에 정보를 공개한 경우(○)
> ㄹ. 부동산거래정보망의 이용 및 정보제공방법 등에 관한 운영규정을 위반하여 부동산 거래정보망을 운영한 경우(○)

① ㄱ,ㄴ ② ㄴ,ㄷ ③ ㄷ,ㄹ ④ ㄱ,ㄷ,ㄹ ⑤ ㄱ,ㄴ,ㄷ,ㄹ

전부 다 지정취소사유입니다. 정답⑤

공인중개사법령상 **거래정보사업자의 지정취소 사유**에 해당하는 것을 모두 고른 것은?[31회]

> ㄱ. 부동산거래정보망의 이용 및 정보제공방법 등에 관한 운영규정을 변경하고도 국토 교통부장관의 승인을 받지 않고 부동산거래정보망을 운영한 경우(○)
> ㄴ. 개업공인중개사로부터 공개를 의뢰 받지 아니한 중개대상물 정보를 부동산거래 정보망에 공개한 경우(○)
> ㄷ. 정당한 사유 없이 지정받은 날부터 6개월 이내에 부동산거래정보망을 설치하지 아니한 경우(×)
> ㄹ. 개인인 거래정보사업자가 사망한 경우(○)
> ㅁ. 부동산거래정보망의 이용 및 정보제공방법 등에 관한 운영규정을 위반하여 부동산 거래정보망을 운영한 경우(○)

① ㄱ,ㄴ ② ㄷ,ㄹ ③ ㄱ,ㄴ,ㅁ ④ ㄱ,ㄴ,ㄹ,ㅁ ⑤ ㄱ,ㄴ,ㄷ,ㄹ,ㅁ

ㄷ. 지정받은 날부터 6개월이 아니라 1년 이내에 부동산거래정보망을 설치하지 아니한 경우에 지정취소할 수 있습니다. 정답④

공인중개사법령상 **부동산거래정보망의 지정 및 이용**에 관한 설명으로 틀린 것은?[30회]

① 국토교통부장관은 부동산거래정보망을 설치·운영할 자를 지정할 수 있다. (○)
② 부동산거래정보망을 설치·운영할 자로 지정을 받을 수 있는 자는 전기통신사업법의 규정에 의한 부가통신사업자로서 국토교통부령이 정하는 요건을 갖춘 자이다.(○)
③ 거래정보사업자는 지정받은 날부터 3월 이내에 부동산거래정보망의 이용 및 정보제공방법 등에 관한 운영규정을 정하여 국토교통부장관의 승인을 얻어야 한다.(○)
④ 거래정보사업자가 부동산거래정보망의 이용 및 정보제공방법 등에 관한 운영규정을 변경하고자 하는 경우 국토교통부장관의 승인을 얻어야 한다. (○)
⑤ 거래정보사업자는 개업공인중개사로부터 공개를 의뢰받은 중개대상물의 정보를 개업공인중개사에 따라 차별적으로 공개할 수 있다.(×)

⑤ 개업공인중개사에 따라 차별적으로 공개하면 안 됩니다.

공인중개사법령상 **부동산거래정보망의 지정 및 이용**에 관한 설명으로 옳은 것은?[35회]

① 전기통신사업법의 규정에 의한 부가통신사업자가 아니어도 국토교통부령으로 정하는 요건을 갖추면 거래정보사업자로 지정받을 수 있다.(×)

② 거래정보사업자로 지정받으려는 자는 공인중개사의 자격을 갖추어야 한다.(×)

③ 거짓이나 그 밖의 부정한 방법으로 거래정보사업자로 지정받은 경우 그 지정은 무효이다.(×)

④ 법인인 거래정보사업자의 해산으로 부동산거래정보망의 계속적인 운영이 불가능한 경우 국토교통부장관은 청문없이 그 지정을 취소할 수 있다.(○)

⑤ 부동산거래정보망에 정보가 공개된 중개대상물의 거래가 완성된 경우 개업공인중개사는 3개월 이내에 해당 거래정보사업자에게 이를 통보하여야 한다.(×)

① 부가통신사업자여야 거래정보사업자로 지정받을 수 있어요.(24조2항) ② 거래정보사업자로 지정받으려는 자는 공인중개사를 1명 이상 확보하기만 하면 됩니다.(시행규칙15조2항3호) ③ 무효가 아니라 취소할 수 있어요.(24조5항1호) ④ 해산되면 청문없이 취소가능(24조5항5호, 24조6항) ⑤ 3개월이 아니라 지체없이(24조7항)

중개대상물의 확인·설명★★★★★

① 개업공인중개사는 중개를 의뢰받은 경우에는 중개가 완성되기 전에 해당 중개대상물의 상태·입지 및 권리관계, 법령의 규정에 의한 거래 또는 이용제한사항, 그리고 다음 사항을 확인하여 이를 해당 중개대상물에 관한 권리를 취득하고자 하는 중개의뢰인에게 성실·정확하게 설명하고, 토지대장 등본 또는 부동산종합증명서, 등기사항증명서 등 설명의 근거자료를 제시하여야 한다.(ㄹ,ㅋ,ㅌ,ㅍ은 주택 임대차 중개의 경우에만 적용)

ㄱ. 중개대상물의 종류·소재지·지번·지목·면적·용도·구조 및 건축연도 등 중개대상물에 관한 기본적인 사항

ㄴ. 소유권·전세권·저당권·지상권 및 임차권 등 중개대상물의 권리관계에 관한 사항

ㄷ. 거래예정금액·중개보수 및 실비의 금액과 그 산출내역

ㄹ. 관리비 금액과 그 산출내역

ㅁ. 토지이용계획, 공법상의 거래규제 및 이용제한에 관한 사항

ㅂ. 수도·전기·가스·소방·열공급·승강기 및 배수 등 시설물의 상태

ㅅ. 벽면·바닥면 및 도배의 상태

ㅇ. 일조·소음·진동 등 환경조건

ㅈ. 도로 및 대중교통수단과의 연계성, 시장·학교와의 근접성 등 입지조건

주택임대차중개에만적용
① 관리비 금액과 그 산출내역
② 주택임대차법에 따른 임대인의 정보 제시 의무 및 보증금 중 일정액의 보호에 관한 사항
③ 주민등록법에 따른 전입세대 확인서의 열람 또는 교부에 관한 사항
④ 민간임대주택에 관한 특별법에 따른 임대보증금에 대한 보증에 관한 사항(중개대상물인 주택이 같은 법에 따른 민간임대주택인 경우만 해당)

ㅊ. 중개대상물에 대한 권리를 취득함에 따라 부담하여야 할 조세의 종류 및 세율

ㅋ. 주택임대차보호법에 따른 임대인의 정보 제시 의무 및 보증금 중 일정액의 보호에 관한 사항

ㅌ. 주민등록법에 따른 전입세대확인서의 열람 또는 교부에 관한 사항

ㅍ. 민간임대주택에 관한 특별법에 따른 임대보증금에 대한 보증에 관한 사항
(중개대상물인 주택이 같은 법에 따른 민간임대주택인 경우만 해당)

② 개업공인중개사는 중개대상물 확인·설명서에 **위의 사항**을 적어 거래당사자에게 발급해야 한다.

③ 개업공인중개사는 확인·설명을 위하여 필요한 경우에는 중개대상물의 매도의뢰인·임대의뢰인 등에게 해당 중개대상물의 상태에 관한 자료를 요구할 수 있다.

④ 개업공인중개사는 매도의뢰인·임대의뢰인 등이 중개대상물의 상태에 관한 자료요구에 불응한 경우에는 그 사실을 매수의뢰인·임차의뢰인 등에게 설명하고, 중개대상물확인·설명서에 기재하여야 한다.

⑤ 개업공인중개사는 중개가 완성되어 거래계약서를 작성하는 때에는 확인·설명 사항을 서면으로 작성하여 거래당사자에게 교부하고 3년 동안 그 원본, 사본 또는 전자문서를 보존하여야 한다. 다만, 확인·설명사항이 공인전자문서센터에 보관된 경우에는 그러하지 아니하다.

⑥ 확인·설명서에는 개업공인중개사(법인인 경우에는 대표자를 말하며, 법인에 분사무소가 설치되어 있는 경우에는 분사무소의 책임자를 말함)가 서명 및 날인하되, 해당 중개행위를 한 소속공인중개사가 있는 경우에는 소속공인중개사가 함께 서명 및 날인(서명 또는 날인×)하여야 한다.

⑦ 2명의 개업공인중개사가 공동중개한 경우 중개대상물확인·설명서에는 공동중개한 개업공인중개사가 모두 서명 및 날인하여야 한다.

⑧ 중개대상물 확인·설명서

ㄱ. 중개대상물 확인·설명서[Ⅰ] – 주거용 건축물

• 기본 확인사항
대상물건의 표시(내진설계/능력), 권리관계, 토지이용계획/공법상 이용제한 및 거래규제에 관한 사항(토지), 임대차확인사항, 입지조건(도로와의 관계, 접근성, 대중교통, 주차장, 교육시설, 판매 및 의료시설), 관리에 관한 사항(경비실, 관리비), 비선호시설(1km이내), 거래예정 금액, 취득 시 부담할 조세의 종류 및 세율

• 세부 확인사항
실제권리관계 또는 공시되지 않은 물건의 권리사항, 내·외부시설물의 상태(수도, 전기, 취사용 가스, 소방〈단독경보형감지기〉, 난방방식 및 연료공급, 승강기, 배수), 벽면·바닥면 및 도배상태, 환경조건(일조량, 소음, 진동), 현장안내

• 중개보수에 관한 사항 : 중개보수 및 실비의 금액과 산출내역

중개대상물 확인·설명서의 종류
[1] 주거용 건축물
[2] 비주거용 건축물
[3] 토지
[4] 입목·광업재단·공장재단

입지조건은 중개대상물에 따라 달라!

환경조건은 주거용 건축물만!

비선호시설은 주거용 건물과 토지만!

ㄴ. 중개대상물 확인·설명서[Ⅱ] – 비주거용 건축물

• 기본 확인사항

대상물건의 표시(내진설계/능력), 권리관계, 토지이용계획/공법상 이용제한 및 거래 규제에 관한 사항(토지), 입지조건(도로와의 관계, 접근성, 대중교통, 주차장), 관리에 관한 사항(경비실, 관리주체), 거래예정금액, 취득 시 부담할 조세의 종류 및 세율

• 세부 확인사항

실제권리관계 또는 공시되지 않은 물건의 권리사항, 내·외부시설물의 상태 (수도, 전기, 취사용 가스, 소방<소화전, 비상벨>, 난방방식 및 연료공급, 승강기, 배수), 벽면(도배×)

• 중개보수에 관한 사항 : 중개보수 및 실비의 금액과 산출내역

ㄷ. 중개대상물 확인·설명서[Ⅲ] – 토지

• 기본 확인사항

대상물건의 표시, 권리관계, 토지이용계획/공법상 이용제한 및 거래규제에 관한 사항(토지), 입지조건(도로와의 관계, 접근성, 대중교통), 비선호시설(1㎞이내), 거래예정금액, 취득 시 부담할 조세의 종류 및 세율

• 세부 확인사항 : 실제권리관계 또는 공시되지 않은 물건의 권리사항

• 중개보수에 관한 사항 : 중개보수 및 실비의 금액과 산출내역

ㄹ. 중개대상물 확인·설명서[Ⅳ] – 입목·광업재단·공장재단

• 기본 확인사항

대상물건의 표시, 권리관계, 재단목록 또는 입목의 생육상태, 그 밖의 참고사항, 거래예정금액, 취득 시 부담할 조세의 종류 및 세율

• 세부 확인사항 : 실제권리관계 또는 공시되지 않은 물건의 권리사항

• 중개보수에 관한 사항 : 중개보수 및 실비의 금액과 산출내역

⑨ 개업공인중개사는 중개업무의 수행을 위하여 필요한 경우에는 중개의뢰인 에게 주민등록증 등 신분을 확인할 수 있는 증표를 제시할 것을 요구할 수 있다.

⑩ 개업공인중개사는 주택의 임대차계약을 체결하려는 중개의뢰인에게 다음 사항을 설명하여야 한다.

ㄱ. 주택임대차보호법에 따라 확정일자부여기관에 정보제공을 요청할 수 있다는 사항

ㄴ. 국세징수법 및 지방세징수법에 따라 임대인이 납부하지 아니한 국세 및 지방세의 열람을 신청할 수 있다는 사항

공인중개사법령상 중개대상물 확인·설명서[Ⅱ](비주거용 건축물)에서 개업공인 중개사 기본 확인사항이 아닌 것은?[35회]

① 토지의 소재지, 면적 등 대상물건의 표시

② 소유권 외의 권리사항 등 등기부 기재사항

③ 관리비 ④ 입지조건 ⑤ 거래예정금액

공인중개사법령상 개업공인중개사가 확인·설명하여야 할 사항 중 중개대상물 확인·설명서[Ⅰ](주거용 건축물), [Ⅱ](비주거용 건축물), [Ⅲ](토지), [Ⅳ](입목·광업재단·공장재단) 서식에 **공통적으로 기재**되어 있는 것을 모두 고른 것은?[31회]

> ㄱ. 권리관계(등기부 기재사항)(○)   ㄴ. 비선호시설(×)
> ㄷ. 거래예정금액(○)   ㄹ. 환경조건(일조량·소음)(×)
> ㅁ. 실제 권리관계 또는 공시되지 않은 물건의 권리사항(○)

① ㄱ, ㄴ ② ㄴ, ㄹ ③ ㄱ, ㄷ, ㅁ ④ ㄱ, ㄷ, ㄹ, ㅁ ⑤ ㄱ, ㄴ, ㄷ, ㄹ, ㅁ

공인중개사법령상 개업공인중개사가 **주거용 건축물의 중개대상물 확인·설명서에** 기재해야 할 기본 확인사항 중 **입지조건**에 해당하지 않는 것은?[27회]

① 공원 ② 대중교통 ③ 주차장 ④ 교육시설 ⑤ 도로와의 관계

기본확인사항 중 입지조건
[1] 주거용 : 도접대주교판
[2] 비주거용 : 도접대주
[3] 토지 : 도접대
[4] 임목 등: 입지조건×

공인중개사법령상 **토지 매매**의 경우 **중개대상물 확인·설명서** 서식의 개업공인중개사 **기본 확인사항**에 해당하지 않는 것은?[26회]

① 입지조건   ② 실제 권리관계 또는 공시되지 않은 물건의 권리사항
③ 거래예정금액 ④ 취득 시부담할 조세의 종류 및 세율 ⑤ 비선호시설(1km이내)

확인·설명서의
구조를 알면 쉬운 문제

공인중개사법령상 개업공인중개사가 **주거용 건축물의 중개대상물 확인· 설명서** [Ⅰ]를 작성하는 방법에 관한 설명으로 틀린 것은?[28회]

① 개업공인중개사 기본 확인사항은 개업공인중개사가 확인한 사항을 적어야 한다.(○)
② 건축물의 내진설계 적용여부와 내진능력은 개업공인중개사 기본 확인사항이다.(○)
③ 거래예정금액은 중개가 완성되기 전 거래예정금액을 적는다.(○)
④ 벽면 및 도배상태는 매도(임대)의뢰인에게 자료를 요구하여 확인한 사항을 적는다.(○)
⑤ 아파트를 제외한 주택의 경우, 단독경보형감지기 설치여부는 개업공인중개사 세부 확인사항이 아니다.(×)

저자의 한마디
② 건축물의 내진설계 적용여부와 내진능력은 기본확인사항 중 '대상물건의 표시'란에 기재합니다. 비거주용 건축물에도 당연히 기재하는 사항이죠.

공인중개사법령상 **중개대상물 확인·설명서**[I](주거용 건축물)의 작성방법으로 옳은 것을 모두 고른 것은?[34회수정]

> ㄱ. 임대차의 경우 '취득 시 부담할 조세의 종류 및 세율'은 적지 않는다.(○)
> ㄴ. '환경조건'은 중개대상물에 대해 개업공인중개사가 매도(임대)의뢰인에게 자료를 요구하여 확인한 사항을 적는다.(○)
> ㄷ. 중개대상물에 법정지상권이 있는지 여부는 '실제 권리관계 또는 공시되지 않은 물건의 권리 사항'란에 개업공인중개사가 직접 확인한 사항을 적는다.(×)

① ㄱ ② ㄱ,ㄴ ③ ㄱ,ㄷ ④ ㄴ,ㄷ ⑤ ㄱ,ㄴ,ㄷ

공인중개사법령상 **중개대상물 확인·설명서[Ⅱ](비주거용 건축물)**에서 개업공인중개사의 **기본 확인사항**이 아닌 것은?[33회]

① 소재지, 면적 등 대상물건의 표시에 관한 사항
② 소유권 외의 권리사항
③ 비선호시설(1km이내)의 유무에 관한 사항
④ 관리주체 등 관리에 관한 사항
⑤ 소유권에 관한 사항

공인중개사법령상 **중개대상물 확인·설명서[Ⅱ](비주거용 건축물)**에서 개업공인중개사의 확인사항으로 옳은 것을 모두 고른 것은?[29회]

단독경보형감지기와 환경조건은 주거용 건축물에만!

> ㄱ. 단독경보형감지기 설치 여부는 세부 확인사항이다.(×)
> ㄴ. 내진설계 적용여부는 기본 확인사항이다.(○)
> ㄷ. 실제권리관계 또는 공시되지 않은 물건의 권리 사항은 세부 확인사항이다.(○)
> ㄹ. 환경조건(일조량·소음·진동)은 세부 확인사항이다.(×)

① ㄱ,ㄴ ② ㄱ,ㄹ ③ ㄴ,ㄷ ④ ㄱ,ㄴ,ㄷ ⑤ ㄴ,ㄷ,ㄹ

공인중개사법령상 개업공인중개사가 **토지의 중개대상물 확인·설명서**에 기재해야 할 사항에 해당하는 것은 모두 몇 개인가?[27회]

> ○ 비선호시설(1㎞이내)의 유무(○)　○ 일조량 등 환경조건(×)
> ○ 관리주체의 유형에 관한 사항(×)　○ 공법상 이용제한 및 거래규제에 관한 사항(○)
> ○ 접근성 등 입지조건(○)

① 1개　② 2개　③ 3개　④ 4개　⑤ 5개

일조량 등 환경조건은 주거용 건축물에만, 관리주체의 유형에 관한 사항은 건축물(주거용, 비주거용)에만 기재하는 사항입니다. 정답③

개업공인중개사가 주택의 **임대차**를 중개하면서 **중개대상물 확인·설명서[I](주거용 건축물)**를 작성하는 경우 **제외하거나 생략할 수 있는 것**을 모두 고른 것은?[33회]

> ㄱ. 취득 시 부담할 조세의 종류 및 세율
> ㄴ. 개별공시지가(㎡당) 및 건물(주택)공시가격
> ㄷ. 다가구주택 확인서류 제출여부
> ㄹ. 건축물의 방향

① ㄱ,ㄴ　② ㄱ,ㄷ　③ ㄷ,ㄹ　④ ㄱ,ㄴ,ㄹ　⑤ ㄴ,ㄷ,ㄹ

임차인은 주택을 사는 사람이 아니기 때문에 ㄱ. 취득 시 부담할 조세나 ㄴ. 공시지가 및 건물(주택)공시가격에는 별로 관심이 없겠죠? 정답①

공인중개사법령상 개업공인중개사 甲의 **중개대상물확인·설명**에 관한 설명으로 틀린 것은?(다툼이 있으면 판례에 따름)[34회]

① 甲은 중개가 완성되어 거래계약서를 작성하는 때에 중개대상물 확인 설명서를 작성하여 거래당사자에게 교부해야 한다.(○)

② 甲은 중개대상물에 근저당권이 설정된 경우, 실제의 피담보채무액을 조사·확인하여 설명할 의무가 있다.(×)

③ 甲은 중개대상물의 범위 외의 물건이나 권리 또는 지위를 중개하는 경우에도 선량한 관리자의 주의로 권리관계 등을 조사·확인하여 설명할 의무가 있다.(○)

④ 甲은 자기가 조사·확인하여 설명할 의무가 없는 사항이라도 중개의뢰인이 계약을 맺을지를 결정하는 데 중요한 것이라면 그에 관해 그릇된 정보를 제공해서는 안 된다.(○)

⑤ 甲이 성실·정확하게 중개대상물의 확인·설명을 하지 않거나 설명의 근거자료를 제시하지 않은 경우 500만원 이하의 과태료 부과사유에 해당한다.(○)

① 25조3항 ② 채권최고액만 확인·설명하면 됩니다. 실제의 피담보채무액까지 조사·확인할 필요는 없어요. ③ 선관주의 의무 ④ 판례 ⑤ 51조2항 1의6호

공인중개사법령상 공인중개사인 개업공인중개사 등의 **중개대상물 확인·설명**에 관한 내용으로 옳은 것을 모두 고른 것은?[28회]

> ㄱ. 시장·학교와의 근접성 등 중개대상물의 입지조건은 개업공인중개사가 확인·설명 해야 하는 사항에 해당한다.(○)
> ㄴ. 개업공인중개사가 중개대상물 확인·설명서의 사본을 보존해야 할 기간은 5년이다.(×)
> ㄷ. 당해 중개행위를 한 소속공인중개사가 있는 경우, 확인·설명서에는 개업공인중개사와 그 소속공인중개사가 함께 서명 몇 날인해야 한다.(○)
> ㄹ. 중개업무를 수행하는 소속공인중개사가 성실·정확하게 중개대상물의 확인·설명을 하지 않은 것은 소속공인중개사의 자격정지 사유에 해당한다.(○)

저자의 한마디

ㄹ. 성실·정확하게 중개대상물의 확인·설명을 하지 않으면, 개공은 과태료(500만원 이하), 소공은 자격정지 처분을 받게 됩니다.

① ㄱ,ㄴ ② ㄱ,ㄹ ③ ㄴ,ㄷ ④ ㄱ,ㄷ,ㄹ ⑤ ㄴ,ㄷ,ㄹ

ㄴ. 5년이 아니라 3년 정답④

공인중개사법령상 **중개대상물의 확인·설명**에 관한 내용으로 옳은 것은?(다툼이 있으면 판례에 따름)[30회]

① 개업공인중개사는 선량한 관리자의 주의로 중개대상물의 권리관계 등을 조사·확인하여 중개의뢰인에게 설명할 의무가 있다.(○)
② 2명의 개업공인중개사가 공동중개한 경우 중개대상물확인·설명서에는 공동중개한 개업공인중개사 중 1인만 서명·날인하면 된다.(×)
③ 개업공인중개사는 중개대상물에 대한 확인·설명을 중개가 완성된 후 해야 한다.(×)
④ 중개보조원은 중개의뢰인에게 중개대상물의 확인·설명 의무를 진다.(×)
⑤ 개업공인중개사는 중개대상물확인·설명서를 작성하여 거래당사자에게 교부하고 그 원본을 5년간 보존하여야 한다.(×)

① 우리 판례의 입장 ② 2명 모두 서명·날인합니다. ③ 중개완성 전에 확인하고 설명해야죠. ④ 중개보조원에게는 확인·설명 의무가 없어요. ⑤ 5년이 아니라 3년 보존

공인중개사법령상 개업공인중개사 甲의 **중개대상물 확인·설명**에 관한 내용으로 틀린 것은?(다툼이 있으면 판례에 따름)[29회]

① 甲은 중개가 완성되어 거래계약서를 작성하는 때에는 중개대상물 확인·설명서를 작성해야 한다.(○)
② 甲은 작성된 중개대상물 확인·설명서를 거래당사자 모두에게 교부해야 한다.(○)
③ 甲은 중개보수 및 실비의 금액과 그 산출내역을 확인·설명해야 한다.(○)
④ 甲은 임대의뢰인이 중개대상물의 상태에 관한 자료요구에 불응한 경우 그 사실을 중개대상물 확인·설명서에 기재할 의무가 없다.(×)
⑤ 甲은 상가건물의 임차권 양도계약을 중개할 경우 양수의뢰인이 상가건물 임대차보호법에서 정한 대항력, 우선변제권 등의 보호를 받을 수 있는지를 확인·설명할 의무가 있다.(○)

④ 자료요구에 불응한 경우 그 사실을 중개대상물 확인·설명서에 기재해야 합니다. 빈출지문!

공인중개사법령상 **내용**으로 옳은 것은?[31회]

① 중개보조원은 중개대상물에 관한 확인·설명의무가 있다.(×)

② 소속공인중개사는 그 소속 개업공인중개사인 법인의 임원이 될 수 없다.(×)

③ 외국인은 공인중개사가 될 수 없다.(×)

④ 개업공인중개사가 성실·정확하게 중개대상물의 확인·설명을 하지 않은 경우 과태료 처분사유에 해당한다.(○)

⑤ 토지이용계획은 주거용 건축물 매매계약의 중개 의뢰를 받은 개업공인 중개사가 확인·설명해야 할 사항에 포함되지 않는다.(×)

저자의 한마디

⑤ 건축물이라도 그 건축물이 놓인 토지의 이용계획은 매수인에게 매우 큰 관심사항이죠. 따라서 반드시 확인·설명해야 합니다.

① 중개보조원은 중개대상물에 관한 확인·설명의무가 없어요. ② 소속공인중개사는 얼마든지 그 소속 법인의 임원이 될 수 있습니다. 이건 이중소속이 아니까요. ③ 외국인도 공인중개사가 될 수 있어요. ④ 500만원 이하의 과태료. 빈출지문! ⑤ 토지이용계획은 확인·설명해야 할 사항에 포함됩니다.

개업공인중개사가 중개의뢰인에게 **중개대상물에 대하여 설명**한 내용으로 옳은 것을 모두 고른 것은?(다툼이 있으면 판례에 따름)[27회]

ㄱ. 토지의 소재지, 지목, 지형 및 경계는 토지대장을 통해 확인할 수 있다.(×)
ㄴ. 분묘기지권은 등기사항증명서를 통해 확인할 수 없다.(○)
ㄷ. 지적도상의 경계와 실제경계가 일치하지 않는 경우 특별한 사정이 없는 한 실제 경계를 기준으로 한다.(×)
ㄹ. 동일한 건물에 대하여 등기부상의 면적과 건축물대장의 면적이 다른 경우 건축물 대장을 기준으로 한다.(○)

① ㄱ,ㄷ ② ㄴ,ㄹ ③ ㄱ,ㄴ,ㄷ ④ ㄱ,ㄷ,ㄹ ⑤ ㄴ,ㄷ,ㄹ

ㄱ. 소재지, 지목은 토지대장에서 확인 가능하지만, 지형 및 경계는 도면을 봐야 확인할 수 있어요. ㄷ. 지적도상의 경계와 실제경계가 일치하지 않으면 지적도상의 경계를 기준으로 합니다. 정답②

공인중개사법령상 **중개대상물의 확인·설명 사항**과 **전속중개계약에 따라 부동산거래 정보망에 공개해야 할 중개대상물에 관한 정보**에 공통으로 규정된 것을 모두 고른 것은?[32회]

ㄱ. 공법상의 거래규제에 관한 사항   ㄴ. 벽면 및 도배의 상태
ㄷ. 일조·소음의 환경 조건   ㄹ. 취득시 부담해야 할 조세의 종류와 세율

① ㄱ,ㄴ ② ㄷ,ㄹ ③ ㄱ,ㄴ,ㄷ ④ ㄴ,ㄷ,ㄹ ⑤ ㄱ,ㄴ,ㄷ,ㄹ

ㄹ. 취득시 부담해야 할 조세의 종류와 세율은 중개대상물의 확인·설명 사항에만 해당합니다. 나머지 ㄱ~ㄷ은 공통사항입니다. 정답③

거래계약서의 작성*****

① 개업공인중개사는 중개대상물에 관하여 <u>중개가 완성된 때</u>에는 거래계약서를 작성하여 거래당사자에게 교부하고 5년 동안 그 원본, 사본 또는 전자문서를 <u>보존</u>하여야 한다. 다만, 거래계약서가 공인전자문서센터에 보관된 경우에는 그러하지 아니하다.

전자문서 및 전자거래 기본법에 따른 **공인전자문서 센터**에 보관된 경우, 공인중개사법령상 개업공인중개사가 원본, 사본 또는 전자문서를 보존기간 동안 **보존해야 할 의무가 면제**된다고 명시적으로 규정된 것을 모두 고른 것은?[32회]

> ㄱ. 중개대상물 확인·설명서　　　ㄴ. 손해배상책임보장에 관한 증서
> ㄷ. 소속공인중개사 고용신고서　　ㄹ. 거래계약서

① ㄱ　② ㄱ, ㄹ　③ ㄴ, ㄷ　④ ㄴ, ㄷ, ㄹ　⑤ ㄱ, ㄴ, ㄷ, ㄹ

> 중개대상물 확인·설명서(ㄱ)와 거래계약서(ㄹ)는 공인전자문서 센터에 보관된 경우, 그 원본 등을 따로 보존하지 않아도 된다고 규정되어 있습니다. 두 가지 경우에만 명시되어 있어요. 정답②

② 거래계약서 기재사항

ㄱ. 거래당사자의 인적 사항　ㄴ. 물건의 표시　ㄷ. 계약일

ㄹ. 거래금액·계약금액 및 그 지급일자 등 지급에 관한 사항

ㅁ. 물건의 인도일시　ㅂ. 권리이전의 내용

ㅅ. 계약의 조건이나 기한이 있는 경우에는 그 조건 또는 기한

ㅇ. 중개대상물확인·설명서 교부일자　ㅈ. 그 밖의 약정내용

③ 거래계약서에는 확인·설명서처럼 개업공인중개사(법인인 경우에는 대표자를 말하며, 법인에 분사무소가 설치되어 있는 경우에는 분사무소의 책임자를 말함)가 서명 및 날인하되, <u>해당 중개행위를 한 소속공인중개사가 있는 경우에는</u> 소속공인중개사가 함께 서명 및 날인(서명 또는 날인×)하여야 한다.

④ 개업공인중개사는 거래계약서를 작성하는 때에는 거래금액 등 거래내용을 거짓으로 기재하거나 서로 다른 둘 이상의 거래계약서를 작성하여서는 아니 된다.

⑤ 국토교통부장관은 개업공인중개사가 작성하는 거래계약서의 표준이 되는 서식을 정하여 그 사용을 권장할 수 있다.

공인중개사법령상 개업공인중개사가 중개를 완성한 때에 작성하는 **거래계약서**에 기재하여야 하는 사항을 모두 고른 것은?[35회]

> ㄱ. 권리이전의 내용(○)
> ㄴ. 물건의 인도일시(○)
> ㄷ. 계약의 조건이나 기한이 있는 경우에는 그 조건 또는 기한(○)
> ㄹ. 중개대상물 확인·설명서 교부일자(○)

① ㄱ, ㄹ　② ㄴ, ㄷ　③ ㄱ, ㄴ, ㄷ　④ ㄱ, ㄴ, ㄹ　⑤ ㄱ, ㄴ, ㄷ, ㄹ

25조3항 단서
다만, 확인·설명사항이 공인전자문서센터에 보관된 경우에는 <u>보존하지 않아도 된다.</u>

26조1항 단서
다만, 거래계약서가 공인전자문서센터에 보관된 경우에는 <u>보존하지 않아도 된다.</u>

거래계약서 기재사항, 암기!

저자의 한마디

거래계약서나 확인·설명서와 같이 중요한 서류에는 서명도 하고 도장도 찍습니다. 성의없이 사인(서명)만 하면 안되겠죠?

저자의 한마디

거래계약서는 현재 표준서식이 없고, 사용의무도 없습니다. 그래서 중개사무소마다 제각각이죠.

공인중개사법령상 개업공인중개사가 **거래계약서**를 작성하는 경우에 관한 설명으로 틀린 것은?(다툼이 있으면 판례에 따름)^{31회}

① 개업공인중개사는 중개가 완성된 때에만 거래계약서를 작성·교부하여야 한다.(○)

② 개업공인중개사는 거래계약서에 서명 및 날인하여야 한다.(○)

③ 중개대상물 확인·설명서 교부일자는 거래계약서의 필수 기재사항에 해당한다.(○)

④ 개업공인중개사의 거래계약서 보존기간(공인전자문서센터에 보관된 경우는 제외함)은 5년이다.(○)

⑤ 개업공인중개사가 하나의 거래계약에 대하여 서로 다른 둘 이상의 거래계약서를 작성한 경우, 등록관청은 중개사무소의 개설등록을 취소하여야 한다.(×)

③ 빈출지문! ⑤ 이중계약서는 임의적 등록취소사유입니다. 따라서 개설등록을 '취소하여야' 하는 것이 아니라 '취소할 수' 있습니다. 빈출지문!

공인중개사법령상 개업공인중개사의 **거래계약서 작성** 등에 관한 설명으로 옳은 것은?^{33회}

① 개업공인중개사가 국토교통부장관이 정하는 거래계약서 표준서식을 사용하지 아니한 경우, 시·도지사는 그 자격을 취소해야 한다.(×)

② 중개대상물확인·설명서 교부일자는 거래계약서에 기재해야 하는 사항이다.(○)

③ 하나의 거래계약에 대하여 서로 다른 둘 이상의 거래계약서를 작성한 경우, 시·도지사는 3개월의 범위 안에서 그 업무를 정지해야 한다.(×)

④ 중개행위를 한 소속공인중개사가 거래계약서를 작성하는 경우, 그 소속공인중개사가 거래계약서에 서명 및 날인하여야 하며 개업공인중개사는 서명 및 날인의무가 없다.(×)

⑤ 거래계약서가 전자문서 및 전자거래기본법에 따른 공인전자문서센터에 보관된 경우 3년간 그 사본을 보존해야 한다.(×)

저자의 한마디

③ 이중계약서의 경우, **등록관청**은 개공에게 임의적 등록취소 처분을 할 수 있고, **시·도지사**는 소공에게 자격정지 처분을 할 수 있어요.

① 거래계약서 표준서식이 아직 없답니다. ③ 이중계약서 작성은 임의적 등록 취소사유 ④ 개공도 서명하고 날인해야죠. ⑤ 공인전자문서센터에 보관된 경우에는 5년간 보존의무가 없어요.

공인중개사법령상 개업공인중개사의 **거래계약서 작성**에 관한 설명으로 옳은 것은?^{25회}

① 중개대상물 확인·설명서 교부일자는 거래계약서에 기재해야 할 사항이 아니다.(×)

② 당해 중개행위를 한 소속공인중개사도 거래계약서를 작성할 수 있으며, 이 경우 개업공인중개사만 서명 및 날인하면 된다.(×)

③ 거래계약서는 국토교통부장관이 정하는 표준 서식으로 작성해야 한다.(×)

④ 법인의 분사무소가 설치되어 있는 경우, 그 분사무소에서 작성하는 거래계약서에 분사무소의 책임자가 서명 및 날인해야 한다.(○)

⑤ 개업공인중개사가 거래계약서에 거래내용을 거짓으로 기재한 경우, 1년 이하의 징역 또는 1천만원 이하의 벌금에 처해진다.(×)

공인중개사법령상 **공인중개사인 개업공인중개사의 거래계약서 작성** 등에 관한 설명으로 틀린 것은?[26회]

전속중개계약서만 사용의무 있죠!

① 거래계약서는 국토교통부장관이 정한 표준서식을 사용해야 한다.(×)

② 거래계약서에 거래내용을 거짓으로 기재한 경우 등록관청은 중개사무소 개설 등록을 취소할 수 있다.(○)

③ 개업공인중개사는 하나의 거래계약에 서로 다른 2이상의 거래계약서를 작성해서는 아니 된다.(○)

④ 개업공인중개사가 거래계약서 사본을 보존해야 하는 기간은 5년이다.(○)

⑤ 거래계약서에는 당해 중개행위를 한 소속공인중개사가 있는 경우 개업 공인중개사와 소속공인중개사가 함께 서명 및 날인해야 한다.(○)

공인중개사법령상 개업공인중개사의 **거래계약서 작성** 등에 관한 설명으로 옳은 것은?[27회]

① 국토교통부장관이 지정한 표준거래계약서 양식으로 계약서를 작성해야 한다.(×)

② 작성된 거래계약서는 거래당사자에게 교부하고 3년간 그 사본을 보존해야 한다.(×)

③ 거래계약서의 사본을 보존기간 동안 보존하지 않은 경우 등록관청은 중개 사무소의 개설등록을 취소할 수 있다.(×)

④ 중개대상물 확인·설명서 교부일자는 거래계약서 기재사항이 아니다.(×)

⑤ 분사무소의 소속공인중개사가 중개행위를 한 경우 그 소속공인중개사와 분사무소의 책임자가 함께 거래계약서에 서명 및 날인해야 한다.(○)

개업공인중개사 甲이 공인중개사법령에 따라 **거래계약서**를 작성하고자 한다. 이에 관한 설명으로 틀린 것은?(다툼이 있으면 판례에 따름)[28회]

① 甲은 중개대상물에 대하여 중개가 완성된 때에만 거래계약서를 작성·교부 해야 한다.(○)

② 甲이 작성하여 거래당사자에게 교부한 거래계약서의 사본을 보존해야 할 기간은 5년이다.(○)

③ 공동중개의 경우, 甲과 참여한 개업공인중개사 모두 거래계약서에 서명 또는 날인해야 한다.(×)

④ 계약의 조건이 있는 경우, 그 조건은 거래계약서에 기재해야 할 사항이다.(○)

⑤ 국토교통부장관은 개업공인중개사가 작성하는 거래계약서의 표준이 되는 서식을 정하여 그 사용을 권장할 수 있다.(○)

공인중개사법령상 **개업공인중개사의 거래계약서 작성** 등에 관한 설명으로 틀린 것은?[29회]

① 거래계약서에는 물건의 인도일시를 기재해야 한다.(○)

② 공인중개사법 시행규칙에 개업공인중개사가 작성하는 거래계약서의 표준이 되는 서식이 정해져 있다.(×)

③ 거래계약서에는 중개대상물 확인·설명서 교부일자를 기재해야 한다.(○)

④ 소속공인중개사가 중개행위를 한 경우 그 거래계약서에는 소속공인중개사와 개업공인중개사가 함께 서명 및 날인해야 한다.(○)

⑤ 공동중개의 경우 참여한 개업공인중개사가 모두 서명 및 날인해야 한다.(○)

공인중개사법령상 **중개행위** 등에 관한 설명으로 옳은 것은?(다툼이 있으면 판례에 따름)[32회]

① 중개행위에 해당하는지 여부는 개업공인중개사의 행위를 객관적으로 보아 판단할 것이 아니라 개업공인중개사의 주관적 의사를 기준으로 판단해야 한다.(×)

② 임대차계약을 알선한 개업공인중개사가 계약 체결 후에도 목적물의 인도 등 거래당사자의 계약상 의무의 실현에 관여함으로써 계약상 의무가 원만하게 이행되도록 주선할 것이 예정되어 있는 경우, 그러한 개업공인중개사의 행위는 사회통념상 중개행위의 범주에 포함된다.(○)

③ 소속공인중개사는 자신의 중개사무소 개설등록을 신청할 수 있다.(×)

④ 개업공인중개사는 거래계약서를 작성하는 경우 거래계약서에 서명하거나 날인하면 된다.(×)

⑤ 개업공인중개사가 국토교통부장관이 정한 거래계약서 표준서식을 사용하지 않는 경우 과태료부과처분을 받게 된다.(×)

개업공인중개사 등의 기본윤리*

① 개업공인중개사 및 소속공인중개사는 전문직업인으로서 지녀야 할 품위를 유지하고 신의와 성실로써 공정하게 중개 관련 업무를 수행하여야 한다.

② 개업공인중개사 등은 이 법 및 다른 법률에 특별한 규정이 있는 경우를 제외하고는 그 업무상 알게 된 비밀을 누설하여서는 아니된다. 개업공인중개사 등이 그 업무를 떠난 후에도 또한 같다.

손해배상책임의 보장*****

① 개업공인중개사는 중개행위를 하는 경우 고의 또는 과실로 인하여 거래당사자에게 재산상의 손해를 발생하게 한 때에는 그 손해를 배상할 책임이 있다.
(→비재산적 손해에 대해서는 배상책임×)

② 개업공인중개사는 자기의 중개사무소를 다른 사람의 중개행위의 장소로 제공함으로써 거래당사자에게 재산상의 손해를 발생하게 한 때에는 그 손해를 배상할 책임이 있다.

③ 개업공인중개사는 업무를 개시하기 전에 손해배상책임을 보장하기 위하여 다음과 같이 보증보험 또는 공제에 가입하거나 공탁을 하여야 한다.

ㄱ. 법인인 개업공인중개사 : 4억원 이상(분사무소를 두는 경우에는 분사무소 마다 2억원 이상을 추가로 설정)

ㄴ. 법인이 아닌 개업공인중개사 : 2억원 이상

손해배상책임의 보장방법
1. 보증보험 가입
2. 공제가입
3. 공탁

법인인 개업공인중개사가 서울특별시 A구에 주된 사무소를, 서울특별시 B구·C구·D구·E구에 각각 분사무소를 두는 경우, 공인중개사법령상 중개행위를 함에 있어서 거래당사자에게 발생할 수 있는 손해배상과 관련하여 보증보험에 가입할 때 법인이 설정해야 할 최저 **보증보험금액의 합계**는?(다른 법률에 의해 중개업을 할 수 있는 법인은 제외함)^{23회수정}

① 6억원 ② 8억원 ③ 10억원 ④ 12억원 ⑤ 20억원

주된 사무소 4억원, 분사무소 네 곳에 2억원 씩 8억원. 따라서 총 12억원입니다. 정답④

④ 개업공인중개사는 중개사무소 개설등록을 한 때에는 업무를 시작하기 전에 손해배상책임을 보장하기 위한 조치(→보증보험 가입 등)를 한 후 그 증명서류(전자문서를 포함)를 갖추어 등록관청에 신고하여야 한다. 다만, 보증보험회사·공제사업자 또는 공탁기관(→보증기관)이 보증사실을 등록관청에 직접 통보한 경우에는 신고를 생략할 수 있다.

⑤ 지역농업협동조합이 부동산중개업을 하는 때에는 중개업무를 개시하기 전에 보장금액 2천만원 이상의 보증을 보증기관에 설정하고 그 증명서류를 갖추어 등록관청에 신고하여야 한다.

⑥ 공탁한 공탁금은 개업공인중개사가 폐업 또는 사망한 날부터 3년 이내에는 이를 회수할 수 없다.

⑦ 개업공인중개사는 중개가 완성된 때에는 거래당사자에게 손해배상책임의 보장에 관한 다음 사항을 설명하고 관계 증서의 사본을 교부하거나 관계 증서에 관한 전자문서를 제공하여야 한다.

ㄱ. 보장금액 ㄴ. 보증보험회사, 공제사업을 행하는 자, 공탁기관 및 그 소재지

ㄷ. 보장기간

⑧ 보증을 설정한 개업공인중개사는 그 보증을 <u>다른 보증으로 변경하고자 하는 경우</u>에는 이미 설정한 보증의 효력이 있는 기간 중에 다른 보증을 설정하고 그 증명서류를 갖추어 등록관청에 신고하여야 한다.

⑨ 보증보험 또는 공제에 가입한 개업공인중개사로서 보증기간이 만료되어 <u>다시 보증을 설정하고자 하는 자</u>는 그 보증기간 만료일까지 다시 보증을 설정하고 그 증명서류를 갖추어 등록관청에 신고하여야 한다.

⑩ 중개의뢰인이 손해배상금으로 보증보험금·공제금 또는 공탁금을 지급받고자 하는 경우에는 그 중개의뢰인과 개업공인중개사간의 손해배상 합의서·화해조서 또는 확정된 법원의 판결문 사본 그밖에 이에 준하는 효력이 있는 서류를 첨부하여 보증기관에 손해배상금의 지급을 청구하여야 한다.

⑪ 개업공인중개사는 보증보험금·공제금 또는 공탁금으로 손해배상을 한 때에는 15일 이내에 보증보험 또는 공제에 다시 가입하거나 공탁금 중 부족하게 된 금액을 보전하여야 한다.

저자의 한마디

⑧ 보증의 효력이 끊어지면 안되니까 기설정한 보증의 효력이 있는 동안에 다른 보증으로 변경해야 합니다. ⑨ 보증기간이 만료될 때도 만료일 전에 다시 보증을 설정해야죠.

공인중개사법령상 개업공인중개사의 **보증설정** 등에 관한 설명으로 옳은 것은?^{32회}

① 개업공인중개사가 보증설정 신고를 할 때 등록관청에 제출해야 할 증명서류는 전자문서로 제출할 수 없다.(×)
② 보증기관이 보증사실을 등록관청에 직접 통보한 경우라도 개업공인중개사는 등록관청에 보증설정 신고를 해야 한다.(×)
③ 보증을 다른 보증으로 변경하려면 이미 설정된 보증의 효력이 있는 기간이 지난 후에 다른 보증을 설정해야한다.(×)
④ 보증 변경신고를 할 때 손해배상책임보증 변경신고서 서식의 보증란에 '변경 후 보증내용'을 기재한다.(○)
⑤ 개업공인중개사가 보증보험금으로 손해배상을 한 때에는 그 보증보험의 금액을 보전해야 하며 다른 공제에 가입할 수 없다.(×)

① 전자문서로 제출할 수 있어요. ② 보증기관이 직접 통보한 경우에는 신고를 생략할 수 있어요. ③ 이미 설정된 보증의 효력이 있는 기간에 다른 보증을 설정해야 합니다. ④ 서식 하단의 '변경신고 시 작성방법'에 명기되어 있습니다. ⑤ 다른 공제에 가입할 수 있습니다.

공인중개사법령상 **손해배상책임의 보장**에 관한 설명으로 옳은 것을 모두 고른 것은?^{26회수정}

ㄱ. 지역농업협동조합이 부동산중개업을 하는 때에는 중개업무를 개시하기 전에 보장금액 2천만원 이상의 보증을 보증기관에 설정하고 그 증명서류를 갖추어 등록관청에 신고해야 한다.(○)
ㄴ. 개업공인중개사는 자기의 중개사무소를 다른 사람의 중개행위의 장소로 제공함으로써 거래당사자에게 재산상의 손해를 발생하게 한 때에는 그 손해를 배상할 책임이 없다.(×)
ㄷ. 개업공인중개사는 보증보험금으로 손해배상을 한 때에는 10일 이내에 보증보험에 다시 가입하여야 한다.(×)

① ㄱ   ② ㄴ   ③ ㄱ,ㄷ   ④ ㄴ,ㄷ   ⑤ ㄱ,ㄴ,ㄷ

공인중개사법령상 개업공인중개사 甲의 **손해배상책임의 보장**에 관한 설명으로 틀린 것은?[31회]

① 甲은 업무를 개시하기 전에 손해배상책임을 보장하기 위하여 보증보험 또는 공제에 가입하거나 공탁을 해야 한다.(○)

② 甲이 설정한 보증을 다른 보증으로 변경하려는 경우 이미 설정한 보증의 효력이 있는 기간 중에 다른 보증을 설정하여야 한다.(○)

③ 甲이 보증보험 또는 공제에 가입한 경우 보증기간의 만료로 다시 보증을 설정하려면, 그 보증기간 만료일까지 다시 보증을 설정하여야 한다.(○)

④ 甲이 손해배상책임을 보장하기 위한 조치를 이행하지 아니하고 업무를 개시한 경우 등록관청은 개설등록을 취소할 수 있다.(○)

⑤ 甲이 공제금으로 손해배상을 한 때에는 30일 이내에 공제에 다시 가입하여야 한다.(×)

공인중개사법령상 **개업공인중개사의 손해배상책임의 보장**에 관한 설명으로 틀린 것은?[28회]

① 개업공인중개사는 자기의 중개사무소를 다른 사람의 중개행위의 장소로 제공함으로써 거래당사자에게 재산상의 손해를 발생하게 한 때에는 그 손해를 배상할 책임이 있다.(○)

② 개업공인중개사는 보증보험금·공제금 또는 공탁금으로 손해배상을 한 때에는 30일 이내에 보증보험 또는 공제에 다시 가입하거나 공탁금 중 부족하게 된 금액을 보전해야 한다.(×)

③ 개업공인중개사는 중개가 완성된 때에는 거래당사자에게 손해배상책임의 보장에 관한 사항을 설명하고 관계증서의 사본을 교부하거나 관계 증서에 관한 전자문서를 제공해야 한다.(○)

④ 보증보험의 보증기간이 만료되어 다시 보증을 설정하려는 개업공인중개사는 그 보증기간 만료일까지 다시 보증을 설정해야 한다.(○)

⑤ 개업공인중개사는 업무를 개시하기 전에 손해배상책임을 보장하기 위하여 대통령령이 정하는 바에 따라 보증보험 또는 공제에 가입하거나 공탁을 해야 한다.(○)

공인중개사법령상 **손해배상책임의 보장**에 관한 설명으로 틀린 것은?[32회수정]

① 개업공인중개사는 중개가 완성된 때에는 거래당사자에게 손해배상 책임의 보장기간을 설명해야 한다.(○)

② 개업공인중개사는 고의로 거래당사자에게 손해를 입힌 경우에는 재산상의

손해뿐만 아니라 비재산적 손해에 대해서도 공인중개사법령상 손해배상 책임보장규정에 의해 배상할 책임이 있다.(×)

③ 개업공인중개사가 자기의 중개사무소를 다른 사람의 중개행위의 장소로 제공하여 거래당사자에게 재산상의 손해를 발생하게 한 때에는 그 손해를 배상할 책임이 있다.(○)

④ 법인인 개업공인중개사가 분사무소를 두는 경우 분사무소마다 추가로 2억원 이상의 손해배상 책임의 보증설정을 해야 하나 보장금액의 상한은 없다.(○)

⑤ 지역 농업협동조합이 농업협동조합법에 의해 부동산 중개업을 하는 경우 보증기관에 설정하는 손해배상책임보증의 최저보장금액은 개업공인중개사의 최저보장금액과 다르다.(○)

② 공인중개사법령상 재산적 손해에 대해서만 배상책임이 있습니다. 비재산적 손해(정신적 손해)가 있다면 민법에 따라 배상책임을 지겠죠.

공인중개사법령상 **개업공인중개사의 손해배상책임의 보장**에 관한 설명으로 틀린 것은?(다툼이 있으면 판례에 따름)^{29회}

① 개업공인중개사 등이 아닌 제3자의 중개행위로 거래당사자에게 재산상 손해가 발생한 경우 그 제3자는 이 법에 따른 손해배상책임을 진다.(×)

② 부동산매매계약을 중개하고 계약금 및 중도금 지급에도 관여한 개업공인 중개사가 잔금 중 일부를 횡령한 경우 이 법에 따른 손해배상책임이 있다. (○)

③ 개업공인중개사는 업무를 개시하기 전에 손해배상책임을 보장하기 위하여 법령이 정한 조치를 하여야 한다.(○)

④ 개업공인중개사가 자기의 중개사무소를 다른 사람의 중개행위 장소로 제공함 으로써 거래당사자에게 재산상 손해가 발생한 경우 그 손해를 배상할 책임이 있다.(○)

⑤ 손해배상책임의 보장을 위한 공탁금은 개업공인중개사가 폐업 또는 사망한 날부터 3년 이내에는 회수할 수 없다.(○)

① 개업공인중개사 등이 아닌 제3자의 중개행위로 거래당사자에게 재산상 손해가 발생한 경우, 그 제3자는 이 법에 따른 손해배상책임의 대상이 아닙니다. ② 판례 ③④⑤ 빈출지문!

공인중개사법령상 공인중개사인 개업공인중개사 甲의 **손해배상책임의 보장**에 관한 설명으로 틀린 것은?^{34회}

① 甲은 업무를 시작하기 전에 손해배상책임을 보장하기 위한 조치를 하여야 한다.(○)

② 甲은 2억원 이상의 금액을 보장하는 보증보험 또는 공제에 가입하거나 공탁을 해야 한다.(○)

③ 甲은 보증보험금·공제금 또는 공탁금으로 손해배상을 한 때에는 15일 이내에 보증보험 또는 공제에 다시 가입하거나 공탁금 중 부족하게 된 금액을 보전해야 한다.(○)

④ 甲이 손해배상책임을 보장하기 위한 조치를 이행하지 아니하고 업무를 개시한 경우는 업무정지사유에 해당하지 않는다.(×)

⑤ 甲은 자기의 중개사무소를 다른 사람의 중개행위의 장소로 제공함으로써 거래당사자에게 재산상의 손해를 발생하게 한 때에는 그 손해를 배상할 책임이 있다.(○)

① 30조3항 ② 법인 아닌 개공은 2억원 이상(시행령24조1항2호) ③ 시행령26조2항 ④ 임의적등록취소사유에 해당하는 경우로 업무정지사유에 해당해요.(39조1항11호) ⑤ 30조2항

공인중개사인 개업공인중개사 甲의 소속공인중개사 乙의 중개행위로 중개가 완성되었다. 공인중개사 법령상 이에 관한 설명으로 틀린 것은?[31회]

① 乙의 업무상 행위는 甲의 행위로 본다.(○)

② 중개대상물 확인·설명서에는 甲과 乙이 함께 서명 및 날인하여야 한다.(○)

③ 乙은 甲의 위임을 받아 부동산거래계약 신고서의 제출을 대행할 수 있다.(○)

④ 乙의 중개행위가 금지행위에 해당하여 乙이 징역형의 선고를 받았다는 이유로 甲도 해당 조에 규정된 징역형을 선고받는다.(×)

⑤ 甲은 거래당사자에게 손해배상책임의 보장에 관한 사항을 설명하고 관계 증서의 사본을 교부하거나 관계 증서에 관한 전자문서를 제공하여야 한다.(○)

④ 해당 조에 규정된 징역형이 아니라 벌금형을 선고받습니다. 양벌규정!

공인중개사법령상 **손해배상책임의 보장**에 관한 설명으로 옳은 것은?[25회]

① 개업공인중개사의 손해배상책임을 보장하기 위한 보증보험 또는 공제 가입, 공탁은 중개사무소 개설등록신청을 할 때 해야 한다.(×)

② 다른 법률의 규정에 따라 중개업을 할 수 있는 법인이 부동산중개업을 하는 경우 업무보증설정을 하지 않아도 된다.(×)

③ 공제에 가입한 개업공인중개사로서 보증기간이 만료되어 다시 보증을 설정하고자 하는 자는 그 보증기간 만료 후 15일 이내에 다시 보증을 설정해야 한다.(×)

④ 개업공인중개사가 손해배상책임을 보장하기 위한 조치를 이행하지 아니하고 업무를 개시한 경우 등록관청은 개설등록을 취소할 수 있다.(○)

⑤ 보증보험금으로 손해배상을 한 경우 개업공인중개사는 30일 이내에 보증 보험에 다시 가입해야 한다.(×)

① 개설등록신청을 할 때 해야 하는 건 아니고, 업무개시 전에 하면 됩니다. ② 업무보증 설정해야 합니다. 예를 들어, 지역농협의 경우 2천만원 이상 설정합니다. ③ 보증기간 만료 후 15일 이내가 아니라 만료일까지 다시 설정해야 합니다. ④ 빈출지문! ⑤ 30일이 아니라 15일 이내에 다시 가입해야 합니다. 빈출지문!

공인중개사법령상 **개업공인중개사의 손해배상책임의 보장**에 관한 설명으로 옳은 것은?[27회]

① 개업공인중개사는 중개를 개시하기 전에 거래당사자에게 손해배상책임의 보장에 관한 설명을 해야 한다.(×)

② 개업공인중개사는 업무개시 후 즉시 손해배상책임의 보장을 위하여 보증보험 또는 공제에 가입해야 한다.(×)

③ 개업공인중개사가 중개행위를 함에 있어서 거래당사자에게 손해를 입힌 경우 고의·과실과 관계없이 그 손해를 배상해야 한다.(×)

④ 개업공인중개사가 폐업한 경우 폐업한 날부터 5년 이내에는 손해배상책임의 보장을 위하여 공탁한 공탁금을 회수할 수 없다.(×)

⑤ 개업공인중개사는 자기의 중개사무소를 다른 사람의 중개행위 장소로 제공함으로써 거래당사자에게 재산상 손해를 발생하게 한 때에는 그 손해를 배상할 책임이 있다.(○)

① 중개를 개시하기 전이 아니라 중개가 완성된 때에 설명합니다.(30조5항) ② 업무개시 전에 미리 가입해야 합니다.(30조3항) ③ 손해배상은 고의·과실을 요건으로 합니다.(30조1항) ④ 공탁금은 5년이 아니라 3년간 회수하지 못해요. (30조4항) ⑤ 빈출지문(30조2항)

공인중개사법령상 (   )에 들어갈 숫자가 큰 것부터 작은 것 순으로 옳게 나열된 것은?[33회]

○ 개업공인중개사가 공제금으로 손해배상을 한 때에는 (ㄱ)일 이내에 공제에 다시 가입해야 한다.
○ 개업공인중개사가 등록한 인장을 변경한 경우 변경일부터 (ㄴ)일 이내에 그 변경된 인장을 등록관청에 등록해야 한다.
○ 개업공인중개사는 중개사무소를 이전한 때에는 이전한 날부터 (ㄷ)일 이내에 국토교통부령으로 정하는 바에 따라 등록관청에 이전사실을 신고해야 한다.

① ㄱ-ㄷ-ㄴ ② ㄴ-ㄱ-ㄷ ③ ㄴ-ㄷ-ㄱ ④ ㄷ-ㄱ-ㄴ ⑤ ㄷ-ㄴ-ㄱ

ㄱ은 15일, ㄴ은 7일, ㄷ은 10일입니다.   정답①

계약금등의 반환채무이행의 보장★★★

① 개업공인중개사는 거래의 안전을 보장하기 위하여 필요하다고 인정하는 경우에는 거래계약의 이행이 완료될 때까지 계약금·중도금 또는 잔금(→계약금 등)을 개업공인중개사 또는 다음의 자의 명의로 금융기관, 공제사업을 하는 자 또는 신탁업자 등에 예치하도록 거래당사자에게 권고할 수 있다.

ㄱ. 은행 ㄴ. 보험회사 ㄷ. 신탁업자 ㄹ. 체신관서 ㅁ. 공제사업을 하는 자(협회)

ㅂ. 부동산 거래계약의 이행을 보장하기 위하여 계약금 등 및 계약 관련서류를 관리하는 업무를 수행하는 전문회사

② 개업공인중개사는 거래당사자가 계약금 등을 개업공인중개사의 명의로 금융기관 등에 예치할 것을 의뢰하는 경우에는 계약이행의 완료 또는 계약해제 등의 사유로 인한 계약금등의 인출에 대한 거래당사자의 동의 방법, 반환채무이행보장에 소요되는 실비 그밖에 거래안전을 위하여 필요한 사항을 약정하여야 한다.

③ 개업공인중개사는 거래계약과 관련된 계약금 등을 자기 명의로 금융기관 등에 예치하는 경우에는 자기 소유의 예치금과 분리하여 관리될 수 있도록 하여야 하며, 예치된 계약금등은 거래당사자의 동의 없이 인출하여서는 아니 된다.

④ 개업공인중개사는 계약금 등을 자기 명의로 금융기관 등에 예치하는 경우에는 그 계약금 등을 거래당사자에게 지급할 것을 보장하기 위하여 예치대상이 되는 계약금 등에 해당하는 금액을 보장하는 보증보험 또는 공제에 가입하거나 공탁을 하여야 하며, 거래당사자에게 관계증서의 사본을 교부하거나 관계증서에 관한 전자문서를 제공하여야 한다.

⑤ 계약금 등을 예치한 경우 매도인·임대인 등 계약금등을 수령할 수 있는 권리가 있는 자는 해당 계약을 해제한 때에 계약금등의 반환을 보장하는 내용의 금융기관 또는 보증보험회사가 발행하는 보증서를 계약금 등의 예치명의자에게 교부하고 계약금 등을 미리 수령할 수 있다.

공인중개사법령상 개업공인중개사가 계약금등을 금융기관에 예치하도록 거래당사자에게 권고하는 경우 **예치명의자가 될 수 없는 자**는?[35회]

① 개업공인중개사
② 거래당사자 중 일방
③ 부동산 거래계약의 이행을 보장하기 위하여 계약 관련서류 및 계약금등을 관리하는 업무를 수행하는 전문회사
④ 국토교통부장관의 승인을 얻어 공제사업을 하는 공인중개사협회
⑤ 은행법에 따른 은행

시행령27조1항 정답②

공인중개사법령상 계약금등을 예치하는 경우 **예치명의자**가 될 수 있는 자를 모두 고른 것은?[34회]

> ㄱ. 보험업법에 따른 보험회사
> ㄴ. 자본시장과 금융투자업에 관한 법률에 따른 투자중개업자
> ㄷ. 자본시장과 금융투자업에 관한 법률에 따른 신탁업자
> ㄹ. 한국지방재정공제회법에 따른 한국지방재정공제회

① ㄱ   ② ㄱ,ㄷ   ③ ㄱ,ㄴ,ㄷ   ④ ㄴ,ㄷ,ㄹ   ⑤ ㄱ,ㄴ,ㄷ,ㄹ

시행령27조1항에는 은행(1호), 신탁회사(3호)가 예치명의자로 규정되어 있네요. 정답②

공인중개사법령상 **계약금등의 반환채무이행의 보장** 등에 관한 설명으로 틀린 것은?[30회]

① 개업공인중개사는 거래의 안전을 보장하기 위하여 필요하다고 인정하는 경우, 계약금등을 예치하도록 거래당사자에게 권고할 수 있다.(○)

② 예치대상은 계약금·중도금 또는 잔금이다.(○)

③ 보험업법에 따른 보험회사는 계약금등의 예치명의자가 될 수 있다.(○)

④ 개업공인중개사는 거래당사자에게 공인중개사법에 따른 공제사업을 하는 자의 명의로 계약금등을 예치하도록 권고할 수 없다.(×)

⑤ 개업공인중개사는 계약금등을 자기 명의로 금융기관 등에 예치하는 경우 자기 소유의 예치금과 분리하여 관리될 수 있도록 하여야 한다.(○)

④ 공제사업을 하는 자(공인중개사협회)의 명의로도 계약금 등을 예치하도록 권고할 수 있습니다.

중개보수*****

① 개업공인중개사는 중개업무에 관하여 중개의뢰인으로부터 소정의 보수를 받는다. 다만, 개업공인중개사의 고의 또는 과실로 인하여 중개의뢰인간의 거래행위가 무효·취소 또는 해제된 경우에는 보수를 받을 수 없다.

② 개업공인중개사는 중개의뢰인으로부터 중개대상물의 권리관계 등의 확인 또는 계약금 등의 반환채무이행 보장에 소요되는 실비를 받을 수 있다.

③ 중개보수의 지급시기는 개업공인중개사와 중개의뢰인간의 약정에 따르되, 약정이 없을 때에는 중개대상물의 거래대금 지급이 완료된 날로 한다.

④ 주택의 중개에 대한 보수와 실비의 한도 등에 관하여 필요한 사항은 국토교통부령으로 정하는 범위 안에서 시·도조례로 정하고, 주택 외의 중개대상물의 중개에 대한 보수는 국토교통부령(시·도조례×)으로 정한다.

⑤ 주택의 중개에 대한 보수는 중개의뢰인 쌍방으로부터 각각 받되, 그 일방으로부터 받을 수 있는 한도는 다음과 같으며, 그 금액은 시·도의 조례로 정하는 요율한도 이내에서 중개의뢰인과 개업공인중개사가 서로 협의하여 결정한다.

중개보수 규정
주택 중개→시·도조례
주택外 중개→국토교통부령

거래내용	거래금액	상한요율	한도액
1. 매매·교환	5천만원 미만	1천분의 6	25만원
	5천만원 이상 2억원 미만	1천분의 5	80만원
	2억원 이상 9억원 미만	1천분의 4	
	9억원 이상 12억원 미만	1천분의 5	
	12억원 이상 15억원 미만	1천분의 6	
	15억원 이상	1천분의 7	

저자의 한마디

10억원 짜리 아파트 매매를 중개하면, 최대 1%(쌍방으로부터 0.5%씩)의 중개보수, 즉 1천만원을 받을 수 있네요.

	5천만원 미만	1천분의 5	20만원
	5천만원 이상 1억원 미만	1천분의 4	30만원
2. 임대차 등	1억원 이상 6억원 미만	1천분의 3	
	6억원 이상 12억원 미만	1천분의 4	
	12억원 이상 15억원 미만	1천분의 5	
	15억원 이상	1천분의 6	

〈주택중개보수 상한요율〉

⑥ 실비는 개업공인중개사는 영수증 등을 첨부하여 1) 중개대상물의 권리관계 등의 확인에 소요되는 실비의 경우에는 매도·임대 그 밖의 권리를 이전하고자 하는 중개의뢰인에게 청구하고, 2) 계약금 등의 반환채무이행 보장에 소요되는 실비의 경우에는 매수·임차 그 밖의 권리를 취득하고자 하는 중개의뢰인에게 청구할 수 있다.

⑦ 중개대상물의 소재지와 중개사무소의 소재지가 다른 경우에는 개업공인 중개사는 중개사무소의 소재지를 관할하는 시·도의 조례에서 정한 기준에 따라 중개보수 및 실비를 받아야 한다.

⑧ 주택 외의 중개대상물에 대한 중개보수는 **다음 구분**에 따른다.

ㄱ. 오피스텔(**다음 요건**을 모두 갖춘 경우에 한정)

중개의뢰인 쌍방으로부터 각각 받되, 매매·교환의 경우에는 거래금액의 1천분의 5(0.5%)이내로 하고, 임대차 등의 경우에는 거래금액의 1천분의 4(0.4%)이내로 한다.

• 전용면적이 85㎡ 이하일 것

• 상·하수도 시설이 갖추어진 전용입식 부엌, 전용수세식 화장실 및 목욕시설 (전용수세식 화장실에 목욕시설을 갖춘 경우를 포함)을 갖출 것

ㄴ. 오피스텔 외의 경우

중개의뢰인 쌍방으로부터 각각 받되, 거래금액의 1천분의 9(0.9%)이내에서 중개의뢰인과 개업공인중개사가 서로 협의하여 결정한다.

⑨ 거래금액의 계산은 **다음**에 따른다.

ㄱ. 임대차 중 보증금 외에 차임이 있는 경우에는 월 단위의 차임액에 100을 곱한 금액을 보증금에 합산한 금액을 거래금액으로 한다. 다만, 합산한 금액이 5천만원 미만인 경우에는 월 단위의 차임액에 70을 곱한 금액과 보증금을 합산한 금액을 거래금액으로 한다.

ㄴ. 교환계약의 경우에는 교환대상 중개대상물 중 거래금액이 큰 중개대상물의 가액을 거래금액으로 한다.

ㄷ. 동일한 중개대상물에 대하여 동일 당사자간에 매매를 포함한 둘 이상의 거래가 동일 기회에 이루어지는 경우(예를 들어, 점유개정의 경우)에는 매매계약에 관한 거래금액만을 적용한다.

⑩ 중개대상물인 건축물 중 주택의 면적이 2분의 1이상인 경우에는 주택의 규정(⑤)을 적용하고, 주택의 면적이 2분의 1미만인 경우에는 주택 외의 규정(⑧)을 적용한다.

⑪ 개업공인중개사는 주택 외의 중개대상물에 대하여 중개보수 요율의 범위 안에서 실제 자기가 받고자 하는 중개보수의 상한요율을 중개보수·실비의 요율 및 한도액표에 명시하여야 하며, 이를 초과하여 중개보수를 받아서는 아니 된다.

⑫ 공인중개사법령에서 정한 한도를 초과하는 중개보수약정은 그 한도를 초과하는 범위 내에서 무효이다.(초과부분만 무효)

공인중개사법령상 **중개보수 등**에 관한 설명으로 틀린 것은?[35회]

① 개업공인중개사의 중개업무상 과실로 인하여 중개의뢰인간의 거래행위가 무효가 된 경우 개업공인중개사는 중개의뢰인으로부터 소정의 보수를 받을 수 없다.(○)

② 주택의 중개에 대한 보수는 중개의뢰인 쌍방으로부터 각각 받되, 그 금액은 시·도의 조례로 정하는 요율한도 이내에서 중개의뢰인과 개업공인중개사가 서로 협의하여 결정한다.(○)

③ 중개보수의 지급시기는 개업공인중개사와 중개의뢰인간의 약정에 따르되, 약정이 없을 때에는 중개대상물의 거래대금 지급이 완료된 날로 한다.(○)

④ 중개대상물인 주택의 소재지와 중개사무소의 소재지가 다른 경우 중개보수는 중개대상물의 소재지를 관할하는 시·도의 조례에서 정한 기준에 따라야 한다.(×)

⑤ 개업공인중개사는 중개의뢰인으로부터 중개대상물의 권리관계 등의 확인에 소요되는 실비를 받을 수 있다.(○)

① 32조1항 ② 시행규칙20조1항 ③ 시행령27조의2 ④ 중개보수는 중개사무소의 소재지를 관할하는 시·도의 조례에서 정한 기준에 따라야 합니다.(시행령20조3항) ⑤ 32조2항

공인중개사법령상 **중개보수** 등에 관한 설명으로 옳은 것은?[33회]

① 개업공인중개사의 과실로 인하여 중개의뢰인간의 거래행위가 취소된 경우에도 개업공인중개사는 중개업무에 관하여 중개의뢰인으로부터 소정의 보수를 받는다.(×)

② 개업공인중개사는 권리를 이전하고자 하는 중개의뢰인으로부터 중개대상물의 권리관계 등의 확인에 소요되는 실비를 받을 수 없다.(×)

③ 개업공인중개사는 권리를 취득하고자 하는 중개의뢰인으로부터 계약금 등의 반환채무이행 보장에 소요되는 실비를 받을 수 없다.(×)

④ 개업공인중개사의 중개보수의 지급시기는 개업공인중개사와 중개 의뢰인간의 약정에 따르되, 약정이 없을 때에는 중개대상물의 거래대금 지급이 완료된 날로 한다.(○)

⑤ 주택 외의 중개대상물의 중개에 대한 보수는 시·도의 조례로 정한다.(×)

공인중개사법령상 **개업공인중개사의 중개보수** 등에 관한 설명으로 틀린 것은?[29회]

① 중개대상물의 권리관계 등의 확인에 소요되는 실비를 받을 수 있다.(○)

② 다른 약정이 없는 경우 중개보수의 지급시기는 중개대상물의 거래대금 지급이 완료된 날로 한다.(○)

③ 주택 외의 중개대상물에 대한 중개보수는 국토교통부령으로 정하고, 중개 의뢰인 쌍방에게 각각 받는다.(○)

④ 개업공인중개사의 고의 또는 과실로 중개의뢰인간의 거래행위가 해제된 경우 중개보수를 받을 수 없다.(○)

⑤ 중개대상물인 주택 소재지와 중개사무소 소재지가 다른 경우 주택 소재지 를 관할하는 시·도 조례에서 정한 기준에 따라 중개보수를 받아야 한다.(×)

중개보수는
사무소소재지 기준!

A시에 중개사무소를 둔 개업공인중개사 甲은 B시에 소재하는 乙 소유의 **오피스텔** (건축법령상 업무시설로 전용면적 80제곱미터이고, 상·하수도 시설이 갖추어진 전용입식 부엌, 전용수세식 화장실 및 목욕시설을 갖춤)에 대하여, 이를 매도하려는 乙과 매수하려는 丙의 의뢰를 받아 매매계약을 중개하였다. 이 경우 공인중개사법령상 甲이 받을 수 있는 **중개보수 및 실비**에 관한 설명으로 옳은 것을 모두 고른 것은?[33회]

> ㄱ. 甲이 乙로부터 받을 수 있는 실비는 A시가 속한 시·도의 조례에서 정한 기준에 따른다.(○)
> ㄴ. 甲이 丙으로부터 받을 수 있는 중개보수의 상한요율은 거래금액의 1천분의 5이다.(○)
> ㄷ. 甲은 乙과 丙으로부터 각각 중개보수를 받을 수 있다.(○)
> ㄹ. 주택(부속토지 포함)의 중개에 대한 보수 및 실비 규정을 적용한다.(×)

① ㄹ ② ㄱ,ㄷ ③ ㄴ,ㄹ ④ ㄱ,ㄴ,ㄷ ⑤ ㄱ,ㄴ,ㄷ,ㄹ

공인중개사법령상 **중개보수** 등에 관한 설명으로 옳은 것은?(다툼이 있으면 판례에 따름)[28회]

① 개업공인중개사와 중개의뢰인간의 약정이 없는 경우, 중개보수의 지급 시기는 거래계약이 체결된 날로 한다.(×)

② 공인중개사법령에서 정한 한도를 초과하는 중개보수약정은 그 한도를 초과하는 범위 내에서 무효이다.(○)

③ 주택 외의 중개대상물의 중개보수의 한도는 시·도의 조례로 정한다.(×)

④ 개업공인중개사는 계약금 등의 반환채무이행 보장을 위해 실비가 소요 되더라도

저자의 한마디

오피스텔은 주택취급을 받지 못 해요. 확인·설명서도 비주거용건 축물[Ⅱ] 양식을 쓰거든요. 오피 스텔은 주택外 규정을 적용한다 는 사실, 잊지 마세요!

보수 이외에 실비를 받을 수 없다.(×)

⑤ 주택인 중개대상물 소재지와 중개사무소 소재지가 다른 경우, 개업공인 중개사는 중개대상물 소재지를 관할하는 시·도의 조례에서 정한 기준에 따라 중개보수를 받아야 한다.(×)

> ① 거래계약이 체결된 날이 아니라 거래대금 지급이 완료된 날이죠. 빈출지문! ② 판례 ③ 주택 외의 중개대상물의 중개보수는 시·도조례가 아니라 국토교통부령(시행규칙)으로 정합니다. ④ 이 경우에는 보수 이외에 실비를 받을 수 있어요. ⑤ 중개대상물 소재지를 관할하는 시·도조례가 아니라 중개사무소 소재지를 관할하는 시·도의 조례에서 정한 기준에 따라 중개보수를 받아야 합니다. 빈출지문!

공인중개사법령상 일방으로부터 받을 수 있는 **중개보수의 한도 및 거래금액의 계산** 등에 관한 설명으로 틀린 것은?(다툼이 있으면 판례에 따름)[29회]

① 15억원 이상 주택의 임대차에 대한 중개보수는 거래금액의 1천분의 6이내의 한도에서 시·도조례로 정한다.(○)

② 아파트 분양권의 매매를 중개한 경우 당사자가 거래 당시 수수하게 되는 총 대금(통상적으로 계약금, 기 납부한 중도금, 프리미엄을 합한 금액)을 거래가액으로 보아야 한다.(○)

③ 교환계약의 경우 거래금액은 교환대상 중개대상물 중 거래금액이 큰 중개대상물의 가액으로 한다.(○)

④ 중개대상물인 건축물 중 주택의 면적이 2분의 1이상인 건축물은 주택의 중개보수 규정을 적용한다.(○)

⑤ 전용면적이 85제곱미터 이하이고, 상·하수도 시설이 갖추어진 전용입식 부엌, 전용수세식 화장실 및 목욕시설을 갖춘 오피스텔의 임대차에 대한 중개보수의 상한 요율은 거래금액의 1천분의 5이다.(×)

> ⑤ 오피스텔의 매매·교환은 1천분의 5(0.5%), 임대차는 1천분의 4(0.4%)입니다. ② 판례

공인중개사법령상 **중개보수의 한도와 계산** 등에 관한 설명으로 틀린 것은?(다툼이 있으면 판례에 따름)[28회]

① 중도금의 일부만 납부된 아파트 분양권의 매매를 중개하는 경우, 중개 보수는 총 분양대금과 프리미엄을 합산한 금액을 거래금액으로 하여 계산한다.(×)

② 교환계약의 경우, 중개보수는 교환대상 중개대상물 중 거래금액이 큰 중개대상물의 가액을 거래금액으로 하여 계산한다.(○)

③ 동일한 중개대상물에 대하여 동일 당사자 간에 매매를 포함한 둘 이상의 거래가 동일 기회에 이루어지는 경우, 중개보수는 매매계약에 관한 거래금액만을 적용하여 계산한다.(○)

④ 주택의 임대차를 중개하는 경우, 의뢰인 일방으로부터 받을 수 있는 중개 보수의 한도가 가장 낮은 구간은 거래금액 1억원 이상 6억원 미만이다.(○)

⑤ 중개대상물인 건축물 중 주택의 면적이 2분의 1미만인 경우, 주택 외의 중개대상물에 대한 중개보수 규정을 적용한다.(○)

저자의 한마디

아파트분양권 매매를 중개하는 경우, 기납입액(계약금,중도금)과 프리미엄을 합산한 금액을 거래금액으로 합니다. 총분양가와 프리미엄을 합산한 금액이 아니라는 점, 주의하세요.

중개보수한도 가장 낮은 구간

1. 매매
2억원-9억원(0.4%)

2. 임대차
1억원-6억원(0.3%)

A시에 중개사무소를 둔 개업공인중개사 甲은 B시에 소재하는 乙소유의 건축물(그 중 주택의 면적은 3분의 1임)에 대하여 乙과 丙의 사이에 매매계약과 동시에 乙을 임차인으로 하는 임대차계약을 중개하였다. 이 경우 甲이 받을 수 있는 **중개보수**에 관한 설명으로 옳은 것을 모두 고른 것은?[31회]

> ㄱ. 甲은 乙과 丙으로부터 각각 중개보수를 받을 수 있다.(○)
> ㄴ. 甲은 B시가 속한 시·도의 조례에서 정한 기준에 따라 중개보수를 받아야 한다.(×)
> ㄷ. 중개보수를 정하기 위한 거래금액의 계산은 매매계약에 관한 거래금액만을 적용한다.(○)
> ㄹ. 주택의 중개에 대한 보수 규정을 적용한다.(×)

① ㄷ ② ㄱ,ㄷ ③ ㄴ,ㄹ ④ ㄱ,ㄴ,ㄷ ⑤ ㄱ,ㄴ,ㄹ

개업공인중개사 甲은 중개업무를 하면서 **법정한도를 초과하는 중개보수를 요구하여 수령**하였다. 공인중개사법령상 甲의 행위에 관한 설명으로 틀린 것은?(다툼이 있으면 판례에 따름)[29회]

① 등록관청은 甲에게 업무의 정지를 명할 수 있다.(○)

② 등록관청은 甲의 중개사무소 개설등록을 취소할 수 있다.(○)

③ 1년 이하의 징역 또는 1천만원 이하의 벌금 사유에 해당한다.(○)

④ 법정한도를 초과하는 중개보수 약정은 그 한도를 초과하는 범위 내에서 무효이다.(○)

⑤ 甲이 법정한도를 초과하는 금액을 중개의뢰인에게 반환하였다면 금지행위에 해당하지 않는다.(×)

乙이 개업공인중개사 甲에게 중개를 의뢰하여 거래계약이 체결된 경우 공인중개사법령상 **중개보수**에 관한 설명으로 틀린 것은?(다툼이 있으면 판례에 따름)[31회]

① 甲의 고의와 과실 없이 乙의 사정으로 거래계약이 해제된 경우라도 甲은 중개보수를 받을 수 있다.(○)

② 주택의 중개보수는 국토교통부령으로 정하는 범위 안에서 시·도의 조례로 정하고 주택 외의 중개대상물의 중개보수는 국토교통부령으로 정한다.(○)

중개보수 초과수령

1. 업무정지
2. 임의적 등록취소
3. 1년-1천만원

③ 甲이 중개보수 산정에 지방자치단체의 조례를 잘못 해석하여 법정 한도를 초과한 중개보수를 받은 경우 공인중개사법 제33조의 금지행위에 해당하지 않는다.(×)

④ 법정한도를 초과하는 甲과 乙의 중개보수 약정은 그 한도를 초과하는 범위 내에서 무효이다.(○)

⑤ 중개보수의 지급시기는 甲과 乙의 약정이 없을 때에는 중개대상물의 거래 대금 지급이 완료된 날이다.(○)

②④⑤ 빈출지문! ③ 판례에 의하면, 조례를 잘못 해석하여 초과중개보수를 받더라도 금지행위에 해당합니다. 꼭 기억!

공인중개사법령상 **중개보수의 제한**에 관한 설명으로 옳은 것을 모두 고른 것은? (다툼이 있으면 판례에 따름)³³회

> ㄱ. 공인중개사법령상 중개보수 제한 규정들은 공매대상 부동산 취득의 알선에 대해서는 적용되지 않는다.(×)
> ㄴ. 공인중개사법령에서 정한 한도를 초과하는 부동산 중개보수 약정은 한도를 초과하는 범위 내에서 무효이다.(○)
> ㄷ. 개업공인중개사는 중개대상물에 대한 거래계약이 완료되지 않을 경우에도 중개의뢰인과 중개행위에 상응하는 보수를 지급하기로 약정할 수 있고, 이 경우 공인중개사법령상 중개보수 제한 규정들이 적용된다.(○)

① ㄱ ② ㄷ ③ ㄱ,ㄴ ④ ㄴ,ㄷ ⑤ ㄱ,ㄴ,ㄷ

ㄱ. 공매대상 부동산 취득의 알선에 대해서도 적용된다는 것이 판례의 입장입니다. ㄴ. 빈출판례 ㄷ. 거래계약이 완료되지 않을 경우에도 보수지급을 약정할 수 있다는 것이 판례의 입장이에요. 정답④

개업공인중개사 甲이 乙의 일반주택을 6천만원에 매매를 중개한 경우와 甲이 위 주택을 보증금 1천 5백만원, 월차임 30만원, 계약기간 2년으로 임대차를 중개한 경우를 비교했을 때, 甲이 乙에게 받을 수 있는 **중개보수 최고한도액**의 차이는?²⁷회

〈중개보수 상한요율〉
1. 매매 : 거래금액 5천만원 이상 2억원 미만은 0.5%
2. 임대차 : 거래금액 5천만원 미만은 0.5%,
    5천만원 이상 1억원 미만은 0.4%

① 0원 ② 75,000원 ③ 120,000원 ④ 180,000원 ⑤ 225,000원

먼저 매매 중개보수를 구하면, 30만원(=6천만원×0.5%)입니다. 한편, 임대차 중개보수를 구하면, 거래금액이 4,500만원(=30만원×100+1,500만원)이므로 다시 구해야죠? 월차임에 70을 곱해 거래금액을 다시 구하면 3,600만원(=30만원×70+1,500만원)이고, 임대차 중개보수는 18만원(=3,600만원×0.5%)이 됩니다. 양자의 차액은 12만원이네요. 정답③

A시에 중개사무소를 둔 개업공인중개사가 A시에 소재하는 주택(부속토지 포함)에 대하여 아래와 같이 매매와 임대차계약을 동시에 중개하였다. 공인중개사 법령상 개업공인중개사가 甲으로부터 받을 수 있는 **중개보수**의 최고한도액은?[34회]

[계약에 관한 사항]
1. 계약당사자: 甲(매도인, 임차인)과 乙(매수인, 임대인)
2. 매매계약:
   1) 매매대금: 2억 5천만원 2) 매매계약에 대하여 합의된 중개보수: 160만원
3. 임대차계약:
   1) 임대보증금: 1천만원 2) 월차임: 30만원 3) 임대기간: 2년
[A시 중개보수 조례 기준]
1. 거래금액 2억원 이상 9억원 미만(매매·교환): 상한요율 0.4%
2. 거래금액 5천만원 미만(임대차 등): 상한요율 0.5%(한도액 20만원)

① 100만원 ② 115만 5천원 ③ 120만원 ④ 160만원 ⑤ 175만 5천원

보기에서 한도액을 놓치면 안 됩니다!

심파결

매매와 임대차계약 동시중개이므로 매매에 대해서만 중개보수를 받을 수 있어요. 또한 중개대상물이 주택이므로 해당 지자체 조례의 적용을 받습니다. 따라서 주택매매대금 2억5천만원에 A시 해당구간 상한요율 0.4%를 곱한 값, 100만원이 중개보수의 최고한도액이 됩니다. 보기에서 합의된 중개보수 160만원은 상한을 넘어서 무효인 것이죠. 정답①

금지행위(33조)*****

① 개업공인중개사 등은 **다음 행위**를 하여서는 아니된다.

ㄱ. 중개대상물의 매매를 업으로 하는 행위

ㄴ. 중개사무소의 개설등록을 하지 아니하고 중개업을 영위하는 자인 사실을 알면서 그를 통하여 중개를 의뢰받거나 그에게 자기의 명의를 이용하게 하는 행위

ㄷ. 사례·증여 그 밖의 어떠한 명목으로도 보수 또는 실비를 초과하여 금품을 받는 행위

ㄹ. 해당 중개대상물의 거래상의 중요사항에 관하여 거짓된 언행 그 밖의 방법으로 중개의뢰인의 판단을 그르치게 하는 행위

ㅁ. 관계 법령에서 양도·알선 등이 금지된 부동산의 분양·임대 등과 관련 있는 증서 등의 매매·교환 등을 중개하거나 그 매매를 업으로 하는 행위

ㅂ. 중개의뢰인과 직접 거래를 하거나 거래당사자 쌍방을 대리하는 행위

ㅅ. 탈세 등 관계 법령을 위반할 목적으로 소유권보존등기 또는 이전등기를 하지 아니한 부동산이나 관계 법령의 규정에 의하여 전매 등 권리의 변동이 제한된 부동산의 매매를 중개하는 등 부동산투기를 조장하는 행위

ㅇ. 부당한 이익을 얻거나 제3자에게 부당한 이익을 얻게 할 목적으로 거짓으로 거래가 완료된 것처럼 꾸미는 등 중개대상물의 시세에 부당한 영향을 주거나 줄 우려가 있는 행위

저자의 한마디
①의 금지행위의 주체는 개업공인중개사 등이므로 소속공인중개사, 중개보조인, 법인의 임·사원도 포함합니다. 일반인은 대상이 아니에요. 반면, ②의 금지행위는 일반인도 대상이 될 수 있어요.

저자의 한마디
금지행위 중에서 ①의 ㄱ~ㄹ을 위반하면, 1년-1천만원의 벌칙을 받게됩니다. 반면, 나머지 금지행위(①의 ㅁ~ㅇ, ②의 ㄱ~ㅁ)을 위반하면, 3년-3천만원의 벌칙을 받게 된답니다. 나중에 학습하게 되지만, 이 정도는 미리 알고 계세요.

ㅈ. 단체를 구성하여 특정 중개대상물에 대하여 중개를 제한하거나 단체 구성원 이외의 자와 공동중개를 제한하는 행위

② 누구든지 시세에 부당한 영향을 줄 목적으로 **다음 방법**으로 개업공인중개사 등의 업무를 방해해서는 아니 된다.

ㄱ. 안내문, 온라인 커뮤니티 등을 이용하여 특정 개업공인중개사 등에 대한 중개의뢰를 제한하거나 제한을 유도하는 행위(왕따조장행위)

ㄴ. 안내문, 온라인 커뮤니티 등을 이용하여 중개대상물에 대하여 시세보다 현저하게 높게 표시·광고 또는 중개하는 특정 개업공인중개사 등에게만 중개의뢰를 하도록 유도함으로써 다른 개업공인중개사 등을 부당하게 차별하는 행위

ㄷ. 안내문, 온라인 커뮤니티 등을 이용하여 특정 가격 이하로 중개를 의뢰하지 아니하도록 유도하는 행위

ㄹ. 정당한 사유 없이 개업공인중개사 등의 중개대상물에 대한 정당한 표시· 광고 행위를 방해하는 행위

ㅁ. 개업공인중개사 등에게 중개대상물을 시세보다 현저하게 높게 표시·광고 하도록 강요하거나 대가를 약속하고 시세보다 현저하게 높게 표시·광고하도록 유도하는 행위

공인중개사법령상 개업공인중개사의 금지행위에 해당하지 않는 것은?(다툼이 있으면 판례에 따름)[28회]

① 중개사무소 개설등록을 하지 않고 중개업을 영위하는 자인 사실을 알면서 그를 통하여 중개를 의뢰받는 행위(○)

② 사례금 명목으로 법령이 정한 한도를 초과하여 중개보수를 받는 행위(○)

③ 관계 법령에서 양도·알선 등이 금지된 부동산의 분양과 관련 있는 증서와 매매를 중개하는 행위(○)

④ 법인 아닌 개업공인중개사가 중개대상물 외 건축자재의 매매를 업으로 하는 행위(×)

⑤ 중개의뢰인이 중간생략등기의 방법으로 전매하여 세금을 포탈하려는 것을 개업공인중개사가 알고도 투기목적의 전매를 중개하였으나, 전매차익이 발생하지 않은 경우 그 중개행위(○)

④ 법인 아닌 개업공인중개사가 중개대상물 외 건축자재의 매매를 업으로 하는 행위는 금지행위가 아니에요. ⑤ 판례에 의하면, 전매차익이 발생하지 않아도 그 중개행위는 금지 행위입니다.

공인중개사법령상 개업공인중개사 등의 금지행위에 해당하지 않는 것은?[31회]

① 무등록 중개업을 영위하는 자인 사실을 알면서 그를 통하여 중개를 의뢰 받는 행위(○)

② 부동산의 매매를 중개한 개업공인중개사가 당해 부동산을 다른 개업공인중개사의 중개를 통하여 임차한 행위(×)

③ 자기의 중개의뢰인과 직접 거래를 하는 행위(○)

④ 제3자에게 부당한 이익을 얻게 할 목적으로 거짓으로 거래가 완료된 것 처럼 꾸미는 등 중개대상물의 시세에 부당한 영향을 줄 우려가 있는 행위 (○)

⑤ 단체를 구성하여 단체 구성원 이외의 자와 공동중개를 제한하는 행위(○)

> ② 다른 개업공인중개사의 중개를 통하여 임차했으면 금지행위가 아니에요.

공인중개사법령상 개업공인중개사의 **금지행위**에 해당하는 것을 모두 고른 것은? (다툼이 있으면 판례에 따름)[27회]

중개업무만 초과보수금지! 다른 업무는 괜찮아.

> ㄱ. 중개의뢰인을 대리하여 타인에게 중개대상물을 임대하는 행위(×)
> ㄴ. 상업용 건축물의 분양을 대행하고 법정의 중개보수 또는 실비를 초과하여 금품을 받는 행위(×)
> ㄷ. 중개의뢰인인 소유자로부터 거래에 관한 대리권을 수여받은 대리인과 중개대상물을 직접 거래하는 행위(○)
> ㄹ. 건축물의 매매를 업으로 하는 행위(○)

① ㄱ,ㄴ ② ㄷ,ㄹ ③ ㄱ,ㄴ,ㄹ ④ ㄱ,ㄷ,ㄹ ⑤ ㄴ,ㄷ,ㄹ

> ㄱ. 쌍방대리에 해당하지 않으므로 가능해요. ㄴ. 초과보수가 금지되는 건 중개업무에 한합니다. 상업용 건축물의 분양 대행과 같은 겸업할 수 있는 업무에는 초과보수 수령이 금지되지 않아요. ㄷ. 대리인과 직접 거래하는 것도 금지행위 ㄹ. 매매를 업으로 하면 안돼요. 정답②

공인중개사법령상 **금지행위**에 관한 설명으로 옳은 것은?[30회]

① 법인인 개업공인중개사의 사원이 중개대상물의 매매를 업으로 하는 것은 금지되지 않는다.(×)

② 개업공인중개사가 거래당사자 쌍방을 대리하는 것은 금지되지 않는다.(×)

③ 개업공인중개사가 중개의뢰인과 직접 거래를 하는 행위는 금지된다.(○)

④ 법인인 개업공인중개사의 임원이 중개의뢰인과 직접거래를 하는 것은 금지되지 않는다.(×)

⑤ 중개보조원이 중개의뢰인과 직접 거래를 하는 것은 금지되지 않는다.(×)

> 금지행위는 개업공인중개사뿐 아니라 소속공인중개사, 중개보조인, 법인의 임·사원까지도 적용됩니다. ① 법인의 사원에게도 금지됩니다. ② 개업공인중개사는 거래당사자 쌍방을 대리하면 안 되죠. ③ 개업공인중개사, ④ 법인의 임원, ⑤ 중개보조원 모두 중개의뢰인과 직접 거래를 하는 행위는 금지됩니다. 따라서 ③만 맞는 지문입니다.

공인중개사법령상 **개업공인중개사의 금지행위**에 관한 설명으로 틀린 것은?(다툼이 있으면 판례에 따름)[29회]

① 중개대상물의 매매를 업으로 하는 행위는 금지행위에 해당한다.(○)

② 아파트의 특정 동·호수에 대한 분양계약이 체결된 후 그 분양권의 매매를 중개한 것은 금지행위에 해당하지 않는다.(○)

③ 상가 전부의 매도 시에 사용하려고 매각조건 등을 기재하여 인쇄해 놓은 양식에 매매 대금과 지급기일 등 해당사항을 기재한 분양계약서는 양도·알선 등이 금지된 부동산의 분양 등과 관련 있는 증서에 해당하지 않는다. (○)

④ 개업공인중개사가 중개의뢰인과 직접거래를 하는 행위를 금지하는 규정은 효력규정이다.(×)

⑤ 탈세 등 관계 법령을 위반할 목적으로 미등기 부동산의 매매를 중개하여 부동산투기를 조장하는 행위는 금지행위에 해당한다.(○)

② 동·호수가 특정된 아파트는 중개대상물이라고 했어요. ③ 판례는 위 분양계약서를 분양관련 증서가 아니라 매매계약서로 봅니다. 따라서 맞는 지문이죠. ④ 개업공인중개사가 중개의뢰인과 직접 거래를 하는 행위를 금지하는 규정은 단속규정입니다. 즉, 무효가 되는 건 아니죠.

공인중개사법령상 **소속공인중개사에게 금지되는 행위**를 모두 고른 것은?[34회]

> ㄱ. 공인중개사 명칭을 사용하는 행위
> ㄴ. 중개대상물에 대한 표시·광고를 하는 행위
> ㄷ. 중개대상물의 매매를 업으로 하는 행위
> ㄹ. 시세에 부당한 영향을 줄 목적으로 온라인 커뮤니티 등을 이용하여 특정 가격 이하로 중개를 의뢰하지 아니하도록 유도함으로써 개업공인중개사의 업무를 방해하는 행위

① ㄱ,ㄴ ② ㄴ,ㄹ ③ ㄷ,ㄹ ④ ㄴ,ㄷ,ㄹ ⑤ ㄱ,ㄴ,ㄷ,ㄹ

ㄱ. 소공도 공인중개사니까 그 명칭을 사용해도 됩니다. ㄴ. 소공은 중개대상물에 대한 표시·광고를 하면 안됩니다.(18조의2 3항) 표시·광고는 개공만 가능! ㄷ. 33조1항1호 ㄹ. 3조2항3호 정답④

공인중개사법령상 **누구든지** 시세에 부당한 영향을 줄 목적으로 **개업공인중개사등의 업무를 방해해서는 아니 되는 행위**를 모두 고른 것은?[35회]

> ㄱ. 중개의뢰인과 직접 거래를 하는 행위(×)
> ㄴ. 안내문, 온라인 커뮤니티 등을 이용하여 특정가격 이하로 중개를 의뢰하지 아니하도록 유도하는 행위(○)
> ㄷ. 정당한 사유 없이 개업공인중개사등의 중개대상물에 대한 정당한 표시·광고 행위를 방해하는 행위(○)
> ㄹ. 단체를 구성하여 특정 중개대상물에 대하여 중개를 제한하거나 단체 구성원 이외의 자와 공동중개를 제한하는 행위(×)

① ㄱ,ㄷ ② ㄱ,ㄹ ③ ㄴ,ㄷ ④ ㄱ,ㄴ,ㄹ ⑤ ㄴ,ㄷ,ㄹ

은제지문에 '누구든지'라고 되어 있으므로 33조2항의 금지행위를 고르는 문제입니다. ㄱ. 33조1항6호 ㄴ. 33조2항3호 ㄷ. 33조2항4호 ㄹ. 33조1항9호 정답③

개업공인중개사 등의 교육★★★★

① 중개사무소의 개설등록을 신청하려는 자는 <u>등록신청일(분사무소 설치신고의 경우에는 신고일)전 1년 이내에 시ㆍ도지사가 실시하는 실무교육(실무수습을 포함)</u>을 받아야 한다.

다만, **다음에 해당하는 자**는 실무교육을 받지 않아도 된다.

ㄱ. 폐업신고 후 1년 이내에 중개사무소의 개설등록을 다시 신청 하려는 자

ㄴ. 소속공인중개사로서 고용관계 종료 신고 후 1년 이내에 중개사무소의 개설 등록을 신청하려는 자

② 소속공인중개사는 <u>고용 신고일 전 1년 이내</u>에 시ㆍ도지사가 실시하는 실무 교육을 받아야 한다. 다만, **다음에 해당하는 자**는 실무교육을 받지 않아도 된다.

ㄱ. 고용관계 종료 신고 후 1년 이내에 고용 신고를 다시 하려는 자

ㄴ. 개업공인중개사로서 폐업신고를 한 후 1년 이내에 소속공인중개사로 고용 신고를 하려는 자

③ 실무교육의 내용 및 시간

ㄱ. 교육내용

개업공인중개사 및 소속공인중개사의 직무수행에 필요한 법률지식, 부동산 중개 및 경영 실무, 직업윤리 등

ㄴ. 교육시간

28시간 이상 32시간 이하

④ 중개보조원은 <u>고용 신고일 전 1년 이내</u>에 시ㆍ도지사 또는 등록관청이 실시하는 직무교육을 받아야 한다. 다만, 고용관계 종료 신고 후 1년 이내에 고용 신고를 다시 하려는 자는 직무교육을 받지 않아도 된다.

⑤ 직무교육의 내용 및 시간

ㄱ. 교육내용 : 중개보조원의 직무수행에 필요한 직업윤리 등

ㄴ. 교육시간 : 3시간 이상 4시간 이하

⑥ 실무교육을 받은 개업공인중개사 및 소속공인중개사는 <u>실무교육을 받은 후 2년마다 시ㆍ도지사가 실시하는 연수교육</u>을 받아야 한다.

⑦ 연수교육의 내용 및 시간

ㄱ. 교육내용 : 부동산중개 관련 법ㆍ제도의 변경사항, 부동산 중개 및 경영 실무, 직업윤리 등

ㄴ. 교육시간 : 12시간 이상 16시간 이하

⑧ 시ㆍ도지사는 연수교육을 실시하려는 경우 <u>실무교육 또는 연수교육을 받은 후 2년이 되기 2개월 전까지</u> 연수교육의 일시ㆍ장소ㆍ내용 등을 대상자에게 통지하여야 한다.

	실무교육	직무교육	연수교육
대상	개공/소공	중개보조원	실무교육을 받은 개공/소공(2년마다)
주체	시·도지사	시·도지사 또는 등록관청	시·도지사
시간	28~32시간	3~4시간	12~16시간
내용	법률지식 부동산중개 및 경영실무 직업윤리 등	직업윤리등	법·제도의 변경사항 부동산중개 및 경영실무 직업윤리 등

소공→실무교육(ㅅㅅ)
중개보조원→직무교육(ㅈㅈ)

보기 꼭 암기!

⑨ 국토교통부장관은 위의 규정에 따라 시·도지사가 실시하는 실무교육, 직무교육 및 연수교육의 전국적인 균형유지를 위하여 필요하다고 인정하면 해당 교육의 지침을 마련하여 시행할 수 있다. 교육지침에는 다음 사항이 포함되어야 한다.

ㄱ. 교육목적 ㄴ. 교육대상 ㄷ. 교육과목 및 시간 ㄹ. 강사자격 ㅁ. 수강료

ㅂ. 수강신청, 출결확인, 교육평가, 교육수료증 발급 등 학사 운영 및 관리

ㅅ. 그밖에 균형 있는 교육의 실시에 필요한 기준과 절차

⑩ 국토교통부장관, 시·도지사 및 등록관청은 개업공인중개사 등이 부동산 거래사고 예방 등을 위하여 교육을 받는 경우에는 다음 비용을 지원할 수 있다.

ㄱ. 교육시설 및 장비의 설치에 필요한 비용

ㄴ. 교육자료의 개발 및 보급에 필요한 비용

ㄷ. 교육 관련 조사 및 연구에 필요한 비용

ㄹ. 교육 실시에 따른 강사비

⑪ 국토교통부장관, 시·도지사 및 등록관청은 필요하다고 인정하면 개업공인 중개사 등의 부동산거래사고 예방을 위한 교육을 실시할 수 있다. 이 경우에는 교육일 10일 전까지 교육일시·교육장소 및 교육내용, 그밖에 교육에 필요한 사항을 공고하거나 교육대상자에게 통지하여야 한다.

공인중개사법령상 개업공인중개사 등의 교육에 관한 설명으로 틀린 것은?[28회]

① 실무교육은 그에 관한 업무의 위탁이 없는 경우 시·도지사가 실시한다.(○)

② 연수교육을 실시하려는 경우 그 교육의 일시·장소를 관보에 공고한 후 대상자에게 통지해야 한다.(×)

③ 실무교육을 받은 개업공인중개사 및 소속공인중개사는 그 실무교육을 받은 후 2년마다 연수교육을 받아야 한다.(○)

④ 직무교육의 교육시간은 3시간 이상 4시간 이하로 한다.(○)

⑤ 국토교통부장관, 시·도지사 및 등록관청은 필요하다고 인정하면 개업공인 중개사 등의 부동산거래사고 예방을 위한 교육을 실시할 수 있다.(○)

② 연수교육을 실시하려는 경우, 관보에 공고 후 통지하는 것이 아니라 실무교육 또는 연수교육을 받은 후 2년이 되기 2개월 전까지 대상자에게 통지하여야 합니다.

공인중개사법령상 **개업공인중개사 등의 교육**에 관한 설명으로 옳은 것은?(단, 다른 법률의 규정은 고려하지 않음)[31회]

① 중개사무소 개설등록을 신청하려는 법인의 공인중개사가 아닌 사원은 실무교육 대상이 아니다.(×)

② 개업공인중개사가 되려는 자의 실무교육시간은 26시간이상 32시간 이하이다.(×)

③ 중개보조원이 받는 실무교육에는 부동산 중개 관련 법·제도의 변경사항이 포함된다.(×)

④ 국토교통부장관, 시·도지사, 등록관청은 개업공인중개사 등에 대한 부동산 거래사고 예방 등의 교육을 위하여 교육 관련 연구에 필요한 비용을 지원할 수 있다.(○)

⑤ 소속공인중개사는 2년마다 국토교통부장관이 실시하는 연수교육을 받아야 한다.(×)

① 법인의 임·사원은 모두 실무교육 대상입니다. ② 실무교육시간은 28시간이상 32시간 이하입니다. ③ 중개보조원은 실무교육 아니고 직무교육! 또한 법·제도의 변경사항은 연수교육의 내용이죠. ⑤ 연수교육은 시·도지사가 실시합니다.

공인중개사법령상 **개업공인중개사 등의 교육**에 관한 설명으로 옳은 것은?[27회]

① 분사무소의 책임자가 되고자 하는 공인중개사는 고용신고일 전 1년 이내에 시·도지사가 실시하는 연수교육을 받아야 한다.(×)

② 폐업신고 후 1년 이내에 중개사무소의 개설등록을 다시 신청하려는 공인중개사는 실무교육을 받지 않아도 된다.(○)

③ 시·도지사는 연수교육을 실시하려는 경우 실무교육 또는 연수교육을 받은 후 2년이 되기 1개월 전까지 연수교육의 일시·장소·내용 등을 당사자에게 통지해야 한다.(×)

④ 연수교육의 교육시간은 3시간 이상 4시간 이하이다.(×)

⑤ 고용관계 종료 신고 후 1년 이내에 고용신고를 다시 하려는 중개보조원도 직무교육은 받아야 한다.(×)

① 연수교육이 아니라 실무교육 ③ 2년이 되기 1개월 전까지가 아니라 2개월 전까지 ④ 연수교육은 12시간 이상 16시간 이하, 직무교육은 3시간 이상 4시간 이하 ⑤ 이 경우에는 직무교육을 받지 않아도 됩니다.

공인중개사법령상 **개업공인중개사 등의 교육** 등에 관한 설명으로 옳은 것은?[34회]

① 폐업신고 후 400일이 지난 날 중개사무소의 개설등록을 다시 신청하려는 자는 실무교육을 받지 않아도 된다.(×)

② 중개보조원의 직무수행에 필요한 직업윤리에 대한 교육시간은 5시간이다.(×)

③ 시·도지사는 연수교육을 실시하려는 경우 실무교육 또는 연수교육을 받은 후 2년이 되기 2개월 전까지 연수교육의 일시·장소·내용 등을 대상자에게

통지하여야 한다.(×)
④ 부동산 중개 및 경영 실무에 대한 교육시간은 36시간이다.(×)
⑤ 시·도지사가 부동산거래사고 예방을 위한 교육을 실시하려는 경우에는 교육일 7일 전까지 교육일시·교육장소 및 교육내용을 교육대상자에게 통지하여야 한다.(×)

> ① 1년이 지났으므로 다시 실무교육을 받아야 해요.(34조1항1호) ② 직무교육은 3시간 이상 4시간 이하인데, 윤리교육을 5시간이나 받을 순 없겠죠.(시행령28조2항2호) ③ 시행령28조4항 ④ 실무교육은 28시간 이상 32시간 이하입니다.(시행령28조1항2호) ⑤ 7일 전이 아니라 10일 전(시행령28조2 2항)

공인중개사법령상 **개업공인중개사 등의 교육**에 관한 설명으로 옳은 것을 모두 고른 것은?(단, 다른 법률의 규정은 고려하지 않음)[29회]

> ㄱ. 실무교육을 받는 것은 중개사무소 개설등록의 기준에 해당한다.(○)
> ㄴ. 개업공인중개사로서 폐업신고를 한 후 1년 이내에 소속공인중개사로 고용신고를 하려는 자는 실무교육을 받아야 한다.(×)
> ㄷ. 연수교육의 교육시간은 28시간 이상 32시간 이하이다.(×)
> ㄹ. 연수교육을 정당한 사유 없이 받지 않으면 500만원 이하의 과태료를 부과한다.(○)

① ㄱ,ㄴ ② ㄱ,ㄹ ③ ㄴ,ㄷ ④ ㄱ,ㄷ,ㄹ ⑤ ㄴ,ㄷ,ㄹ

> ㄴ. 이 경우에는 실무교육을 받지 않아도 됩니다. ㄷ. 연수교육은 12시간 이상 16시간 이하입니다. 정답②

공인중개사법령상 공인중개사인 **개업공인중개사** 甲과 그에 소속된 **소속공인중개사** 乙에 관한 설명으로 틀린 것을 모두 고른 것은?[35회]

> ㄱ. 甲과 乙은 실무교육을 받은 후 2년마다 등록관청이 실시하는 연수교육을 받아야 한다.(×)
> ㄴ. 甲이 중개를 의뢰받아 乙의 중개행위로 중개가 완성되어 중개대상물 확인·설명서를 작성하는 경우 乙은 甲과 함께 그 확인. 설명서에 서명 또는 날인하여야 한다.(×)
> ㄷ. 乙이 甲과의 고용관계 종료 신고 후 1년 이내에 중개사무소의 개설등록을 신청한 경우 개설 등록 후 1년 이내에 실무교육을 받아야 한다.(×)

① ㄱ ② ㄴ ③ ㄱ,ㄷ ④ ㄴ,ㄷ ⑤ ㄱ,ㄴ,ㄷ

> ㄱ. 등록관청이 아니라 시 · 도지사(34조4항) ㄴ. 확인·설명서에 '서명 또는 날인'이 아니라 '서명 및 날인'(25조4항) ㄷ. 1년 이내이면 실무교육 면제(34조1항2호) 정답⑤

저자의 한마디

확인·설명서와 거래계약서에는 '서명 또는 날인'이 아니라 '서명 및 날인'입니다.

04. 지도·감독★★★★

저자의 한마디

여기에서는 공인중개사의 자격
취소 및 정지, 그리고 개공의 등
록취소 및 업무정지에 대해 차례
대로 살펴봅니다.

공인중개사 자격취소 및 자격정지★★★★

공인중개사의 자격취소처분 및 자격정지처분은 그 <u>공인중개사자격증을 교부한 시·도지사</u>가 행한다.(자격증을 교부한 시·도지사와 공인중개사 사무소의 소재지를 관할하는 시·도지사가 서로 다른 경우에는 공인중개사 사무소의 소재지를 관할하는 시·도지사가 자격취소처분 또는 자격정지처분에 <u>필요한 절차를 모두</u> 이행한 후 자격증을 <u>교부한 시·도지사에게</u> <u>통보</u>하여야 함)

1. 자격의 취소

① 시·도지사는 공인중개사가 **다음에 해당**하면 그 자격을 취소하여야 한다.

ㄱ. 부정한 방법으로 공인중개사의 자격을 취득한 경우

ㄴ. 다른 사람에게 자기의 성명을 사용하여 중개업무를 하게 하거나 공인중개사 자격증을 양도 또는 대여한 경우

ㄷ. 자격정지처분을 받고 그 자격정지기간 중에 중개업무를 행한 경우(다른 개업공인중개사의 소속공인중개사·중개보조원 또는 법인인 개업공인중개사의 사원·임원이 되는 경우를 포함)

ㄹ. 공인중개사법 또는 공인중개사의 직무와 관련하여 형법을 위반하여 금고 이상의 형(집행유예 포함)을 선고받은 경우

자격취소사유 암기!

공인중개사법령상 공인중개사 자격의 취소사유에 해당하는 것을 모두 고른 것은?[32회]

> ㄱ. 부정한 방법으로 공인중개사의 자격을 취득한 경우(○)
> ㄴ. 다른 사람에게 자기의 공인중개사자격증을 대여한 경우(○)
> ㄷ. 공인중개사법에 따라 공인중개사 자격정지처분을 받고 그 자격정지기간 중에 중개 업무를 행한 경우(○)

① ㄱ ② ㄷ ③ ㄱ,ㄴ ④ ㄴ,ㄷ ⑤ ㄱ,ㄴ,ㄷ

전부 자격취소사유입니다. 정답⑤

② 시·도지사는 공인중개사의 자격을 취소하고자 하는 경우에는 청문을 실시하여야 한다.

③ 공인중개사의 자격이 취소된 자는 공인중개사자격증을 자격취소처분을 받은 날부터 7일 이내에 그 공인중개사자격증을 <u>교부한 시·도지사에게</u> 반납하여야 한다.

④ 분실 등의 사유로 인하여 공인중개사자격증을 반납할 수 없는 자는 자격증 반납을 대신하여 그 이유를 기재한 사유서를 시·도지사에게 제출하여야 한다.

⑤ 시·도지사는 공인중개사의 자격취소처분을 한 때에는 5일 이내에 이를 국토교통부장관에게 보고하고 다른 시·도지사에게 통지하여야 한다.

공인중개사법령상 **공인중개사의 자격취소**에 관한 설명으로 틀린 것은?[33회]

① 시·도지사는 공인중개사가 이 법을 위반하여 300만원 이상 벌금형의 선고를 받은 경우에는 그 자격을 취소해야 한다.(×)

② 공인중개사의 자격이 취소된 자는 공인중개사자격증을 교부한 시·도지사에게 반납해야 한다.(○)

③ 시·도지사는 공인중개사의 자격취소처분을 한 때에는 5일 이내에 이를 국토교통부장관에게 보고하고 다른 시도지사에게 통지해야 한다.(○)

④ 시·도지사는 공인중개사의 자격을 취소하고자 하는 경우에는 청문을 실시해야 한다.(○)

⑤ 시·도지사는 공인중개사가 부정한 방법으로 공인중개사의 자격을 취득한 경우에는 그 자격을 취소해야 한다.(○)

> ① 공인중개사법을 위반하여 징역형을 선고받은 경우에 자격취소 처분을 해야 해요.

저자의 한마디

① 공인중개사법을 위반하여 300만원 이상의 벌금형의 선고를 받고 3년이 지나지 아니한 자는 등록결격사유죠. 헷갈리지 않도록 철저히!

공인중개사법령상 공인중개사의 **자격취소** 등에 관한 설명으로 틀린 것은?[34회]

① 공인중개사의 자격취소처분은 청문을 거쳐 중개사무소의 개설등록증을 교부한 시·도지사가 행한다.(×)

② 공인중개사가 자격정지처분을 받은 기간 중에 법인인 개업공인중개사의 임원이 되는 경우 시·도지사는 그 자격을 취소하여야 한다.(○)

③ 자격취소처분을 받아 공인중개사자격증을 반납하려는 자는 그 처분을 받은 날부터 7일 이내에 반납해야 한다.(○)

④ 시·도지사는 공인중개사의 자격취소처분을 한 때에는 5일 이내에 이를 국토교통부장관에게 보고하여야 한다.(○)

⑤ 분실로 인하여 공인중개사자격증을 반납할 수 없는 자는 자격증 반납을 대신하여 그 이유를 기재한 사유서를 시·도지사에게 제출하여야 한다.(○)

> ① 자격취소처분은 '개설등록증'이 아니라 '자격증'을 교부한 시·도지사가 행합니다.(35조1항, 시행령29조1항) ② 35조1항3호 ③ 35조3항, 시행규칙21조 ④ 시행령29조3항 ⑤ 35조4항

저자의 한마디

자격증을 교부한 시·도지사가 자격을 취소하고, 그 자격증을 반납받습니다.

공인중개사법령상 **공인중개사의 자격취소**에 관한 설명으로 틀린 것은?[26회]

① 자격취소처분은 중개사무소의 소재지를 관할하는 시·도지사가 한다.(×)

② 시·도지사는 자격증 대여를 이유로 자격을 취소하고자하는 경우 청문을 실시해야 한다.(○)

③ 시·도지사는 자격취소처분을 한 때에는 5일 이내에 이를 국토교통부장관에게 보고하고 다른 시·도지사에게 통지해야 한다.(○)

④ 자격취소처분을 받아 자격증을 반납하고자 하는 자는 그 처분을 받은 날부터 7일 이내에 반납해야 한다.(○)

⑤ 자격이 취소된 자는 자격증을 교부한 시·도지사에게 그 자격증을 반납해야 한다.(○)

공인중개사법령상 **공인중개사의 자격취소**에 관한 설명으로 옳은 것은?[30회]

① 공인중개사의 자격취소처분은 공인중개사의 현주소지를 관할하는 시장·군수·구청장이 행한다.(×)

② 시·도지사는 공인중개사의 자격취소처분을 한때에는 5일 이내에 이를 국토교통부장관에게 보고하고 다른 시·도지사에게 통지하여야 한다.(○)

③ 자격취소사유가 발생한 경우에는 청문을 실시하지 않아도 해당 공인중개사의 자격을 취소할 수 있다.(×)

④ 공인중개사의 자격이 취소된 자는 공인중개사자격증을 7일 이내에 한국산업인력공단에 반납하여야 한다.(×)

⑤ 공인중개사 자격이 취소되었으나 공인중개사자격증을 분실 등의 사유로 반납할 수 없는 자는 신규발급절차를 거쳐 발급된 공인중개사자격증을 반납하여야 한다.(×)

공인중개사법령상 ( )에 들어갈 **기간**이 긴 것부터 짧은 순으로 옳게 나열된 것은?[27회]

> ○ 공인중개사 자격취소처분을 받아 자격증을 반납하고자 하는 자는 그 처분을 받은 날부터 (ㄱ) 이내에 그 자격증을 반납해야 한다.
> ○ 거래정보사업자로 지정받은 자는 지정받은 날부터 (ㄴ) 이내에 부동산거래정보망의 이용 및 정보제공방법 등에 관한 운영규정을 정하여 승인받아야 한다.
> ○ 개업공인중개사가 보증보험금·공제금 또는 공탁금으로 손해배상을 한 때에는 (ㄷ) 이내에 보증보험 또는 공제에 다시 가입하거나 공탁금 중 부족하게 된 금액을 보전해야 한다.

① ㄱ-ㄴ-ㄷ ② ㄴ-ㄱ-ㄷ ③ ㄴ-ㄷ-ㄱ ④ ㄷ-ㄱ-ㄴ ⑤ ㄷ-ㄴ-ㄱ

2. 자격의 정지

① 시·도지사는 공인중개사가 소속공인중개사로서 업무를 수행하는 기간 중에 다음에 해당하는 경우에는 6개월의 범위 안에서 기간을 정하여 그 자격을 정지할 수 있다.

ㄱ. 자격정지 3월

- 인장등록을 하지 아니하거나 등록하지 아니한 인장을 사용한 경우
- 성실·정확하게 중개대상물의 확인·설명을 하지 아니하거나 설명의 근거자료를 제시하지 아니한 경우
- 중개대상물확인·설명서에 서명 및 날인을 하지 아니한 경우
- 거래계약서에 서명 및 날인을 하지 아니한 경우

ㄴ. 자격정지 6월

- 둘 이상의 중개사무소에 소속된 경우(→이중소속)
- 거래계약서에 거래금액 등 거래내용을 거짓으로 기재하거나 서로 다른 둘 이상의 거래계약서(→이중계약서)를 작성한 경우
- 금지행위(33조1항)를 한 경우

저자의 한마디

소공의 자격정지 사유와 개공의 업무정지 사유를 혼동하지 않도록 주의하세요.

② 등록관청은 공인중개사가 위에 해당하는 사실을 알게 된 때에는 지체 없이 그 사실을 시·도지사에게 통보하여야 한다.

③ 시·도지사는 위반행위의 동기·결과 및 횟수 등을 참작하여 자격정지 기간의 2분의 1의 범위 안에서 가중 또는 감경할 수 있다. 이 경우 가중하여 처분하는 때에도 자격정지기간은 6월을 초과할 수 없다.

저자의 한마디

등록관청은 자격정지의 경우만 통지의무가 있어요. 자격취소의 경우에는 통지의무가 없답니다.

공인중개사법령상 소속공인중개사의 규정 위반행위 중 **자격정지 기준이 6개월**에 해당하는 것을 모두 고른 것은?[34회]

> ㄱ. 2 이상의 중개사무소에 소속된 경우
> ㄴ. 거래계약서에 서명·날인을 하지 아니한 경우
> ㄷ. 등록하지 아니한 인장을 사용한 경우
> ㄹ. 확인·설명의 근거자료를 제시하지 아니한 경우

① ㄱ ② ㄱ,ㄷ ③ ㄴ,ㄷ ④ ㄱ,ㄴ,ㄹ ⑤ ㄴ,ㄷ,ㄹ

ㄱ만 6개월이고요, 나머지는 3개월입니다.(시행규칙 [별표3]) 정답①

공인중개사법령상 **소속공인중개사의 자격정지사유**에 해당하는 것을 모두 고른 것은?[28회]

> ㄱ. 공인중개사자격증을 대여한 경우(×)
> ㄴ. 부정한 방법으로 공인중개사의 자격을 취득한 경우(×)
> ㄷ. 2이상의 중개사무소의 소속공인중개사가 된 경우(○)
> ㄹ. 거래당사자 쌍방을 대리하는 행위를 한 경우(○)

저자의 한마디

ㄹ.소공이 33조1항의 금지행위를 하면 자격취소가 아니라 자격정지 6월의 처분을 받습니다.

① ㄱ,ㄴ ② ㄱ,ㄷ ③ ㄷ,ㄹ ④ ㄱ,ㄴ,ㄹ ⑤ ㄴ,ㄷ,ㄹ

ㄱ과 ㄴ은 자격취소사유, ㄷ과 ㄹ은 자격정지 6월의 사유입니다. 정답③

공인중개사법령상 **소속공인중개사**로서 업무를 수행하는 기간 동안 발생한 사유 중 **자격정지사유**로 규정되어 있지 않은 것은?[32회]

① 둘 이상의 중개사무소에 소속된 경우(○)

② 성실·정확하게 중개대상물의 확인·설명을 하지 않은 경우(○)

③ 등록관청에 등록하지 않은 인장을 사용하여 중개행위를 한 경우(○)

④ 공인중개사법을 위반하여 징역형의 선고를 받은 경우(×)

⑤ 중개대상물의 매매를 업으로 하는 행위를 한 경우(○)

④ 공인중개사법을 위반하여 징역형의 선고를 받으면 자격취소가 됩니다.

공인중개사법령상 중개업무를 수행하는 **소속공인중개사의 자격정지사유**에 해당하지 않는 것은?[29회]

① 하나의 거래에 대하여 서로 다른 2이상의 거래계약서를 작성한 경우(○)

② 국토교통부령이 정하는 전속중개계약서에 의하지 않고 전속중개계약을 체결한 경우(×)

③ 성실·정확하게 중개대상물의 확인·설명을 하지 않은 경우(○)

④ 거래계약서에 거래금액 등 거래내용을 거짓으로 기재한 경우(○)

⑤ 2이상의 중개사무소에 소속공인중개사로 소속된 경우(○)

② 전속중개계약서에 의하지 않고 전속중개계약을 체결하는 것은 개공에 대한 업무정지 사유입니다. ① 자격정지 6월 ③ 자격정지 3월 ④⑤ 자격정지 6월

공인중개사법령상 중개업무를 수행하는 **소속공인중개사의 자격정지**에 관한 설명으로 옳은 것은?[27회]

① 거래계약서에 서명 및 날인을 하지 아니한 경우는 자격정지사유에 해당한다.(○)

② 중개대상물 확인·설명서를 교부하지 아니한 경우는 자격정지사유에 해당한다.(×)

③ 전속중개계약서에 의하지 아니하고 전속중개계약을 체결한 경우는 자격정지사유에 해당한다.(×)

④ 시장·군수 또는 구청장은 공인중개사 자격정지사유 발생시 6개월의 범위 안에서 기간을 정하여 그 자격을 정지할 수 있다.(×)

⑤ 자격정지기간은 2분의 1의 범위 안에서 가중 또는 감경할 수 있으며, 가중하여 처분하는 때에는 9개월로 할 수 있다.(×)

① 자격정지 3월 ② 중개대상물 확인·설명서를 교부하지 아니한 경우나 ③ 전속중개계약서에 의하지 아니하고 전속중개계약을 체결한 경우는 모두 개공에 대한 업무정지 사유입니다. 소공과는 관계없어요. ④ 자격에 관한 취소나 정지처분은 등록관청이 아니라 시·도지사가 내립니다. ⑤ 가중하여 처분하는 때에도 6개월을 초과할 수 없습니다.

자격정지 6월

• 이중소속
• 거래계약서 거짓 기재
• 이중(이면)계약서
• 금지행위

법정 전속중개계약서 양식을 사용하는 것과 확인·설명서를 교부하는 것은 개공의 의무입니다. 따라서 위반하면 개공이 업무정지처분을 받아요. 소공과는 무관합니다.

성실·정확하게 확인·설명하지 않은 것은 소공의 자격정지 사유이고, 확인·설명서를 교부하지 않은 것은 개공의 업무정지 사유입니다. 주의!

자격과 관련되면 시도지사!

공인중개사법령상 **공인중개사** 등에 관한 설명으로 틀린 것은?[31회]

① 공인중개사의 자격이 취소된 후 3년이 지나지 아니한 자는 중개보조원이 될 수 없다.(○)

② 공인중개사는 자기의 공인중개사자격증을 무상으로도 대여해서는 안 된다.(○)

③ 자격정지처분을 받은 날부터 6월이 경과한 공인중개사는 법인인 개업공인중개사의 임원이 될 수 있다.(○)

④ 다른 사람에게 자기의 성명을 사용하여 중개업무를 하게 한 경우에는 자격정지 처분사유에 해당한다.(×)

⑤ 공인중개사가 아닌 자는 공인중개사 또는 이와 유사한 명칭을 사용하지 못한다.(○)

① 자격취소 후 3년이 지나지 않으면, 즉 결격기간 중에는 중개보조원마저도 할 수 없어요. ③ 자격정지는 최장 6개월이므로 6개월이 경과하면 결격사유에서 벗어나게 됩니다. ④ 성명을 사용하게 한 것은 자격증을 대여하는 것과 같은 처분을 받습니다. 즉, 자격정지가 아니라 자격취소 처분을 받게 되죠.

공인중개사법령상 **공인중개사의 자격취소사유와 소속공인중개사의 자격정지사유**에 관한 구분으로 옳은 것을 모두 고른 것은?[31회]

> ㄱ. 다른 사람에게 자기의 성명을 사용하여 중개업무를 하게 한 경우 - 취소사유(○)
> ㄴ. 공인중개사법을 위반하여 징역형의 집행유예를 받은 경우 - 취소사유(○)
> ㄷ. 거래계약서를 작성할 때 거래금액 등 거래 내용을 거짓으로 기재한 경우 - 정지사유(○)
> ㄹ. 중개대상물의 매매를 업으로 하는 경우 - 정지사유(○)

① ㄱ ② ㄱ,ㄹ ③ ㄷ,ㄹ ④ ㄱ,ㄴ,ㄷ ⑤ ㄱ,ㄴ,ㄷ,ㄹ

ㄱ과 ㄴ은 자격취소 사유, ㄷ과 ㄹ은 자격정지 6월의 사유. 모두 맞네요. 정답⑤

저자의 한마디

ㄴ.징역형의 집행유예는 징역형의 선고를 전제로 합니다. 따라서 공인중개사법 위반으로 징역형의 집행유예를 받으면 자격취소 사유에 해당합니다.

공인중개사법령상 **공인중개사의 자격취소**에 관한 설명으로 틀린 것은?[29회]

① 자격취소처분은 그 자격증을 교부한 시·도지사가 행한다.(○)

② 처분권자가 자격을 취소하려면 청문을 실시해야 한다.(○)

③ 자격취소처분을 받아 그 자격증을 반납하고자 하는 자는 그 처분을 받은 날부터 7일 이내에 반납해야 한다.(○)

④ 처분권자가 자격취소처분을 한 때에는 5일 이내에 이를 국토교통부장관에게 보고해야 한다.(○)

⑤ 자격증을 교부한 시·도지사와 중개사무소의 소재지를 관할하는 시·도지사가 서로 다른 경우에는 자격증을 교부한 시·도지사가 자격취소처분에 필요한 절차를 이행해야 한다.(×)

⑤ 중개사무소의 소재지를 관할하는 시·도지사가 필요한 절차를 이행한 후 자격증을 교부한 시·도지사에게 통보합니다. 빈출지문!

공인중개사법령상 **공인중개사의 자격취소**에 관한 설명으로 옳은 것은?[27회]

① 공인중개사 자격취소처분을 받은 개업공인중개사는 중개사무소의 소재지를 관할하는 시·도지사에게 공인중개사자격증을 반납해야 한다.(×)

② 부정한 방법으로 공인중개사의 자격을 취득한 경우 자격취소사유에 해당하며, 1년 이하의 징역 또는 1천만원이하의 벌금에 처해진다.(×)

③ 시·도지사는 공인중개사의 자격취소처분을 한 때에는 7일 이내에 이를 국토교통부장관에게 보고해야 한다.(×)

④ 자격증을 교부한 시·도지사와 공인중개사 사무소의 소재지를 관할하는 시·도지사가 다른 경우, 자격증을 교부한 시·도지사가 자격취소처분에 필요한 절차를 이행한다.(×)

⑤ 공인중개사가 자격정지처분을 받고 그 정지기간 중에 다른 개업공인중개사의 소속공인중개사가 된 경우 자격취소사유가 된다.(○)

① 중개사무소의 소재지를 관할하는 시·도지사가 아니라 자격증을 교부한 시·도지사에게 자격증을 반납합니다. ② 자격취소사유에 해당할 뿐 행정형벌(징역 또는 벌금)의 사유는 아니에요. ③ 7일이 아니라 5일 이내에 국장에게 보고합니다. ④ 자격증을 교부한 시·도지사가 아니라 사무소의 소재지를 관할하는 시·도지사가 자격취소처분에 필요한 절차를 이행합니다. 빈출지문!

공인중개사법령상 중개업무를 수행하는 **소속공인중개사의 자격정지사유**에 해당하지 않는 것은?[30회]

① 고객을 위하여 거래내용에 부합하는 동일한 거래계약서를 4부 작성한 경우

② 2이상의 중개사무소에 소속된 경우

③ 고객의 요청에 의해 거래계약서에 거래금액을 거짓으로 기재한 경우

④ 권리를 취득하고자 하는 중개의뢰인에게 중개가 완성되기 전까지 등기사항증명서 등 확인·설명의 근거자료를 제시하지 않은 경우

⑤ 법인의 분사무소의 책임자가 서명 및 날인 하였기에 당해 중개행위를 한 소속공인중개사가 확인·설명서에 서명 및 날인을 하지 않은 경우

① 거래내용에 부합하는 동일계약서를 여러 부 작성하는 것은 징계사유가 아닙니다. 거래내용과 다른 계약서(이면계약서)를 여러 부 작성하는 것이 6월의 자격정지 사유랍니다. ②③ 자격정지 6월, ④⑤ 자격정지 3월 정답①

공인중개사법령상 **공인중개사의 자격취소와 자격정지**에 관한 설명으로 틀린 것은?[25회]

① 자격취소 또는 자격정지처분을 할 수 있는 자는 자격증을 교부한 시·도지사이다.(○)

② 자격취소처분은 공인중개사를 대상으로, 자격정지처분은 소속공인중개사를 대상으로 한다.(○)

③ 자격정지처분을 받고 그 자격정지기간 중에 중개업무를 행한 경우는 자격취소사유에 해당한다.(○)

④ 공인중개사에 대하여 자격취소와 자격정지를 명할 수 있는 자는 자격취소 또는 자격정지 처분을 한 때에 5일 이내에 국토교통부장관에게 보고해야 한다.(×)

⑤ 자격정지사유에는 행정형벌이 병과될 수 있는 경우도 있다.(○)

자격취소만 국장 보고사항!

①②③ 빈출지문! ④ 자격취소의 경우만 국장에게 보고합니다. 자격정지는 보고하지 않아요. ⑤ 소공이 33조1항의 금지행위를 한 경우에는 자격정지처분 뿐만 아니라 행정형벌도 받게 됩니다.

감독상의 명령*

① 국토교통부장관, 시·도지사 및 등록관청은 **다음 경우**에는 개업공인중개사 또는 거래정보사업자에 대하여 그 <u>업무에 관한 사항을 보고하게 하거나 자료의 제출</u> 그밖에 필요한 명령을 할 수 있으며, 소속 공무원으로 하여금 중개사무소(중개사무소의 개설등록을 하지 아니하고 중개업을 하는 자의 사무소를 포함)에 출입하여 <u>장부·서류 등을 조사 또는 검사</u>하게 할 수 있다.

ㄱ. 부동산투기 등 거래동향의 파악을 위하여 필요한 경우

ㄴ. 이 법 위반행위의 확인, 공인중개사의 자격취소·정지 및 개업공인중개사에 대한 등록취소·업무정지 등 행정처분을 위하여 필요한 경우

② 출입·검사 등을 하는 공무원은 국토교통부령으로 정하는 증표(공무원증 및 중개사무소조사·검사증명서)를 지니고 상대방에게 이를 내보여야 한다.

③ 국토교통부장관, 시·도지사 및 등록관청은 <u>불법 중개행위 등에 대한 단속을 하는 경우</u> 필요한 때에는 공인중개사협회 및 관계 기관에 협조를 요청할 수 있다. 이 경우 공인중개사협회는 특별한 사정이 없으면 이에 따라야 한다.

개업공인중개사의 등록취소 및 업무정지*****

1. 등록의 취소

① 절대적 등록취소사유

등록관청은 개업공인중개사가 **다음에 해당하는 경우**에는 중개사무소의 <u>개설등록을 취소하여야 한다.</u>

ㄱ. 개인인 개업공인중개사가 사망하거나 개업공인중개사인 법인이 해산한 경우

ㄴ. 거짓이나 그 밖의 부정한 방법으로 중개사무소의 개설등록을 한 경우

ㄷ. 개설등록 후 **다음의 결격사유**에 해당하게 된 경우

• 피성년후견인 또는 피한정후견인

• 파산선고를 받고 복권되지 아니한 자

• 금고 이상의 실형의 선고를 받고 그 집행이 종료(집행이 종료된 것으로 보는 경우를 포함)되거나 집행이 면제된 날부터 3년이 지나지 아니한 자

절대적 등록취소
→ 취소하여야 한다.

임의적 등록취소
→ 취소할 수 있다.

- 금고 이상의 형의 집행유예를 받고 그 유예기간 중에 있는 자
- 공인중개사의 자격이 취소된 후 3년이 지나지 아니한 자
- 이 법을 위반하여 300만원 이상의 벌금형의 선고를 받고 3년이 지나지 아니한 자
- 사원 또는 임원 중 결격사유에 해당하는 자가 있는 법인(사유가 발생한 날 부터 2개월 이내에 그 사유를 해소한 경우는 등록취소하지 않음)

ㄹ. 이중으로 중개사무소의 개설등록을 한 경우(→이중등록)

ㅁ. 다른 개업공인중개사의 소속공인중개사·중개보조원 또는 개업공인중개사인 법인의 사원·임원이 된 경우(→이중소속)

ㅂ. 개업공인중개사와 소속공인중개사를 합한 수의 5배를 초과하여 중개보조원을 고용한 경우

ㅅ. 다른 사람에게 자기의 성명 또는 상호를 사용하여 중개업무를 하게 하거나 중개사무소등록증을 양도 또는 대여한 경우

ㅇ. 업무정지기간 중에 중개업무를 하거나 자격정지처분을 받은 소속공인중개사로 하여금 자격정지기간 중에 중개업무를 하게 한 경우

ㅈ. 최근 1년 이내에 이 법에 의하여 2회 이상 업무정지처분을 받고 다시 업무정지처분에 해당하는 행위를 한 경우(→삼진아웃)

공인중개사법령상 공인중개사인 개업공인중개사의 **중개사무소 개설등록 취소사유**에 해당하지 않는 경우는?[35회]

① 중개대상물 확인·설명서를 교부하지 아니한 경우
② 거짓으로 중개사무소의 개설등록을 한 경우
③ 업무정지기간 중에 중개업무를 한 경우
④ 공인중개사인 개업공인중개사가 개업공인중개사인 법인의 사원·임원이 된 경우
⑤ 개업공인중개사가 사망한 경우

> ① 업무정지 사유(39조1항6호) ② 절대적 등록취소사유(38조1항2호) ③ 절대적 등록취소사유 (38조1항7호) ④ 절대적 등록취소사유(38조1항5호) ⑤ 절대적 등록취소사유(38조1항1호) 정답①

공인중개사법령상 **중개사무소 개설등록을 취소하여야 하는 사유**에 해당하는 것을 모두 고른 것은?[32회]

> ㄱ. 개업공인중개사인 법인이 해산한 경우(○)
> ㄴ. 개업공인중개사가 거짓으로 중개사무소 개설등록을 한 경우(○)
> ㄷ. 개업공인중개사가 이중으로 중개사무소 개설등록을 한 경우(○)
> ㄹ. 개업공인중개사가 개설등록 후 금고 이상의 형의 집행유예를 받고 그 유예기간 중에 있게 된 경우(○)

① ㄱ,ㄴ,ㄷ ② ㄱ,ㄴ,ㄹ ③ ㄱ,ㄷ,ㄹ ④ ㄴ,ㄷ,ㄹ ⑤ ㄱ,ㄴ,ㄷ,ㄹ

전부 절대적 등록취소사유에 해당합니다. 정답⑤

② 임의적 등록취소사유

등록관청은 개업공인중개사가 **다음에 해당하는 경우**에는 중개사무소의 개설등록을 취소할 수 있다.

ㄱ. 등록기준에 미달하게 된 경우

ㄴ. 둘 이상의 중개사무소를 둔 경우(→이중사무소)

ㄷ. 임시 중개시설물을 설치한 경우(→떴다방도 이중사무소)

ㄹ. 겸업허용 업무 외의 겸업을 한 경우

ㅁ. 계속하여 6개월을 초과하여 휴업한 경우

ㅂ. 중개대상물에 관한 정보를 공개하지 아니하거나 중개의뢰인의 비공개 요청에도 불구하고 정보를 공개한 경우

ㅅ. 거래계약서에 거래금액 등 거래내용을 거짓으로 기재하거나 서로 다른 둘 이상의 거래계약서(→이중계약서)를 작성한 경우

ㅇ. 손해배상책임을 보장하기 위한 조치를 이행하지 아니하고 업무를 개시한 경우

ㅈ. 금지행위(33조1항)를 한 경우

ㅊ. 최근 1년 이내에 이 법에 의하여 3회 이상 업무정지 또는 과태료의 처분을 받고 다시 업무정지 또는 과태료의 처분에 해당하는 행위를 한 경우(단, 최근 1년 이내에 이 법에 의하여 2회 이상 업무정지처분을 받고 다시 업무정지처분에 해당하는 행위를 한 경우는 절대적 등록취소사유)

ㅋ. 개업공인중개사가 조직한 사업자단체 또는 그 구성원인 개업공인중개사가 독점규제 및 공정거래에 관한 법률 제26조(사업자단체의 금지행위)를 위반하여 시정조치 또는 과징금 처분을 최근 2년 이내에 2회 이상 받은 경우

③ 등록관청은 위의 절대적 등록취소사유 및 임의적 등록취소사유로 중개사무소의 개설등록을 취소하고자 하는 경우에는 청문을 실시하여야 한다. 단, 개인인 개업공인중개사가 사망하거나 개업공인중개사인 법인이 해산한 경우(①의 ㄱ)에는 청문을 실시하지 않는다.

④ 중개사무소의 개설등록이 취소된 자는 중개사무소등록증을 등록취소처분을 받은 날부터 7일 이내에 등록관청에 그 중개사무소등록증을 반납하여야 한다.

⑤ 중개사무소의 개설등록이 취소된 경우로서 법인인 개업공인중개사가 해산한 경우에는 그 법인의 대표자이었던 자가 등록취소처분을 받은 날부터 7일 이내에 등록관청에 중개사무소등록증을 반납하여야 한다.

자격증이든, 등록증이든 반납은 7일 이내

공인중개사법령상 등록관청이 **중개사무소의 개설등록을 취소하여야 하는 사유**로 명시되지 않은 것은?[33회]

① 개업공인중개사가 업무정지기간 중에 중개업무를 한 경우(○)

② 개인인 개업공인중개사가 사망한 경우(○)

③ 개업공인중개사가 이중으로 중개사무소의 개설등록을 한 경우(○)

④ 개업공인중개사가 천막 그밖에 이동이 용이한 임시 중개시설물을 설치한 경우(×)

⑤ 개업공인중개사가 최근 1년 이내에 이 법에 의하여 2회 이상 업무정지처분을 받고 다시 업무정지처분에 해당하는 행위를 한 경우(○)

> ④ '떳다방'(이중사무소)은 임의적 등록취소사유! 나머지는 절대적 등록취소사유가 맞아요.

공인중개사법령상 **중개사무소 개설등록의 절대적 취소사유**가 아닌 것은?[30회]

① 개업공인중개사인 법인이 해산한 경우(○)

② 자격정지처분을 받은 소속공인중개사로 하여금 자격정지기간 중에 중개업무를 하게 한 경우(○)

③ 거짓 그 밖의 부정한 방법으로 중개사무소의 개설등록을 한 경우(○)

④ 법인이 아닌 개업공인중개사가 파산선고를 받고 복권되지 아니한 경우(○)

⑤ 공인중개사법령을 위반하여 2 이상의 중개사무소를 둔 경우(×)

> ⑤ 이중사무소는 임의적 등록취소 사유에 해당합니다. 정답⑤

공인중개사법령상 개업공인중개사 **중개사무소의 개설등록을 취소하여야 하는 경우**를 모두 고른 것은?[27회]

> ㄱ. 최근 1년 이내에 공인중개사법에 의하여 2회 업무정지처분을 받고 다시 업무정지처분에 해당하는 행위를 한 경우(○)
> ㄴ. 최근 1년 이내에 공인중개사법에 의하여 1회 업무정지처분, 2회 과태료처분을 받고 다시 업무정지처분에 해당하는 행위를 한 경우(×)
> ㄷ. 최근 1년 이내에 공인중개사법에 의하여 2회 업무정지처분, 1회 과태료처분을 받고 다시 업무정지처분에 해당하는 행위를 한 경우(○)
> ㄹ. 최근 1년 이내에 공인중개사법에 의하여 3회 과태료처분을 받고 다시 업무정지처분에 해당하는 행위를 한 경우(×)

① ㄱ ② ㄱ,ㄷ ③ ㄴ,ㄹ ④ ㄷ,ㄹ ⑤ ㄱ,ㄴ,ㄷ

업무정지처분 세 번 받으면 절대적 등록취소!

> 절대적 등록취소사유를 고르는 문제네요. 최근 1년 이내에 2회 이상 업무정지처분을 받고, 다시 업무정지 처분을 받게 되면 절대적 등록취소사유입니다. ㄱ과 ㄷ이 그렇죠? 한편, ㄴ과 ㄹ은 업무정지처분은 2회 미만이지만 업무정지처분 또는 과태료처분을 3회 이상 받고, 다시 업무정지처분을 받았으므로 임의적 등록취소사유에 해당합니다. 정답②

공인중개사법령상 등록관청이 인지하였다면 공인중개사인 개업공인중개사 甲의 중개사무소 **개설등록을 취소하여야 하는 경우**에 해당하지 않는 것은?(단, 등록관청의 인지시점은 2025년 10월 13일)[29회수정]

① 甲이 2025년 9월 12일에 사망한 경우(○)

② 공인중개사법령을 위반한 甲에게 2025년 9월 12일에 400만원 벌금형이 선고되어 확정된 경우(○)

③ 甲이 2025년 9월 12일에 배임죄로 징역 1년, 집행유예 1년 6월이 선고되어 확정된 경우(○)

④ 甲이 최근 1년 이내에 공인중개사법령을 위반하여 1회 업무정지처분, 2회 과태료처분을 받고 다시 업무정지처분에 해당하는 행위를 한 경우(×)

⑤ 甲이 2025년 9월 12일에 다른 사람에게 자기의 성명을 사용하여 중개업무를 하게 한 경우(○)

① 개공 개인의 사망-절대적 등록취소사유 ② 공인중개사법을 위반하여 300만원 이상의 벌금형의 선고를 받고 3년이 지나지 아니한 자-절대적 등록취소사유 ③ 금고 이상의 형의 집행유예를 받고 그 유예기간 중에 있는 자-절대적 등록취소사유 ④ 최근 1년 이내에 공인중개사법에 의하여 3회 이상 업무정지 또는 과태료의 처분을 받고 다시 업무정지 또는 과태료의 처분에 해당하는 행위를 한 경우-임의적 등록취소사유 ⑤ 절대적 등록취소사유

공인중개사법의 내용으로 (   )에 들어갈 숫자를 바르게 나열한 것은?[32회]

> 가. 등록관청은 개업공인중개사가 최근 (ㄱ)년 이내에 이 법에 의하여 (ㄴ)회 이상 업무정지처분을 받고 다시 업무정지처분에 해당하는 행위를 한 경우에는 중개사무소의 개설등록을 취소하여야 한다.
> 나. 금고 이상의 실형의 선고를 받고 그 집행이 종료(집행이 종료된 것으로 보는 경우를 포함한다)되거나 집행이 면제된 날부터 (ㄷ)년이 지나지 아니한 자는 중개사무소의 개설등록을 할 수 없다.
> 다. 중개행위와 관련된 손해배상 책임을 보장하기 위하여 이 법에 따라 공탁한 공탁금은 개업공인중개사가 폐업한 날부터 (ㄹ)년 이내에는 회수할 수 없다.

① ㄱ:1, ㄴ:2, ㄷ:1, ㄹ:3   ② ㄱ:1, ㄴ:2, ㄷ:3, ㄹ:3
③ ㄱ:1, ㄴ:3, ㄷ:3, ㄹ:1   ④ ㄱ:2, ㄴ:3, ㄷ:1, ㄹ:1
⑤ ㄱ:2, ㄴ:3, ㄷ:3, ㄹ:3

법조문에 나오는 숫자는 확실히 공부하세요. 그대로 출제 되잖아요? 정답②

2. 업무의 정지

① 등록관청은 개업공인중개사가 **다음에 해당하는 경우**에는 6개월의 범위 안에서 기간을 정하여 업무의 정지를 명할 수 있다. 이 경우 법인인 개업공인중개사에 대하여는 <u>법인 또는 분사무소별로</u> 업무의 정지를 명할 수 있다.

저자의 한마디

개인인 개공 자신이나 법인인 개공의 임·사원에게 결격사유가 있으면 절대적등록취소사유이지만, 개인인 개공의 직원인 소공이나 중개보조원에게 결격사유가 있으면 업무정지사유(임의적등록취소 사유×)가 됩니다.

ㄱ. 등록결격사유에 해당하는 자를 소속공인중개사 또는 중개보조원으로 둔 경우(사유가 발생한 날부터 2개월 이내에 그 사유를 해소한 경우는 제외)

ㄴ. 인장등록을 하지 아니하거나 등록하지 아니한 인장을 사용한 경우

ㄷ. 국토교통부령으로 정하는 전속중개계약서에 의하지 아니하고 전속중개계약을 체결하거나 계약서를 보존하지 아니한 경우

ㄹ. 중개대상물에 관한 정보를 거짓으로 공개하거나 거래정보사업자에게 공개를 의뢰한 중개대상물의 거래가 완성된 사실을 해당 거래정보사업자에게 통보하지 아니한 경우

ㅁ. 중개대상물확인 · 설명서를 교부하지 아니하거나 보존하지 아니한 경우

ㅂ. 중개대상물확인 · 설명서에 서명 및 날인을 하지 아니한 경우

ㅅ. 적정하게 거래계약서를 작성 · 교부하지 아니하거나 보존하지 아니한 경우

ㅇ. 거래계약서에 서명 및 날인을 하지 아니한 경우

ㅈ. 감독상의 명령에 따른 보고, 자료의 제출, 조사 또는 검사를 거부 · 방해 또는 기피하거나 그 밖의 명령을 이행하지 아니하거나 거짓으로 보고 또는 자료제출을 한 경우

ㅊ. 임의적 등록취소사유에 해당하는 경우

ㅋ. 최근 1년 이내에 이 법에 의하여 2회 이상 업무정지 또는 과태료의 처분을 받고 다시 과태료의 처분에 해당하는 행위를 한 경우

ㅌ. 개업공인중개사가 조직한 사업자단체 또는 그 구성원인 개업공인중개사가 독점규제 및 공정거래에 관한 법률 제26조(사업자단체의 금지행위)를 위반하여 시정조치 또는 과징금 처분을 받은 경우(~한 번만 처분을 받으면 업무정지)

ㅍ. 그밖에 이 법 또는 이 법에 의한 명령이나 처분을 위반한 경우

② 등록관청은 위반행위의 동기 · 결과 및 횟수 등을 참작하여 업무정지기간의 2분의 1의 범위 안에서 가중 또는 감경할 수 있다. 이 경우 가중하여 처분하는 경우에도 업무정지기간은 6월을 초과할 수 없다.

③ 업무정지처분은 해당 사유가 발생한 날부터 3년이 지난 때에는 이를 할 수 없다.

공인중개사법령상 개업공인중개사에 대한 **업무정지처분을 할 수 있는 사유**에 해당하는 것을 모두 고른 것은?[32회]

> ㄱ. 부동산거래정보망에 중개대상물에 관한 정보를 거짓으로 공개한 경우(○)
> ㄴ. 거래당사자에게 교부해야 하는 중개대상물 확인·설명서를 교부하지 않은 경우(○)
> ㄷ. 거래당사자에게 교부해야 하는 거래계약서를 적정하게 작성·교부하지 않은 경우(○)
> ㄹ. 해당 중개대상물의 거래상의 중요사항에 관하여 거짓된 언행으로 중개의뢰인의 판단을 그르치게 하는 행위를 한 경우(○)

① ㄱ, ㄷ ② ㄴ, ㄹ ③ ㄱ, ㄴ, ㄷ ④ ㄴ, ㄷ, ㄹ ⑤ ㄱ, ㄴ, ㄷ, ㄹ

저자의 한마디

ㄹ은 33조1항에 규정된 금지행위입니다. 금지행위 위반은 임의적등록취소 사유이면서 업무정지처분 사유이기도 합니다.

전부 업무정지 사유입니다. 정답⑤

공인중개사법령상 개업공인중개사의 **업무정지사유이면서** 중개행위를 한 소속 공인중개사의 **자격정지사유**에 해당하는 것을 모두 고른 것은?²⁹회

> ㄱ. 인장등록을 하지 아니한 경우(○)
> ㄴ. 중개대상물 확인·설명서에 서명 및 날인을 하지 아니한 경우(○)
> ㄷ. 거래계약서에 서명 및 날인을 하지 아니한 경우(○)
> ㄹ. 중개대상물 확인·설명서를 교부하지 않은 경우(×)

① ㄱ, ㄴ ② ㄷ, ㄹ ③ ㄱ, ㄴ, ㄷ ④ ㄴ, ㄷ, ㄹ ⑤ ㄱ, ㄴ, ㄷ, ㄹ

ㄱ, ㄴ, ㄷ은 개공과 소공에게 공통으로 적용하는 사유이지만, ㄹ. 중개대상물 확인·설명서를 교부하지 않은 경우는 개공만을 대상으로 하는 업무정지 사유입니다. 정답③

저자의 한마디

양자의 공통사유는 도장(인장이나 날인)과 관련되어 있어요. 개공과 소공에게 모두 적용되는 ㄱ, ㄴ, ㄷ 3가지 경우를 반드시 기억하세요!

공인중개사법령상 개업공인중개사의 **업무정지 사유인 동시에** 중개행위를 한 소속 공인중개사의 **자격정지 사유**에 해당하는 것은?²⁶회

① 최근 1년 이내에 공인중개사법에 의하여 2회 이상 업무정지 처분을 받고 다시 과태료의 처분에 해당하는 행위를 한 경우
② 거래계약서 사본을 보존기간동안 보존하지 아니한 경우
③ 거래계약서를 작성·교부하지 아니한 경우
④ 중개대상물확인·설명서에 서명 및 날인을 하지 아니한 경우
⑤ 중개대상물확인·설명서를 교부하지 아니한 경우

도장 나오는 지문 골라~

도장과 관련된 경우(인장등록이나 서명 및 날인)를 고르면 되죠? ④ 서명 및 날인은 개공과 중개행위에 참여한 소공이 모두 해야 합니다. 서명 및 날인하지 않으면, 개공은 업무정지를, 소공은 자격정지 처분을 받게 되죠. 나머지는 개공에게만 적용하는 업무정지사유입니다. 정답④

공인중개사법령상 개업공인중개사에 대한 **업무정지처분**을 할 수 없는 경우는?²⁵회

① 개업공인중개사가 등록하지 아니한 인장을 사용한 경우
② 개업공인중개사가 최근 1년 이내에 공인중개사법에 의하여 1회의 과태료 처분을 받고 다시 과태료 처분에 해당하는 행위를 한 경우
③ 개업공인중개사가 부동산거래정보망에 중개대상물에 관한 정보를 거짓으로 공개한 경우
④ 법인인 개업공인중개사가 최근 1년 이내에 겸업금지 규정을 1회 위반한 경우
⑤ 중개대상물확인·설명서 사본의 보존기간을 준수하지 않은 경우

② 최근 1년 이내에 공인중개사법에 의하여 2회 이상 업무정지 또는 과태료 처분을 받고 다시 과태료 처분에 해당하는 행위를 한 경우가 업무정지사유에 해당합니다. 정답②

공인중개사법령상 **지도·감독**에 관한 설명으로 옳은 것은?[28회]

① 공인중개사자격증을 교부한 시·도지사와 공인중개사사무소의 소재지를 관할하는 시·도지사가 서로 다른 경우, 국토교통부장관이 공인중개사의 자격 취소처분을 행한다.(×)

② 개업공인중개사가 등록하지 아니한 인장을 사용한 경우, 등록관청이 명할 수 있는 업무정지기간의 기준은 3개월이다.(○)

③ 시·도지사가 가중하여 자격정지처분을 하는 경우, 그 자격정지기간은 6개월을 초과할 수 있다.(×)

④ 등록관청은 개업공인중개사가 이동이 용이한 임시 중개시설물을 설치한 경우에는 중개사무소의 개설등록을 취소해야 한다.(×)

⑤ 업무정지처분은 그 사유가 발생한 날부터 2년이 경과한 때에는 이를 할 수 없다.(×)

행정제재처분효과의 승계★★★★

① 개업공인중개사가 폐업신고 후 다시 중개사무소의 개설등록을 한 때에는 폐업신고 전의 개업공인중개사의 지위를 승계한다.

② 폐업신고 전의 개업공인중개사에 대하여 업무정지 및 과태료 사유로 행한 행정처분의 효과는 그 처분일(폐업일×)부터 1년간 다시 중개사무소의 개설등록을 한 자(→재등록 개업공인중개사)에게 승계된다.

③ 재등록 개업공인중개사에 대하여 폐업신고 전의 등록취소 및 업무정지 사유에 대한 행정처분을 할 수 있다.

다만, **다음 경우**는 행정처분을 하지 못한다.

ㄱ. 폐업신고를 한 날부터 다시 중개사무소의 개설등록을 한 날까지의 기간(→폐업기간)이 3년을 초과한 경우

ㄴ. 폐업신고 전의 위반행위에 대한 행정처분이 업무정지에 해당하는 경우로서 폐업기간이 1년을 초과한 경우

④ 위의 행정처분을 하는 경우에는 폐업기간과 폐업의 사유 등을 고려하여야 한다.

⑤ 개업공인중개사인 법인의 대표자에 관하여는 위 규정을 준용한다. 이 경우 개업공인중개사는 법인의 대표자로 본다.

공인중개사법령상 **행정제재처분효과의 승계** 등에 관한 설명으로 옳은 것은?[29회]

① 폐업기간이 13개월인 재등록 개업공인중개사에게 폐업신고 전의 업무정지 사유에 해당하는 위반행위에 대하여 업무정지처분을 할 수 있다.(×)

저자의 한마디

② 개공에 대한 업무정지의 기준은 시행규칙 별표2가 정하고 있어요. 출제빈도는 희박하고 암기할 내용은 너무 많기 때문에 이 정도만 알고 넘어가세요.

폐업기간이 3년 초과하면 모든게 용서돼~

저자의 한마디

폐업기간은 폐업일(폐업신고를 한 날)부터 재등록일(다시 개설등록을 한 날)까지의 시간입니다.

② 폐업신고 전에 개업공인중개사에게 한 업무정지처분의 효과는 그 처분일부터 3년간 재등록 개업공인중개사에게 승계된다.(×)

③ 폐업기간이 3년 6개월인 재등록 개업공인중개사에게 폐업신고 전의 중개사무소 개설등록 취소사유에 해당하는 위반행위를 이유로 개설등록취소처분을 할 수 있다.(×)

④ 폐업신고 전에 개업공인중개사에게 한 과태료 부과처분의 효과는 그 처분일부터 9개월 된 때에 재등록을 한 개업공인중개사에게 승계된다.(○)

⑤ 재등록 개업공인중개사에 대하여 폐업신고 전의 개설등록취소에 해당하는 위반행위를 이유로 행정처분을 할 때 폐업의 사유는 고려하지 않는다.(×)

① 폐업기간이 1년을 초과하면 폐업 전 사유로 업무정지처분을 할 수 없어요. ② 3년이 아니라 1년간 승계됩니다. ③ 폐업기간이 3년을 초과하면 폐업 전 사유로 개설등록취소처분을 할 수 없어요. ④ 폐업 전 과태료 부과처분의 효과는 처분일부터 1년 승계됩니다. 따라서 맞는 지문입니다. ⑤ 폐업의 사유를 고려합니다.

공인중개사법령상 **행정제재처분효과의 승계** 등에 관한 설명으로 옳은 것을 모두 고른 것은?[33회]

> ㄱ. 폐업신고 전에 개업공인중개사에게 한 업무정지처분의 효과는 그 처분일부터 2년간 재등록개업공인중개사에게 승계된다.(×)
> ㄴ. 폐업기간이 2년을 초과한 재등록 개업공인중개사에 대해 폐업신고 전의 중개사무소 업무정지사유에 해당하는 위반행위를 이유로 행정처분을 할 수 없다.(○)
> ㄷ. 폐업신고 전에 개업공인중개사에게 한 과태료부과처분의 효과는 그 처분일부터 10개월된 때에 재등록을 한 개업공인중개사에게 승계된다.(○)
> ㄹ. 폐업신고 전에 개업공인중개사에게 폐업신고 전의 중개사무소 개설 등록 취소사유에 해당하는 위반행위를 이유로 개설등록취소처분을 할 수 없다.(○)

① ㄱ ② ㄱ,ㄹ ③ ㄴ,ㄷ ④ ㄴ,ㄷ,ㄹ ⑤ ㄱ,ㄴ,ㄷ,ㄹ

ㄱ. 처분일부터 1년간 승계됩니다. ㄴ. 폐업기간이 1년을 초과했으니까 폐업 전 사유로 업무정지 처분을 할 수 없어요. ㄷ. 폐업기간이 1년이 되지 않으므로 과태료처분의 효과는 승계됩니다. ㄹ. 폐업기간이 3년을 초과했기 때문에 폐업 전 사유로 개설등록취소처분을 할 수 없어요. 정답④

개업공인중개사 甲, 乙, 丙에 대한 **공인중개사법 제40조(행정제재처분효과의 승계 등)의 적용**에 관한 설명으로 옳은 것을 모두 고른 것은?[32회]

> ㄱ. 甲이 2025. 11. 16. 공인중개사법에 따른 과태료부과처분을 받았으나 2025. 12. 16. 폐업신고를 하였다가 2026. 10. 15. 다시 중개사무소의 개설등록을 하였다면, 위 과태료부과처분의 효과는 승계된다.(○)
> ㄴ. 乙이 2025. 8. 1. 국토교통부령으로 정하는 전속중개계약서에 의하지 않고 전속중개계약을 체결한 후, 2025. 9. 1. 폐업신고를 하였다가 2026. 10. 1. 다시 중개사무소의 개설등록을 하였다면, 등록관청은 업무정지처분을 할 수 있다.(×)
> ㄷ. 丙이 2023. 8. 5. 다른 사람에게 자기의 상호를 사용하여 중개업무를 하게 한 후, 2023. 9. 5. 폐업신고를 하였다가 2026. 10. 5. 다시 중개사무소의 개설등록을 하였다면, 등록관청은 개설등록을 취소해야 한다.(×)

① ㄱ ② ㄱ,ㄴ ③ ㄱ,ㄷ ④ ㄴ,ㄷ ⑤ ㄱ,ㄴ,ㄷ

ㄱ. 과태료부과처분은 처분일로부터 1년간 승계됩니다. 따라서 1년이 경과하기 전에 다시 개설등록을 하면 승계됩니다. ㄴ. 폐업기간이 1년을 초과하기 때문에 폐업 전 사유로 업무정지 처분을 할 수 없습니다. ㄷ. 폐업기간이 3년을 초과하기 때문에 폐업 전 사유로 등록을 취소할 수 없습니다. 정답①

공인중개사법령상 **행정제재처분효과의 승계** 등에 관한 설명으로 옳은 것은?[34회]

① 폐업신고한 개업공인중개사의 중개사무소에 다른 개업공인중개사가 중개 사무소를 개설등록한 경우 그 지위를 승계한다.(×)

② 중개대상물에 관한 정보를 거짓으로 공개한 사유로 행한 업무정지처분의 효과는 그 처분에 대한 불복기간이 지난날부터 1년간 다시 중개사무소의 개설등록을 한 자에게 승계된다.(×)

③ 폐업신고 전의 위반행위에 대한 행정처분이 업무정지에 해당하는 경우로서 폐업기간이 6개월인 경우 재등록 개업공인중개사에게 그 위반행위에 대해서 행정처분을 할 수 없다.(×)

④ 재등록 개업공인중개사에 대하여 폐업신고 전의 업무정지에 해당하는 위반행위를 이유로 행정처분을 할 때 폐업기간과 폐업의 사유는 고려하지 않는다.(×)

⑤ 개업공인중개사가 2025. 4. 1. 과태료 부과 처분을 받은 후 폐업신고를 하고 2026. 3. 2. 다시 중개사무소의 개설등록을 한 경우 그 처분의 효과는 승계된다.(○)

① 여기서 다른 개공은 폐업한 개공과는 전혀 관계없는 사람이잖아요? 따라서 지위승계는 어불성설!(40조1항) ② '불복기간이 지난날'부터가 아니라 '처분일'부터 1년간 승계됩니다.(40조2항) ③ 폐업기간이 6개월인 경우에는 행정처분을 할 수 있어요. 폐업기간이 1년을 초과하는 경우에 할 수 없죠.(40조3항2호) ④ 폐업기간과 폐업의 사유를 고려합니다.(40조4항) ⑤ 과태료 처분 후 1년이 경과하지 않았으므로 처분효과는 승계됩니다.(40조2항)

공인중개사법령상 개업공인중개사인 甲에 대한 **처분**으로 옳음(○), 틀림(×)의 표기가 옳은 것은?(주어진 사례의 조건만 고려함)[26회]

ㄱ. 甲이 중개사무소등록증을 대여한 날부터 2개월 후 폐업을 하였고, 2년의 폐업기간 경과 후 다시 개설등록을 하고 업무개시를 한 경우, 위 대여행위를 이유로 업무정지 처분을 할 수 있다.(×)

ㄴ. 甲이 미성년자를 중개보조원으로 고용한 날부터 45일 만에 고용관계를 해소한 경우, 이를 이유로 업무정지처분을 할 수 있다.(×)

ㄷ. 甲이 업무정지사유에 해당하는 거짓 보고를 한 날부터 1개월 후 폐업을 하였고 4년의 폐업기간 경과 후 다시 개설 등록을 한 경우, 위 거짓 보고를 한 행위를 이유로 업무정지 처분을 할 수 있다.(×)

---

① ㄱ-(○), ㄴ-(○), ㄷ-(○) ② ㄱ-(○), ㄴ-(○), ㄷ-(×)

③ ㄱ-(○), ㄴ-(×), ㄷ-(×) ④ ㄱ-(×), ㄴ-(○), ㄷ-(×)

⑤ ㄱ-(×), ㄴ-(×), ㄷ-(×)

ㄱ. 등록증 대여는 절대적 등록취소사유이고, 폐업기간이 3년을 초과 하지 않았으므로 업무정지처분이 아니라 개설등록을 취소해야 합니다. ㄴ. 미성년자 중개 보조원은 절대적 등록 취소사유이지만 2개월 이내에 결격사유를 해소했으므로 개설등록을 취소 할 수 없어요. 당연히 업무정지 처분도 할 수 없죠. ㄷ. 폐업기간이 1년을 초과했으므로 종전의 업무정지처분을 할 수 없습니다. 모두 틀린 지문입니다. 정답⑤

공인중개사법령상 공인중개사인 개업공인중개사 甲의 **중개사무소 폐업 및 재등록**에 관한 설명으로 옳은 것은?[31회]

① 甲이 중개사무소를 폐업하고자 하는 경우, 국토교통부장관에게 미리 신고하여야 한다.(×)

② 甲이 폐업사실을 신고하고 중개사무소 간판을 철거하지 아니한 경우, 과태료 부과처분을 받을 수 있다.(×)

③ 甲이 공인중개사 법령 위반으로 2025. 2. 8. 1월의 업무정지처분을 받았으나 2025. 7. 1. 폐업신고를 하였다가 2025. 12. 11. 다시 중개사무소 개설등록을 한 경우, 종전의 업무정지처분의 효과는 승계되지 않고 소멸한다.(×)

④ 甲이 공인중개사법령 위반으로 2025. 1. 8. 1월의 업무정지처분에 해당하는 행위를 하였으나 2025. 3. 5. 폐업신고를 하였다가 2025. 12. 5. 다시 중개사무소 개설등록을 한 경우, 종전의 위반행위에 대하여 1월의 업무정지처분을 받을 수 있다.(○)

⑤ 甲이 공인중개사법령 위반으로 2023. 2. 5. 등록취소처분에 해당하는 행위를 하였으나 2023. 3. 6. 폐업신고를 하였다가 2025. 10. 16. 다시 중개사무소 개설등록을 한 경우, 그에게 종전의 위반행위에 대한 등록취소처분을 할 수 없다.(×)

① 국장이 아니라 등록관청에 미리 신고해야 합니다. ② 간판을 철거하지 않은 경우에 대한 과태료 부과 규정은 없습니다. 대집행을 할 수 있을 뿐이죠. ③ 처분일부터 1년간 재등록개업 공인중개사에게 승계되므로 종전의 업무정지처분의 효과는 승계됩니다. ④ 폐업기간이 1년을 초과하지 않았기 때문에 종전 위반행위에 대하여 1월의 업무정지처분을 받을 수 있죠. ⑤ 폐업 기간이 3년을 초과하지 않았기 때문에 종전 위반행위에 대한 등록취소처분을 할 수 있습니다.

공인중개사법령상 개업공인중개사의 **휴업과 폐업** 등에 관한 설명으로 틀린 것은?[31회]

① 폐업신고 전의 개업공인중개사에 대하여 위반행위를 사유로 행한 업무정지처분의 효과는 폐업일부터 1년간 다시 개설등록을 한 자에게 승계된다.(×)

② 개업공인중개사가 폐업신고를 한 후 1년 이내에 소속공인중개사로 고용신고 되는 경우, 그 소속공인중개사는 실무교육을 받지 않아도 된다.(○)

③ 손해배상책임의 보장을 위한 공탁금은 개업공인중개사가 폐업한 날부터 3년 이내에는 회수할 수 없다.(○)

④ 분사무소는 주된 사무소와 별도로 휴업할 수 있다.(○)

⑤ 중개업의 폐업신고는 수수료 납부사항이 아니다.(○)

① 폐업일이 아니라 처분일로부터 1년간 다시 개설등록을 한 자에게 승계됩니다. 빈출지문! ②③ 빈출지문! ⑤ 폐업할 때 돈 내는 일 없죠.

공인중개사협회의 설립과 업무★★

① 개업공인중개사인 공인중개사는 그 자질향상 및 품위유지와 중개업에 관한 제도의 개선 및 운용에 관한 업무를 효율적으로 수행하기 위하여 공인중개사협회를 설립할 수 있다.

② 협회는 법인으로 한다.

③ 협회는 회원 300인 이상의 발기인이 작성하여 서명·날인한 정관에 대하여 회원 600인 이상이 출석한 창립총회에서 출석한 회원 과반수의 동의를 얻어 국토교통부장관의 설립인가를 받아 그 주된 사무소의 소재지에서 설립등기를 함으로써 성립한다.

④ 창립총회에는 서울특별시에서는 100인 이상, 광역시·도 및 특별자치도에서는 각각 20인 이상의 회원이 참여하여야 한다.

⑤ 협회는 정관으로 정하는 바에 따라 시·도에 지부를, 시·군·구에 지회를 둘 수 있다.(→임의 규정)

⑥ 협회가 그 지부 또는 지회를 설치한 때에는 그 지부는 시·도지사에게, 지회는 등록관청에 신고하여야 한다.

⑦ 협회는 총회의 의결내용을 지체 없이 국토교통부장관에게 보고하여야 한다.

⑧ 협회의 업무

ㄱ. 회원의 품위유지를 위한 업무

ㄴ. 부동산중개제도의 연구·개선에 관한 업무

ㄷ. 회원의 자질향상을 위한 지도 및 교육·연수에 관한 업무

ㄹ. 회원의 윤리헌장 제정 및 그 실천에 관한 업무

ㅁ. 부동산 정보제공에 관한 업무

ㅂ. 공제사업(비영리사업으로서 회원 간의 상호부조를 목적으로 함)

ㅅ. 그밖에 협회의 설립목적 달성을 위하여 필요한 업무

공인중개사법령상 **공인중개사협회의 업무**에 해당하는 것을 모두 고른 것은?[35회]

> ㄱ. 회원의 윤리헌장 제정 및 그 실천에 관한 업무(○)
> ㄴ. 부동산 정보제공에 관한 업무(○)
> ㄷ. 인터넷을 이용한 중개대상물에 대한 표시·광고 모니터링 업무(✕)
> ㄹ. 회원의 품위유지를 위한 업무(○)

① ㄱ, ㄹ ② ㄴ, ㄷ ③ ㄱ, ㄴ, ㄷ ④ ㄱ, ㄴ, ㄹ ⑤ ㄱ, ㄴ, ㄷ, ㄹ

공인중개사법 **시행령 제30조(협회의 설립)**의 내용이다. ( )에 들어갈 숫자를 올바르게 나열한 것은?[30회]

> ○ 공인중개사협회를 설립하고자 하는 때에는 발기인이 작성하여 서명·날인한 정관에 대하여 회원 (ㄱ)인 이상이 출석한 창립총회에서 출석한 회원 과반수의 동의를 얻어 국토교통부장관의 설립인가를 받아야 한다.
> ○ 창립총회에는 서울특별시에서는 (ㄴ)인 이상, 광역시·도 및 특별자치도에서는 각각 (ㄷ)인 이상의 회원이 참여하여야 한다.

① ㄱ: 300, ㄴ: 50, ㄷ: 20   ② ㄱ: 300, ㄴ: 100, ㄷ: 50
③ ㄱ: 600, ㄴ: 50, ㄷ: 20   ④ ㄱ: 600, ㄴ: 100, ㄷ: 20
⑤ ㄱ: 800, ㄴ: 50, ㄷ: 50

공인중개사법령상 **공인중개사협회**에 관한 설명으로 옳은 것은?[30회]
① 협회는 영리사업으로서 회원 간의 상호부조를 목적으로 공제사업을 할 수 있다.(×)
② 협회는 총회의 의결내용을 지체 없이 등록관청에게 보고하고 등기하여야 한다.(×)
③ 협회가 그 지부 또는 지회를 설치한 때에는 그 지부는 시·도지사에게, 지회는 등록관청에 신고하여야 한다.(○)
④ 협회는 개업공인중개사에 대한 행정제재처분의 부과와 집행의 업무를 할 수 있다.(×)
⑤ 협회는 부동산 정보제공에 관한 업무를 직접 수행할 수 없다.(×)

공제사업★★

① 협회는 개업공인중개사의 손해배상책임을 보장하기 위하여 공제사업을 할 수 있다.

공제사업의 범위는 **다음**과 같다.

ㄱ. 손해배상책임을 보장하기 위한 공제기금의 조성 및 공제금의 지급에 관한 사업

ㄴ. 공제사업의 부대업무로서 공제규정으로 정하는 사업

② 협회는 공제사업을 하고자 하는 때에는 공제규정을 제정하여 국토교통부장관의 승인을 얻어야 한다. 공제규정을 변경하고자 하는 때에도 또한 같다.

③ 공제규정에는 **다음 사항**을 정하여야 한다.

ㄱ. 공제계약의 내용

협회의 공제책임, 공제금, 공제료, 공제기간, 공제금의 청구와 지급절차, 구상 및 대위권, 공제계약의 실효 그밖에 공제계약에 필요한 사항을 정한다. 이 경우 공제료는 공제사고 발생률, 보증보험료 등을 종합적으로 고려하여 결정한 금액으로 한다.

ㄴ. 회계기준

공제사업을 손해배상기금과 복지기금으로 구분하여 각 기금별 목적 및 회계원칙에 부합되는 세부기준을 정한다.

ㄷ. 책임준비금의 적립비율

공제사고 발생률 및 공제금 지급액 등을 종합적으로 고려하여 정하되, 공제료 수입액(총수입액×)의 100분의 10 이상으로 정한다.

④ 협회는 공제사업을 다른 회계와 구분하여 별도의 회계로 관리하여야 하며, 책임준비금을 다른 용도로 사용하고자 하는 경우에는 국토교통부장관의 승인을 얻어야 한다.

⑤ 협회는 **다음 사항**을 매 회계연도 종료 후 3개월 이내에 일간신문 또는 협회보에 공시하고 협회의 인터넷 홈페이지에 게시하여야 한다.

ㄱ. 결산서인 요약 대차대조표, 손익계산서 및 감사보고서

ㄴ. 공제료 수입액, 공제금 지급액, 책임준비금 적립액

ㄷ. 그밖에 공제사업의 운용과 관련된 참고사항

공인중개사법령상 **공제사업**에 관한 설명으로 **틀린** 것은?[30회]

① 공인중개사협회는 공제사업을 하고자 하는 때에는 공제규정을 제정하여 국토교통부장관의 승인을 얻어야 한다.(○)

② 금융감독원의 원장은 국토교통부장관의 요청이 있는 경우에는 공제사업에 관하여 조사 또는 검사를 할 수 있다.(○)

③ 공인중개사협회는 책임준비금을 다른 용도로 사용하고자 하는 경우에는 국토교통부장관의 승인을 얻어야 한다.(○)

④ 책임준비금의 적립비율은 공제사고 발생률 및 공제금지급액 등을 종합적으로 고려하여 정하되, 공제료 수입액의 100분의 10이상으로 정한다.(○)

⑤ 공인중개사협회는 회계연도 종료 후 6개월 이내에 매년도의 공제사업 운용실적을 일간신문·협회보 등을 통하여 공제계약자에게 공시하여야 한다.(×)

⑤ 6개월이 아니라 3개월입니다.

공인중개사법령상 **공인중개사협회**(이하 협회라 함)및 **공제사업**에 관한 설명으로 옳은 것은?[34회]

① 협회는 총회의 의결내용을 10일 이내에 시·도지사에게 보고하여야 한다.(×)

② 협회는 매 회계연도 종료 후 3개월 이내에 공제사업 운용실적을 일간신문에 공시하거나 협회의 인터넷 홈페이지에 게시해야 한다.(×)

③ 협회의 창립총회를 개최할 경우 특별자치도에서는 10인 이상의 회원이 참여하여야 한다.(×)

④ 공제규정에는 책임준비금의 적립비율을 공제료 수입액의 100분의 5 이상으로 정한다.(×)

⑤ 협회는 공제사업을 다른 회계와 구분하여 별도의 회계로 관리하여야 한다.(○)

> ① '10일 이내'가 아니라 '지체없이' 보고해야 합니다.(시행령32조1항) ② 일간신문에 공시'하거나'가 아니라 공시'하고'입니다. 공시도 하고, 게시도 해야 합니다.(시행령35조) ③ '10인'이 아니라 '20인' 이상이죠.(시행령30조2항) ④ '5%'가 아니라 '10%' 이상입니다.(시행령34조3호) ⑤ 공제사업은 별도회계로!(42조4항)

운영위원회★★★

① 공제사업에 관한 사항을 심의하고 그 업무집행을 감독하기 위하여 협회에 운영위원회를 둔다.

② 운영위원회는 공제사업에 관하여 **다음 사항**을 심의하며 그 업무집행을 감독한다.

ㄱ. 사업계획·운영 및 관리에 관한 기본 방침 ㄴ. 예산 및 결산에 관한 사항

ㄷ. 차입금에 관한 사항 ㄹ. 주요 예산집행에 관한 사항

ㅁ. 공제약관·공제규정의 변경과 공제와 관련된 내부규정의 제정·개정 및 폐지에 관한 사항

ㅂ. 공제금, 공제가입금, 공제료 및 그 요율에 관한 사항

ㅅ. 정관으로 정하는 사항

ㅇ. 그밖에 위원장이 필요하다고 인정하여 회의에 부치는 사항

③ 운영위원회는 성별을 고려하여 **다음의 사람**으로 구성한다. 이 경우 ㄴ 및 ㄷ에 해당하는 위원의 수는 전체 위원 수의 3분의 1 미만으로 한다.

ㄱ. 국토교통부장관이 소속 공무원 중에서 지명하는 사람 1명

ㄴ. 협회의 회장

ㄷ. 협회 이사회가 협회의 임원 중에서 선임하는 사람

ㄹ. **다음에 해당하는 사람**으로서 협회의 회장이 추천하여 국토교통부장관의 승인을 받아 위촉하는 사람

협회 사람은 1/3미만

쉽파겔

- 대학 또는 정부출연연구기관에서 부교수 또는 책임연구원 이상으로 재직하고 있거나 재직하였던 사람으로서 부동산 분야 또는 법률·회계·금융·보험 분야를 전공한 사람
- 변호사 · 공인회계사 또는 공인중개사의 자격이 있는 사람
- 금융감독원 또는 금융기관에서 임원 이상의 직에 있거나 있었던 사람
- 공제조합 관련 업무에 관한 학식과 경험이 풍부한 사람으로서 해당 업무에 5년 이상 종사한 사람
- 소비자단체 및 한국소비자원의 임원으로 재직 중인 사람

④ ②의 ㄷ 및 ㄹ 위원의 임기는 2년으로 하되 1회에 한하여 연임할 수 있으며, 보궐위원의 임기는 전임자 임기의 남은 기간으로 한다.

⑤ 운영위원회의 위원은 협회의 임원, 중개업 · 법률 · 회계 · 금융 · 보험 · 부동산 분야 전문가, 관계 공무원 및 그밖에 중개업 관련 이해관계자로 구성하되, 그 수는 19명 이내로 한다.

⑥ 운영위원회에는 위원장과 부위원장 각각 1명을 두되, 위원장 및 부위원장은 위원 중에서 각각 호선한다.

⑦ 운영위원회의 위원장은 운영위원회의 회의를 소집하며 그 의장이 된다.

⑧ 운영위원회의 부위원장은 위원장을 보좌하며, 위원장이 부득이한 사유로 그 직무를 수행할 수 없을 때에는 그 직무를 대행한다.

⑨ 운영위원회의 회의는 재적위원 과반수의 출석으로 개의하고, 출석위원 과반수의 찬성으로 심의사항을 의결한다.

공인중개사법령상 **공인중개사협회**에 관한 설명으로 옳은 것을 모두 고른 것은?[27회]

> ㄱ. 협회는 총회의 의결내용을 지체 없이 국토교통부장관에게 보고하여야 한다.(○)
> ㄴ. 협회가 지회를 설치한 때에는 시·도지사에게 신고하여야 한다.(×)
> ㄷ. 공제사업 운영위원회 위원의 임기는 2년이며 연임할 수 없다.(×)
> ㄹ. 금융기관에서 임원 이상의 현직에 있는 사람은 공제사업 운영위원회 위원이 될 수 없다.(×)

① ㄱ ② ㄱ,ㄷ ③ ㄴ,ㄹ ④ ㄱ,ㄷ,ㄹ ⑤ ㄴ,ㄷ,ㄹ

ㄱ. 빈출지문! ㄴ. 지부 설치는 시·도지사, 지회 설치는 등록관청에 신고합니다. ㄷ. 1회에 한하여 연임할 수 있어요. ㄹ. 금융기관에서 임원 이상의 현직에 있는 사람은 공제사업 운영위원회 위원이 될 수 있습니다. 정답①

공인중개사법령상 **공인중개사협회의 공제사업**에 관한 설명으로 옳은 것을 모두 고른 것은?(다툼이 있으면 판례에 의함)[25회]

> ㄱ. 협회의 공제규정을 제정·변경하고자 하는 때에는 국토교통부장관의 승인을 얻어야
>   한다.(○)
> ㄴ. 위촉받아 보궐위원이 된 운영위원의 임기는 전임자 임기의 남은 기간으로 한다.(○)
> ㄷ. 운영위원회의 회의는 재적위원 과반수의 찬성으로 심의사항을 의결한다.(×)
> ㄹ. 협회와 개업공인중개사간에 체결된 공제계약이 유효하게 성립하려면 공제계약
>   당시에 공제사고의 발생 여부가 확정되어 있지 않은 것을 대상으로 해야 한다.(○)

① ㄱ, ㄴ　② ㄷ, ㄹ　③ ㄱ, ㄴ, ㄹ　④ ㄴ, ㄷ, ㄹ　⑤ ㄱ, ㄴ, ㄷ, ㄹ

ㄱ. 빈출지문! ㄷ. 재적위원 과반수의 출석으로 개의하고, 출석위원 과반수의 찬성으로 의결
합니다. ㄹ. 판례　정답③

공인중개사협회 관련 기타 내용***

1. 조사 또는 검사
금융감독원의 원장은 국토교통부장관의 요청이 있는 경우에는 공제사업에
관하여 조사 또는 검사를 할 수 있다.

2. 공제사업 운영의 개선명령
국토교통부장관은 협회의 공제사업 운영이 적정하지 아니하거나 자산상황이
불량하여 중개사고 피해자 및 공제 가입자 등의 권익을 해칠 우려가 있다고
인정하면 **다음 조치**를 명할 수 있다.

① 업무집행방법의 변경　② 자산예탁기관의 변경　③ 자산의 장부가격의 변경

④ 불건전한 자산에 대한 적립금의 보유

⑤ 가치가 없다고 인정되는 자산의 손실 처리

⑥ 그밖에 이 법 및 공제규정을 준수하지 아니하여 공제사업의 건전성을 해할
우려가 있는 경우 이에 대한 개선명령

공인중개사법령상 **국토교통부장관**이 공인중개사협회의 공제사업 운영에 대한
개선조치로서 명할 수 있는 것이 아닌 것은?[35회]

① 가치가 없다고 인정되는 자산의 손실 처리　② 공제사업의 양도
③ 불건전한 자산에 대한 적립금의 보유　④ 업무집행방법의 변경
⑤ 자산의 장부가격의 변경

② 공제사업의 양도는 극약처방에 해당하는 조치로 개선조치가 아니죠.(42조의4) 정답②

공인중개사법령상 국토교통부장관이 **공인중개사협회의 공제사업** 운영개선을 위하여 명할 수 있는 조치를 모두 고른 것은?²⁹회

> ㄱ. 업무집행방법의 변경(○)   ㄴ. 자산예탁기관의 변경(○)
> ㄷ. 자산의 장부가격의 변경(○)   ㄹ. 불건전한 자산에 대한 적립금의 보유(○)

① ㄴ,ㄹ ② ㄱ,ㄴ,ㄷ ③ ㄱ,ㄷ,ㄹ ④ ㄴ,ㄷ,ㄹ ⑤ ㄱ,ㄴ,ㄷ,ㄹ

> 모두 국장이 명할 수 있는 조치네요. 정답⑤

공인중개사법령상 **공인중개사협회**(이하 '협회'라 함)의 **공제사업**에 관한 설명으로 틀린 것은?³³회

① 협회는 공제사업을 다른 회계와 구분하여 별도의 회계로 관리해야 한다.(○)
② 공제규정에서 정하는 책임준비금의 적립비율은 공제료 수입액의 100분의 20이상으로 한다.(×)
③ 국토교통부장관은 협회의 자산상황이 불량하여 공제 가입자의 권익을 해칠 우려가 있다고 인정하면 자산예탁기관의 변경을 명할 수 있다.(○)
④ 국토교통부장관은 협회의 자산상황이 불량하여 중개사고 피해자의 권익을 해칠 우려가 있다고 인정하면 불건전한 자산에 대한 적립금의 보유를 명할 수 있다.(○)
⑤ 협회는 대통령령으로 정하는 바에 따라 매년도의 공제사업 운용실적을 일간신문·협회보 등을 통하여 공제계약자에게 공시해야 한다.(○)

> ② 책임준비금의 적립비율은 공제료 수입액의 10%이상입니다.

3. 임원에 대한 제재

국토교통부장관은 협회의 임원이 **다음**에 해당하여 공제사업을 건전하게 운영하지 못할 우려가 있는 경우 그 임원에 대한 징계 · 해임을 요구하거나 해당 위반행위를 시정하도록 명할 수 있다.

① 공제규정을 위반하여 업무를 처리한 경우
② 개선명령을 이행하지 아니한 경우 ③ 재무건전성 기준을 지키지 아니한 경우

4. 재무건전성의 유지

① 협회는 공제금 지급능력과 경영의 건전성을 확보하기 위하여 **다음 사항**에 관하여 대통령령으로 정하는 재무건전성 기준을 지켜야 한다.

ㄱ. 자본의 적정성, ㄴ. 자산의 건전성, ㄷ. 유동성의 확보에 관한 사항

② 협회는 **다음의 재무건전성기준**을 모두 준수하여야 한다.

ㄱ. 지급여력비율은 100분의 100(100%)이상을 유지할 것
ㄴ. 구상채권 등 보유자산의 건전성을 정기적으로 분류하고 대손충당금을 적립할 것

③ 위의 지급여력비율은 지급여력금액을 지급여력기준금액으로 나눈 비율로 하며, 지급여력금액과 지급여력기준금액은 **다음**과 같다.

ㄱ. 지급여력금액

자본금, 대손충당금, 이익잉여금, 그밖에 이에 준하는 금액을 합산한 금액에서 영업권, 선급비용 등의 금액을 뺀 금액

ㄴ. 지급여력기준금액

공제사업을 운영함에 따라 발생하게 되는 위험을 금액으로 환산한 것

5. 민법의 준용

협회에 관하여 이 법에 규정된 것 외에는 민법 중 사단법인에 관한 규정을 적용한다.

6. 지도 · 감독

① 국토교통부장관은 협회와 그 지부 및 지회를 지도 · 감독하기 위하여 필요한 때에는 그 업무에 관한 사항을 보고하게 하거나 자료의 제출 그밖에 필요한 명령을 할 수 있으며, 소속 공무원으로 하여금 그 사무소에 출입하여 장부 · 서류 등을 조사 또는 검사하게 할 수 있다.

② 출입 · 검사 등을 하는 공무원은 국토교통부령으로 정하는 증표를 지니고 상대방에게 이를 내보여야 한다.

공인중개사법령상 **공인중개사협회**(이하 협회라 함)에 관한 설명으로 틀린 것은?[32회]

① 협회는 시·도지사로부터 위탁을 받아 실무교육에 관한 업무를 할 수 있다.(○)

② 협회는 공제사업을 하는 경우 책임준비금을 다른 용도로 사용하려면 국토교통부장관의 승인을 얻어야 한다.(○)

③ 협회는 공인중개사법에 따른 협회의 설립목적을 달성하기 위한 경우에도 부동산 정보제공에 관한 업무를 수행할 수 없다.(×)

④ 협회에 관하여 공인중개사법에 규정된 것 외에는 민법 중 사단법인에 관한 규정을 적용한다.(○)

⑤ 협회는 공제사업을 다른 회계와 구분하여 별도의 회계로 관리해야 한다.(○)

③ 부동산 정보제공에 관한 업무를 수행할 수 있습니다.

업무위탁★★

① 시·도지사는 실무교육, 직무교육 및 연수교육에 관한 업무를 위탁하는 때에는 부동산 관련 학과가 개설된 학교, 협회, 공기업 또는 준정부기관 중에서 **다음 인력 및 시설**을 갖춘 기관 또는 단체를 지정하여 위탁하여야 한다.

ㄱ. 교육과목별로 **다음 사람**을 강사로 확보할 것

• 교육과목과 관련된 분야의 박사학위 소지자

• 학교에서 전임강사 이상으로 교육과목과 관련된 과목을 2년 이상 강의한 경력이 있는 사람

• 교육과목과 관련된 분야의 석사학위를 취득한 후 연구 또는 실무 경력이 3년 이상인 사람

• 변호사 자격이 있는 사람으로서 실무 경력이 2년 이상인 사람

• 7급 이상의 공무원으로 6개월 이상 부동산중개업 관련 업무를 담당한 경력이 있는 사람

• 그밖에 공인중개사·감정평가사·주택관리사·건축사·공인회계사·법무사 또는 세무사 등으로서 부동산 관련 분야에 근무한 경력이 3년 이상인 사람

ㄴ. 면적이 50㎡ 이상인 강의실을 1개소 이상 확보할 것

② 시험시행기관장은 시험의 시행에 관한 업무를 공기업, 준정부기관 또는 협회에 위탁할 수 있다.

③ 시·도지사 또는 시험시행기관장은 위의 업무를 위탁한 때에는 위탁받은 기관의 명칭·대표자 및 소재지와 위탁업무의 내용 등을 관보에 고시하여야 한다.

포상금★★★★

1. 포상금

① 등록관청은 **다음에 해당하는 자**를 등록관청, 수사기관이나 부동산거래질서 교란행위 신고센터에 신고 또는 고발한 자에 대하여 포상금을 지급할 수 있다.

ㄱ. 중개사무소의 개설등록을 하지 아니하고 중개업을 한 자

ㄴ. 거짓이나 그 밖의 부정한 방법으로 중개사무소의 개설등록을 한 자

ㄷ. 중개사무소등록증 또는 공인중개사자격증을 다른 사람에게 양도·대여하거나 다른 사람으로부터 양수·대여받은 자

ㄹ. 개업공인중개사가 아닌데도 중개대상물에 대한 표시·광고를 한 자

신고대상자 암기!

ㅁ. 부당한 이익을 얻거나 제3자에게 부당한 이익을 얻게 할 목적으로 거짓으로 거래가 완료된 것처럼 꾸미는 등 중개대상물의 시세에 부당한 영향을 주거나 줄 우려가 있는 행위 또는 단체를 구성하여 특정 중개대상물에 대하여 중개를 제한하거나 단체 구성원 이외의 자와 공동중개를 제한하는 행위를 한 자

ㅂ. 시세에 부당한 영향을 줄 목적의 행위(33조2항의 금지행위)로 개업공인중개사등의 업무를 방해한 자

② 포상금은 1건당 50만원으로 한다.

③ 포상금은 위에 해당하는 자가 행정기관에 의하여 발각되기 전에 등록관청이나 수사기관에 신고 또는 고발한 자에게 그 신고 또는 고발사건에 대하여 검사가 공소제기 또는 기소유예의 결정을 한 경우에 한하여 지급한다.

④ 포상금의 지급에 소요되는 비용은 그 일부를 국고에서 보조할 수 있다. 포상금의 지급에 소요되는 비용 중 국고에서 보조할 수 있는 비율은 100분의 50(50%)이내로 한다.

공인중개사법령상 **포상금**을 지급받을 수 있는 **신고 또는 고발의 대상**이 아닌 것은?[32회]

① 중개사무소의 개설등록을 하지 않고 중개업을 한 자(○)
② 부정한 방법으로 중개사무소의 개설등록을 한 자(○)
③ 공인중개사자격증을 다른 사람으로부터 양수받은 자(○)
④ 개업공인중개사로서 부당한 이익을 얻을 목적으로 거짓으로 거래가 완료된 것처럼 꾸미는 등 중개대상물의 시세에 부당한 영향을 줄 우려가 있는 행위를 한 자(○)
⑤ 개업공인중개사로서 중개의뢰인과 직접 거래를 한 자(×)

⑤ 개업공인중개사로서 중개의뢰인과 직접 거래를 한 자는 신고대상이 아니에요.

공인중개사법령상 **포상금**을 지급받을 수 있는 **신고 또는 고발의 대상**을 모두 고른 것은?[33회]

> ㄱ. 중개대상물의 매매를 업으로 하는 행위를 한 자(×)
> ㄴ. 공인중개사자격증을 다른 사람으로부터 대여받은 자(○)
> ㄷ. 해당 중개대상물의 거래상의 중요사항에 관하여 거짓된 언행으로 중개의뢰인의 판단을 그르치게 하는 행위를 한 자(×)

① ㄱ ② ㄴ ③ ㄱ,ㄷ ④ ㄴ,ㄷ ⑤ ㄱ,ㄴ,ㄷ

ㄴ만 포상금을 지급받을 수 있는 신고 또는 고발의 대상입니다. 정답②

2. 포상금의 지급

① 포상금을 지급받으려는 자는 포상금지급신청서를 등록관청에 제출해야 한다.

② 포상금지급신청서를 제출받은 등록관청은 그 사건에 관한 수사기관의 처분내용을 조회한 후 포상금의 지급을 결정하고, 그 결정일부터 1월 이내에 포상금을 지급하여야 한다.

③ 등록관청은 하나의 사건에 대하여 2인 이상이 공동으로 신고 또는 고발한 경우에는 포상금을 균등하게 배분하여 지급한다. 다만, 포상금을 지급받을 자가 배분방법에 관하여 미리 합의하여 포상금의 지급을 신청한 경우에는 그 합의된 방법에 따라 지급한다.

④ 등록관청은 하나의 사건에 대하여 2건 이상의 신고 또는 고발이 접수된 경우에는 최초로 신고 또는 고발한 자에게 포상금을 지급한다.

공인중개사법령상 **포상금**에 관한 설명으로 틀린 것은?[26회]

① 등록관청은 거짓으로 중개사무소의 개설등록을 한 자를 수사기관에 신고한 자에게 포상금을 지급할 수 있다.(○)

② 포상금의 지급에 소요되는 비용은 그 전부 또는 일부를 국고에서 보조할 수 있다.(×)

③ 포상금은 1건당 50만원으로 한다.(○)

④ 포상금지급신청서를 제출받은 등록관청은 포상금의 지급을 결정한 날부터 1월 이내에 포상금을 지급해야 한다.(○)

⑤ 하나의 사건에 대하여 포상금 지급요건을 갖춘 2건의 신고가 접수된 경우, 등록관청은 최초로 신고한 자에게 포상금을 지급한다.(○)

> ② 비용의 전부는 아니고, 일부(50%이내)만 국고에서 보조할 수 있어요.

공인중개사법령상 **포상금 지급**에 관한 설명으로 옳은 것은?[30회]

① 포상금은 1건당 150만원으로 한다.(×)

② 검사가 신고사건에 대하여 기소유예의 결정을 한 경우에는 포상금을 지급하지 않는다.(×)

③ 포상금의 지급에 소요되는 비용 중 시·도에서 보조할 수 있는 비율은 100분의 50이내로 한다.(×)

④ 포상금지급신청서를 제출받은 등록관청은 그 사건에 관한 수사기관의 처분내용을 조회한 후 포상금의 지급을 결정하고, 그 결정일부터 1월 이내에 포상금을 지급하여야 한다.(○)

⑤ 등록관청은 하나의 사건에 대하여 2건 이상의 신고가 접수된 경우, 공동으로 신고한 것이 아니면 포상금을 균등하게 배분하여 지급한다.(×)

① 1건당 150만원이 아니라 50만원. 빈출지문! ② 공소제기 또는 기소유예의 결정을 한 경우에 지급해요. ③ 시·도가 아니라 국고에서 보조합니다. ⑤ 포상금을 균등배분하여 지급하지 않고, 최초의 신고(고발)자에게 지급합니다.

공인중개사법령상 등록관청에 신고한 甲과 乙이 받을 수 있는 **포상금 최대 금액**은?[24회]

> ㄱ. 甲은 중개사무소를 부정한 방법으로 개설등록한 A와 B를 각각 신고하였다.
> ㄴ. 중개사무소의 개설등록을 하지 아니하고 중개업을 하고 있는 C를 甲과 乙이 공동으로 신고하였다.
> ㄷ. 乙이 중개사무소등록증을 다른 사람에게 양도한 D를 신고한 이후에, 甲도 D를 신고하였다.
> ㄹ. E가 부정한 방법으로 중개사무소를 개설등록한 사실이 등록관청에 의해 발각된 이후, 甲과 乙은 E를 공동으로 신고하였다.
> ㅁ. 담당 검사는 A와 E에 대하여 공소제기, C와 D에 대하여 기소유예결정, B에 대하여 무혐의처분을 하였다.
> ㅂ. 甲과 乙사이에 포상금 분배약정은 없었다.

① 甲: 75만원, 乙: 75만원　② 甲: 100만원, 乙: 100만원
③ 甲: 125만원, 乙: 75만원　④ 甲: 125만원, 乙: 100만원
⑤ 甲: 150만원, 乙: 50만원

ㄱ. 갑 50만원(A공소제기) ㄴ. 갑과 을 각각 25만원(C기소유예/포상금분배약정 없음) ㄷ.을 50만원(D기소유예/최초신고) ㄹ. 갑과 을 0원(발각 후 신고)　따라서 갑 75만원, 을 75만원 정답①

공인중개사법령상 甲과 乙이 받을 수 있는 **포상금의 최대 금액**은?[25회]

> ㄱ. 甲은 개설등록을 하지 아니하고 중개업을 한 A를 고발하여 A는 기소유예의 처분을 받았다.
> ㄴ. 거짓의 부정한 방법으로 중개사무소 개설등록을 한 B에 대해 甲이 먼저 신고하고, 뒤이어 乙이 신고하였는데, 검사가 B를 공소제기하였다.
> ㄷ. 甲과 乙은 포상금배분에 관한 합의 없이 공동으로 공인중개사자격증을 다른 사람에게 대여한 C를 신고하였는데, 검사가 공소제기하였지만, C는 무죄판결을 받았다.
> ㄹ. 乙은 중개사무소등록증을 대여받은 D와 E를 신고하였는데, 검사는 D를 무혐의 처분, E를 공소제기하였으나 무죄판결을 받았다.
> ㅁ. A, B, C, D, E는 甲 또는 乙의 위 신고·고발 전에 행정기관에 의해 발각되지 않았다.

저자의 한마디

무죄판결이나 유죄판결은 공소제기를 전제로 합니다. 즉, 무죄판결을 받았더라도 검사가 공소를 제기한 것이므로 포상금지급 대상이 됩니다.

① 甲: 75만원, 乙: 25만원　② 甲: 75만원, 乙: 50만원
③ 甲: 100만원, 乙: 50만원　④ 甲: 125만원, 乙: 75만원
⑤ 甲: 125만원, 乙: 100만원

ㄱ. 갑 50만원(A기소유예) ㄴ. 갑 50만원(B공소제기/갑 최초신고) ㄷ. 갑과 을 각각 25만원 (C공소제기/포상금배분합의 없음) ㄹ. 을 50만원(E공소제기) 따라서 갑 125만원, 을 75만원 정답④

공인중개사법령상 甲과 乙이 받을 수 있는 **포상금의 최대 금액**은?[27회]

> ㄱ. 甲은 중개사무소를 부정한 방법으로 개설등록한 A와 B를 각각 고발하였으며, 검사는 A를 공소제기하였고, B를 무혐의처분 하였다.
>
> ㄴ. 乙은 중개사무소를 부정한 방법으로 개설등록한 C를 신고하였으며, C는 형사재판에서 무죄판결을 받았다.
>
> ㄷ. 甲과 乙은 포상금 배분에 관한 합의 없이 중개사무소등록증을 대여한 D를 공동으로 고발하여 D는 기소유예의 처분을 받았다.
>
> ㄹ. 중개사무소의 개설등록을 하지 않고 중개업을 하는 E를 乙이 신고한 이후에 甲도 E를 신고하였고, E는 형사재판에서 유죄판결을 받았다.
>
> ㅁ. A, B, C, D, E는 甲 또는 乙의 위 신고·고발 전에 행정기관에 의해 발각되지 않았다.

① 甲: 75만원, 乙: 50만원 ② 甲: 75만원, 乙: 75만원
③ 甲: 75만원, 乙: 125만원 ④ 甲: 125만원, 乙: 75만원
⑤ 甲: 125만원, 乙: 125만원

> ㄱ. 갑 50만원(A공소제기) ㄴ. 을 50만원 (C공소제기 후 무죄판결) ㄷ. 갑과 을 각각 25만원(D기소유예/포상금배분합의 없음) ㄹ. 을 50만원(E공소제기 후 유죄판결/최초신고) 따라서 갑 75만원, 을 125만원입니다. 정답③

공인중개사법령에 관한 **설명**으로 틀린 것은?[28회]

① 소속공인중개사를 고용한 경우, 그의 공인중개사자격증 원본도 당해 중개사무소 안의 보기 쉬운 곳에 게시해야 한다.(○)

② 법인인 개업공인중개사의 분사무소의 경우, 분사무소설치신고확인서 원본을 당해 분사무소 안의 보기 쉬운 곳에 게시해야 한다.(○)

③ 개업공인중개사가 아닌 자는 중개대상물에 대한 표시·광고를 해서는 안 된다.(○)

저자의 한마디

④ 개업공인중개사가 아닌데도 중개대상물에 대한 표시·광고를 한 자를 신고하면 포상금을 받을 수 있어요.

④ 중개사무소의 명칭을 명시하지 아니하고 중개대상물의 표시·광고를 한 자를 신고한 자는 포상금 지급 대상에 해당한다.(×)

⑤ 개업공인중개사는 이중으로 중개사무소의 개설등록을 하여 중개업을 할 수 없다.(○)

> ④ 중개사무소의 명칭을 명시하지 아니하고 중개대상물의 표시·광고를 한 자를 신고한 자는 포상금 지급 대상이 아니에요.

수수료★★★

① **다음에 해당하는 자는** 해당 지방자치단체의 조례로 정하는 바에 따라 수수료를 납부하여야 한다. 다만, 공인중개사자격시험을 국토교통부장관이 시행하는 경우 ㄱ에 해당하는 자는 국토교통부장관이 결정·공고하는 수수료를 납부하여야 한다.

ㄱ. 공인중개사자격시험에 응시하는 자

ㄴ. 공인중개사자격증의 재교부를 신청하는 자(최초 자격증 수령 시 수수료 없음)

ㄷ. 중개사무소의 개설등록을 신청하는 자

ㄹ. 중개사무소등록증의 재교부를 신청하는 자

ㅁ. 분사무소설치의 신고를 하는 자

ㅂ. 분사무소설치신고확인서의 재교부를 신청하는 자

② 공인중개사자격시험 또는 공인중개사자격증 재교부업무를 위탁한 경우에는 해당 업무를 위탁받은 자가 위탁한 자의 승인을 얻어 결정·공고하는 수수료를 각각 납부하여야 한다.

공인중개사법령상 관련 행정청에 **수수료**를 납부하여야 하는 사유로 명시되어 있는 것을 모두 고른 것은?[25회]

> ㄱ. 중개사무소의 개설등록 신청(○)　　ㄴ. 분사무소 설치신고(○)
> ㄷ. 중개사무소의 휴업 신청(×)　　ㄹ. 공인중개사자격증의 재교부 신청(○)

① ㄴ,ㄷ　② ㄱ,ㄴ,ㄹ　③ ㄱ,ㄷ,ㄹ　④ ㄴ,ㄷ,ㄹ　⑤ ㄱ,ㄴ,ㄷ,ㄹ

> ㄷ. 휴업 신청할 때는 돈을 내지 않아요. 빈출지문! 정답②

공인중개사법령상 **수수료납부 대상자**에 해당하는 것은 모두 몇 개인가?[27회]

> ○ 분사무소설치의 신고를 하는 자(○)
> ○ 중개사무소의 개설등록을 신청하는 자(○)
> ○ 중개사무소의 휴업을 신고하는 자(×)
> ○ 중개사무소등록증의 재교부를 신청하는 자(○)
> ○ 공인중개사 자격시험에 합격하여 공인중개사자격증을 처음으로 교부받는 자(×)

① 1개　② 2개　③ 3개　④ 4개　⑤ 5개

> 중개사무소 휴업을 신고할 때와 공인중개사자격증을 처음 받을 때는 수수료를 내지 않아요.
> 정답③

공인중개사법령상 **조례가 정하는 바에 따라 수수료를 납부해야 하는 경우**를 모두 고른 것은?[30회]

> ㄱ. 분사무소설치신고확인서의 재교부 신청(○)
> ㄴ. 국토교통부장관이 시행하는 공인중개사 자격시험 응시(×)
> ㄷ. 중개사무소의 개설등록 신청(○)
> ㄹ. 분사무소설치의 신고(○)

① ㄱ,ㄴ　② ㄱ,ㄴ,ㄷ　③ ㄱ,ㄷ,ㄹ　④ ㄴ,ㄷ,ㄹ　⑤ ㄱ,ㄴ,ㄷ,ㄹ

> ㄴ. 국장이 시행하는 공인중개사 자격시험 응시의 경우에는 국장이 결정·공고하는 수수료를 납부해야 합니다. 나머지는 지자체 조례가 정하는 수수료를 납부하는 경우들입니다.　정답③

공인중개사자격시험을 **국토교통부장관이 시행**하는 경우,
① 국토교통부장관이 결정·공고하는 수수료를 납부하여야 한다.(○)
②지방자치단체의 조례로 정하는 바에 따라 수수료를 납부하여야 한다.(×)

부동산거래질서교란행위 신고센터의 설치 · 운영*

① 국토교통부장관은 부동산 시장의 건전한 거래질서를 조성하기 위하여 부동산 거래질서교란행위 신고센터를 설치 · 운영할 수 있다.

② 누구든지 부동산중개업 및 부동산 시장의 건전한 거래질서를 해치는 **다음 행위**(부동산거래질서교란행위)를 발견하는 경우 그 사실을 신고센터에 신고할 수 있다.

ㄱ. 자격증 대여 등의 금지(7조), 유사명칭의 사용금지(8조), 중개사무소의 개설등록(9조), 중개보조원의 고지의무(18조의4) 또는 금지행위(33조2항)을 위반하는 행위

ㄴ. 거짓이나 그 밖의 부정한 방법으로 중개사무소의 개설등록을 하는 행위

ㄷ. 개업공인중개사가 이중 중개사무소 개설등록 금지(12조1항), 등록관청 관할 구역 안에 중1개의 중개사무소만 두기(13조1항), 이동 용이한 임시 중개시설물 설치금지(13조2항), 개업공인중개사의 겸업제한(14조1항), 고용할 수 있는 중개보조원의 수 제한(15조3항), 중개사무소등록증 등의 게시(17조), 명칭(18조), 중개사무소등록증 대여 등의 금지(19조), 중개대상물의 확인 · 설명(25조1항), 임대차 중개 시의 설명의무(25조의3) 또는 거래내용 거짓 기재나 이중 거래계약서 작성 금지(26조3항)을 위반하는 행위

ㄹ. 개업공인중개사등이 이중소속 금지(12조2항), 비밀누설 금지(29조2항) 또는 금지행위(33조1항)을 위반하는 행위

ㅁ. 부동산 거래신고 등에 관한 법률 부동산 거래의 신고(3조), 부동산 거래의 해제등 신고(3조의2) 또는 금지행위(4조)를 위반하는 행위

나오면 그냥 찍어!

공인중개사법령상 **부동산거래질서 교란행위**에 해당하지 않는 것은?[35회]

① 공인중개사자격증 양도를 알선한 경우
② 중개보조원이 중개업무를 보조하면서 중개의뢰인에게 본인이 중개보조원 이라는 사실을 미리 알리지 않은 경우
③ 개업공인중개사가 중개행위로 인한 손해배상책임을 보장하기 위하여 가입해야 하는 보증보험이나 공제에 가입하지 않은 경우
④ 개업공인중개사가 동일한 중개대상물에 대한 하나의 거래를 완성하면서 서로 다른 둘 이상의 거래계약서를 작성한 경우
⑤ 개업공인중개사가 거래당사자 쌍방을 대리한 경우

> ① 47조의2 2항1호, 7조3항 ② 47조의2 2항1호, 18조의4 ③ 보증보험이나 공제에 가입하지 않은 것은 교란행위로 규정되어 있지 않아요. ④ 47조의2 2항3호, 26조3항 ⑤ 47조의2 2항4호, 33조1항6호 정답③

③ 신고센터는 **다음 업무**를 수행한다.

ㄱ. 부동산거래질서교란행위 신고의 접수 및 상담

ㄴ. 신고사항에 대한 확인 또는 시·도지사 및 등록관청 등에 신고사항에 대한 조사 및 조치 요구

ㄷ. 신고인에 대한 신고사항 처리 결과 통보

④ 신고센터에 부동산거래질서교란행위를 신고하려는 자는 **다음 사항**을 서면 (전자문서를 포함)으로 제출해야 한다.

ㄱ. 신고인 및 피신고인의 인적사항

ㄴ. 부동산거래질서교란행위의 발생일시·장소 및 그 내용

ㄷ. 신고 내용을 증명할 수 있는 증거자료 또는 참고인의 인적사항

ㄹ. 그밖에 신고 처리에 필요한 사항

⑤ 신고센터는 신고받은 사항에 대해 보완이 필요한 경우 <u>기간을 정하여 신고인</u><u>에게 보완</u>을 요청할 수 있다.

⑥ 신고센터는 제출받은 신고사항에 대해 시·도지사 및 등록관청 등에 조사 <u>및 조치를 요구</u>해야 한다. 다만, **다음 경우**에는 국토교통부장관의 승인을 받아 접수된 <u>신고사항의 처리를 종결</u>할 수 있다.

ㄱ. 신고내용이 명백히 거짓인 경우   ㄴ. 신고인이 보완을 하지 않은 경우

ㄷ. 신고사항의 처리결과를 통보받은 사항에 대하여 정당한 사유 없이 다시 신고한 경우로서 새로운 사실이나 증거자료가 없는 경우

ㄹ. 신고내용이 이미 수사기관에서 수사 중이거나 재판에 계류 중이거나 법원의 판결에 의해 확정된 경우

⑦ 요구를 받은 시·도지사 및 등록관청 등은 신속하게 조사 및 조치를 완료 하고, <u>완료한 날부터 10일 이내</u>에 <u>그 결과를 신고센터에 통보</u>해야 한다.

⑧ 신고센터는 시·도지사 및 등록관청 등으로부터 처리 결과를 통보받은 경우 신고인에게 신고사항 처리 결과를 통보해야 한다.

⑨ 신고센터는 매월 10일까지 <u>직전 달의 신고사항 접수 및 처리 결과</u> 등을 국토교통부장관에게 제출해야 한다.

⑩ 국토교통부장관은 신고센터의 업무를 한국부동산원에 위탁한다.

⑪ 한국부동산원은 신고센터의 업무 처리 방법, 절차 등에 관한 운영규정을 정하여 국토교통부장관의 승인을 받아야 한다. 이를 변경하는 경우도 또한 같다.

벌칙★★★★

1. 행정형벌

(1) 3년 이하의 징역 또는 3천만원 이하의 벌금

> **저자의 한마디**
>
> 우리 시험의 2차과목에 나오는 벌칙은 출제가능성이 희박하지만, 공인중개사법만큼은 간간히 출제되고 있습니다.

3년-3천만원 벌칙과
1년-1천만원 벌칙을
구별해야 해!

① 중개사무소의 개설등록을 하지 아니하고 중개업을 한 자(→무등록 중개업자)

② 거짓이나 그 밖의 부정한 방법으로 중개사무소의 개설등록을 한 자(→부정등록 중개업자)

③ **다음 규정**(33조1항5호~9호의 금지행위)을 위반한 자

ㄱ. 관계 법령에서 양도·알선 등이 금지된 부동산의 분양·임대 등과 관련 있는 증서 등의 매매·교환 등을 중개하거나 그 매매를 업으로 하는 행위

ㄴ. 중개의뢰인과 직접 거래를 하거나 거래당사자 쌍방을 대리하는 행위

ㄷ. 탈세 등 관계 법령을 위반할 목적으로 소유권보존등기 또는 이전등기를 하지 아니한 부동산이나 관계 법령의 규정에 의하여 전매 등 권리의 변동이 제한된 부동산의 매매를 중개하는 등 부동산투기를 조장하는 행위

ㄹ. 부당한 이익을 얻거나 제3자에게 부당한 이익을 얻게 할 목적으로 거짓으로 거래가 완료된 것처럼 꾸미는 등 중개대상물의 시세에 부당한 영향을 주거나 줄 우려가 있는 행위

ㅁ. 단체를 구성하여 특정 중개대상물에 대하여 중개를 제한하거나 단체 구성원 이외의 자와 공동중개를 제한하는 행위

④ **다음 규정**(33조2항 금지행위)을 위반한 자

ㄱ. 안내문, 온라인 커뮤니티 등을 이용하여 특정 개업공인중개사 등에 대한 중개의뢰를 제한하거나 제한을 유도하는 행위(→왕따조장행위)

ㄴ. 안내문, 온라인 커뮤니티 등을 이용하여 중개대상물에 대하여 시세보다 현저하게 높게 표시·광고 또는 중개하는 특정 개업공인중개사 등에게만 중개의뢰를 하도록 유도함으로써 다른 개업공인중개사 등을 부당하게 차별하는 행위

ㄷ. 안내문, 온라인 커뮤니티 등을 이용하여 특정 가격 이하로 중개를 의뢰하지 아니하도록 유도하는 행위

ㄹ. 정당한 사유 없이 개업공인중개사 등의 중개대상물에 대한 정당한 표시·광고 행위를 방해하는 행위

ㅁ. 개업공인중개사 등에게 중개대상물을 시세보다 현저하게 높게 표시·광고 하도록 강요하거나 대가를 약속하고 시세보다 현저하게 높게 표시·광고하도록 유도하는 행위

(2) 1년 이하의 징역 또는 1천만원 이하의 벌금

① 다른 사람에게 자기의 성명을 사용하여 중개업무를 하게 하거나 공인중개사 자격증을 양도·대여한 자 또는 다른 사람의 공인중개사자격증을 양수·대여 받은 자, 그리고 이러한 양수도·대여를 알선한 자

② 공인중개사가 아닌 자로서 공인중개사 또는 이와 유사한 명칭을 사용한 자

③ 이중으로 중개사무소의 개설등록을 하거나 둘 이상의 중개사무소에 소속된

자(→이중등록, 이중소속)

④ 둘 이상의 중개사무소를 둔 자(→이중중개사무소)

⑤ 임시 중개시설물을 설치한 자

⑥ 개업공인중개사와 소속공인중개사를 합한 수의 5배를 초과하여 중개보조원을 고용한 경우

⑦ 개업공인중개사가 아닌 자로서 공인중개사사무소, 부동산중개 또는 이와 유사한 명칭을 사용한 자

⑧ 개업공인중개사가 아닌 자로서 중개업을 하기 위하여 중개대상물에 대한 표시·광고를 한 자

저자의 한마디

3년-3천만원에 해당하는 금지행위와 혼동하지 않도록 주의하세요.

⑨ 다른 사람에게 자기의 성명 또는 상호를 사용하여 중개업무를 하게 하거나 중개사무소등록증을 다른 사람에게 양도·대여한 자 또는 다른 사람의 성명·상호를 사용하여 중개업무를 하거나 중개사무소등록증을 양수·대여받은 자, 그리고 이러한 양수도·대여를 알선한 자

⑩ 부동산거래정보망 정보공개 규정을 위반하여 정보를 공개한 자

⑪ 업무상 비밀을 누설한 자(비밀준수규정에 위반한 자는 피해자의 명시한 의사에 반하여 벌하지 아니함)(→반의사불벌)

⑫ **다음 규정**(33조1항1호~4호의 금지행위)을 위반한 자

ㄱ. 중개대상물의 매매를 업으로 하는 행위

ㄴ. 중개사무소의 개설등록을 하지 아니하고 중개업을 영위하는 자인 사실을 알면서 그를 통하여 중개를 의뢰받거나 그에게 자기의 명의를 이용하게 하는 행위

ㄷ. 사례·증여 그 밖의 어떠한 명목으로도 보수 또는 실비를 초과하여 금품을 받는 행위

ㄹ. 해당 중개대상물의 거래상의 중요사항에 관하여 거짓된 언행 그 밖의 방법으로 중개의뢰인의 판단을 그르치게 하는 행위

공인중개사법령상 3년 이하의 징역 또는 3천만원 이하의 벌금에 처해지는 개업공인중개사등의 행위가 아닌 것은?[33회]

① 관계 법령에서 양도가 금지된 부동산의 분양과 관련 있는 증서의 매매를 중개하는 행위(○)
② 법정 중개보수를 초과하여 수수하는 행위(×)
③ 중개의뢰인과 직접 거래를 하는 행위(○)
④ 거래당사자 쌍방을 대리하는 행위(○)
⑤ 단체를 구성하여 특정 중개대상물에 대하여 중개를 제한하는 행위(○)

② 법정 중개보수를 초과하여 수수하면 1년-1천만원이죠. 나머지는 3년-3천만원입니다.

공인중개사법령상 다음의 행위를 한 자에 대하여 **3년의 징역에 처할 수 있는 경우**는?^{35회}

① 거짓이나 그 밖의 부정한 방법으로 중개사무소의 개설등록을 한 경우

② 공인중개사가 다른 사람에게 자기의 성명을 사용하여 중개업무를 하게 한 경우

③ 등록관청의 관할 구역 안에 2개의 중개사무소를 둔 경우

④ 개업공인중개사가 천막 그 밖에 이동이 용이한 임시 중개시설물을 설치한 경우

⑤ 공인중개사가 아닌 자로서 공인중개사 또는 이와 유사한 명칭을 사용한 경우

> ① 거짓이나 그 밖의 부정한 방법으로 중개사무소의 개설등록을 한 경우만 3년-3천만원입니다. (48조2호) 나머지는 1년-1천만원입니다.(49조) 정답①

공인중개사법령상 개업공인중개사가 **1년 이하의 징역 또는 1천만원 이하의 벌금**에 처해지는 사유로 명시된 것이 아닌 것은?^{27회}

① 공인중개사자격증을 대여한 경우(○)

② 중개사무소등록증을 양도한 경우(○)

③ 이중으로 중개사무소의 개설등록을 한 경우(○)

④ 중개의뢰인과 직접 거래를 한 경우(×)

⑤ 천막 그밖에 이동이 용이한 임시 중개시설물을 설치한 경우(○)

> ④ 중개의뢰인과 직접 거래하면 3년-3천만원입니다. 정답④

공인중개사법령상 **1년 이하의 징역 또는 1천만원 이하의 벌금**에 해당하지 않는 자는?^{29회}

① 공인중개사가 아닌 자로서 공인중개사 또는 이와 유사한 명칭을 사용한 자(○)

② 개업공인중개사가 아닌 자로서 중개업을 하기 위하여 중개대상물에 대한 표시·광고를 한 자(○)

③ 개업공인중개사가 아닌 자로서 공인중개사사무소, 부동산중개 또는 이와 유사한 명칭을 사용한 자(○)

④ 관계 법령에서 양도·알선 등이 금지된 부동산의 분양·임대 등과 관련 있는 증서 등의 매매·교환 등을 중개한 개업공인중개사(×)

⑤ 다른 사람에게 자기의 상호를 사용하여 중개업무를 하게 한 개업공인 중개사(○)

> ④ 관계 법령에서 양도·알선 등이 금지된 부동산의 분양·임대 등과 관련 있는 증서 등의 매매·교환 등을 중개하면 3년 이하의 징역 또는 3천만원 이하의 벌금을 받게 됩니다. 나머지는 1년-1천만원이 맞아요.

공인중개사법령상 법정형이 **1년 이하의 징역 또는 1천만원 이하의 벌금**에 해당하는 자를 모두 고른 것은?^{28회}

ㄱ. 공인중개사가 아닌 자로서 공인중개사 명칭을 사용한 자(○)
ㄴ. 이중으로 중개사무소의 개설등록을 하여 중개업을 한 개업공인중개사(○)
ㄷ. 개업공인중개사로부터 공개를 의뢰받지 아니한 중개대상물의 정보를 부동산거래
정보망에 공개한 거래정보사업자(○)
ㄹ. 중개의뢰인과 직접 거래를 한 개업공인중개사(×)

① ㄱ, ㄴ ② ㄴ, ㄷ ③ ㄱ, ㄴ, ㄷ ④ ㄱ, ㄷ, ㄹ ⑤ ㄱ, ㄴ, ㄷ, ㄹ

ㄹ. 직접거래, 쌍방대리는 3년-3천만원 정답③

공인중개사법령상 **벌금부과기준**에 해당하는 자를 모두 고른 것은?[31회]

ㄱ. 중개사무소 개설등록을 하지 아니하고 중개업을 한 공인중개사(○)
ㄴ. 거짓으로 중개사무소의 개설등록을 한 자(○)
ㄷ. 등록관청의 관할 구역 안에 두 개의 중개사무소를 개설등록한 개업공인중개사(○)
ㄹ. 임시 중개시설물을 설치한 개업공인중개사(○)
ㅁ. 중개대상물이 존재하지 않아서 거래할 수 없는 중개대상물을 광고한 개업공인중개사(×)

① ㄱ ② ㄱ, ㄴ ③ ㄴ, ㄷ, ㅁ ④ ㄱ, ㄴ, ㄷ, ㄹ ⑤ ㄱ, ㄴ, ㄷ, ㄹ, ㅁ

ㄱ, ㄴ 3년-3천만원 ㄷ, ㄹ 1년-1천만원 ㅁ. 500만원 이하의 과태료(부당한 표시·광고를 한 자)사유로 벌금이 부과되지 않아요. 과태료는 조금 후에! 정답④

공인중개사법령상 **벌칙** 부과대상 행위 중 **피해자의 명시한 의사에 반하여 벌하지 않는 경우**는?[32회]

① 거래정보 사업자가 개업공인중개사로부터 의뢰받은 내용과 다르게 중개대상물의 정보를 부동산거래정보망에 공개한 경우
② 개업공인중개사가 그 업무상 알게 된 비밀을 누설한 경우
③ 개업공인중개사가 중개의뢰인으로부터 법령으로 정한 보수를 초과하여 금품을 받은 경우
④ 시세에 부당한 영향을 줄 목적으로 개업공인중개사에게 중개대상물을 시세보다 현저하게 높게 표시·광고하도록 강요하는 방법으로 개업공인중개사의 업무를 방해한 경우
⑤ 개업공인중개사가 단체를 구성하여 단체 구성원 이외의 자와 공동중개를 제한한 경우

반의사불벌죄는 딱 하나죠? 비밀누설. 정답②

(3) 양벌규정

소속공인중개사·중개보조원 또는 개업공인중개사인 법인의 사원·임원이 중개업무에 관하여 위의 징역형 및 벌금형 규정에 해당하는 위반행위를 한 때에는 그 행위자를 벌하는 외에 그 개업공인중개사에 대하여도 해당 조에 규정된 벌금형(징역형×)을 과한다. 다만, 그 개업공인중개사가 그 위반행위를 방지하기 위하여 해당 업무에 관하여 상당한 주의와 감독을 게을리하지 아니한 경우에는 그러하지 아니하다.

개업공인중개사 甲의 소속공인중개사 乙이 중개업무를 하면서 중개대상물의 거래상 중요사항에 관하여 거짓된 언행으로 중개의뢰인 丙의 판단을 그르치게 하여 재산상 손해를 입혔다. **공인중개사법령**에 관한 설명으로 틀린 것은?^{29회}

① 乙의 행위는 공인중개사 자격정지 사유에 해당한다.(○)

② 乙은 1년 이하의 징역 또는 1천만원 이하의 벌금에 처한다.(○)

③ 등록관청은 甲의 중개사무소 개설등록을 취소할 수 있다.(○)

④ 乙이 징역 또는 벌금형을 선고받은 경우 甲은 乙의 위반행위 방지를 위한 상당한 주의·감독을 게을리 하지 않았더라도 벌금형을 받는다.(×)

⑤ 丙은 甲에게 손해배상을 청구할 수 있다.(○)

> ④ 갑은 을의 위반행위 방지를 위한 상당한 주의·감독을 게을리 하지 않았다면 벌금형을 받지 않아요.

2. 행정질서벌(과태료)

(1) 500만원 이하의 과태료

① 부당한 표시·광고를 한 자

② 정당한 사유 없이 관련 자료의 제출요구에 따르지 아니하여 관련 자료를 제출하지 아니한 자

③ 정당한 사유 없이 필요한 조치의 요구에 따르지 아니하여 필요한 조치를 하지 아니한 자

④ 중개의뢰인에게 본인이 중개보조원이라는 사실을 미리 알리지 아니한 사람 및 그가 소속된 개업공인중개사(개업공인중개사가 그 위반행위를 방지하기 위하여 해당 업무에 관하여 상당한 주의와 감독을 게을리하지 아니한 경우는 제외)

⑤ 부동산거래정보망의 이용 및 정보제공방법 등에 관한 운영규정의 내용을 위반하여 부동산거래정보망을 운영한 자

⑥ 성실·정확하게 중개대상물의 확인·설명을 하지 아니하거나 설명의 근거 자료를 제시하지 아니한 자

⑦ 연수교육을 정당한 사유 없이 받지 아니한 자

500만원 과태료와 100만원 과태료 구별해야 해!

⑧ 감독상의 명령 등에 따른 보고, 자료의 제출, 조사 또는 검사를 거부·방해 또는 기피하거나 그 밖의 명령을 이행하지 아니하거나 거짓으로 보고 또는 자료제출을 한 거래정보사업자

⑨ 공제사업 운용실적을 공시하지 아니한 자

⑩ 공제업무의 개선명령을 이행하지 아니한 자

⑪ 임원에 대한 징계·해임의 요구를 이행하지 아니하거나 시정명령을 이행하지 아니한 자

⑫ 금융감독원 원장의 공제사업에 관한 조사 및 검사 또는 국토교통부장관의 협회와 그 지부 및 지회에 대한 지도·감독에 따른 보고, 자료의 제출, 조사 또는 검사를 거부·방해 또는 기피하거나 그 밖의 명령을 이행하지 아니하거나 거짓으로 보고 또는 자료제출을 한 자

(2) 100만원 이하의 과태료

① 중개사무소등록증 등을 게시하지 아니한 자

② 사무소의 명칭에 공인중개사사무소, 부동산중개라는 문자를 사용하지 아니한 자 또는 옥외 광고물에 성명을 표기하지 아니하거나 거짓으로 표기한 자

③ 중개대상물의 표시·광고 규정을 위반하여 표시·광고를 한 자

④ 중개사무소의 이전신고를 하지 아니한 자

⑤ 휴업, 폐업, 휴업한 중개업의 재개 또는 휴업기간의 변경 신고를 하지 아니한 자

⑥ 손해배상책임에 관한 사항을 설명하지 아니하거나 관계 증서의 사본 또는 관계 증서에 관한 전자문서를 교부하지 아니한 자

⑦ 공인중개사자격증을 반납하지 아니하거나 공인중개사자격증을 반납할 수 없는 사유서를 제출하지 아니한 자 또는 거짓으로 공인중개사자격증을 반납할 수 없는 사유서를 제출한 자

⑧ 중개사무소등록증을 반납하지 아니한 자

공인중개사법령상 100만원 이하의 과태료 부과대상인 개업공인중개사에 해당하지 않는 자는?[26회]

① 중개사무소를 이전한 날부터 10일 이내에 이전신고를 하지 아니한 자(○)

② 중개사무소등록증을 게시하지 아니한 자(○)

③ 공인중개사법에 따른 연수교육을 정당한 사유 없이 받지 아니한 자(×)

④ 사무소의 명칭에 공인중개사사무소 또는 부동산중개라는 문자를 사용하지 아니한 자(○)

⑤ 옥외광고물 등 관리법에 따른 옥외 광고물에 성명을 거짓으로 표기한 자(○)

③ 연수교육 받지 않으면 500만원 이하의 과태료 부과합니다. 나머지는 100만원 이하의 과태료가 부과됩니다.

공인중개사법령상 **과태료 부과대상자**가 아닌 것은?[28회]

① 연수교육을 정당한 사유 없이 받지 아니한 소속공인중개사(○)

② 신고한 휴업기간을 변경하고 변경신고를 하지 아니한 개업공인중개사(○)

③ 중개사무소의 개설등록 취소에 따른 중개사무소 등록증반납의무를 위반한 자(○)

④ 중개사무소의 이전신고 의무를 위반한 개업공인중개사(○)

⑤ 개업공인중개사가 아닌 자로서 중개업을 하기 위하여 중개대상물에 대한 표시·광고를 한 자(×)

① 500만원 이하 ②③④ 100만원 이하 ⑤ 1년 이하의 징역 또는 1천만원 이하의 벌금(행정형벌)

공인중개사법령상 개업공인중개사의 행위 중 **과태료** 부과대상이 아닌 것은?[32회]

① 중개대상물의 거래상의 중요사항에 관해 거짓된 언행으로 중개의뢰인의 판단을 그르치게 한 경우(×)

② 휴업신고에 따라 휴업한 중개업을 재개하면서 등록관청에 그 사실을 신고하지 않은 경우(○)

③ 중개대상물에 관한 권리를 취득하려는 중개의뢰인에게 해당 중개대상물의 권리관계를 성실·정확하게 확인·설명하지 않은 경우(○)

④ 인터넷을 이용하여 중개대상물에 대한 표시·광고를 하면서 중개대상물의 종류별로 가격 및 거래형태를 명시하지 않은 경우(○)

⑤ 연수교육을 정당한 사유 없이 받지 않은 경우(○)

① 금지행위로 1년-1천만원의 행정형벌 사유입니다.

다음 중 공인중개사법령상 **과태료**를 부과할 경우 과태료의 부과기준에서 정하는 과태료 금액이 가장 큰 경우는?[30회]

① 공제업무의 개선명령을 이행하지 않은 경우

② 휴업한 중개업의 재개 신고를 하지 않은 경우

③ 중개사무소의 이전신고를 하지 않은 경우

④ 중개사무소등록증을 게시하지 않은 경우

⑤ 휴업기간의 변경 신고를 하지 않은 경우

500만원 이하의 과태료 부과사유를 고르는 문제네요. ① 공제업무의 개선명령을 이행하지 않은 경우만 500만원 이하이고, 나머지는 100만원 이하의 과태료 사유입니다. 정답①

(3) 과태료 부과사유에 따른 부과 · 징수자

① 국토교통부장관이 부과 · 징수

ㄱ. 정당한 사유 없이 관련 자료의 제출요구에 따르지 아니하여 관련 자료를

제출하지 아니한 자

ㄴ. 정당한 사유 없이 필요한 조치의 요구에 따르지 아니하여 필요한 조치를 하지 아니한 자

ㄷ. 부동산거래정보망의 이용 및 정보제공방법 등에 관한 운영규정의 내용을 위반하여 부동산거래정보망을 운영한 자

ㄹ. 감독상의 명령 등에 따른 보고, 자료의 제출, 조사 또는 검사를 거부·방해 또는 기피하거나 그 밖의 명령을 이행하지 아니하거나 거짓으로 보고 또는 자료제출을 한 거래정보사업자

ㅁ. 공제사업 운용실적을 공시하지 아니한 자

ㅂ. 공제업무의 개선명령을 이행하지 아니한 자

ㅅ. 임원에 대한 징계·해임의 요구를 이행하지 아니하거나 시정명령을 이행하지 아니한 자

ㅇ. 금융감독원 원장의 공제사업에 관한 조사 및 검사 또는 국토교통부장관의 협회와 그 지부 및 지회에 대한 지도·감독에 따른 보고, 자료의 제출, 조사 또는 검사를 거부·방해 또는 기피하거나 그 밖의 명령을 이행하지 아니하거나 거짓으로 보고 또는 자료제출을 한 자

② 시·도지사가 부과·징수

ㄱ. 연수교육을 정당한 사유 없이 받지 아니한 자

ㄴ. 공인중개사자격증을 반납하지 아니하거나 공인중개사자격증을 반납할 수 없는 사유서를 제출하지 아니한 자 또는 거짓으로 공인중개사자격증을 반납할 수 없는 사유서를 제출한 자

③ 등록관청이 부과·징수

ㄱ. 부당한 표시·광고를 한 자

ㄴ. 성실·정확하게 중개대상물의 확인·설명을 하지 아니하거나 설명의 근거자료를 제시하지 아니한 자

ㄷ. 중개사무소등록증 등을 게시하지 아니한 자

ㄹ. 사무소의 명칭에 공인중개사사무소, 부동산중개라는 문자를 사용하지 아니한 자 또는 옥외 광고물에 성명을 표기하지 아니하거나 거짓으로 표기한 자

ㅁ. 중개대상물의 표시·광고 규정을 위반하여 표시·광고를 한 자

ㅂ. 중개사무소의 이전신고를 하지 아니한 자

ㅅ. 휴업, 폐업, 휴업한 중개업의 재개 또는 휴업기간의 변경 신고를 하지 아니한 자

ㅇ. 손해배상책임에 관한 사항을 설명하지 아니하거나 관계 증서의 사본 또는 관계 증서에 관한 전자문서를 교부하지 아니한 자

ㅈ. 중개사무소등록증을 반납하지 아니한 자

시·도지사는 자격증과 연수교육!

공인중개사법령상 **과태료 부과사유에 대한 부과·징수권자**로 틀린 것은?[27회]

① 중개사무소등록증을 게시하지 않은 경우 : 등록관청(○)

② 중개사무소의 이전신고를 하지 않은 경우 : 등록관청(○)

③ 개업공인중개사의 사무소 명칭에 공인중개사사무소 또는 부동산중개라는 문자를 사용하지 않은 경우 : 등록관청(○)

④ 거래당사자에게 손해배상책임의 보장에 관한 사항을 설명하지 않은 경우 : 시·도지사(×)

⑤ 부동산거래정보망의 이용 및 정보제공방법 등에 관한 운영규정을 위반하여 부동산거래정보망을 운영한 경우 : 국토교통부장관(○)

시·도지사는 자격증과 연수교육 2가지만!

원파겔

④ 거래당사자에게 손해배상책임의 보장에 관한 사항을 설명하지 않으면 등록관청이 과태료를 부과·징수합니다. 시·도지사는 자격증과 연수교육 2가지만!

공인중개사법령상 **과태료 부과대상자와 부과기관**의 연결이 틀린 것은?[29회]

① 공제사업 운용실적을 공시하지 아니한 자 : 국토교통부장관(○)

② 공인중개사협회의 임원에 대한 징계·해임의 요구를 이행하지 아니한 자 : 국토교통부장관(○)

③ 연수교육을 정당한 사유 없이 받지 아니한 자 : 등록관청(×)

④ 휴업기간의 변경 신고를 하지 아니한 자 : 등록관청(○)

⑤ 성실·정확하게 중개대상물의 확인·설명을 하지 아니한 자 : 등록관청(○)

③ 연수교육은 시·도지사!

공인중개사법령상 **과태료의 부과대상자와 부과기관**이 바르게 연결된 것을 모두 고른 것은?[31회]

ㄱ. 부동산거래정보망의 이용 및 정보제공방법 등에 관한 운영규정의 내용을 위반하여 부동산거래정보망을 운영한 거래정보사업자 - 국토교통부장관(○)

ㄴ. 공인중개사법령에 따른 보고의무를 위반하여 보고를 하지 아니한 거래정보사업자 - 국토교통부장관(○)

ㄷ. 중개사무소등록증을 게시하지 아니한 개업공인중개사 - 등록관청(○)

ㄹ. 공인중개사 자격이 취소된 자로 공인중개사자격증을 반납하지 아니한 자 - 등록관청(×)

ㅁ. 중개사무소 개설등록이 취소된 자로 중개사무소등록증을 반납하지 아니한 자 - 시·도지사(×)

① ㄱ, ㄷ ② ㄱ, ㄴ, ㄷ ③ ㄴ, ㄹ, ㅁ ④ ㄱ, ㄴ, ㄷ, ㄹ ⑤ ㄱ, ㄴ, ㄷ, ㄹ, ㅁ

ㄹ. 자격증은 시·도지사의 소관사항이죠. ㅁ. 등록증은 등록관청 소관이고요. 정답②

PART 2 부동산거래신고법

01 총칙, 부동산거래의 신고***

용어 정의*

1. 부동산 : 토지 또는 건축물

2. 부동산 등 : 부동산 또는 부동산을 취득할 수 있는 권리

3. 거래당사자 : 부동산등의 매수인과 매도인을 말하며, 외국인 등을 포함

4. 임대차계약당사자 :부동산등의 임대인과 임차인을 말하며, 외국인 등을 포함

5. 외국인 등

다음에 해당하는 개인 · 법인 또는 단체

① 대한민국의 국적을 보유하고 있지 아니한 개인

② 외국의 법령에 따라 설립된 법인 또는 단체

③ 사원 또는 구성원의 2분의 1 이상이 대한민국의 국적을 보유하고 있지 아니한 자인 법인 또는 단체

외국인등에는 모두 1/2이상이네!

④ 업무를 집행하는 사원이나 이사 등 임원의 2분의 1 이상이 대한민국의 국적을 보유하고 있지 아니한 자인 법인 또는 단체

⑤ 대한민국의 국적을 보유하고 있지 아니한 개인(①)이나 외국의 법령에 따라 설립된 법인 또는 단체(②)가 자본금의 2분의 1 이상이나 의결권의 2분의 1 이상을 가지고 있는 법인 또는 단체

⑥ 외국 정부

⑦ 대통령령으로 정하는 국제기구

ㄱ. 국제연합과 그 산하기구 · 전문기구   ㄴ. 정부간 기구

ㄷ. 준정부간 기구   ㄹ. 비정부간 국제기구

부동산 거래신고 등에 관한 법령상 **외국인등**에 해당되는 것을 모두 고른 것은?[33회]

ㄱ. 국제연합의 전문기구(○)
ㄴ. 대한민국의 국적을 보유하고 있지 아니한 개인(○)
ㄷ. 외국의 법령에 따라 설립된 법인(○)
ㄹ. 비정부간 국제기구(○)
ㅁ. 외국 정부(○)

① ㄱ,ㄷ ② ㄴ,ㄷ,ㅁ ③ ㄱ,ㄴ,ㄷ,ㅁ ④ ㄱ,ㄷ,ㄹ,ㅁ ⑤ ㄱ,ㄴ,ㄷ,ㄹ,ㅁ

모두 다 외국인 등에 해당합니다. 정답⑤

부동산 거래의 신고****

1. 부동산 거래의 신고

① 거래당사자는 **다음 계약**을 체결한 경우 부동산거래 신고사항을 거래계약의 체결일부터 30일 이내에 그 권리의 대상인 부동산등의 소재지를 관할하는 시장·군수 또는 구청장(신고관청)에게 공동으로 신고하여야 한다. 다만, 거래당사자 중 일방이 국가, 지방자치단체, 공공기관, 지방직영기업·지방공사 또는 지방공단(국가등)의 경우에는 국가등이 (단독)신고를 하여야 한다.

ㄱ. 부동산의 매매계약

ㄴ. **다음 법률**에 따른 부동산에 대한 공급계약

> 1. 건축물의 분양에 관한 법률 2. 공공주택 특별법 3. 도시개발법 4. 도시 및 주거환경정비법 5. 빈집 및 소규모주택 정비에 관한 특례법 6. 산업입지 및 개발에 관한 법률 7. 주택법 8. 택지개발촉진법

ㄷ. **다음에 해당하는** 지위의 매매계약

- 위의 공급계약을 통하여 부동산을 공급받는 자로 선정된 지위
- 도시 및 주거환경정비법에 따른 관리처분계획의 인가 및 빈집 및 소규모주택 정비에 관한 특례법에 따른 사업시행계획인가로 취득한 입주자로 선정된 지위

② 거래당사자 중 일방이 신고를 거부하는 경우에는 단독으로 신고할 수 있다.

③ 개업공인중개사가 거래계약서를 작성·교부한 경우에는 해당 개업공인중개사가 거래계약의 체결일부터 30일 이내에 신고를 하여야 한다. 이 경우 공동으로 중개를 한 경우에는 해당 개업공인중개사가 공동으로 신고하여야 한다.

④ 개업공인중개사 중 일방이 신고를 거부한 경우에는 단독으로 신고할 수 있다.

⑤ 단독으로 부동산 거래계약을 신고하려는 자(②,④)는 부동산거래계약 신고서에 단독으로 서명 또는 날인한 후 1) 부동산 거래계약서 사본과 2) 단독신고 사유서를 첨부하여 신고관청에 제출해야 한다. 이 경우 신고관청은 단독신고 사유에 해당하는지 여부를 확인해야 한다. 한편, 국가 등이 단독신고를 하는 경우(①)에는 첨부서류 없이 제출한다.

⑥ 신고를 받은 신고관청은 그 신고 내용을 확인한 후 신고인에게 신고필증을 지체 없이 발급하여야 한다. 부동산등의 매수인은 신고인이 신고필증을 발급받은 때에 **부동산등기 특별조치법에 따른** 검인을 받은 것으로 본다.

⑦ 신고관청은 외국인등이 부동산등의 취득을 신고한 내용을 매 분기 종료일부터 1개월 이내에 특별시장·광역시장·도지사 또는 특별자치도지사에게 제출(전자문서에 의한 제출을 포함)하여야 한다. 신고내용을 제출받은 특별시장·광역시장·도지사 또는 특별자치도지사는 제출받은 날부터 1개월 이내에 그 내용을 국토교통부장관에게 제출하여야 한다. 다만, 특별자치시장은 직접 국토교통부장관에게 제출하여야 한다.

저자의 한마디

여기서 시장은 구가 설치되지 아니한 시의 시장(예를 들면, 경주시장 등) 및 특별자치시장(세종시장)과 특별자치도 행정시(제주시장과 서귀포시장)의 시장을 모두 포함해요. 이들이 신고관청이랍니다.

부동산거래신고대상 계약
① 부동산 매매계약
② 8개 법률에 따른 공급계약
③ 2개 지위의 매매계약

저자의 한마디

개공이 끼면 개공이 신고하고, 개공이 끼지 않으면 거래당사자가 공동으로 신고합니다. 당사자 중에 국가 등이 있으면 국가 등이 단독신고하고, 당사사 중 일방이 신고를 거부하면 다른 일방이 단독신고합니다.

저자의 한마디

특별자치시장(세종시장)은 신고관청이지만, 경주시장이 경상북도지사에게 제출하는 것처럼 바로 위에 제출할 관청이 없으므로 직접 국장에게 제출하는 거죠.

부동산 거래신고 등에 관한 법령상 **부동산 거래신고의 대상이 되는 계약**을 모두 고른 것은?[28회]

> ㄱ. 건축물의 분양에 관한 법률에 따른 부동산에 대한 공급계약(○)
> ㄴ. 도시개발법에 따른 부동산에 대한 공급계약(○)
> ㄷ. 주택법에 따른 부동산에 대한 공급계약을 통하여 부동산을 공급받는 자로 선정된 지위의 매매계약(○)
> ㄹ. 도시 및 주거환경정비법에 따른 관리처분계획의 인가로 취득한 입주자로 선정된 지위의 매매계약(○)

① ㄱ, ㄴ ② ㄷ, ㄹ ③ ㄱ, ㄴ, ㄷ ④ ㄴ, ㄷ, ㄹ ⑤ ㄱ, ㄴ, ㄷ, ㄹ

모두다 부동산 거래신고의 대상이 되는 계약입니다. 정답⑤

부동산 거래신고 등에 관한 법령상 **부동산 거래신고의 대상이 되는 계약**이 아닌 것은?[30회]

① 주택법에 따라 공급된 주택의 매매계약(○)
② 택지개발촉진법에 따라 공급된 토지의 임대차계약(×)
③ 도시개발법에 따른 부동산에 대한 공급계약(○)
④ 체육시설의 설치·이용에 관한 법률에 따라 등록된 시설이 있는 건물의 매매계약(○)
⑤ 도시 및 주거환경정비법에 따른 관리처분계약의 인가로 취득한 입주자로 선정된 지위의 매매계약(○)

② 토지임대차계약은 거래신고 대상이 아닙니다. 다만, 법정금액을 초과하는 주택임대차계약은 신고대상입니다.(2021년 개정) ①④ 부동산 매매계약에 해당

부동산 거래신고 등에 관한 법령상 **부동산거래신고의 대상**이 아닌 것은?[35회]

① 주택법에 따른 조정대상지역에 소재하는 주택의 증여계약(×)
② 공공주택 특별법에 따른 부동산의 공급계약(○)
③ 토지거래허가를 받은 토지의 매매계약(○)
④ 택지개발촉진법에 따른 부동산 공급계약을 통하여 부동산을 공급받는 자로 선정된 지위의 매매계약(○)
⑤ 빈집 및 소규모주택 정비에 관한 특례법에 따른 사업시행계획인가로 취득한 입주자로 선정된 지위의 매매계약(○)

부동산거래신고의 대상이 되려면 매매계약이나 공급계약이어야 하죠? 따라서 ① 주택증여계약은 신고대상이 아닙니다. ② 3조1항2호, 시행령3조3항2호 ③ 3조1항1호 ④ 3조1항3호가목 ⑤ 3조1항3호나목

2. 부동산 거래 신고사항

(1) 공통

① 거래당사자의 인적사항

② 계약 체결일, 중도금 지급일 및 잔금 지급일

③ 거래대상 부동산등(부동산을 취득할 수 있는 권리에 관한 계약의 경우에는 그 권리의 대상인 부동산)의 소재지 · 지번 · 지목 및 면적

④ 거래대상 부동산등의 종류(부동산을 취득할 수 있는 권리에 관한 계약의 경우에는 그 권리의 종류)

⑤ 실제 거래가격

⑥ 계약의 조건이나 기한이 있는 경우에는 그 조건 또는 기한

⑦ 개업공인중개사가 거래계약서를 작성 · 교부한 경우에는 **다음 사항**

ㄱ. 개업공인중개사의 인적사항

ㄴ. 개업공인중개사가 개설등록한 중개사무소의 상호 · 전화번호 및 소재지

(2) 법인이 주택의 거래계약을 체결하는 경우

① 법인의 현황에 관한 **다음 사항**

거래당사자 중 국가등이 포함되어 있거나 거래계약이 부동산에 대한 공급계약과 이 계약을 통하여 부동산을 공급받는 자로 선정된 지위에 해당하는 경우는 제외한다.

ㄱ. 법인의 등기 현황

ㄴ. 법인과 거래상대방 간의 관계가 **다음**에 해당하는지 여부

• 거래상대방이 개인인 경우

그 개인이 해당 법인의 임원이거나 법인의 임원과 친족관계가 있는 경우

• 거래상대방이 법인인 경우

거래당사자인 매도법인과 매수법인의 임원 중 같은 사람이 있거나 거래당사자인 매도법인과 매수법인의 임원 간 친족관계가 있는 경우

② 주택 취득 목적 및 취득 자금 등에 관한 **다음 사항**(법인이 주택의 매수자인 경우만 해당)

ㄱ. 거래대상인 주택의 취득목적

ㄴ. 거래대상 주택의 취득에 필요한 자금의 조달계획 및 지급방식(투기과열지구에 소재하는 주택의 거래계약을 체결한 경우에는 자금의 조달계획을 증명하는 서류를 첨부)

ㄷ. 임대 등 거래대상 주택의 이용계획

(3) 법인 외의 자(자연인)가 1) 실제 거래가격이 6억원 이상인 주택을 매수하거나 2) 투기 과열지구 또는 조정대상지역에 소재하는 주택을 매수하는 경우(거래당사자 중 국가등이 포함되어 있는 경우는 제외)

> **저자의 한마디**
>
> 투기과열지구나 조정대상지역은 주택가격과 상관없이 신고해야 하고, 투기과열지구나 조정대상지역 외의 지역은 주택가격이 6억원 이상인 경우에 신고합니다.

① 거래대상 주택의 취득에 필요한 자금의 조달계획 및 지급방식(투기과열지구에 소재하는 주택의 거래계약을 체결한 경우 매수자는 자금의 조달계획을 증명하는 서류를 첨부)

② 거래대상 주택에 매수자 본인이 입주할지 여부, 입주 예정 시기 등 거래대상 주택의 이용계획

甲이 건축법 시행령에 따른 단독주택을 매수하는 계약을 체결하였을 때, 부동산 거래신고 등에 관한 법령에 따라 甲 **본인이 그 주택에 입주할지 여부를 신고해야 하는 경우**를 모두 고른 것은?(甲, 乙, 丙은 자연인이고, 丁은 지방공기업법 상 지방공단임)[32회]

> ㄱ. 甲이 주택법 상 투기과열지구에 소재하는 乙소유의 주택을 실제 거래가격 3억원으로 매수하는 경우(○)
> ㄴ. 甲이 주택법 상 투기과열지구 또는 조정대상지역 외의 장소에 소재하는 丙소유의 주택을 실제 거래가격 5억원으로 매수하는 경우(×)
> ㄷ. 甲이 주택법 상 투기과열지구에 소재하는 丁소유의 주택을 실제 거래가격 10억원으로 매수하는 경우(△)

① ㄱ ② ㄴ ③ ㄱ,ㄴ ④ ㄱ,ㄷ ⑤ ㄴ,ㄷ

주택에 입주할지 여부는 주택이용계획을 말해요. ㄱ. 투기과열지구에서는 주택가격과 상관없이 신고합니다. ㄴ. 투기과열지구 또는 조정대상지역 외의 지역에서는 6억원 이상일 경우에 신고해요. ㄷ. 정은 지방공단으로 **국가 등**에 해당하므로 신고하지 않아도 됩니다만, 실무에서는 신고하고 있다고 하네요. 그래서 복수정답 처리되었습니다. **정답①④**

국가 등
국가, 지방자치단체, 공공기관, 지방직영기업 · 지방공사 또는 지방공단

부동산 거래신고 등에 관한 법령상 **부동산 거래신고**에 관한 설명으로 틀린 것은?[29회]

① 지방자치단체가 개업공인중개사의 중개 없이 토지를 매수하는 경우 부동산 거래계약신고서에 단독으로 서명 또는 날인하여 신고관청에 제출해야 한다.(○)

② 개업공인중개사가 공동으로 토지의 매매를 중개하여 거래계약서를 작성·교부한 경우 해당 개업공인중개사가 공동으로 신고해야 한다.(○)

③ 매수인은 신고인이 거래신고를 하고 신고필증을 발급받은 때에 부동산 등기특별조치법에 따른 검인을 받은 것으로 본다.(○)

④ 공공주택 특별법에 따른 공급계약에 의해 부동산을 공급받는 자로 선정된 지위를 매매하는 계약은 부동산 거래신고의 대상이 아니다.(×)

⑤ 매매계약에 조건이나 기한이 있는 경우 그 조건 또는 기한도 신고해야 한다.(○)

① 지방자치단체는 국가등에 해당하므로 단독신고해야 합니다. 빈출지문! ② 빈출지문! ④ 공공주택 특별법에 따른 공급계약에 의해 부동산을 공급받는 자로 선정된 지위를 매매하는 계약도 부동산 거래신고의 대상입니다.

부동산 거래신고 등에 관한 법령상 **부동산 거래신고**에 관한 설명으로 옳은 것은? (다툼이 있으면 판례에 따름)[30회]

① 개업공인중개사가 거래계약서를 작성·교부한 경우 거래당사자는 60일 이내에 부동산거래신고를 하여야 한다.(×)

② 소속공인중개사 및 중개보조원은 부동산거래신고를 할 수 있다.(×)

③ 지방공기업법에 따른 지방공사와 개인이 매매계약을 체결한 경우 양 당사자는 공동으로 신고하여야 한다.(×)

④ 거래대상 부동산의 공법상 거래규제 및 이용제한에 관한 사항은 부동산 거래계약 신고서의 기재사항이다.(×)

⑤ 매매대상 토지 중 공장부지로 편입되지 아니할 부분의 토지를 매도인에게 원가로 반환한다는 조건을 당사자가 약정한 경우 그 사항은 신고사항 이다.(○)

① 거래당사자가 아니라 개공이, 60일이 아니라 30일 이내에 신고를 해야 합니다. ② 소공은 위임받아 신고할 수 있지만 중개보조원은 할 수 없어요. ③ 지방공사는 국가등에 해당하므로 지방공사가 단독신고해야 합니다. ④ 공법상 거래규제 및 이용제한은 신고서 기재사항이 아닙니다. 빈출지문! ⑤ 조건이 있는 경우에 그 조건은 기재사항이죠.

부동산 거래신고 등에 관한 법령상 **부동산 거래신고**에 관한 설명으로 옳은 것은?[31회]

① 부동산매매계약을 체결한 경우 거래당사자는 거래계약의 체결일로부터 3개월 이내에 신고관청에 단독 또는 공동으로 신고하여야 한다.(×)

② 주택법에 따라 지정된 조정대상지역에 소재하는 주택으로서 실제 거래 가격이 5억원이고, 매수인이 국가인 경우 국가는 매도인과 공동으로 실제 거래가격 등을 신고하여야 한다.(×)

③ 권리대상인 부동산 소재지를 관할하는 특별자치도 행정시의 시장은 부동산 거래신고의 신고관청이 된다.(○)

④ 개업공인중개사가 거래계약서를 작성·교부한 경우에는 거래당사자 또는 해당 개업공인중개사가 신고할 수 있다.(×)

⑤ 부동산 거래계약을 신고하려는 개업공인중개사는 부동산거래계약 신고서에 서명 또는 날인하여 관할 등록관청에 제출하여야 한다.(×)

① 30일 이내에 공동으로 신고해야죠. ② 앞부분은 그냥 함정이죠. 뒷부분만 보세요. 국가가 단독으로 신고해야 합니다. ③ 제주시장이나 서귀포시장은 행정시장으로서 신고관청입니다. ④ 해당 개공이 신고해야 합니다. ⑤ 등록관청이 아니라 신고관청!

3. 부동산거래계약 신고서 작성방법

① 거래당사자가 다수인 경우 매도인 또는 매수인의 주소 란에 거래대상별 거래지분을 기준으로 각자의 거래지분 비율(매도인과 매수인의 거래지분 비율은 일치해야 함)을 표시한다.

② 거래당사자가 외국인인 경우 거래당사자의 국적을 반드시 적어야 하며, 외국인이 부동산등을 매수하는 경우 매수용도 란의 주거용(아파트), 주거용 (단독주택), 주거용(그 밖의 주택), 레저용, 상업용, 공장용, 그 밖의 용도 중 하나에 ∨표시를 한다.

작성방법은
부동산거래계약 신고서
뒷면에 나와 있어요.

③ 자금조달 및 입주계획 란은 투기과열지구에 소재한 주택으로서 실제거래가격이 3억원 이상인 주택을 거래하는 경우(주택을 포함한 다수 부동산을 거래하는 경우 각 주택의 거래가격이 3억원 이상인 경우를 포함) 계획서를 이 신고서와 함께 제출하는지 또는 매수인이 별도 제출하는지를 ∨표시하고, 그 밖의 경우에는 해당 없음에 ∨표시를 한다.

④ 부동산 매매의 경우 종류에는 토지, 건축물 또는 토지 및 건축물(복합 부동산 의 경우)에 ∨표시를 하고, 해당 부동산이 건축물 또는 토지 및 건축물인 경우에는 ( )에 건축물의 종류를 아파트, 연립, 다세대, 단독, 다가구, 오피스텔, 근린생활시설, 사무소, 공장 등 건축법 시행령 별표1에 따른 용도별 건축물의 종류를 적는다.

⑤ 공급계약은 시행사 또는 건축주등이 최초로 부동산을 공급(분양)하는 계약을 말하며, 준공 전과 준공 후 계약 여부에 따라 ∨표시하고, 임대주택 분양전환은 임대주택사업자(법인으로 한정)가 임대기한이 완료되어 분양전환하는 주택인 경우에 ∨표시한다. 전매는 부동산을 취득할 수 있는 권리의 매매로서, 분양권 또는 입주권에 ∨표시를 한다.

⑥ 소재지는 지번(아파트 등 집합건축물의 경우에는 동 · 호수)까지, 지목/면적은 토지대장상의 지목 · 면적, 건축물대장상의 건축물 면적(집합건축물의 경우 호수별 전용면적, 그 밖의 건축물의 경우 연면적), 등기사항증명서상의 대지권 비율, 각 거래대상의 토지와 건축물에 대한 거래지분을 정확하게 적는다.

⑦ 계약대상 면적에는 실제 거래면적을 계산하여 적되, 건축물 면적은 집합건축물의 경우 전용면적을 적고, 그 밖의 건축물의 경우 연면적을 적는다.

⑧ 물건별 거래가격 란에는 각각의 부동산별 거래가격을 적는다. 최초 공급계약(분양) 또는 전매계약(분양권, 입주권)의 경우 분양가격, 발코니 확장 등 선택비용 및 추가 지불액 등(프리미엄 등 분양가격을 초과 또는 미달하는 금액)을 각각 적는다. 이 경우 각각의 비용에 부가가치세가 있는 경우 부가가치세를 포함한 금액으로 적는다.

⑨ 총 실제거래가격 란에는 전체 거래가격(둘 이상의 부동산을 함께 거래하는 경우 각각의 부동산별 거래가격의 합계 금액)을 적고, 계약금/중도금/잔금 및 그 지급일을 적는다.

⑩ 종전 부동산 란은 입주권 매매의 경우에만 작성하고, 거래금액란에는 추가 지급액 등(프리미엄 등 분양가격을 초과 또는 미달하는 금액) 및 권리가격, 합계 금액, 계약금, 중도금, 잔금을 적는다.

⑪ 계약의 조건 및 참고사항 란은 부동산 거래계약 내용에 계약조건이나 기한을 붙인 경우, 거래와 관련한 참고내용이 있을 경우에 적는다.

⑫ 거래대상의 종류가 공급계약(분양) 또는 전매계약(분양권, 입주권)인 경우 물건별 거래가격 및 총 실제거래가격에 부가가치세를 포함한 금액을 적고, 그 외의 거래대상의 경우 부가가치세를 제외한 금액을 적는다.

⑬ 거래당사자 간 직접거래의 경우에는 공동으로 신고서에 서명 또는 날인을 하여 거래당사자 중 일방이 신고서를 제출하고, 중개거래의 경우에는 개업공인중개사가 신고서를 제출해야 하며, 거래당사자 중 일방이 국가 및 지자체, 공공기관인 경우(국가등)에는 국가등이 신고해야 한다.

부동산 거래신고 등에 관한 법령상 **부동산거래계약신고서 작성**에 관한 설명으로 틀린 것은?^{33회}

① 거래당사자가 외국인인 경우 거래당사자의 국적을 반드시 적어야 한다.(○)

② '계약대상 면적' 란에는 실제 거래면적을 계산하여 적되, 건축물 면적은 집합건축물의 경우 전용면적을 적는다.(○)

③ '종전 부동산' 란은 입주권 매매의 경우에만 작성한다.(○)

④ '계약의 조건 및 참고사항' 란은 부동산 거래계약 내용에 계약조건이나 기한을 붙인 경우, 거래와 관련한 참고내용이 있을 경우에 적는다.(○)

⑤ 거래대상의 종류가 공급계약(분양)인 경우 물건별 거래가격 및 총 실제 거래가격에 부가가치세를 제외한 금액을 적는다.(×)

⑤ 공급계약(분양)인 경우에는 부가가치세를 포함한 금액을 적습니다.

부동산 거래신고 등에 관한 법령상 **부동산거래계약신고서의 작성방법**으로 틀린 것은?^{34회}

① 관련 필지 등 기재사항이 복잡한 경우에는 다른 용지에 작성하여 간인 처리한 후 첨부한다.(○)

② '거래대상'의 '종류' 중 '공급계약'은 시행사 또는 건축주등이 최초로 부동산을 공급(분양)하는 계약을 말한다.(○)

③ '계약대상 면적'란에는 실제 거래면적을 계산하여 적되, 집합건축물이 아닌 건축물의 경우 건축물 면적은 연면적을 적는다.(○)

④ '거래대상'의 '종류' 중 '임대주택 분양전환'은 법인이 아닌 임대주택사업자가 임대기한이 완료되어 분양전환하는 주택인 경우에 표시를 한다.(×)

⑤ 전매계약(분양권, 입주권)의 경우 '물건별 거래가격'란에는 분양가격, 발코니 확장 등 선택비용 및 추가 지급액등을 각각 적되, 각각의 비용에 대한 부가가치세가 있는 경우 이를 포함한 금액으로 적는다.(○)

④ 임대주택 분양전환은 법인사업자만 가능해요.

부동산 거래신고 등에 관한 법령상 **부동산거래계약신고서 작성방법**으로 틀린 것은?^{29회}

① 거래당사자가 외국인인 경우 거래당사자와 국적을 반드시 기재해야 한다. (○)

② 거래당사자 간 직접거래의 경우 공동으로 신고서에 서명 또는 날인을 하여 공동으로 신고서를 제출해야 한다.(×)

③ 자금조달 및 입주계획란은 투기과열지구에 소재한 주택으로서 실제 거래가격이 3억원 미만인 주택을 거래하는 경우 해당 없음에 ∨ 표시를 한다.(○)

④ 임대주택 분양전환은 법인인 임대주택사업자가 임대기한이 완료되어 분양 전환하는 주택인 경우에 ∨표시를 한다.(○)

⑤ 계약대상 면적에는 실제 거래면적을 계산하여 적되, 건축물 면적은 집합 건축물의 경우 전용면적을 적는다.(○)

> ② 거래당사자 간 직접거래의 경우에는 공동으로 신고서에 서명 또는 날인을 하여 거래당사자 중 일방이 신고서를 제출합니다. ③ 자금조달 및 입주계획란은 투기과열지구에 소재한 주택으로서 실제 거래가격이 3억원 이상인 경우에 표시하는 거니까 3억원 미만이면 해당사항이 없는 거죠. ⑤ 빈출지문!

부동산 거래신고 등에 관한 법령상 **부동산 매매계약에 관한 신고사항 및 신고서의 작성**에 관한 설명으로 옳은 것은?[31회]

① 국토의 계획 및 이용에 관한 법률에 따른 개발제한 사항은 신고사항에 포함 되지 않는다.(○)

② 주택법에 따라 지정된 투기과열지구에 소재하는 주택으로서 실제 거래 가격이 3억원 이상인 주택의 거래계약을 체결한 경우 신고서를 제출할 때 매수인과 매도인이 공동으로 서명 및 날인한 자금조달·입주계획서를 함께 제출하여야 한다.(×)

③ 부동산거래계약 신고서의 물건별 거래가격 란에 발코니 확장 등 선택비용 에 대한 기재란은 없다.(×)

④ 부동산거래계약 신고서를 작성할 때 건축물의 면적은 집합건축물의 경우 연면적을 적고, 그 밖의 건축물의 경우 전용면적을 적는다.(×)

⑤ 개업공인중개사가 거짓으로 부동산거래계약 신고서를 작성하여 신고한 경우에는 벌금형 부과사유가 된다.(×)

> ① 빈출지문! ② 자금조달·입주계획서는 매수인(사는 사람)이 서명 또는 날인하여 제출합니다. 매도인은 무관! ③ 선택비용에 대한 기재란이 있어요. ④ 집합건축물은 전용면적, 그 밖의 건축물은 연면적! ⑤ 벌금형 부과사유가 아니라 취득가액의 100분의 5 이하에 상당하는 금액의 과태료 부과사유입니다.(28조3항)

4. 부동산 거래계약 신고 내용의 정정 및 변경

① 거래당사자 또는 개업공인중개사는 부동산 거래계약 신고 내용 중 <u>**다음 사항**</u>이 잘못 기재된 경우에는 신고관청에 신고 내용의 정정을 신청할 수 있다.

ㄱ. 거래당사자의 주소 · 전화번호 또는 휴대전화번호(→일방이 단독으로 정정 할 수 있음)

ㄴ. 거래 지분 비율

ㄷ. 개업공인중개사의 전화번호 · 상호 또는 사무소 소재지

ㄹ. 거래대상 건축물의 종류

ㅁ. 거래대상 부동산등(부동산을 취득할 수 있는 권리에 관한 계약의 경우에는 그 권리의 대상인 부동산)의 지목, 면적, 거래 지분 및 대지권비율

저자의 한마디

① 부동산거래 신고서에 굳이 '제한사항'을 기재할 필요는 없잖아요? 제한사항은 부동산 거래가 이루어지기 전에 중요한 이슈가 되는 거죠.

② 정정신청을 하려는 거래당사자 또는 개업공인중개사는 발급받은 신고필증에 정정 사항을 표시하고 해당 정정 부분에 서명 또는 날인을 하여 신고관청에 제출해야 한다. 다만, 거래당사자의 주소·전화번호 또는 휴대전화번호(①의 ㄱ)를 정정하는 경우에는 해당 거래당사자 일방이 단독으로 서명 또는 날인하여 정정을 신청할 수 있다.

부동산 거래신고 등에 관한 법령상 **부동산거래계약 신고내용의 정정신청 사항**이 아닌 것은?[30회]

① 거래대상 건축물의 종류 ② 개업공인중개사의 성명·주소
③ 거래대상 부동산의 면적 ④ 거래 지분 비율
⑤ 거래당사자의 전화번호

> ② 개공의 전화번호·상호 또는 사무소 소재지가 정정신청 사항입니다. 개공의 성명·주소는 정정신청 사항이 아니에요. 정답②

③ 거래당사자 또는 개업공인중개사는 부동산 거래계약 신고내용 중 **다음 사항**이 변경된 경우에는 부동산에 관한 등기신청 전에 신고관청에 신고 내용의 변경을 신고할 수 있다.

ㄱ. 거래 지분 비율 ㄴ. 거래 지분 ㄷ. 거래대상 부동산등의 면적

ㄹ. 계약의 조건 또는 기한 ㅁ. 거래가격 ㅂ. 중도금·잔금 및 지급일

ㅅ. 공동매수의 경우 일부 매수인의 변경(매수인 중 일부가 제외되는 경우만 해당)

ㅇ. 거래대상 부동산등이 다수인 경우 일부 부동산등의 변경(거래대상 부동산등 중 일부가 제외되는 경우만 해당)

④ 변경신고를 하는 거래당사자 또는 개업공인중개사는 부동산거래계약 변경신고서에 서명 또는 날인하여 신고관청에 제출해야 한다. 다만, **부동산등의 면적 변경이 없는 상태에서 거래가격이 변경된 경우**에는 거래계약서 사본 등 그 사실을 증명할 수 있는 서류를 첨부해야 한다.

⑤ 부동산거래 신고대상 계약 중 **부동산 매매계약을 제외한** 나머지 계약인 경우 거래가격 중 분양가격 및 선택품목은 거래당사자 일방이 단독으로 변경신고를 할 수 있다. 이 경우 거래계약서 사본 등 그 사실을 증명할 수 있는 서류를 첨부해야 한다.

⑥ 정정신청 또는 변경신고를 받은 신고관청은 정정사항 또는 변경사항을 확인한 후 지체 없이 해당 내용을 정정 또는 변경하고, 정정사항 또는 변경사항을 반영한 신고필증을 재발급해야 한다.

> **저자의 한마디**
> 정정신청은 정정사항을 표시한 신고필증을 제출(정정신청서 제출×)하고, 변경신고는 변경신고서를 제출합니다.

부동산 거래신고 등에 관한 법령상 부동산 거래계약의 신고내용이 변경된 경우 **변경신고사항**이 아닌 것은?[35회수정]

① 거래가격　　　② 공동매수의 경우 매수인의 추가
③ 거래 지분 비율　④ 거래대상 부동산의 면적
⑤ 거래 지분

② 공동매수의 경우 일부 매수인이 제외되는 경우에만 변경신고합니다. 추가되는 경우에는 새로 계약해야겠죠.(시행규칙3조3항) 정답②

5. 부동산 거래의 해제등 신고

① 거래당사자는 신고한 후 해당 거래계약이 해제, 무효 또는 취소(→해제 등)된 경우 해제 등이 확정된 날부터 30일 이내에 해당 신고관청에 공동으로 신고하여야 한다. 다만, 거래당사자 중 일방이 신고를 거부하는 경우에는 단독으로 신고할 수 있다.

② 개업공인중개사가 부동산거래신고를 한 경우에는 거래계약의 해제 등의 경우에도 개업공인중개사가 신고(공동으로 중개를 한 경우에는 해당 개업공인중개사가 공동으로 신고하는 것을 말함)를 할 수 있다. 다만, 개업공인중개사 중 일방이 신고를 거부한 경우에는 단독으로 신고할 수 있다.

③ 부동산 거래계약의 해제 등을 신고하려는 거래당사자 또는 개업공인중개사는 부동산거래계약 해제등 신고서에 공동으로 서명 또는 날인하여 신고관청에 제출해야 한다. 이 경우 거래당사자 중 일방이 국가등인 경우 국가 등이 단독으로 서명 또는 날인하여 신고관청에 제출할 수 있다.

④ 단독으로 부동산 거래계약의 해제 등을 신고하려는 자는 부동산거래계약 해제 등 신고서에 단독으로 서명 또는 날인한 후 1) 확정된 법원의 판결문 등 해제등이 확정된 사실을 입증할 수 있는 서류와 2) 단독신고사유서를 첨부하여 신고관청에 제출해야 한다. 이 경우 신고관청은 단독신고 사유에 해당하는지 여부를 확인 해야 한다.

⑤ 신고를 받은 신고관청은 그 내용을 확인한 후 부동산거래계약 해제등 확인서를 신고인에게 지체 없이 발급해야 한다.

⑥ 부동산거래계약시스템을 통하여 부동산 거래계약 해제등을 한 경우에는 부동산 거래계약 해제등이 이루어진 때에 부동산거래계약 해제등 신고서를 제출한 것으로 본다.

6. 부동산거래계약 신고서 등의 제출 대행

① 거래당사자 또는 법인 또는 매수인의 위임을 받은 사람은 부동산거래계약 신고서 등의 제출을 대행할 수 있다. 이 경우 부동산거래계약 신고서 등의 제출을 대행하는 사람은 신분증명서를 신고관청에 보여주고, **다음 서류를** 함께 제출해야 한다.

ㄱ. 신고서 등의 제출을 위임한 거래당사자의 자필서명(법인의 경우에는 법인인감)이 있는 위임장

ㄴ. 신고서 등의 제출을 위임한 거래당사자의 신분증명서 사본

② 개업공인중개사의 위임을 받은 소속공인중개사는 부동산거래계약 신고서 등의 제출을 대행할 수 있다. 이 경우 소속공인중개사는 신분증명서를 신고관청에 보여줘야 한다.

부동산 거래신고 등에 관한 법령상 **부동산 매매계약의 거래신고**에 관한 설명으로 틀린 것은?(단, 거래당사자는 모두 자연인이고, 공동중개는 고려하지 않음)³⁴회

① 신고할 때는 실제 거래가격을 신고해야 한다.(○)

② 거래당사자 간 직접거래의 경우 매도인이 거래신고를 거부하면 매수인이 단독으로 신고할 수 있다.(○)

③ 거래신고 후에 매도인이 매매계약을 취소하면 매도인이 단독으로 취소를 신고해야 한다.(×)

④ 개업공인중개사가 매매계약의 거래계약서를 작성·교부한 경우에는 그 개업공인중개사가 신고를 해야 한다.(○)

⑤ 개업공인중개사가 매매계약을 신고한 경우에 그 매매계약이 해제되면 그 개업공인중개사가 해제를 신고할 수 있다.(○)

① 3조1항, 시행령[별표1] ② 3조2항 ③ 취소의 경우에도 공동신고해야 합니다.(3조의2 1항)
④ 3조3항 ⑤ 3조의2 2항

부동산 거래신고 등에 관한 법령상 **부동산거래계약 신고서 작성**에 관한 설명으로 틀린 것은?²⁸회

① 거래대상 부동산의 공법상 거래규제 및 이용제한에 관한 사항은 신고서 기재사항이다.(×)

② 부동산거래계약 신고서를 제출한 후 해당 부동산 거래계약이 해제된 경우, 거래당사자 또는 개업공인중개사는 부동산거래계약 해제 등 신고서에 서명 또는 날인하여 신고관청에 제출할 수 있다.(○)

③ 개업공인중개사가 거래계약서를 작성·교부한 경우, 개업공인중개사의 인적 사항과 개설등록한 중개사무소의 상호·전화번호 및 소재지도 신고사항에 포함된다.(○)

④ 거래대상의 종류가 공급계약(분양)인 경우, 물건별 거래가격 및 총 실제거래 가격에 부가가치세를 포함한 금액을 적는다.(○)

⑤ 계약대상 면적에는 실제 거래면적을 계산하여 적되, 건축물 면적은 집합 건축물의 경우 전용면적을 적고, 그 밖의 건축물의 경우 연면적을 적는다.(○)

① 부동산거래계약 신고서에는 거래대상 부동산의 공법상 거래규제 및 이용제한에 관한 사항을 기재하지 않아요. 빈출지문! ④⑤ 빈출지문!

부동산 거래신고 등에 관한 법령상 신고대상인 **부동산 거래계약의 신고**에 관한 설명으로 틀린 것은?[28회]

① 사인간의 거래를 중개한 개업공인중개사가 거래계약서를 작성·교부한 경우, 해당 개업공인중개사가 거래신고를 해야 한다.(○)

② 부동산의 매수인은 신고인이 부동산거래계약 신고필증을 발급받은 때에 부동산등기특별조치법에 따른 검인을 받은 것으로 본다.(○)

③ 개업공인중개사의 위임을 받은 소속공인중개사가 부동산거래계약 신고서의 제출을 대행하는 경우, 소속공인중개사는 신분증명서를 신고관청에 보여주어야 한다.(○)

④ 거래당사자 중 일방이 국가인 경우, 국가가 부동산 거래계약의 신고를 해야 한다.(○)

⑤ 신고관청은 거래대금 지급을 증명할 수 있는 자료를 제출하지 아니한 사실을 자진 신고한 자에 대하여 과태료를 감경 또는 면제할 수 있다.(×)

> ⑤ 거래대금 지급을 증명할 수 있는 자료를 제출하지 않은 것은 3천만원 이하의 과태료 부과 사유입니다. 하지만 이 사실을 자진 신고하는 것은 과태료의 감면사유가 아니에요. 이 정도만 알아두세요.

부동산 거래신고 등에 관한 법령상 **부동산거래신고**에 관한 설명으로 틀린 것은?[35회]

① 거래당사자 또는 개업공인중개사는 부동산 거래계약 신고 내용 중 거래 지분 비율이 잘못 기재된 경우 신고관청에 신고 내용의 정정을 신청할 수 있다.(○)

② 자연인 甲이 단독으로 주택법 상 투기과열지구 외에 소재하는 주택을 실제 거래가격 6억원으로 매수한 경우 입주 예정 시기 등 그 주택의 이용계획은 신고사항이다.(○)

③ 법인이 주택의 매수자로서 거래계약을 체결한 경우 임대 등 그 주택의 이용계획은 신고사항이다.(○)

④ 부동산의 매수인은 신고인이 부동산거래계약 신고필증을 발급받은 때에 부동산등기 특별조치법에 따른 검인을 받은 것으로 본다.(○)

⑤ 개업공인중개사가 신고한 후 해당 거래계약이 해제된 경우 그 계약을 해제한 거래당사자는 해제가 확정된 날부터 30일 이내에 해당 신고관청에 단독으로 신고하여야 한다.(×)

> ① 거래지분비율이 잘못 기재된 경우에는 정정 신청(시행규칙3조1항2호) ②③ 시행령 별표1 ④ 3조6항 ⑤ 단독이 아니라 공동으로 신고합니다. 일방이 신고를 거부한 경우에만 단독으로 신고할 수 있죠.(3조의2 1항)

7. 금지행위

누구든지 신고에 관하여 **다음 행위**를 하여서는 아니 된다.

① 개업공인중개사에게 신고를 하지 아니하게 하거나 <u>거짓으로 신고</u>하도록

저자의 한마디

② 자연인의 경우, 규제지역에서는 금액에 상관없이 신고해야 하고, 비규제지역에서는 6억원 이상인 경우 신고합니다. ③ 법인은 지역과 금액에 상관없이 신고해야 합니다.

저자의 한마디

금지행위에는 모두 '거짓으로 신고'라는 문구가 들어가 있습니다.

요구하는 행위

② 부동산거래 신고대상에 해당하는 계약을 체결한 후 신고 의무자가 아닌 자가 거짓으로 신고를 하는 행위

③ 거짓으로 신고를 하는 행위를 조장하거나 방조하는 행위

④ 부동산거래 신고대상에 해당하는 계약을 체결하지 아니하였음에도 불구하고 거짓으로 신고를 하는 행위

⑤ 신고 후 해당 계약이 해제등이 되지 아니하였음에도 불구하고 거짓으로 신고를 하는 행위

8. 신고 내용의 검증

① 국토교통부장관은 부동산거래의 신고에 따라 신고받은 내용, 부동산 가격 공시에 관한 법률에 따라 공시된 토지 및 주택의 가액, 그 밖의 부동산 가격정보를 활용하여 부동산 거래가격 검증체계를 구축·운영하여야 한다.

② 신고관청은 부동산거래의 신고를 받은 경우 부동산거래가격 검증체계를 활용하여 그 적정성을 검증하여야 한다.

③ 신고관청은 검증 결과를 해당 부동산의 소재지를 관할하는 세무관서의 장에게 통보하여야 하며, 통보받은 세무관서의 장은 해당 신고 내용을 국세 또는 지방세 부과를 위한 과세자료로 활용할 수 있다.

④ 국토교통부장관은 검증체계의 구축·운영을 위하여 **다음 사항**에 관한 자료를 제출할 것을 신고관청에 요구할 수 있다.

ㄱ. 신고가격의 적정성 검증결과   ㄴ. 신고내용의 조사결과

ㄷ. 그밖에 검증체계의 구축·운영을 위하여 필요한 사항

9. 신고 내용의 조사

① 신고관청은 신고 받은 내용이 누락되어 있거나 정확하지 아니하다고 판단하는 경우에는 신고인에게 신고 내용을 보완하게 하거나 신고한 내용의 사실 여부를 확인하기 위하여 소속 공무원으로 하여금 거래당사자 또는 개업공인중개사에게 거래계약서, 거래대금 지급을 증명할 수 있는 자료 등 관련 자료의 제출을 요구하는 등 필요한 조치를 취할 수 있다.

② 신고 내용을 조사한 경우 신고관청은 조사 결과를 특별시장, 광역시장·특별 자치시장·도지사·특별자치도지사(·시·도지사)에게 보고하여야 하며, 시·도지사는 신고관청이 보고한 내용을 취합하여 매월 1회 국토교통부장관에게 보고(전자문서에 의한 보고 또는 부동산정보체계에 입력하는 것을 포함)하여야 한다.

③ 국토교통부장관은 신고 받은 내용의 확인을 위하여 필요한 때에는 신고내용 조사를 직접 또는 신고관청과 공동으로 실시할 수 있다.

④ 국토교통부장관 또는 신고관청(→조사기관)은 신고 내용을 조사하기 위하여 거래당사자 또는 개업공인중개사에게 **다음 자료**를 제출하도록 요구할 수 있다. 이때 자료제출 요구는 요구사유, 자료의 범위와 내용, 제출기한 등을 명시한 서면으로 하여야 한다.

ㄱ. 거래계약서 사본

ㄴ. 거래대금의 지급을 확인할 수 있는 입금표 또는 통장 사본

ㄷ. 매수인이 거래대금의 지급을 위하여 **다음 행위**를 하였음을 증명할 수 있는 자료
1) 대출 2) 정기예금 등의 만기수령 또는 해약 3) 주식·채권 등의 처분

ㄹ. 매도인이 매수인으로부터 받은 거래대금을 예금 외의 다른 용도로 지출한 경우 이를 증명할 수 있는 자료

ㅁ. 그밖에 신고 내용의 사실 여부를 확인하기 위하여 필요한 자료

⑤ 조사기관은 신고내용조사를 위하여 **다음 자료**를 관계 행정기관의 장에게 요청할 수 있다. 이 경우 요청을 받은 관계 행정기관의 장은 정당한 사유가 없으면 그 요청에 따라야 한다.

ㄱ. 부동산등기법에 따른 등기부 ㄴ. 공간정보관리법에 따른 지적공부

ㄷ. 주택임대차법에 따른 확정일자부 ㄹ. 건축법에 따른 건축물대장

ㅁ. 공인중개사법에 따른 공인중개사의 자격취소, 자격정지, 등록취소 및 업무정지에 관한 자료

ㅂ. 조사대상인 법인의 법인세법에 따른 비사업용 토지에 대한 양도차익 신고 자료(납부내역은 제외)

ㅅ. 신고내용을 통보받은 세무관서의 장이 그 내용을 과세자료로 활용하여 실제 거래가격이 거짓으로 신고된 사실을 확인한 자료

ㅇ. 주민등록법에 따른 주민등록전산정보자료

ㅈ. 가족관계의 등록 등에 관한 법률에 따른 등록전산정보자료

ㅊ. 국적법에 따른 국적 이탈 신고 및 국적상실신고에 관한 자료

ㅋ. 출입국관리법에 따른 외국인등록에 관한 자료

ㅌ. 재외동포의 출입국과 법적 지위에 관한 법률에 따른 외국국적동포의 국내 거소신고에 관한 자료

ㅍ. 재외국민등록법에 따른 재외국민등록부

ㅎ. 법률 제8435호 가족관계의 등록 등에 관한 법률 부칙 제4조에 따른 제적부 등에 관한 자료

⑥ 조사기관은 신고내용조사 결과 그 내용이 이 법 또는 주택법, 공인중개사법, 상속세 및 증여세법 등 다른 법률을 위반하였다고 판단되는 때에는 이를 수사기관에 고발하거나 관계 행정기관에 통보하는 등 필요한 조치를 할 수 있다.

주택 임대차계약의 신고***

1. 주택 임대차계약의 신고

① 임대차계약 당사자는 주택(주택임대차법에 따른 주택을 말하며, 주택을 취득할 수 있는 권리를 포함)에 대하여 보증금이 6천만원을 초과하거나 월 차임이 30만원을 초과하는 주택 임대차 계약(계약을 갱신하는 경우로서 보증금 및 차임의 증감 없이 임대차 기간만 연장하는 계약은 제외)을 체결한 경우 **다음 사항**을 임대차 계약의 체결일부터 30일 이내에 주택 소재지를 관할하는 신고관청에 공동으로 신고하여야 한다. 다만, 임대차계약당사자 중 일방이 국가등인 경우에는 국가등이 신고하여야 한다.

ㄱ. 임대차계약당사자의 인적사항

- 자연인: 성명, 주소, 주민등록번호(외국인인 경우에는 외국인등록번호) 및 연락처
- 법인 : 법인명, 사무소 소재지, 법인등록번호 및 연락처
- 법인 아닌 단체 : 단체명, 소재지, 고유번호 및 연락처

ㄴ. 임대차 목적물(주택을 취득할 수 있는 권리에 관한 계약인 경우에는 그 권리 의 대상인 주택)의 소재지, 종류, 임대 면적 등 임대차 목적물 현황

ㄷ. 보증금 또는 월 차임   ㄹ. 계약 체결일 및 계약 기간

ㅁ. 주택임대차보호법에 따른 계약갱신요구권의 행사 여부(계약을 갱신한 경우 만 해당)

② 주택 임대차 계약의 신고는 임차가구 현황 등을 고려하여 특별자치시·특별자치도·시·군(광역시 및 경기도의 관할구역에 있는 군으로 한정)·구(자치구)에 적용한다.

③ 임대차계약 당사자 중 일방이 신고를 거부하는 경우에는 단독으로 신고할 수 있다.

④ 신고를 받은 신고관청은 그 신고 내용을 확인한 후 신고인에게 신고필증을 지체 없이 발급하여야 한다.

⑤ 신고관청은 사무에 대한 해당 권한의 일부를 그 지방자치단체의 조례로 정하는 바에 따라 읍·면·동장 또는 출장소장에게 위임할 수 있다.

개업공인중개사 甲이 A도 B시 소재의 X주택에 관한 乙과 丙 간의 임대차계약 체결을 중개하면서 부동산거래신고 등에 관한 법률에 따른 **주택임대차계약의 신고**에 관하여 설명한 내용의 일부이다. ( )에 들어갈 숫자를 바르게 나열한 것은? (X주택은 주택임대차보호법의 적용 대상이며, 乙과 丙은 자연인임)[32회]

> 보증금이 (ㄱ)천만원을 초과하거나 월 차임이 (ㄴ)만원을 초과하는 주택임대차계약을 신규로 체결한 계약당사자는 그 보증금 또는 차임 등을 임대차계약의 체결일부터 (ㄷ)일 이내에 주택 소재지를 관할하는 신고관청에 공동으로 신고해야한다.

① ㄱ:3, ㄴ:30, ㄷ:60 ② ㄱ:3, ㄴ:50, ㄷ:30 ③ ㄱ:6, ㄴ:30, ㄷ:30
④ ㄱ:6, ㄴ:30, ㄷ:60 ⑤ ㄱ:6, ㄴ:50, ㄷ:60

보증금 6천만원, 월차임 30만원 초과 시 30일 이내에 신고. 이런 문제는 반드시 득점합시다!
정답③

저자의 한마디

보증금이 6천만원을 초과하거나 월차임이 30만원을 초과하는 경우가 **주택임대차계약 신고대상**입니다. 단, 보증금이나 월차임 증감없이 기간만 연장하는 경우는 신고대상이 아니에요.

개공에게 주택임대차계약
신고의무는 없어!

저자의 한마디

군의 경우, 광역시나 경기도 안에 있는 군만 주택임대차계약 신고대상입니다. 예를 들어, 경상북도 영덕군은 광역시나 경기도에 속하지 않으므로 신고대상이 아니죠.

부동산 거래신고 등에 관한 법령상 **주택임대차계약의 신고**에 관한 설명으로 옳은 것은?(단, 다른 법률에 따른 신고의 의제는 고려하지 않음)[35회]

① A특별자치시 소재 주택으로서 보증금이 6천만원이고, 월 차임이 30만원으로 임대차계약을 신규 체결한 경우 신고 대상이다.(×)

② B시 소재 주택으로서 보증금이 5천만원이고, 월 차임이 40만원으로 임대차계약을 신규 체결한 경우 신고 대상이 아니다.(×)

③ 자연인 甲과 지방공기업법에 따른 지방공사 乙이 신고 대상인 주택 임대차계약을 체결한 경우 甲과 乙은 관할 신고관청에 공동으로 신고하여야 한다.(×)

④ C광역시 D군 소재 주택으로서 보증금이 1억원이고 월차임이 100만원으로 신고된 임대차계약에서 보증금 및 차임의 증감 없이 임대차 기간만 연장하는 갱신계약은 신고 대상이 아니다.(○)

⑤ 개업공인중개사가 신고 대상인 주택 임대차계약을 중개한 경우 해당 개업공인중개사가 신고하여야 한다.(×)

> ① 특별자치시에 있으니까 신고대상 맞지만, 보증금(6천만원)과 월차임(30만원) 모두 법정한도를 초과하지 않으므로 신고 대상이 아닙니다.(시행령4조의3) ② 시에 소재하고, 월차임이 30만원을 초과하므로 신고 대상입니다.(시행령4조의3) ③ 지방공사 을이 단독으로 신고합니다.(6조의2 1항) ④ 광역시에 있는 군이므로 신고대상 맞지만, 보증금 및 차임의 증감 없이 임대차 기간만 연장하는 경우에는 신고 대상이 아닙니다.(시행령4조의3 1항) ⑤ 주택임대차신고의무는 계약당사자에게 있습니다.(6조의2 1항) 개공에겐 부동산거래신고의무가 있죠.

2. 주택 임대차 계약의 변경 및 해제 신고

① 임대차계약 당사자는 신고한 후 해당 주택 임대차 계약의 보증금, 차임 등 임대차 가격이 변경되거나 임대차 계약이 해제된 때에는 변경 또는 해제가 확정된 날부터 30일 이내에 해당 신고관청에 공동으로 신고하여야 한다. 다만, 임대차계약당사자 중 일방이 국가등인 경우에는 국가등이 신고하여야 한다.

② 임대차계약 당사자 중 일방이 신고를 거부하는 경우에는 단독으로 신고할 수 있다.

③ 신고를 받은 신고관청은 그 신고 내용을 확인한 후 신고인에게 신고필증을 지체 없이 발급하여야 한다.

④ 신고관청은 사무에 대한 해당 권한의 일부를 그 지방자치단체의 조례로 정하는 바에 따라 읍·면·동장 또는 출장소장에게 위임할 수 있다.

3. 준용 및 의제

① 주택 임대차 계약 신고의 금지행위, 신고 내용의 검증 및 조사에 관하여는 부동산거래계약 신고의 경우를 준용한다.

② 임차인이 주민등록법에 따라 전입신고를 하는 경우 이 법에 따른 주택 임대차 계약의 신고를 한 것으로 본다.

③ 공공주택 특별법에 따른 공공주택사업자 및 민간임대주택에 관한 특별법에

따른 임대사업자는 관련 법령에 따른 주택 임대차계약의 신고 또는 변경신고를 하는 경우 이 법에 따른 주택 임대차계약의 신고 또는 변경신고를 한 것으로 본다.

④ 신고의 접수를 완료한 때에는 주택임대차법에 따른 확정일자를 부여한 것으로 본다(임대차계약서가 제출된 경우로 한정). 이 경우 신고관청은 주택 임대차법에 따라 확정일자부를 작성하거나 확정일자부여기관에 신고 사실을 통보하여야 한다.

임차인 전입신고
→ 주택임대차계약의 신고

신고접수완료
→ 확정일자 부여

甲이 서울특별시에 있는 자기 소유의 주택에 대해 임차인 乙과 보증금 3억원의 **임대차계약**을 체결하는 경우, 부동산 거래신고 등에 관한 법률에 따른 **신고**에 관한 설명으로 옳은 것을 모두 고른 것은?(단, 甲과 乙은 자연인임)[34회]

> ㄱ. 보증금이 증액되면 乙이 단독으로 신고해야 한다.(×)
> ㄴ. 乙이 주민등록법에 따라 전입신고를 하는 경우 주택 임대차 계약의 신고를 한 것으로 본다.(○)
> ㄷ. 임대차계약서를 제출하면서 신고를 하고 접수가 완료되면 주택임대차보호법에 따른 확정일자가 부여된 것으로 본다.(○)

① ㄱ ② ㄴ ③ ㄱ,ㄴ ④ ㄴ,ㄷ ⑤ ㄱ,ㄴ,ㄷ

ㄱ. 보증금이 증액되면 공동신고합니다.(6조의3 1항) ㄴ. 6조의5 1항 ㄷ. 6조의5 3항 정답④

외국인 등의 부동산 취득 등에 관한 특례★★★

1. 상호주의

국토교통부장관은 대한민국국민, 대한민국의 법령에 따라 설립된 법인 또는 단체나 대한민국정부에 대하여 자국 안의 토지의 취득 또는 양도를 금지하거나 제한하는 국가의 개인·법인·단체 또는 정부에 대하여 대한민국 안의 토지의 취득 또는 양도를 금지하거나 제한할 수 있다.(→상호주의 적용) 다만, 헌법과 법률에 따라 체결된 조약의 이행에 필요한 경우에는 그러하지 아니하다.

2. 외국인등의 부동산 취득·보유 신고

① 외국인등이 대한민국 안의 부동산등을 취득하는 계약을 체결하였을 때에는 계약체결일부터 60일 이내에 신고관청에 신고하여야 한다. 다만, 외국인등이 부동산거래신고의 대상인 계약을 체결하여 부동산거래신고(30일 이내 신고)를 한 때에는 부동산 취득신고를 하지 않아도 된다.

② 외국인등이 다음 원인(=취득계약 외의 원인)으로 대한민국 안의 부동산등을 취득한 때에는 부동산등을 취득한 날부터 6개월 이내에 신고관청에 신고하여야 한다.

ㄱ. 상속·경매 ㄴ. 환매권의 행사 ㄷ. 법원의 확정판결
ㄹ. 법인의 합병 ㅁ. 건축물의 신축·증축·개축·재축

저자의 한마디

예를 들어, 외국인이 부동산매매계약을 한 후 30일 내에 부동산거래신고를 했으면, 부동산취득신고로 별도로 하지 않아도 됩니다.

외국인은 60일, 6개월

③ 대한민국 안의 부동산등을 가지고 있는 대한민국국민이나 대한민국의 법령에 따라 설립된 법인 또는 단체가 외국인등으로 변경된 경우 그 외국인등이 해당 부동산등을 계속보유하려는 경우에는 외국인등으로 변경된 날부터 6개월 이내에 신고관청에 신고하여야 한다.

④ 신고관청은 신고내용을 매 분기 종료일부터 1개월 이내에 특별시장·광역시장·도지사 또는 특별자치도지사에게 제출(전자문서에 의한 제출을 포함) 하여야 한다. 신고내용을 제출받은 특별시장·광역시장·도지사 또는 특별자치도지사는 제출받은 날부터 1개월 이내에 그 내용을 국토교통부장관에게 제출하여야 한다. 다만, 특별자치시장은 직접 국토교통부장관에게 제출하여야 한다.

부동산 거래신고 등에 관한 법령상 **국내 토지를 외국인이 취득**하는 것에 관한 설명이다. ( )에 들어갈 숫자로 옳은 것은?(단, 상호주의에 따른 제한은 고려하지 않음)^{34회}

> ㄱ. 외국인이 토지를 매수하는 계약을 체결하면 계약체결일부터 (ㄱ)일 이내에 신고해야 한다.
> ㄴ. 외국인이 토지를 증여받는 계약을 체결하면 계약체결일부터 (ㄴ)일 이내에 신고해야 한다.
> ㄷ. 외국인이 토지를 상속받으면 취득일부터 (ㄷ)개월 이내에 신고해야 한다.

① ㄱ:30, ㄴ: 30, ㄷ: 3 ② ㄱ:30, ㄴ: 30, ㄷ: 6 ③ ㄱ:30, ㄴ: 60, ㄷ: 6
④ ㄱ:60, ㄴ: 30, ㄷ: 3 ⑤ ㄱ:60, ㄴ: 60, ㄷ: 6

ㄱ. 외국인이라도 매매계약의 경우는 내국인처럼 30일 이내에 신고해야 합니다.(8조1항, 3조1항) ㄴ. 증여와 같은 취득계약은 60일 이내에 신고해야 해요.(8조1항) ㄷ. 계약 외의 원인으로 취득할 때는 6개월이죠.(8조2항) 정답③

부동산 거래신고 등에 관한 법령상 **외국인등의 대한민국 안의 부동산**(이하 국내 부동산이라 함) **취득**에 관한 설명으로 틀린 것은?(단, 상호주의에 따른 제한은 고려하지 않음)^{35회}

① 정부간 기구는 외국인등에 포함된다.(○)

② 외국의 법령에 따라 설립된 법인이 건축물의 신축으로 국내 부동산을 취득한 때에는 부동산을 취득한 날부터 60일 이내에 신고관청에 취득신고를 하여야 한다.(×)

③ 외국인이 국내 부동산을 취득하는 교환계약을 체결하였을 때에는 계약체결일부터 60일 이내에 신고관청에 취득신고를 하여야 한다.(○)

④ 외국인이 국내 부동산을 매수하기 위하여 체결한 매매계약은 부동산거래신고의 대상이다.(○)

⑤ 국내 부동산을 가지고 있는 대한민국국민이 외국인으로 변경된 경우 그 외국인이 해당 부동산을 계속 보유하려는 때에는 외국인으로 변경된 날부터 6개월 이내에 신고관청에 계속보유신고를 하여야 한다.(○)

3. 외국인등의 토지거래 허가

① 외국인등이 취득하려는 토지가 **다음 구역·지역** 등에 있으면 토지취득계약을 체결하기 전에 신고관청(국장×)으로부터 토지취득의 허가를 받아야 한다. 다만, 토지거래계약에 관한 허가를 받은 경우에는 그러하지 아니하다.

ㄱ. 군사기지 및 군사시설 보호법에 따른 군사기지 및 군사시설 보호구역, 그밖에 국방목적을 위하여 외국인등의 토지취득을 특별히 제한할 필요가 있는 지역(→국방목적상 필요한 섬 지역, 군부대주둔지와 그 인근지역, 국가중요시설과 그 인근지역으로서 국방부장관 또는 국가정보원장의 요청이 있는 경우에 국토교통부장관이 관계 중앙행정기관의 장과 협의한 후 중앙도시계획위원회의 심의를 거쳐 고시하는 지역)

ㄴ. 문화유산법에 따른 지정문화유산과 이를 위한 보호물 또는 보호구역

ㄷ. 자연유산법에 따라 지정된 천연기념물등과 이를 위한 보호물 또는 보호구역

ㄹ. 자연환경보전법에 따른 생태·경관보전지역

ㅁ. 야생생물 보호 및 관리에 관한 법률에 따른 야생생물 특별보호구역

② 신고관청은 관계 행정기관의 장과 협의를 거쳐 외국인등이 위의 구역·지역 등의 토지를 취득하는 것이 해당 구역·지역 등의 지정목적 달성에 지장을 주지 아니한다고 인정하는 경우에는 허가를 하여야 한다.

③ 토지취득의 허가를 받지 않고 체결한 토지취득계약은 그 효력이 발생하지 아니한다.(→무효)

④ 신청서를 받은 신고관청은 신청서를 받은 날부터 **다음 구분**에 따른 기간 안에 허가 또는 불허가 처분을 해야 한다.

ㄱ. ①-ㄱ(군사기지 등)의 경우: 30일(부득이한 사유로 기간 안에 허가 또는 불허가 처분을 할 수 없는 경우에는 30일의 범위에서 기간 연장 가능)

ㄴ. 나머지 경우: 15일

⑤ 신고관청은 허가내용을 매 분기 종료일부터 1개월 이내에 특별시장·광역시장·도지사 또는 특별자치도지사에게 제출하여야 한다. 다만, 특별자치시장은 직접 국토교통부장관에게 제출하여야 한다.

⑥ 허가내용을 제출받은 특별시장·광역시장·도지사 또는 특별자치도지사는 제출받은 날부터 1개월 이내에 그 내용을 국토교통부장관에게 제출하여야 한다.

4. 외국인등의 부동산 취득·보유 신고 및 토지취득 허가 신청 시 첨부서류 등

① 부동산등 취득·계속보유 신고 또는 토지 취득 허가 신청을 하려는 외국인등은 외국인 부동산등 취득·계속보유 신고서 또는 외국인 토지 취득 허가 신청서에 서명 또는 날인한 후 **다음 서류**를 첨부하여 신고관청에 제출하여야 한다.

저자의 한마디

예를들어, 외국인이 토지거래허가를 받았으면 별도로 토지취득 허가를 받지 않아도 됩니다.

저자의 한마디

외국인 등이 토지취득계약을 체결하기 전에 허가를 받아야 하는 지역은 군사, 유산, 생태, 경관, 야생동물이 들어간 지역입니다.

ㄱ. 부동산등 취득 신고를 하는 경우 : 취득 원인에 따른 **다음 서류**

- 증여의 경우: 증여계약서
- 상속의 경우: 상속인임을 증명할 수 있는 서류
- 경매의 경우: 경락결정서
- 환매권 행사의 경우: 환매임을 증명할 수 있는 서류
- 법원의 확정판결의 경우: 확정판결문
- 법인의 합병의 경우: 합병사실을 증명할 수 있는 서류

ㄴ. 부동산등 계속보유 신고를 하는 경우

대한민국국민이나 대한민국의 법령에 따라 설립된 법인 또는 단체가 외국인등으로 변경되었음을 증명할 수 있는 서류

ㄷ. 토지 취득 허가를 신청하는 경우 : 토지 거래계약 당사자 간의 합의서

② 위의 신고 또는 신청을 받은 신고관청은 행정정보의 공동이용을 통해 건축물대장, 토지등기사항증명서 및 건물등기사항증명서를 확인해야 한다.

③ 신고 또는 신청을 받은 신고관청은 제출된 첨부서류를 확인한 후 외국인 부동산등 취득·계속보유 신고확인증 또는 외국인 토지 취득허가증을 발급하여야 한다.

④ 외국인등의 위임을 받은 사람은 외국인 부동산등 취득·계속보유 신고서 또는 외국인 토지 취득 허가신청서의 작성 및 제출을 대행할 수 있다. 이 경우 **다음 서류**를 함께 제출하여야 한다.

ㄱ. 신고서 또는 신청서 제출을 위임한 외국인등의 서명 또는 날인이 있는 위임장
ㄴ. 신고서 또는 신청서 제출을 위임한 외국인등의 신분증명서 사본

⑤ 신고·신청을 하려는 사람 또는 신고·신청을 대행하려는 사람은 본인의 신분증명서를 신고관청에 보여주어야 한다.

부동산 거래신고 등에 관한 법령상 **외국인등의 부동산 취득**에 관한 설명으로 옳은 것을 모두 고른 것은?(단, 법 제7조에 따른 상호주의는 고려하지 않음)[32회]

> ㄱ. 대한민국의 국적을 보유하고 있지 않은 개인이 이사 등 임원의 2분의 1 이상인 법인은 외국인 등에 해당한다.(○)
> ㄴ. 외국인 등이 건축물의 개축을 원인으로 대한민국 안의 부동산을 취득한 때에도 부동산 취득신고를 해야 한다.(○)
> ㄷ. 군사기지 및 군사시설 보호법에 따른 군사기지 및 군사시설 보호구역 안의 토지는 외국인 등이 취득할 수 없다.(×)
> ㄹ. 외국인등이 허가 없이 자연환경보전법에 따른 생태·경관보전지역 안의 토지를 취득하는 계약을 체결한 경우 그 계약은 효력이 발생하지 않는다.(○)

① ㄱ,ㄷ ② ㄱ,ㄹ ③ ㄱ,ㄴ,ㄹ ④ ㄴ,ㄷ,ㄹ ⑤ ㄱ,ㄴ,ㄷ,ㄹ

개업공인중개사가 **외국인에게 부동산 거래신고** 등에 관한 법령의 내용을 설명한 것으로 틀린 것은?[28회]

① 외국인이 부동산거래신고의 대상인 계약을 체결하여 부동산거래신고를 한 때에도 부동산 취득신고를 해야 한다.(×)

② 외국인이 경매로 대한민국 안의 부동산을 취득한 때에는 취득한 날부터 6개월 이내에 신고관청에 신고해야 한다.(○)

③ 외국인이 취득하려는 토지가 자연환경보전법에 따른 생태·경관보전지역에 있으면, 부동산 거래신고 등에 관한 법률에 따라 토지거래계약에 관한 허가를 받은 경우를 제외하고는 토지취득계약을 체결하기 전에 신고관청으로부터 토지취득의 허가를 받아야 한다.(○)

④ 대한민국 안의 부동산을 가지고 있는 대한민국 국민이 외국인으로 변경되었음에도 해당 부동산을 계속 보유하려는 경우, 외국인으로 변경된 날부터 6개월 이내에 신고관청에 계속보유에 관한 신고를 해야 한다.(○)

⑤ 외국의 법령에 따라 설립된 법인이 자본금의 2분의 1이상을 가지고 있는 법인은 외국인 등에 해당한다.(○)

① 외국인이 부동산 거래신고의 대상인 계약을 체결하여 부동산 거래신고를 한 때에는 부동산 취득신고를 하지 않아도 된답니다. 빈출지문!

부동산 거래신고 등에 관한 법령상 **외국인등의 국내 부동산의 취득·보유** 등에 관한 설명으로 틀린 것은?(단, 헌법과 법률에 따라 체결된 조약의 이행에 필요한 경우는 고려하지 않음)[29회]

① 대한민국 국적을 보유하고 있지 아니한 자가 토지를 증여받은 경우 계약체결일부터 60일 이내에 취득신고를 해야 한다.(○)

② 외국의 법령에 의하여 설립된 법인이 합병을 통하여 부동산을 취득한 경우에는 취득한 날부터 6개월 이내에 취득신고를 해야 한다.(○)

③ 부동산을 소유한 대한민국국민이 대한민국 국적을 상실한 경우 부동산을 계속 보유하려면 국적을 상실한 때부터 6개월 이내에 계속보유 신고를 해야 한다.(○)

④ 외국정부가 군사기지 및 군사시설 보호법에 따른 군사시설 보호지역 내 토지를 취득하려는 경우 계약체결 전에 국토교통부장관에게 취득허가를 받아야 한다.(×)

⑤ 국제연합의 산하기구가 허가 없이 자연환경보전법상 생태·경관보전지역의 토지를 취득하는 계약을 체결한 경우 그 효력은 발생하지 않는다.(○)

④ 계약체결 전에 국장이 아니라 신고관청으로부터 취득허가를 받아야 합니다.

> **저자의 한마디**
>
> ① 증여(계약)는 60일, 상속(계약 외)은 6개월입니다.

부동산 거래신고 등에 관한 법령상 **외국인등의 부동산 취득 등에 관한 특례**에 대한 설명으로 옳은 것은?(단, 헌법과 법률에 따라 체결된 조약의 이행에 필요한 경우는 고려하지 않음)[30회]

① 국제연합의 전문기구가 경매로 대한민국 안의 부동산등을 취득한 때에는 부동산등을 취득한 날부터 3개월 이내에 신고관청에 신고하여야 한다.(×)

② 외국인등이 부동산 임대차계약을 체결하는 경우 계약체결일로부터 6개월 이내에 신고관청에 신고하여야 한다.(×)

③ 특별자치시장은 외국인등이 신고한 부동산등의 취득·계속보유 신고내용을 매 분기 종료일부터 1개월 이내에 직접 국토교통부장관에게 제출하여야 한다.(○)

④ 외국인등의 토지거래 허가신청서를 받은 신고관청은 신청서를 받은 날부터 30일 이내에 허가 또는 불허가 처분을 하여야 한다.(×)

⑤ 외국인등이 법원의 확정판결로 대한민국 안의 부동산등을 취득한 때에는 신고하지 않아도 된다.(×)

부동산 거래신고 등에 관한 법령상 **외국인등의 부동산 취득 등**에 관한 설명으로 옳은 것을 모두 고른 것은?[31회수정]

> ㄱ. 국제연합도 외국인등에 포함된다.(○)
> ㄴ. 외국인등이 대한민국 안의 부동산에 대한 매매 계약을 체결하였을 때에는 계약체결일부터 6개월 이내에 신고관청에 신고하여야 한다.(×)
> ㄷ. 외국인이 상속으로 대한민국 안의 부동산을 취득한 때에는 부동산을 취득한 날부터 1년 이내에 신고관청에 신고하여야 한다.(×)
> ㄹ. 외국인이 수도법에 따른 상수원보호구역에 있는 토지를 취득하려는 경우 토지취득계약을 체결하기 전에 신고관청으로부터 토지취득의 허가를 받아야 한다.(×)

① ㄱ ② ㄱ,ㄹ ③ ㄴ,ㄷ ④ ㄱ,ㄴ,ㄹ ⑤ ㄱ,ㄴ,ㄷ,ㄹ

부동산 거래신고 등에 관한 법령상 **외국인의 부동산 취득** 등에 관한 설명으로 옳은 것은?(단, 상호주의에 따른 제한은 고려하지 않음)[33회수정]

① 자연환경보전법에 따른 생태·경관보전지역에서 외국인이 토지취득의 허가를 받지 아니하고 체결한 토지취득계약은 유효하다.(×)

② 외국인이 건축물의 신축을 원인으로 대한민국 안의 부동산을 취득한 때에는 신고관청으로부터 부동산 취득의 허가를 받아야 한다.(×)

③ 외국인이 취득하려는 토지가 토지거래허가구역과 문화유산법에 따른 지정 문화유산과 이를 위한 보호물 또는 보호구역에 있으면 토지거래계약허가와 토지취득허가를 모두 받아야 한다.(×)

④ 대한민국 안의 부동산을 가지고 있는 대한민국국민이 외국인으로 변경된 경우 그 외국인이 해당 부동산을 계속 보유하려는 경우에는 부동산 보유의 허가를 받아야 한다.(×)

⑤ 외국인으로부터 토지취득의 허가 신청서를 받은 신고관청은 신청서를 받은 날부터 15일 이내에 허가 또는 불허가 처분을 해야 한다.(○)

① 무효입니다. ② 이때에는 6개월 이내에 신고하면 됩니다. 허가 사항이 아니죠. ③ 토지거래 약허가를 받으면 토지취득허가를 받지 않아도 됩니다. ④ 이 경우에는 부동산 계속보유신고를 하면 됩니다. 허가받는 게 아니에요.

토지거래허가구역, 보칙★★★★

1. 토지거래허가구역의 지정

국장 또는 시·도지사가
지정권자

① 국토교통부장관 또는 시·도지사는 국토의 이용 및 관리에 관한 계획의 원활한 수립과 집행, 합리적인 토지 이용 등을 위하여 토지의 투기적인 거래가 성행하거나 지가가 급격히 상승하는 지역과 그러한 우려가 있는 지역으로서 **다음 지역**에 대해서는 <u>5년 이내의 기간</u>을 정하여 토지거래계약에 관한 허가구역으로 지정할 수 있다.

ㄱ. 국토계획법에 따른 광역도시계획, 도시·군기본계획, 도시·군관리계획 등 토지이용계획이 새로 수립되거나 변경되는 지역

ㄴ. 법령의 제정·개정 또는 폐지나 그에 따른 고시·공고로 인하여 토지이용에 대한 행위제한이 완화되거나 해제되는 지역

ㄷ. 법령에 따른 개발사업이 진행 중이거나 예정되어 있는 지역과 그 인근지역

ㄹ. 그밖에 국토교통부장관 또는 특별시장·광역시장·특별자치시장·도지사·특별자치도지사가 투기우려가 있다고 인정하는 지역 또는 관계 행정기관의 장이 특별히 투기가 성행할 우려가 있다고 인정하여 국토교통부장관 또는 시·도지사에게 요청하는 지역

이때, 허가구역이 둘 이상의 시·도의 관할 구역에 걸쳐 있는 경우에는 국토교통부 장관이 지정하고, <u>허가구역이 동일한 시·도 안의 일부지역인 경우</u>에는 시·도지사가 지정한다.

② 국토교통부장관 또는 시·도지사는 허가대상자(외국인 등 포함), 허가대상 용도와 지목을 **다음 구분**에 따라 각각 특정하여 허가구역을 지정할 수 있다.

ㄱ. 허가대상자

지가변동률 및 거래량 등을 고려할 때 투기우려가 있다고 인정되는 자

ㄴ. 허가대상 용도

나대지 또는 건축법 2조2항각호(29개)에 해당하는 토지 중 투기우려가 있다고 인정되는 토지의 용도

ㄷ. 허가대상 지목

투기우려가 있다고 인정되는 공간정보관리법에 따른 지목

③ <u>허가구역이 동일한 시·도 안의 일부지역인 경우</u>라도 국가가 시행하는 개발사업 등에 따라 투기적인 거래가 성행하거나 지가가 급격히 상승하는 지역과 그러한 우려가 있는 지역의 경우에는 국토교통부장관이 지정할 수 있다. 이때 **다음 요건**을 모두 충족해야 한다.

ㄱ. 국가 또는 공공기관이 관련 법령에 따른 개발사업을 시행하는 경우일 것

ㄴ. 해당 지역의 지가변동률 등이 인근지역 또는 전국 평균에 비하여 급격히 상승하거나 상승할 우려가 있는 경우일 것

재지정하는 경우에는 (의견청취 + 심의)

④ 국토교통부장관 또는 시·도지사는 허가구역을 지정하려면 국토계획법에 따른 중앙도시계획위원회 또는 시·도도시계획위원회의 심의를 거쳐야 한다. 다만, 지정기간이 끝나는 허가구역을 계속하여 다시 허가구역으로 지정하려면 중앙도시계획위원회 또는 시·도도시계획위원회의 심의 전에 미리 시·도지사(국토교통부장관이 허가구역을 지정하는 경우만 해당) 및 시장·군수 또는 구청장의 의견을 들어야 한다.

⑤ 국토교통부장관 또는 시·도지사는 허가구역으로 지정한 때에는 지체 없이 **다음 사항**을 공고하고, 그 공고 내용을 국토교통부장관은 시·도지사를 거쳐 시장·군수 또는 구청장에게 통지하고, 시·도지사는 국토교통부장관, 시장·군수 또는 구청장에게 통지하여야 한다.

ㄱ. 토지거래계약에 관한 허가구역의 지정기간
ㄴ. 허가대상자, 허가대상 용도와 지목
ㄷ. 허가구역 내 토지의 소재지·지번·지목·면적 및 용도지역
ㄹ. 허가구역에 대한 축척 5만분의 1 또는 2만5천분의 1의 지형도
ㅁ. 허가 면제 대상 토지면적

⑥ 통지를 받은 시장·군수 또는 구청장은 지체 없이 그 공고 내용을 그 허가구역을 관할하는 등기소의 장에게 통지하여야 하며, 지체 없이 그 사실을 7일 이상 공고하고, 그 공고 내용을 15일간 일반이 열람할 수 있도록 하여야 한다.

⑦ 허가구역의 지정은 허가구역의 지정을 공고한 날부터 5일 후에 그 효력이 발생한다.

⑧ 국토교통부장관 또는 시·도지사는 허가구역의 지정 사유가 없어졌다고 인정되거나 관계 시·도지사, 시장·군수 또는 구청장으로부터 받은 허가구역의 지정 해제 또는 축소 요청이 이유 있다고 인정되면 지체 없이 허가구역의 지정을 해제하거나 지정된 허가구역의 일부를 축소하여야 한다.

부동산 거래신고 등에 관한 법령상 **토지거래허가구역**(이하 허가구역이라 함)**의 지정**에 관한 설명으로 옳은 것은?[35회]

① 허가구역이 둘 이상의 시·도의 관할구역에 걸쳐 있는 경우 해당 시·도지사가 공동으로 지정한다.(×)

② 토지의 투기적인 거래 성행으로 지가가 급격히 상승하는 등의 특별한 사유가 있으면 7년 이내의 기간을 정하여 허가구역을 지정할 수 있다.(×)

③ 허가구역의 지정은 시장·군수 또는 구청장이 허가구역지정의 통지를 받은 날부터 5일 후에 그 효력이 발생한다.(×)

④ 허가구역 지정에 관한 공고 내용의 통지를 받은 시장·군수 또는 구청장은 지체 없이 그 공고 내용을 관할 등기소의 장에게 통지해야 한다.(○)

⑤ 허가구역 지정에 관한 공고 내용의 통지를 받은 시장·군수 또는 구청장은 그 사실을 7일 이상 공고해야 하고, 그 공고 내용을 30일간 일반이 열람할 수 있도록 해야 한다.(×)

저자의 한마디
공인중개사법령 과목에서 5일은 딱 두번 나와요. 첫 번째는 〈시·도지사는 공인중개사의 자격취소처분을 한 때에는 5일 이내에 이를 국토교통부장관에게 보고하고 다른 시·도지사에게 통지하여야 한다.〉(공인중개사법 시행령 29조3항)이고요, 두 번째는 토지거래허가구역의 지정효력 발생일입니다. 공고일로부터 5일 후에 발생하죠.

부동산 거래신고 등에 관한 법령상 **토지거래허가구역**(이하 허가구역이라 함)에 관한 설명으로 옳은 것은?[32회수정]

① 시·도지사는 법령의 개정으로 인해 토지이용에 대한 행위제한이 강화되는 지역을 허가구역으로 지정할 수 있다.(×)

② 토지의 투기적인 거래 성행으로 지가가 급격히 상승하는 등의 특별한 사유가 있으면 5년을 넘는 기간으로 허가구역을 지정할 수 있다.(×)

③ 허가구역 지정의 공고에는 허가구역에 대한 축척 5만분의 1 또는 2만5천분의 1의 지형도가 포함되어야 한다.(○)

④ 허가구역을 지정한 시·도지사는 지체 없이 허가구역 지정에 관한 공고 내용을 관할 등기소의 장에게 통지해야 한다.(×)

⑤ 허가구역 지정에 이의가 있는 자는 그 지정이 공고된 날부터 1개월 내에 시장·군수·구청장에게 이의를 신청할 수 있다.(×)

2. 허가구역 내 토지거래에 대한 허가

① 허가구역에 있는 토지에 관한 소유권·지상권을 이전하거나 설정하는 계약(→토지거래계약)을 체결하려는 당사자는 공동으로 시장·군수 또는 구청장(→허가관청)의 허가를 받아야 한다. 허가받은 사항을 변경하려는 경우에도 또한 같다.

② 토지거래계약의 허가를 받으려는 자는 공동으로 **다음 사항**을 기재한 토지거래계약 허가신청서에 토지이용계획서와 토지취득자금조달계획서를 첨부하여 허가관청에 제출하여야 한다.(↓허가신청서 기재사항)

ㄱ. 당사자의 성명 및 주소(법인인 경우에는 법인의 명칭 및 소재지와 대표자의 성명 및 주소)

ㄴ. 토지의 지번 · 지목 · 면적 · 이용현황 및 권리설정현황

ㄷ. 토지의 정착물인 건축물 · 공작물 및 입목 등에 관한 사항

ㄹ. 이전 또는 설정하려는 권리의 종류   ㅁ. 계약예정금액

ㅂ. 토지의 이용에 관한 계획   ㅅ. 토지를 취득하는 데 필요한 자금조달계획

✚ 토지이용계획과 자금조달계획에 포함할 사항

① 토지를 주거용·복지시설용·사업용 건축물 또는 공작물을 건축(신축·증축·개축 또는 재축만 해당)하는데 이용하는 경우 또는 그 밖의 형질변경을 수반하는 용도로 이용하는 경우

ㄱ. 토지의 개발 및 이용계획(착공일 · 준공일 등 추진일정을 포함)

ㄴ. 소요자금의 개략적인 산출내역

② 토지를 축산업 또는 어업용으로 이용하고자 하는 경우

ㄱ. 토지의 개발 및 이용계획(착공일 · 준공일 등 추진일정을 포함)

ㄴ. 시설의 설치 또는 기계·기구의 구입이 필요한 경우에는 그 내역 및 설치·구입 일정

ㄷ. 소요자금의 개략적인 산출내역

③ 토지를 임업용으로 이용하고자 하는 경우

ㄱ. 토지에 대한 2년 이상의 산림경영계획(반기별로 구체적인 작업일정을 포함)

ㄴ. 소요자금의 개략적인 산출내역

④ 토지를 위의 용도 외로 이용하고자 하는 경우

ㄱ. 토지의 이용 및 관리계획(필요한 경우 추진일정을 포함)

ㄴ. 소요자금의 개략적인 산출내역

토지의 개발 및 이용계획(①과 ②의 ㄱ) 중 착공일은 토지를 취득한 날부터 2년을 초과하지 아니하는 범위 내에서만 정할 수 있다. 이 경우 관계 법령에 따른 허가 · 인가 · 승인 또는 심의 등에 소요되는 기간은 산입하지 아니한다.

---

③ 토지거래계약 변경허가를 받으려는 자는 공동으로 **다음 사항**을 기재한 토지거래계약 변경허가신청서에 토지이용계획서와 토지취득자금조달계획서를 첨부하여 허가관청에 제출하여야 한다.

ㄱ. 당사자의 성명 및 주소(법인인 경우에는 법인의 명칭 및 소재지와 대표자의 성명 및 주소)

ㄴ. 토지의 지번 · 지목 · 면적 · 이용현황 및 권리설정현황

ㄷ. 토지의 정착물인 건축물 · 공작물 및 입목 등에 관한 사항

ㄹ. 토지거래계약 허가번호   ㅁ. 변경내용   ㅂ. 변경사유

④ 신청서를 받은 허가관청은 지체 없이 필요한 조사를 하고 신청서를 받은 날부터 15일 이내에 허가 · 변경허가 또는 불허가 처분을 하여야 한다. 허가관청은 토지거래계약에 관하여 필요한 조사를 하는 경우에는 허가를 신청한 토지에 대한 현황을 파악할 수 있는 사진을 촬영 · 보관하여야 한다.

⑤ 경제 및 지가의 동향과 거래단위면적 등을 종합적으로 고려하여 다음 구분에 따른 용도별 면적 이하의 토지에 대한 토지거래계약에 관하여는 허가가 필요하지 아니하다.

ㄱ. 도시지역 : 다음의 세부 용도지역별 구분에 따른 면적

• 주거지역(60㎡), 상업지역(150㎡), 공업지역(150㎡), 녹지지역(200㎡)

• 용도지역의 지정이 없는 구역(60㎡)

ㄴ. 도시지역 외의 지역(250㎡)

다만, 농지의 경우에는 500㎡로 하고, 임야의 경우에는 1천㎡로 한다.

ㄱ, ㄴ, ㄷ은
허가신청서랑 같아!

쌤따걸

저자의 한마디

도시지역의 허가불필요 기준면적은 건축물이 있는 대지의 분할제한 면적과 같습니다.(건축법시행령80조) 단, 대지분할제한 면적은 이하가 아니라 미만이죠.

국토교통부장관 또는 시·도지사가 허가구역을 지정할 당시 해당 지역에서의 거래실태 등을 고려하여 **위의 면적**으로 하는 것이 타당하지 아니하다고 인정하여 해당 기준면적의 10퍼센트 이상 300퍼센트 이하의 범위에서 따로 정하여 공고한 경우에는 그에 따른다.

⑥ **위 면적**을 산정할 때 일단의 토지이용을 위하여 토지거래계약을 체결한 날부터 1년 이내에 일단의 토지 일부에 대하여 토지거래계약을 체결한 경우에는 그 일단의 토지 전체에 대한 거래로 본다.

⑦ 허가구역 지정 당시 위의 면적을 초과하는 토지가 허가구역 지정 후에 분할 (도시·군계획사업의 시행 등 공공목적으로 인한 분할은 제외)로 최소면적 이하가 된 경우 분할된 해당 토지에 대한 분할 후 최초의 토지거래계약은 최소면적을 초과하는 토지거래계약으로 본다. 허가구역 지정 후 해당 토지가 공유지분으로 거래되는 경우에도 또한 같다.

⑧ 토지거래계약을 체결하려는 당사자 또는 그 계약의 대상이 되는 토지가 허가구역 지정시에 공고된 사항에 해당하지 아니하는 경우에도 토지거래허가가 필요하지 아니하다.

⑨ 허가를 받으려는 자는 그 허가신청서에 계약내용과 그 토지의 이용계획, 취득자금 조달계획 등을 적어 시장·군수 또는 구청장에게 제출하여야 한다. 다만, 시장·군수 또는 구청장에게 제출한 취득자금 조달계획이 변경된 경우에는 취득토지에 대한 등기일까지 시장·군수 또는 구청장에게 그 변경 사항을 제출할 수 있다.

⑩ 시장·군수 또는 구청장은 허가신청서를 받으면 민원 처리에 관한 법률에 따른 처리기간에 허가 또는 불허가의 처분을 하고, 그 신청인에게 허가증을 발급하거나 불허가처분 사유를 서면으로 알려야 한다. 다만, 선매협의 절차가 진행 중인 경우에는 위의 기간 내에 그 사실을 신청인에게 알려야 한다.

⑪ 위 기간에 허가증의 발급 또는 불허가처분 사유의 통지가 없거나 선매협의 사실의 통지가 없는 경우에는 그 기간이 끝난 날의 다음날에 허가가 있는 것으로 본다. 이 경우 시장·군수 또는 구청장은 지체 없이 신청인에게 허가증을 발급하여야 한다.

⑫ 허가를 받지 아니하고 체결한 토지거래계약은 그 **효력이 발생하지 아니한다.**

부동산 거래신고 등에 관한 법령에 대한 설명이다. (   )에 들어갈 숫자는?(단, 국토교통부장관 또는 시·도지사가 따로 정하여 공고한 경우와 종전 규정에 따라 공고된 면제대상 토지면적 기준은 고려하지 않음)[33회]

경제 및 지가의 동향과 거래단위면적 등을 종합적으로 고려하여 국토의 계획 및 이용에 관한 법률에 따른 도시지역 중 아래의 세부 용도지역별 면적 이하의 토지에 대한 **토지거래계약허가**는 필요하지 아니하다.

○ 주거지역: (ㄱ)제곱미터 　○ 상업지역: (ㄴ)제곱미터
○ 공업지역: (ㄷ)제곱미터 　○ 녹지지역: (ㄹ)제곱미터

① ㄱ: 60, ㄴ:100, ㄷ:100, ㄹ:200　② ㄱ: 60, ㄴ:150, ㄷ:150, ㄹ:200
③ ㄱ:180, ㄴ:180, ㄷ:660, ㄹ:500　④ ㄱ:180, ㄴ:200, ㄷ:660, ㄹ:200
⑤ ㄱ:180, ㄴ:250, ㄷ:500, ㄹ:1천

도시지역에서 토지거래허가가 필요하지 않은 기준면적은 건축법의 대지분할제한면적과 같다고 했죠? 정답②

부동산 거래신고 등에 관한 법령상 **토지거래계약 허가신청서**에 기재하거나 별지로 제출해야 할 것이 아닌 것은?(단, 농지의 경우는 고려하지 않음)[29회]

① 매매의 경우 매도인과 매수인의 성명 및 주소
② 거래를 중개한 개업공인중개사의 성명 및 주소
③ 이전 또는 설정하려는 권리의 종류
④ 토지이용계획서　⑤ 토지취득자금조달계획서

② 거래를 중개한 개업공인중개사의 성명 및 주소는 기재 또는 제출사항이 아닙니다. ①③ 기재사항, ④⑤ 첨부제출사항 정답②

부동산 거래신고 등에 관한 법령상 **토지거래허가구역**에 관한 설명으로 옳은 것은?[31회수정]

① 국토교통부장관은 토지의 투기적인 거래가 성행하는 지역에 대해서는 7년의 기간을 정하여 토지거래계약에 관한 허가구역을 지정할 수 있다.(×)
② 시·도지사가 토지거래허가구역을 지정하려면 시·도도시계획위원회의 심의를 거쳐 인접 시·도지사의 의견을 들어야 한다.(×)
③ 시·도지사가 토지거래허가구역을 지정한 때에는 이를 공고하고 그 공고내용을 국토교통부장관, 시장·군수 또는 구청장에게 통지하여야 한다. (○)
④ 허가구역의 지정은 허가구역의 지정을 공고한 날부터 3일 후에 효력이 발생한다.(×)
⑤ 국토의 계획 및 이용에 관한 법률에 따른 도시지역 중 주거지역의 경우 150제곱미터 이하의 토지에 대하여는 토지거래계약허가가 면제된다.(×)

① 7년이 아니라 5년 ② 인접 시·도지사의 의견을 들 필요는 없어요. ④ 3일이 아니라 5일 후에 효력 발생. 빈출지문! ⑤ 주거지역의 경우 150㎡가 아니라 60㎡ 이하의 토지에 대하여 면제됩니다.

부동산 거래신고 등에 관한 법령상 **토지거래허가구역 내의 토지매매**에 관한 설명으로 옳은 것을 모두 고른 것은?(단, 법령상 특례는 고려하지 않으며, 다툼이 있으면 판례에 따름)[34회]

> ㄱ. 허가를 받지 아니하고 체결한 매매계약은 그 효력이 발생하지 않는다.(○)
> ㄴ. 허가를 받기 전에 당사자는 매매계약상 채무불이행을 이유로 계약을 해제할 수 있다.(×)
> ㄷ. 매매계약의 확정적 무효에 일부 귀책사유가 있는 당사자도 그 계약의 무효를 주장할 수 있다.(○)

① ㄱ ② ㄴ ③ ㄱ,ㄷ ④ ㄴ,ㄷ ⑤ ㄱ,ㄴ,ㄷ

ㄱ. 11조6항 ㄴ. 허가를 받기 전에 유동적 무효상태이므로 이행청구를 할 수 없어요. 따라서 당사자는 채무불이행을 이유로 계약을 해제할 수 없습니다. ㄷ. 판례 정답③

3. 허가기준

(1) 허가하여야 하는 경우

① 자기의 거주용 주택용지로 이용하려는 경우

② 허가구역을 포함한 지역의 주민을 위한 복지시설 또는 편익시설로서 관할 시장·군수 또는 구청장이 확인한 시설의 설치에 이용하려는 경우

③ 허가구역에 거주하는 농업인·임업인·어업인 또는 **다음의 자**가 그 허가구역에서 농업·축산업·임업 또는 어업을 경영하기 위하여 필요한 경우

ㄱ. 농업인, 어업인, 임업인으로서 본인이 거주하는 특별시·광역시(광역시의 관할구역에 있는 군은 제외)·특별자치시·특별자치도·시 또는 군(광역시의 관할구역에 있는 군을 포함)에 소재하는 토지를 취득하려는 사람

ㄴ. 농업인등으로서 본인이 거주하는 주소지로부터 30㎞ 이내에 소재하는 토지를 취득하려는 사람

ㄷ. **농업인등**으로서 협의양도하거나 수용된 날부터 3년 이내에 협의양도하거나 수용된 농지를 대체하기 위하여 본인이 거주하는 주소지로부터 80㎞ 안에 소재하는 농지를 취득하려는 사람

ㄹ. 위에 해당하지 아니하는 자로서 그밖에 거주지·거주기간 등에 관하여 국토교통부령으로 정하는 요건을 갖춘 자

④ 토지보상법이나 그 밖의 법률에 따라 토지를 수용하거나 사용할 수 있는 사업을 시행하는 자가 그 사업을 시행하기 위하여 필요한 경우

⑤ 허가구역을 포함한 지역의 건전한 발전을 위하여 필요하고 관계 법률에 따라 지정된 지역·지구·구역 등의 지정목적에 적합하다고 인정되는 사업을 시행하는 자나 시행하려는 자가 그 사업에 이용하려는 경우

⑥ 허가구역의 지정 당시 그 구역이 속한 특별시·광역시·특별자치시·시·군 또는 인접한 특별시·광역시·특별자치시·시·군에서 사업을 시행하고 있는 자가 그

사업에 이용하려는 경우나 그 자의 사업과 밀접한 관련이 있는 사업을 하는 자가 그 사업에 이용하려는 경우

⑦ 허가구역이 속한 특별시·광역시·특별자치시·시 또는 군에 거주하고 있는 자의 일상생활과 통상적인 경제활동에 필요한 것 등으로서 **다음 용도**에 이용하려는 경우

ㄱ. 토지보상법 또는 그 밖의 법령에 따라 농지 외의 토지를 공익사업용으로 협의양도하거나 수용된 사람이 그 협의양도하거나 수용된 날부터 3년 이내에 그 허가구역에서 협의양도하거나 수용된 토지에 대체되는 토지(종전의 토지가액 이하인 토지로 한정)를 취득하려는 경우

ㄴ. 관계 법령에 따라 개발·이용행위가 제한되거나 금지된 토지로서 국토교통부 령으로 정하는 토지에 대하여 현상 보존의 목적으로 토지를 취득하려는 경우

ㄷ. 민간임대주택에 관한 특별법에 따른 임대사업자 등 관계 법령에 따라 임대사업을 할 수 있는 자가 임대사업을 위하여 건축물과 그에 딸린 토지를 취득하려는 경우

(2) 허가하지 말아야 하는 경우

① 국토계획법에 따른 도시 · 군계획이나 그 밖에 토지의 이용 및 관리에 관한 계획에 맞지 아니한 경우

② 생태계의 보전과 주민의 건전한 생활환경 보호에 중대한 위해를 끼칠 우려가 있는 경우

③ 그 면적이 그 토지의 이용목적에 적합하지 아니하다고 인정되는 경우

4. 이의신청

① 허가처분에 이의가 있는 자는 그 처분을 받은 날부터 1개월 이내에 시장·군수 또는 구청장에게 이의를 신청할 수 있다.

② 이의신청을 받은 시장 · 군수 또는 구청장은 국토계획법에 따른 시 · 군 · 구 도시계획위원회의 심의를 거쳐 그 결과를 이의신청인에게 알려야 한다.

5. 국가 등의 토지거래계약에 관한 특례 등

① 토지거래계약 당사자의 한쪽 또는 양쪽이 국가, 지방자치단체, 그밖에 **다음의 공공기관 또는 공공단체**인 경우에는 그 기관의 장이 시장 · 군수 또는 구청장과 협의할 수 있고, 그 협의가 성립된 때에는 그 토지거래계약에 관한 허가를 받은 것으로 본다.

---

1. 한국농수산식품유통공사 2. 대한석탄공사 3. 한국토지주택공사 4. 한국관광공사 5. 한국농어촌공사 6. 한국도로공사 7. 한국석유공사 8. 한국수자원공사 9. 한국전력공사 10. 한국철도공사 11. 산림조합 및 산림조합중앙회 12. 농업협동조합 · 축산업협동조합 및 농업협동조합중앙회 13. 수산업협동조합 및 수산업협동조합중앙회 14. 중소벤처기업진흥공단 15. 한국은행 16. 지방공사와 지방공단 17. 공무원연금공단 18. 인천국제공항공사 19. 국민연금공단 20. 사립학교교직원연금공단 21. 한국자산관리공사 22. 항만공사

---

② 다음 경우에는 허가구역 내 토지거래에 대한 허가의 규정을 적용하지 아니한다.

ㄱ. 토지보상법에 따른 토지의 수용   ㄴ. 민사집행법에 따른 경매

ㄷ. 그밖에 대통령령으로 정하는 경우(투기와 무관한 경우들)

부동산 거래신고 등에 관한 법령상 허가구역 내 토지거래에 대한 허가의 규정이 적용되지 않는 경우를 모두 고른 것은?[35회]

> ㄱ. 부동산 거래신고 등에 관한 법률에 따라 외국인이 토지취득의 허가를 받은 경우
> ㄴ. 공익사업을 위한 토지 등의 취득 및 보상에 관한 법률에 따라 토지를 환매하는 경우
> ㄷ. 한국농어촌공사 및 농지관리기금법에 따라 한국농어촌공사가 농지의 매매를 하는 경우

① ㄱ   ② ㄴ   ③ ㄱ,ㄷ   ④ ㄴ,ㄷ   ⑤ ㄱ,ㄴ,ㄷ

토지거래허가제는 투기를 방지하기 위한 제도이므로 보기지문과 같이 투기와 무관한 경우에는 굳이 적용하지 않아도 되겠죠.(14조2항3호, 시행령11조3항) 정답⑤

6. 선매

① 시장·군수 또는 구청장은 토지거래계약에 관한 허가신청이 있는 경우 1) 공익사업용 토지나 2) 토지거래계약허가를 받아 취득한 토지를 그 이용목적대로 이용하고 있지 아니한 토지에 대하여 국가, 지방자치단체, 그밖에 다음의 공공기관 또는 공공단체가 그 매수를 원하는 경우에는 이들 중에서 해당 토지를 매수할 자(선매자)를 지정하여 그 토지를 협의 매수하게 할 수 있다.

> 1. 한국농수산식품유통공사 2. 대한석탄공사 3. 한국토지주택공사 4. 한국관광공사
> 5. 한국농어촌공사 6. 한국도로공사 7. 한국석유공사 8. 한국수자원공사 9. 한국전력공사 10. 한국철도공사

② 시장·군수 또는 구청장은 위의 토지에 대하여 토지거래계약 허가신청이 있는 경우에는 그 신청이 있는 날부터 1개월 이내에 선매자를 지정하여 토지소유자에게 알려야 한다.

③ 선매자로 지정된 자는 지정 통지를 받은 날부터 15일 이내에 매수가격 등 선매조건을 기재한 서면을 토지소유자에게 통지하여 선매협의를 하여야 하며, 지정 통지를 받은 날부터 1개월 이내에 그 토지 소유자와 선매협의를 끝내고 선매협의조서를 허가관청에 제출하여야 한다.

④ 선매협의조서를 제출하는 자는 거래계약서 사본을 첨부(선매협의가 이루어진 경우로 한정)하여야 한다.

⑤ 선매자가 토지를 매수할 때의 가격은 감정평가 및 감정평가사에 관한 법률에 따라 감정평가법인등이 감정평가한 감정가격을 기준으로 하되, 토지거래계약 허가신청서에 적힌 가격이 감정가격보다 낮은 경우에는 허가신청서에 적힌 가격으로 할 수 있다.

⑥ 시장·군수 또는 구청장은 선매협의가 이루어지지 아니한 경우에는 지체 없이 허가 또는 불허가의 여부를 결정하여 통보하여야 한다.

7. 불허가처분 토지에 관한 매수 청구

① 허가신청에 대하여 불허가처분을 받은 자는 그 통지를 받은 날부터 1개월 이내에 시장·군수 또는 구청장에게 해당 토지에 관한 권리의 매수를 청구할 수 있다.

② 토지의 매수청구를 하려는 자는 **다음 사항**을 기재한 청구서를 허가관청에 제출하여야 한다.

ㄱ. 토지에 관한 권리의 종류 및 내용

ㄴ. 토지의 면적

ㄷ. 토지 소유자의 성명 및 주소

ㄹ. 토지의 소재지·지번·지목·면적·용도지역 및 이용현황

ㅁ. 토지에 있는 공작물의 종류·내용 및 매수청구에 관계되는 권리

ㅂ. 토지에 소유자 외의 권리가 있는 경우에는 그 권리의 종류 및 내용, 권리자의 성명 및 주소

③ 매수 청구를 받은 시장·군수 또는 구청장은 국가, 지방자치단체, 그밖에 다음의 공공기관 또는 공공단체 중에서 매수할 자를 지정하여, 매수할 자로 하여금 예산의 범위에서 공시지가를 기준으로 하여 해당 토지를 매수하게 하여야 한다. 다만, 토지거래계약 허가신청서에 적힌 가격이 공시지가보다 낮은 경우에는 허가신청서에 적힌 가격으로 매수할 수 있다.

---

1. 한국농수산식품유통공사 2. 대한석탄공사 3. 한국토지주택공사 4. 한국관광공사 5. 한국농어촌공사 6. 한국도로공사 7. 한국석유공사 8. 한국수자원공사 9. 한국전력공사 10. 한국철도공사

저자의 한마디

선매자에 해당하는 공공기관 또는 공공단체과 동일합니다.

부동산 거래신고 등에 관한 법령상 **토지거래계약 불허가처분 토지에 대하여 매수청구**를 받은 경우, **매수할 자로 지정될 수 있는 자**를 모두 고른 것은?[30회]

ㄱ. 지방자치단체(○)
ㄴ. 한국은행법에 따른 한국은행(×)
ㄷ. 지방공기업법에 따른 지방공사(×)
ㄹ. 한국석유공사법에 따른 한국석유공사(○)
ㅁ. 항만공사법에 따른 항만공사(×)
ㅂ. 한국관광공사법에 따른 한국관광공사(○)

---

① ㄴ,ㅁ ② ㄱ,ㄹ,ㅂ ③ ㄴ,ㄷ,ㅁ ④ ㄱ,ㄹ,ㅁ,ㅂ ⑤ ㄱ,ㄴ,ㄷ,ㄹ,ㅁ,ㅂ

한국은행(ㄴ), 지방공사(ㄷ), 항만공사(ㅁ)은 매수자로 지정될 수 없어요. 정답②

부동산 거래신고 등에 관한 법령상 **토지거래허가구역** 등에 관한 설명으로 틀린 것은?[33회]

① 시장·군수 또는 구청장은 공익사업용 토지에 대해 토지거래계약에 관한 허가 신청이 있는 경우, 한국토지주택공사가 그 매수를 원하는 경우에는 한국토지주택공사를 선매자로 지정하여 그 토지를 협의 매수하게 할 수 있다.(○)

② 국토교통부장관 또는 시·도지사는 허가구역의 지정사유가 없어졌다고 인정되면 지체 없이 허가구역의 지정을 해제해야 한다.(○)

③ 토지거래허가신청에 대해 불허가처분을 받은 자는 그 통지를 받은 날부터 1개월 이내에 시장·군수 또는 구청장에게 해당 토지에 관한 권리의 매수를 청구할 수 있다.(○)

④ 허가구역의 지정은 허가구역의 지정을 공고한 날의 다음 날부터 그 효력이 발생한다.(×)

⑤ 토지거래허가를 받으려는 자는 그 허가신청서에 계약내용과 그 토지의 이용계획, 취득자금 조달계획 등을 적어 시장·군수 또는 구청장에게 제출해야 한다.(○)

> ① 한국토지주택공사는 선매자가 될 수 있죠. ④ 지정공고일로부터 5일 후에 효력이 발생해요.

부동산 거래신고 등에 관한 법령상 **토지거래허가구역** 등에 관한 설명으로 틀린 것은?(단, 거래당사자는 모두 대한민국 국적의 자연인임)[34회]

① 허가구역의 지정은 그 지정을 공고한 날부터 7일 후에 그 효력이 발생한다.(×)

② 허가구역에 있는 토지거래에 대한 처분에 이의가 있는 자는 그 처분을 받은 날부터 1개월 이내에 시장·군수 또는 구청장에게 이의를 신청할 수 있다.(○)

③ 허가구역에 있는 토지에 관하여 사용대차계약을 체결하는 경우에는 토지거래허가를 받을 필요가 없다.(○)

④ 허가관청은 허가신청서를 받은 날부터 15일 이내에 허가 또는 불허가 처분을 하여야 한다.(○)

⑤ 허가신청에 대하여 불허가처분을 받은 자는 그 통지를 받은 날부터 1개월 이내에 시장·군수 또는 구청장에게 해당 토지에 관한 권리의 매수를 청구할 수 있다.(○)

> ① 7일이 아니라 '5일' 후에 그 효력이 발생합니다.(10조5항) ② 13조1항 ③ 사용대차는 무상으로 빌려주는 거잖아요? 따라서 토지거래 허가의 대상이 아니죠.(11조1항) ④ 시행령8조3항 ⑤ 16조1항

8. 토지 이용에 관한 의무 등

① 토지거래계약을 허가받은 자는 **다음 사유가 있는 경우 외**에는 5년의 범위에서 대통령령으로 정하는 기간에 그 토지를 허가받은 목적대로 이용하여야 한다.

ㄱ. 토지를 취득한 후 용도지역 등 토지의 이용 및 관리에 관한 계획이 변경됨

으로써 행위제한으로 인하여 당초의 목적대로 이용할 수 없게 된 경우

ㄴ. 토지를 이용하기 위하여 관계 법령에 따른 허가·인가 등을 신청하였으나 국가 또는 지방자치단체가 국토교통부령으로 정하는 사유로 일정 기간 허가·인가 등을 제한하는 경우로서 그 제한기간 내에 있는 경우

ㄷ. 허가기준에 맞게 당초의 이용목적을 변경하는 경우로서 허가관청의 승인을 받은 경우

ㄹ. 다른 법률에 따른 행위허가를 받아 허가기준에 맞게 당초의 이용목적을 변경하는 경우로서 해당 행위의 허가권자가 이용목적 변경에 관하여 허가관청과 협의를 한 경우

ㅁ. 해외이주법에 따라 이주하는 경우

ㅂ. 병역법 또는 대체역의 편입 및 복무 등에 관한 법률에 따라 복무하는 경우

ㅅ. 자연재해대책법에 따른 재해로 인하여 허가받은 목적대로 이행하는 것이 불가능한 경우

ㅇ. 공익사업의 시행 등 토지거래계약허가를 받은 자에게 책임 없는 사유로 허가받은 목적대로 이용하는 것이 불가능한 경우

ㅈ. **다음 건축물**을 취득하여 실제로 이용하는 자가 해당 건축물의 일부를 임대하는 경우

• 단독주택(다중주택 및 공관은 제외) • 공동주택(기숙사는 제외)

• 제1종 근린생활시설 • 제2종 근린생활시설

ㅊ. 산업집적활성화 및 공장설립에 관한 법률에 따른 공장을 취득하여 실제로 이용하는 자가 해당 공장의 일부를 임대하는 경우

ㅋ. 그밖에 토지거래계약허가를 받은 자가 불가피한 사유로 허가받은 목적대로 이용하는 것이 불가능하다고 시·군·구도시계획위원회에서 인정한 경우

➕ 토지를 허가받은 목적대로 이용하여야 하는 기간

ㄱ. 다음의 목적으로 허가를 받은 경우 : 토지 취득일부터 2년

• 자기의 거주용 주택용지로 이용하려는 경우

• 허가구역을 포함한 지역의 주민을 위한 복지시설 또는 편익시설로서 관할 시장·군수 또는 구청장이 확인한 시설의 설치에 이용하려는 경우

• 허가구역에 거주하는 농업인·임업인·어업인 또는 대통령령으로 정하는 자가 그 허가구역에서 농업·축산업·임업 또는 어업을 경영하기 위하여 필요한 경우

ㄴ. 다음의 목적으로 허가를 받은 경우 : 토지 취득일부터 4년

- 토지보상법이나 그 밖의 법률에 따라 토지를 수용하거나 사용할 수 있는 사업을 시행하는 자가 그 사업을 시행하기 위하여 필요한 경우
- 허가구역을 포함한 지역의 건전한 발전을 위하여 필요하고 관계 법률에 따라 지정된 지역 · 지구 · 구역 등의 지정목적에 적합하다고 인정되는 사업을 시행하는 자나 시행하려는 자가 그 사업에 이용하려는 경우
- 허가구역의 지정 당시 그 구역이 속한 특별시 · 광역시 · 특별자치시 · 시 · 군 또는 인접한 특별시 · 광역시 · 특별자치시 · 시 · 군에서 사업을 시행하고 있는 자가 그 사업에 이용하려는 경우나 그 자의 사업과 밀접한 관련이 있는 사업을 하는 자가 그 사업에 이용하려는 경우

다만, 분양을 목적으로 허가를 받은 토지로서 개발에 착수한 후 토지 취득일부터 4년 이내에 분양을 완료한 경우에는 분양을 완료한 때에 4년이 지난 것으로 본다.

ㄷ. **다음에 따라** 대체토지를 취득하기 위하여 허가를 받은 경우 : 토지 취득일 부터 2년

토지보상법 또는 그 밖의 법령에 따라 농지 외의 토지를 공익사업용으로 협의양도하거나 수용된 사람이 그 협의양도하거나 수용된 날부터 3년 이내에 그 허가구역에서 협의양도하거나 수용된 토지에 대체되는 토지(종전의 토지가액 이하인 토지로 한정)를 취득하려는 경우

ㄹ. **다음에 따라** 현상보존의 목적으로 토지를 취득하기 위하여 허가를 받은 경우 : 토지 취득일부터 5년

관계 법령에 따라 개발 · 이용행위가 제한되거나 금지된 토지로서 국토교통부령 으로 정하는 토지에 대하여 현상 보존의 목적으로 토지를 취득하려는 경우

ㅁ. ㄱ부터 ㄹ까지의 경우 외의 경우: 토지 취득일부터 5년

---

② 시장·군수 또는 구청장은 토지거래계약을 허가받은 자가 허가받은 목적대로 이용하고 있는지를 조사하여야 한다.

③ 허가관청은 매년 1회 이상 토지의 개발 및 이용 등의 실태를 조사하여야 한다.

부동산 거래신고 등에 관한 법령상 **토지거래계약**을 허가받은 자가 그 토지를 허가 받은 목적대로 이용하지 않을 수 있는 **예외사유**가 아닌 것은?(단, 그 밖의 사유로 시·군·구도시계획위원회가 인정한 경우는 고려하지 않음)^{34회}

① 건축법 시행령에 따른 제1종 근린생활시설인 건축물을 취득하여 실제로 이용하는 자가 해당 건축물의 일부를 임대하는 경우
② 건축법 시행령에 따른 단독주택 중 다중주택인 건축물을 취득하여 실제로 이용하는 자가 해당 건축물의 일부를 임대하는 경우
③ 산업집적활성화 및 공장설립에 관한 법률에 따른 공장을 취득하여 실제로 이용하는 자가 해당 공장의 일부를 임대하는 경우

④ 건축법 시행령에 따른 제2종 근린생활시설인 건축물을 취득하여 실제로 이용하는 자가 해당 건축물의 일부를 임대하는 경우

⑤ 건축법 시행령에 따른 공동주택 중 다세대주택인 건축물을 취득하여 실제로 이용하는 자가 해당 건축물의 일부를 임대하는 경우

> 예외사유는 시행령14조1항에서 규정하고 있어요. 특히 9호에서는 일부 임대의 경우를 예시하고 있는데, 단독주택에서 다중주택이나 공관(가목), 그리고 공동주택에서 기숙사(나목)는 예외사유에서 제외하고 있습니다. 정답②

9. 이행강제금

① 시장·군수 또는 구청장은 토지의 이용 의무를 이행하지 아니한 자에 대하여는 상당한 기간을 정하여 토지의 이용 의무를 이행하도록 명할 수 있다.

② 이행명령은 문서로 하여야 하며, 이행기간은 3개월 이내로 정하여야 한다.

③ 시장·군수 또는 구청장은 이행명령이 정하여진 기간에 이행되지 아니한 경우에는 토지 취득가액의 100분의 10(10%)의 범위에서 **다음 금액의** 이행강제금을 부과한다.

ㄱ. 토지거래계약허가를 받아 토지를 취득한 자가 당초의 목적대로 이용하지 아니하고 방치한 경우: 토지 취득가액의 100분의 10(10%)에 상당하는 금액

ㄴ. 토지거래계약허가를 받아 토지를 취득한 자가 직접 이용하지 아니하고 임대한 경우: 토지 취득가액의 100분의 7(7%)에 상당하는 금액

ㄷ. 토지거래계약허가를 받아 토지를 취득한 자가 허가관청의 승인 없이 당초의 이용목적을 변경하여 이용하는 경우: 토지 취득가액의 100분의 5(5%)에 상당하는 금액

ㄹ. ㄱ부터 ㄷ까지에 해당하지 아니하는 경우: 토지 취득가액의 100분의 7(7%)에 상당하는 금액

④ 여기서 토지 취득가액은 실제 거래가격으로 한다. 다만, 실제 거래가격이 확인되지 아니하는 경우에는 취득 당시를 기준으로 가장 최근에 발표된 개별공시지가를 기준으로 산정한다.

⑤ 허가관청은 이행강제금을 부과하기 전에 이행기간 내에 이행명령을 이행하지 아니하면 이행강제금을 부과·징수한다는 뜻을 미리 문서로 계고하여야 한다.

⑥ 이행강제금을 부과하는 경우에는 이행강제금의 금액·부과사유·납부기한 및 수납기관, 이의제기방법 및 이의제기기관 등을 명시한 문서로 하여야 한다.

⑦ 시장·군수 또는 구청장은 최초의 이행명령이 있었던 날을 기준으로 1년에 한 번씩 그 이행명령이 이행될 때까지 반복하여 이행강제금을 부과·징수할 수 있다.

⑧ 시장·군수 또는 구청장은 이용 의무기간이 지난 후에는 이행강제금을 부과할 수 없다.

> **저자의 한마디**
>
> 방치하면 10%, 임대하면 7%, 승인없이 변경이용하면 5%입니다. 방치하는 게 가장 나쁘죠.

⑨ 시장·군수 또는 구청장은 이행명령을 받은 자가 그 명령을 이행하는 경우에는 새로운 이행강제금의 부과를 즉시 중지하되, 명령을 이행하기 전에 이미 부과된 이행강제금은 징수하여야 한다.

⑩ 이행강제금 부과처분을 받은 자는 이의를 제기하려는 경우에는 부과처분을 고지받은 날부터 30일 이내에 하여야 한다.

⑪ 이행강제금 부과처분을 받은 자가 이행강제금을 납부기한까지 납부하지 아니한 경우에는 국세 체납처분의 예 또는 지방행정제재·부과금의 징수 등에 관한 법률에 따라 징수한다.

부동산 거래신고 등에 관한 법령상 **이행강제금**에 관한 설명이다. (   )에 들어갈 숫자로 옳은 것은?[33회]

> 시장·군수는 토지거래계약허가를 받아 토지를 취득한 자가 당초의 목적대로 이용하지 아니하고 방치한 경우 그에 대하여 상당한 기간을 정하여 토지의 이용 의무를 이행하도록 명할 수 있다. 그 의무의 이행기간은 (ㄱ)개월 이내로 정하여야 하며, 그 정해진 기간 내에 이행되지 않은 경우, 토지 취득가액의 100분의 (ㄴ)에 상당하는 금액의 이행강제금을 부과한다.

① ㄱ:3, ㄴ:7 ② ㄱ:3, ㄴ:10 ③ ㄱ:6, ㄴ:7 ④ ㄱ:6, ㄴ:10 ⑤ ㄱ:12, ㄴ:15

의무이행기간은 3개월 이내로 정하고, 이행하지 않은 채 방치한 경우의 이행강제금은 토지취득가액의 10%입니다. 정답②

부동산 거래신고 등에 관한 법령상 **이행강제금**에 관한 설명으로 옳은 것은?[31회]

① 이행명령은 구두 또는 문서로 하며 이행기간은 3개월 이내로 정하여야 한다.(×)

② 토지거래계약허가를 받아 토지를 취득한 자가 당초의 목적대로 이용하지 아니하고 방치하여 이행명령을 받고도 정하여진 기간에 이를 이행하지 아니한 경우, 시장·군수 또는 구청장은 토지 취득가액의 100분의 10에 상당하는 금액의 이행강제금을 부과한다.(○)

③ 이행강제금 부과처분에 불복하는 경우 이의를 제기할 수 있으나, 그에 관한 명문의 규정을 두고 있지 않다.(×)

④ 이행명령을 받은 자가 그 명령을 이행하는 경우 새로운 이행강제금의 부과를 즉시 중지하며, 명령을 이행하기 전에 부과된 이행강제금도 징수할 수 없다.(×)

⑤ 최초의 이행명령이 있었던 날을 기준으로 1년에 두 번씩 그 이행명령이 이행될 때까지 반복하여 이행강제금을 부과·징수할 수 있다.(×)

① 이행명령은 문서로만 해요. 구두로는 안 됩니다. ② 방치하면 10% ③ 명문규정이 있어요. 부과처분을 고지 받은 날부터 30일 이내에 이의제기할 수 있습니다. ④ 명령을 이행하기 전에 부과된 이행강제금은 징수합니다. 빈출지문! ⑤ 1년에 두 번씩이 아니라 한 번씩이죠.

부동산 거래신고 등에 관한 법령상 **이행강제금**에 대하여 개업공인중개사가 중개의뢰인에게 설명한 내용으로 옳은 것은?[30회]

① 군수는 최초의 의무이행위반이 있었던 날을 기준으로 1년에 한 번씩 그 이행명령이 이행될 때까지 반복하여 이행강제금을 부과·징수할 수 있다. (×)

② 시장은 토지의 이용의무기간이 지난 후에도 이행명령위반에 대해서는 이행강제금을 반복하여 부과할 수 있다.(×)

③ 시장·군수 또는 구청장은 이행명령을 받은 자가 그 명령을 이행하는 경우라도 명령을 이행하기 전에 이미 부과된 이행강제금은 징수하여야 한다.(○)

④ 토지거래계약허가를 받아 토지를 취득한 자가 직접 이용하지 아니하고 임대한 경우에는 토지 취득가액의 100분의 20에 상당하는 금액을 이행강제금으로 부과한다.(×)

⑤ 이행강제금 부과처분을 받은 자가 국토교통부장관에게 이의를 제기하려는 경우에는 부과처분을 고지받은 날부터 14일 이내에 하여야 한다.(×)

> ① 최초의 의무이행위반이 있었던 날이 아니라 최초의 이행명령이 있었던 날을 기준으로 부과·징수합니다. ② 토지의 이용의무기간이 지난 후에는 부과할 수 없어요. ③ 빈출지문! ④ 임대하면 7%죠. ⑤ 14일이 아니라 30일 이내. 빈출지문!

부동산 거래신고 등에 관한 법령상 **토지거래허가구역** 등에 관한 설명으로 옳은 것을 모두 고른 것은?[28회]

> ㄱ. 허가구역의 지정은 그 지정을 공고한 날부터 5일 후에 그 효력이 발생한다.(○)
> ㄴ. 민사집행법에 따른 경매의 경우에는 허가구역 내 토지거래에 대한 허가의 규정은 적용하지 아니한다.(○)
> ㄷ. 자기의 거주용 주택용지로 이용할 목적으로 토지거래계약을 허가받은 자는 대통령령으로 정하는 사유가 있는 경우 외에는 토지취득일부터 2년간 그 토지를 허가받은 목적대로 이용해야 한다.(○)
> ㄹ. 토지의 이용의무를 이행하지 않아 이행명령을 받은 자가 그 명령을 이행하는 경우에는 새로운 이행강제금의 부과를 즉시 중지하고, 명령을 이행하기 전에 이미 부과된 이행강제금을 징수해서는 안 된다.(×)

① ㄱ, ㄴ ② ㄴ, ㄷ ③ ㄱ, ㄴ, ㄷ ④ ㄱ, ㄷ, ㄹ ⑤ ㄱ, ㄴ, ㄷ, ㄹ

> ㄱ. 빈출지문! ㄴ. 수용이나 경매의 경우에는 적용하지 않아요. ㄷ. 자기의 거주용 주택용지로 이용하는 경우에는 2년 ㄹ. 새로운 이행강제금의 부과는 즉시 중지하지만, 명령을 이행하기 전에 이미 부과된 이행강제금은 징수해야 합니다. 빈출지문!

부동산 거래신고 등에 관한 법령상 **토지거래허가**에 관한 내용으로 옳은 것은?^{32회수정}

① 토지거래허가구역의 지정은 그 지정을 공고한 날부터 3일 후에 효력이 발생한다.(×)

② 토지거래허가구역의 지정 당시 국토교통부장관 또는 시·도지사가 따로 정하여 공고하지 않은 경우, 국토의 계획 및 이용에 관한 법률에 따른 도시지역 중 녹지지역 안의 220제곱미터 면적의 토지거래계약에 관하여는 허가가 필요 없다.(×)

③ 토지거래계약을 허가받은 자는 대통령령으로 정하는 사유가 있는 경우 외에는 토지 취득일부터 10년간 그 토지를 허가받은 목적대로 이용해야 한다.(×)

④ 허가받은 목적대로 토지를 이용하지 않았음을 이유로 이행강제금 부과처분을 받은 자가 시장·군수·구청장에게 이의를 제기하려면 그 처분을 고지받은 날부터 60일 이내에 해야 한다.(×)

⑤ 토지거래허가신청에 대해 불허가처분을 받은 자는 그 통지를 받은 날부터 1개월 이내에 시장·군수·구청장에게 해당 토지에 관한 권리의 매수를 청구할 수 있다.(○)

> ① 3일이 아니라 5일 후에 효력 발생 ② 녹지지역은 200㎡이하일 경우 허가가 불필요하니까 220㎡는 허가가 필요하죠. ③ 10년이 아니라 5년 ④ 60일이 아니라 30일

10. 지가 동향의 조사

① 국토교통부장관이나 시·도지사는 토지거래허가 제도를 실시하거나 그밖에 토지정책을 수행하기 위한 자료를 수집하기 위하여 지가의 동향과 토지거래의 상황을 조사하여야 하며, 관계 행정기관이나 그 밖의 필요한 기관에 이에 필요한 자료를 제출하도록 요청할 수 있다. 이 경우 자료 제출을 요청받은 기관은 특별한 사유가 없으면 요청에 따라야 한다.

② 국토교통부장관은 연 1회 이상 전국의 지가변동률을 조사하여야 한다.

③ 국토교통부장관은 필요한 경우에는 한국부동산원의 원장으로 하여금 매월 1회 이상 지가동향, 토지거래상황 및 그밖에 필요한 자료를 제출하게 할 수 있다. 이 경우 실비의 범위에서 그 소요 비용을 지원하여야 한다.

④ 시·도지사는 관할구역의 지가동향 및 토지거래상황을 조사하여야 하며, 그 결과 허가구역을 지정·축소하거나 해제할 필요가 있다고 인정하는 경우에는 국토교통부장관에게 그 구역의 지정·축소 또는 해제를 요청할 수 있다.

⑤ 시·도지사는 **다음의 순서대로** 지가동향 및 토지거래상황을 조사하여야 한다.

ㄱ. 개황조사

관할구역 안의 토지거래상황을 파악하기 위하여 분기별로 1회 이상 개괄적으로 실시하는 조사

ㄴ. 지역별조사

조사순서

개황조사(분기1회이상)→지역별조사(개연성 높은 지역)→특별집중조사(개연성 특히 높은 지역)

개황조사를 실시한 결과 등에 따라 토지거래계약에 관한 허가구역의 지정 요건을 충족시킬 수 있는 개연성이 높다고 인정되는 지역에 대하여 지가동향 및 토지거래상황을 파악하기 위하여 매월 1회 이상 실시하는 조사

ㄷ. 특별집중조사

지역별조사를 실시한 결과 허가구역의 지정요건을 충족시킬 수 있는 개연성이 특히 높다고 인정되는 지역에 대하여 지가동향 및 토지거래상황을 파악하기 위하여 실시하는 조사

11. 기타

(1) 다른 법률에 따른 인가·허가 등의 의제

① 농지에 대하여 토지거래계약 허가를 받은 경우에는 농지법에 따른 농지취득 자격증명을 받은 것으로 본다. 이 경우 시장·군수 또는 구청장은 농업·농촌 및 식품산업 기본법에 따른 농촌(도시지역의 경우에는 녹지지역만 해당)의 농지에 대하여 토지거래계약을 허가하는 경우에는 농지취득자격증명의 발급 요건에 적합한지를 확인하여야 하며, 허가한 내용을 농림축산식품부장관에게 통보 하여야 한다.

② 허가증을 발급받은 경우에는 부동산등기 특별조치법에 따른 검인을 받은 것으로 본다.

(2) 제재처분 등

국토교통부장관, 시·도지사, 시장·군수 또는 구청장은 **다음에 해당하는 자**에게 허가 취소 또는 그밖에 필요한 처분을 하거나 조치를 명할 수 있다.

① 토지거래계약에 관한 허가 또는 변경허가를 받지 아니하고 토지거래계약 또는 그 변경계약을 체결한 자

② 토지거래계약에 관한 허가를 받은 자가 그 토지를 허가받은 목적대로 이용하지 아니한 자

③ 부정한 방법으로 토지거래계약에 관한 허가를 받은 자

(3) 권리·의무의 승계 등

① 토지의 소유권자, 지상권자 등에게 발생되거나 부과된 권리·의무는 그 토지 또는 건축물에 관한 소유권이나 그 밖의 권리의 변동과 동시에 그 승계인에게 이전한다.

② 이 법 또는 이 법에 따른 명령에 의한 처분, 그 절차 및 그 밖의 행위는 그 행위와 관련된 토지 또는 건축물에 대하여 소유권이나 그 밖의 권리를 가진 자의 승계인에 대하여 효력을 가진다.

(4) 청문

국토교통부장관, 시·도지사, 시장·군수 또는 구청장은 토지거래계약 허가의 취소 처분을 하려면 청문을 하여야 한다.

부동산 거래신고 등에 관한 법령상 **토지거래허가** 등에 관한 설명으로 옳은 것은 모두 몇 개인가?^{33회}

저자의 한마디

ㄴ. 국세징수법에 의한 공매도 경매처럼 적용받지 않아요.

> ㄱ. 농지에 대하여 토지거래계약 허가를 받은 경우에는 농지법에 따른 농지전용허가를 받은 것으로 본다.(×)
> ㄴ. 국세의 체납처분을 하는 경우에는 '허가구역 내 토지거래에 대한 허가'의 규정을 적용한다.(×)
> ㄷ. 시장·군수는 토지 이용 의무기간이 지난 후에도 이행강제금을 부과할 수 있다.(×)
> ㄹ. 토지의 소유권자에게 부과된 토지 이용에 관한 의무는 그 토지에 관한 소유권의 변동과 동시에 그 승계인에게 이전한다.(○)

① 0개 ② 1개 ③ 2개 ④ 3개 ⑤ 4개

ㄱ. 농지에 대해 토지거래계약 허가를 받으면 농지취득자격증명을 받은 것으로 봅니다. (20조1항) 농지전용허가를 받는다는 규정은 없어요. ㄴ. 국세 및 지방세의 체납처분 또는 강제집행을 하는 경우에는 허가 받지 않아도 됩니다.(시행령11조3항12호) ㄷ. 토지이용 의무기간이 지난 후에는 이행강제금을 부과할 수 없어요.(18조4항) 정답②

부동산 거래신고 등에 관한 법령상 **토지거래계약허가**를 받아 취득한 토지를 **허가받은 목적대로 이용하고 있지 않은 경우** 시장·군수·구청장이 취할 수 있는 조치가 아닌 것은?^{32회}

① 과태료를 부과할 수 있다.(×)

② 토지거래계약허가를 취소할 수 있다.(○)

③ 3개월 이내의 기간을 정하여 토지의 이용 의무를 이행하도록 문서로 명할 수 있다.(○)

저자의 한마디

④ 공익사업용 토지뿐만 아니라 토지거래계약허가를 받아 취득한 토지를 이용목적대로 이용하고 있지 아니한 토지도 선매자에게 매수하게 할 수 있어요.(14조2항)

④ 해당 토지에 관한 토지거래계약 허가신청이 있을 때 국가, 지방자치단체, 한국토지주택공사가 그 토지의 매수를 원하면 이들 중에서 매수할 자를 지정하여 협의 매수하게 할 수 있다.(○)

⑤ 해당 토지를 직접 이용하지 않고 임대하고 있다는 이유로 이행명령을 했음에도 정해진 기간에 이행되지 않은 경우, 토지 취득가액의 100분의 7에 상당하는 금액의 이행강제금을 부과한다.(○)

허가받은 목적대로 사용하지 않은 경우에는 ③ 이행명령, ⑤ 이행강제금 부과, ② 허가 취소가 가능해요. 또한 ④ 국가 등에게 선매하게 할 수 있습니다. 하지만 ① 과태료는 부과하지 않아요.

부동산정보관리*

1. 부동산정책 관련 자료 등 종합관리

① 국토교통부장관 또는 시장·군수·구청장은 적절한 부동산정책의 수립 및 시행을 위하여 부동산 거래상황, 주택임대차 계약상황, 외국인 부동산 취득현황, 부동산 가격동향 등 이 법에 규정된 사항에 관한 정보를 종합적으로 관리하고, 이를 관련 기관·단체 등에 제공할 수 있다.

② 국토교통부장관 또는 시장·군수·구청장은 정보의 관리를 위하여 관계 행정기관이나 그밖에 필요한 기관에 필요한 자료를 요청할 수 있다. 이 경우 관계 행정기관 등은 특별한 사유가 없으면 요청에 따라야 한다.

③ 정보의 관리·제공 및 자료요청은 개인정보 보호법에 따라야 한다.

④ 국토교통부장관, 신고관청 및 허가관청은 **다음 사무**를 수행하기 위하여 불가피한 경우 주민등록번호, 여권번호 또는 외국인등록번호가 포함된 자료를 처리할 수 있다.

ㄱ. 부동산 거래신고 ㄴ. 부동산 거래의 해제등 신고

ㄷ. 신고내용의 검증 ㄹ. 신고내용의 조사 등

ㅁ. 외국인등의 부동산 취득·보유 신고 ㅂ. 외국인등의 토지거래 허가

ㅅ. 허가구역 내 토지거래에 대한 허가 ㅇ. 부동산정보체계 운영

2. 부동산정보체계의 구축·운영

① 국토교통부장관은 효율적인 정보의 관리 및 국민편의 증진을 위하여 **다음 정보**를 관리할 수 있는 정보체계(부동산정보체계)를 구축·운영할 수 있다.

ㄱ. 부동산거래 신고 정보 ㄴ. 검증체계 관련 정보

ㄷ. 주택 임대차 계약 신고 정보 ㄹ. 주택 임대차 계약의 변경 및 해제 신고 정보

ㅁ. 외국인등의 부동산 취득·보유 신고 자료 및 관련 정보

ㅂ. 토지거래계약의 허가 관련 정보

ㅅ. 부동산등기 특별조치법에 따른 검인 관련 정보

ㅇ. 부동산 거래계약 등 부동산거래 관련 정보

② 국토교통부장관은 정보체계에 구축되어 있는 정보를 수요자에게 제공할 수 있다. 이 경우 정보체계 운영을 위하여 불가피한 사유가 있거나 개인정보의 보호를 위하여 필요하다고 인정할 때에는 제공하는 정보의 종류와 내용을 제한할 수 있다.

부동산 거래신고 등에 관한 법령상 **부동산정보체계의 관리 대상 정보**로 명시된 것을 모두 고른 것은?[33회]

> ㄱ. 부동산 거래계약 등 부동산거래 관련 정보(○)
> ㄴ. 부동산등기 특별조치법 제3조에 따른 검인 관련 정보(○)
> ㄷ. 중개사무소의 개설등록에 관한 정보(×)
> ㄹ. 토지거래계약의 허가 관련 정보(○)

① ㄱ,ㄷ ② ㄴ,ㄹ ③ ㄱ,ㄴ,ㄹ ④ ㄴ,ㄷ,ㄹ ⑤ ㄱ,ㄴ,ㄷ,ㄹ

ㄷ. 중개사무소의 개설등록에 관한 정보는 관리대상정보가 아니에요. 정답③

보칙***

1. 포상금

(1) 신고포상금의 지급

① 시장·군수 또는 구청장은 **다음에 해당하는 자**를 관계 행정기관이나 수사기관에 신고하거나 고발한 자에게 예산의 범위에서 포상금을 지급할 수 있다.

ㄱ. 부동산등의 실제 거래가격을 거짓으로 신고한 자

ㄴ. 거짓으로 부동산거래 신고를 한 자

ㄷ. 거짓으로 부동산거래의 해제등 신고를 한 자

ㄹ. 주택 임대차계약의 보증금·차임 등 계약금액을 거짓으로 신고한 자

ㅁ. 허가 또는 변경허가를 받지 아니하고 토지거래계약을 체결한 자 또는 거짓이나 그 밖의 부정한 방법으로 토지거래계약허가를 받은 자

ㅂ. 토지거래계약허가를 받아 취득한 토지에 대하여 허가받은 목적대로 이용하지 아니한 자

② 포상금의 지급에 드는 비용은 시·군이나 구의 재원(국고×)으로 충당한다.

부동산 거래신고 등에 관한 법령상 **신고포상금 지급대상에 해당하는 위반행위**를 모두 고른 것은?[32회]

> ㄱ. 부동산 매매계약의 거래당사자가 부동산의 실제 거래가격을 거짓으로 신고하는 행위(○)
> ㄴ. 부동산 매매계약에 관하여 개업공인중개사에게 신고를 하지 않도록 요구하는 행위(×)
> ㄷ. 토지거래계약허가를 받아 취득한 토지를 허가받은 목적대로 이용하지 않는 행위(○)
> ㄹ. 부동산 매매계약에 관하여 부동산의 실제 거래가격을 거짓으로 신고하도록 조장하는 행위(×)

① ㄱ,ㄷ ② ㄱ,ㄹ ③ ㄴ,ㄹ ④ ㄱ,ㄴ,ㄷ ⑤ ㄴ,ㄷ,ㄹ

> 단순히 신고하도록 요구(ㄴ)하거나 조장(ㄹ)하는 행위는 포상금지급대상이 아니에요. 정답①

(2) 포상금 지급대상 및 기준

① 신고관청 또는 허가관청은 **다음에 해당하는 경우**에는 포상금을 지급해야 한다.

ㄱ. 1) 신고관청이 적발하기 전에 **다음에 해당하는 자**를 신고하고 2) 이를 입증할 수 있는 증거자료를 제출한 경우로서 3) 그 신고사건에 대하여 해당 과태료가 부과된 경우

- 부동산등의 실제 거래가격을 거짓으로 신고한 자
- 거짓으로 부동산거래 신고를 한 자
- 거짓으로 부동산거래의 해제등 신고를 한 자
- 주택 임대차계약의 보증금·차임 등 계약금액을 거짓으로 신고한 자

ㄴ. 허가관청 또는 수사기관이 적발하기 전에 허가 또는 변경허가를 받지 아니하고 토지거래계약을 체결한 자 또는 거짓이나 그 밖의 부정한 방법으로 토지거래계약허가를 받은 자를 신고하거나 고발한 경우로서 그 신고 또는 고발사건에 대한 공소제기 또는 기소유예 결정이 있는 경우

ㄷ. 허가관청이 적발하기 전에 토지거래계약허가를 받아 취득한 토지에 대하여 허가받은 목적대로 이용하지 아니한 자를 신고한 경우로서 그 신고사건에 대한 허가관청의 이행명령이 있는 경우

② **다음 경우**에는 포상금을 지급하지 아니할 수 있다.

ㄱ. 공무원이 직무와 관련하여 발견한 사실을 신고하거나 고발한 경우

ㄴ. 해당 위반행위를 하거나 위반행위에 관여한 자가 신고하거나 고발한 경우

ㄷ. 익명이나 가명으로 신고 또는 고발하여 신고인 또는 고발인을 확인할 수 없는 경우

③ 포상금은 신고 또는 고발 건별로 **다음 구분**에 따라 지급한다.

ㄱ. 일반적인 경우(①의 ㄱ)의 포상금

해당 과태료의 100분의 20(20%)에 해당하는 금액(단, 부동산등의 실제 거래가격을 거짓으로 신고한 자를 신고한 자에 대한 포상금의 지급한도액은 1천만원)

ㄴ. 토지거래계약허가의 경우(①의 ㄴ 및 ㄷ)의 포상금

50만원(같은 목적을 위하여 취득한 일단의 토지에 대한 신고 또는 고발은 1건으로 봄)

(3) 포상금 지급절차

① 포상금 지급 대상에 해당하는 자를 신고하려는 자는 신고서 및 증거자료를 신고관청 또는 허가관청에 제출해야 한다.

② 수사기관은 거짓으로 부동산거래 신고를 한 자에 대한 신고 또는 고발 사건을 접수하여 <u>수사를 종료하거나 공소제기 또는 기소유예의 결정을 하였을 때</u>에는 지체 없이 허가관청에 통보하여야 한다.

③ 신고서를 제출받거나 수사기관의 통보를 받은 신고관청 또는 허가관청은 포상금 지급 여부를 결정하고 이를 신고인 또는 고발인에게 알려야 한다.

④ 포상금 지급 결정을 통보받은 신고인 또는 고발인은 포상금 지급신청서를 작성하여 신고관청 또는 허가관청에 제출하여야 한다.

⑤ 신고관청 또는 허가관청은 <u>신청서가 접수된 날부터 2개월 이내</u>에 포상금을 지급하여야 한다.

⑥ 신고관청 또는 허가관청은 <u>하나의 위반행위</u>에 대하여 <u>2명 이상이 공동으로 신고 또는 고발한 경우</u>에는 포상금을 균등하게 배분하여 지급한다. 다만, 포상금을 지급받을 사람이 배분방법에 관하여 미리 합의하여 포상금의 지급을 <u>신청한 경우</u>에는 그 합의된 방법에 따라 지급한다.

부동산거래신고법상 포상금 지급
포상금지급여부결정(신고관청 또는 허가관청)→포상금지급신청서제출→신청서접수일로부터 2월 이내에 포상금지급

공인중개사법상 포상금 지급
포상금지급신청서 제출→포상금지급결정(등록기관)→결정일로부터 1월 이내에 포상금지급

⑦ 신고관청 또는 허가관청은 하나의 위반행위에 대하여 2명 이상이 각각 신고 또는 고발한 경우에는 최초로 신고 또는 고발한 사람에게 포상금을 지급한다.

⑧ 신고관청 또는 허가관청은 자체조사 등에 따라 위반행위를 알게 된 때에는 지체 없이 그 내용을 부동산정보체계에 기록하여야 한다.

부동산 거래신고 등에 관한 법령상 **포상금**의 지급에 관한 설명으로 틀린 것을 모두 고른 것은?[34회]

> ㄱ. 가명으로 신고하여 신고인을 확인할 수 없는 경우에는 포상금을 지급하지 아니할 수 있다.(○)
> ㄴ. 신고관청에 포상금지급신청서가 접수된 날부터 1개월 이내에 포상금을 지급하여야 한다.(×)
> ㄷ. 신고관청은 하나의 위반행위에 대하여 2명 이상이 각각 신고한 경우에는 포상금을 균등하게 배분하여 지급한다.(×)

① ㄱ ② ㄱ,ㄴ ③ ㄱ,ㄷ ④ ㄴ,ㄷ ⑤ ㄱ,ㄴ,ㄷ

> ㄱ. 시행령19조의2 2항3호 ㄴ. 1개월이 아니라 '2개월' 이내 지급(시행령19조의3 5항) ㄷ. 2명 이상이 각각 신고한 경우에는 최초 신고한 사람에게 지급합니다.(시행규칙20조의2 4항) 정답④

저자의 한마디

① 공인중개사법에서는 포상금의 50% 이내에서 국고 지원을 받을 수 있지만, 부동산거래신고법에서는 국고지원을 받지 못해요.

부동산 거래신고 등에 관한 법령상 **신고포상금**에 관한 설명으로 옳은 것은?[30회]

① 포상금의 지급에 드는 비용은 국고로 충당한다.(×)

② 해당 위반행위에 관여한 자가 신고한 경우라도 신고포상금은 지급하여야 한다.(×)

③ 익명으로 고발하여 고발인을 확인할 수 없는 경우에는 당해 신고포상금은 국고로 환수한다.(×)

④ 부동산등의 거래가격을 신고하지 않은 자를 수사기관이 적발하기 전에 수사기관에 1건 고발한 경우 1천5백만원의 신고포상금을 받을 수 있다.(×)

⑤ 신고관청 또는 허가관청으로부터 포상금 지급 결정을 통보받은 신고인은 포상금을 받으려면 국토교통부령으로 정하는 포상금 지급신청서를 작성하여 신고관청 또는 허가관청에 제출하여야 한다.(○)

> ① 국고가 아니라 시·군·구의 재원으로 충당합니다. ②와 ③의 경우에는 포상금을 지급하지 않습니다. ④ 부동산등의 거래가격을 신고하지 않은 자를 고발한 자는 포상금 지급대상이 아니에요.

2. 권한 등의 위임 및 위탁

① 이 법에 따른 국토교통부장관의 권한은 그 일부를 시·도지사, 시장·군수 또는 구청장에게 위임할 수 있다.

② 국토교통부장관은 부동산거래가격 검증체계 구축·운영, 신고내용조사 및 부동산정보체계의 구축·운영 업무를 한국부동산원법에 따른 한국부동산원에 위탁한다.

3. 전자문서를 통한 신고 및 허가의 신청

① 신고 또는 신청 중 **다음 사항**은 전자문서를 제출하는 방법으로 할 수 있다.

ㄱ. 부동산거래계약 신고서, 법인 신고서 및 자금조달 · 입주계획서 등

ㄴ. 신고필증 ㄷ. 부동산거래계약 변경 신고서

ㄹ. 부동산거래계약의 해제등 신고서

ㅁ. 외국인등의 부동산등 취득 · 계속보유 신고서 또는 외국인 토지 취득 허가 신청서

② 외국인등의 부동산등 취득 · 계속보유 신고서 또는 외국인 토지 취득 허가신청서(①의 ㅁ)를 전자문서로 제출하기 곤란한 경우에는 신고일 또는 신청일부터 14일 이내에 우편 또는 팩스로 제출할 수 있다. 이 경우 신고관청 또는 허가관청은 신고확인증 또는 허가증을 신고인에게 송부해야 한다.

③ **다음 신고서 또는 신청서**는 신고관청 또는 허가관청에 전자문서를 접수하는 방법으로 제출할 수 있다.

ㄱ. 토지거래계약 허가 신청서 또는 토지거래계약 변경 허가 신청서

ㄴ. 이의신청서

ㄷ. 토지매수청구서

ㄹ. 취득토지의 이용목적변경 승인신청서

④ 전자문서로 제출하는 경우에는 전자서명법에 따른 인증서(서명자의 실지 명의를 확인할 수 있는 것으로 한정)를 통한 본인확인의 방법으로 서명 또는 날인할 수 있다.

주택임대차보호법 관련 중개실무★★★★★

저자의 한마디

1차과목인 민사특별법을 제대로 공부하면, 2차과목인 중개실무를 공부하지 않아도 4문제 정도는 그냥 맞출 수 있습니다. 이런 걸 1석2조라고 하죠? 그러니까 1차 시험에서 민사특별법이 마지막 부분이라고 포기하면 큰 손해죠.

적용 범위★

주택임대차보호법은 주거용 건물(=주택)의 전부 또는 일부의 임대차에 관하여 적용한다. 그 임차주택의 일부가 주거 외의 목적으로 사용되는 경우에도 또한 같다.

대항력★

① 임대차는 그 등기가 없는 경우에도 임차인이 주택의 인도와 주민등록을 마친 때에는 그 다음 날 (0시부터)부터 제3자에 대하여 효력(=대항력)이 생긴다. 이 경우 전입신고를 한 때에 주민등록이 된 것으로 본다.

② 주택도시기금을 재원으로 하여 저소득층 무주택자에게 주거생활 안정을 목적으로 전세임대주택을 지원하는 법인이 주택을 임차한 후 지방자치단체의 장 또는 그 법인이 선정한 입주자가 그 주택을 인도받고 주민등록을 마쳤을 때에는 위를 준용한다. 이 경우 대항력이 인정되는 법인은 **다음**과 같다.

ㄱ. 한국토지주택공사 ㄴ. 주택사업을 목적으로 설립된 지방공사

③ 중소기업에 해당하는 법인이 소속 직원의 주거용으로 주택을 임차한 후 그 법인이 선정한 직원이 해당 주택을 인도받고 주민등록을 마쳤을 때에는 위를 준용한다. 임대차가 끝나기 전에 그 직원이 변경된 경우에는 그 법인이 선정한 새로운 직원이 주택을 인도받고 주민등록을 마친 다음 날부터 제3자에 대하여 효력이 생긴다.

④ 임차주택의 양수인은 임대인의 지위를 승계한 것으로 본다.

보증금의 회수★

① 임차인이 임차주택에 대하여 보증금반환청구소송의 확정판결이나 그밖에 이에 준하는 집행권원에 따라서 경매를 신청하는 경우에는 집행개시요건에 관한 민사집행법에도 불구하고 반대의무의 이행이나 이행의 제공을 집행개시의 요건으로 하지 아니한다.

② 대항요건과 임대차계약증서상의 확정일자를 갖춘 임차인은 **민사집행법에 따른 경매 또는 국세징수법에 따른 공매를 할 때에 임차주택(대지를 포함)의 환가대금에서 후순위권리자나 그 밖의 채권자보다 우선하여 보증금을 변제받을 권리가 있다.**(대항력+확정일자 우선변제권)

③ 임차인은 임차주택을 양수인에게 인도하지 아니하면 보증금을 받을 수 없다.

④ 임차권은 임차주택에 대하여 민사집행법에 따른 경매가 행하여진 경우에는

그 임차주택의 경락에 따라 소멸한다. 다만, 보증금이 모두 변제되지 아니한, 대항력이 있는 임차권은 소멸하지 않는다.

임차권등기명령★★★

① 임대차가 끝난 후 보증금이 반환되지 아니한 경우 임차인은 임차주택의 소재지를 관할하는 지방법원·지방법원지원 또는 시·군 법원에 임차권등기명령을 신청할 수 있다.

② 임차권등기명령의 신청서에는 신청의 이유와 임차권등기의 원인이 된 사실을 적고, 소명하여야 한다.

③ 임차권등기명령의 신청을 기각하는 결정에 대하여 임차인은 항고할 수 있다.

④ 임차인은 임차권등기명령의 집행에 따른 임차권등기를 마치면 대항력과 우선변제권을 취득한다. 다만, 임차인이 임차권등기 이전에 이미 대항력이나 우선변제권을 취득한 경우에는 그 대항력이나 우선변제권은 그대로 유지되며, 임차권등기 이후에는 (이사 등으로) 대항요건을 상실하더라도 이미 취득한 대항력이나 우선변제권을 상실하지 아니한다.

⑤ 임차권등기명령의 집행에 따른 임차권등기가 끝난 주택을 그 이후에 임차한 임차인은 우선변제를 받을 권리가 없다.

⑥ 임차인은 임차권등기명령의 신청과 그에 따른 임차권등기와 관련하여 든 비용을 임대인에게 청구할 수 있다.

개업공인중개사가 소유자 甲으로부터 X주택을 임차한 주택임대차보호법 상 임차인 乙에게 **임차권등기명령과 그에 따른 임차권등기**에 대하여 설명한 내용으로 옳은 것을 모두 고른 것은?(다툼이 있으면 판례에 따름)[35회]

> ㄱ. 법원의 임차권등기명령이 甲에게 송달되어야 임차권등기명령을 집행할 수 있다.(×)
> ㄴ. 乙이 임차권등기를 한 이후에 甲으로부터 X주택을 임차한 임차인은 최우선변제권을 가지지 못한다.(○)
> ㄷ. 乙이 임차권등기를 한 이후 대항요건을 상실하더라도, 乙은 이미 취득한 대항력이나 우선변제권을 잃지 않는다.(○)
> ㄹ. 乙이 임차권등기를 한 이후에는 이행지체에 빠진 甲의 보증금반환의무가 乙의 임차권등기 말소의무보다 먼저 이행되어야 한다.(○)

① ㄴ,ㄷ ② ㄱ,ㄴ,ㄹ ③ ㄱ,ㄷ,ㄹ ④ ㄴ,ㄷ,ㄹ ⑤ ㄱ,ㄴ,ㄷ,ㄹ

ㄱ. 임차권등기명령의 집행은 임대인 갑에게 송달되지 않은 임차권등기명령에 대해서도 적용합니다.(3조의3 3항4호, 부칙〈법률 제19356호, 2023.4.18.〉2조) ㄴ. 8조6항 ㄷ. 8조5항 ㄹ. 임대인 갑의 이체지체 때문에 임차권등기가 되었으므로 그의 보증금반환의무가 선행되어야 해요.(판례) 정답④

개업공인중개사 甲의 중개로 丙은 2025.10.17. 乙소유의 용인시 소재 X주택에 대하여 보증금 5,000만원에 2년 기간으로 乙과 임대차계약을 체결하고, 계약당일 주택의 인도와 주민등록 이전, 임대차계약증서상의 확정일자를 받았다. 丙이 **임차권등기명령**을 신청하는 경우 **주택임대차보호법령**의 적용에 관한 甲의 설명으로 옳은 것은?[31회]

① 丙은 임차권등기명령 신청서에 신청의 취지와 이유를 적어야 하지만, 임차권등기의 원인이 된 사실을 소명할 필요는 없다.(×)

② 丙이 임차권등기와 관련하여 든 비용은 乙에게 청구할 수 있으나, 임차권등기명령 신청과 관련하여 든 비용은 乙에게 청구할 수 없다.(×)

③ 임차권등기명령의 집행에 따른 임차권등기를 마치면 丙은 대항력을 유지하지만 우선변제권은 유지하지 못한다.(×)

④ 임차권등기명령의 집행에 따른 임차권등기 후에 丙이 주민등록을 서울특별시로 이전한 경우 대항력을 상실한다.(×)

⑤ 임차권등기명령의 집행에 따라 임차권등기가 끝난 X주택을 임차한 임차인 丁은 소액보증금에 관한 최우선변제를 받을 권리가 없다.(○)

> ① 임차권등기의 원인이 된 사실도 소명해야 합니다. ② 둘 다 청구할 수 있어요. ③ 대항력과 우선변제권 모두 유지합니다. ④ 임차권등기 후엔 이사해도 대항력을 유지합니다. ⑤ 빈출지문!

확정일자 부여★★★

① 확정일자는 주택 소재지의 읍·면사무소, 동 주민센터 또는 시·군·구의 출장소, 지방법원 및 그 지원과 등기소 또는 공증인법에 따른 공증인(확정일자부여 기관)이 부여한다.

② 확정일자는 확정일자번호, 확정일자 부여일 및 확정일자부여기관을 주택임대차계약증서에 표시하는 방법으로 부여한다.

③ 주택의 임대차에 이해관계가 있는 자는 확정일자부여기관에 해당 주택의 확정일자 부여일, 차임 및 보증금 등 정보의 제공을 요청할 수 있다. 이 경우 요청을 받은 확정일자부여기관은 정당한 사유 없이 이를 거부할 수 없다.

④ 임대차계약을 체결하려는 자는 임대인의 동의를 받아 확정일자부여기관에 정보제공을 요청할 수 있다.

⑤ 확정일자를 부여받거나 정보를 제공받으려는 자는 수수료를 내야 한다.

임대차기간★★

① 기간을 정하지 아니하거나 2년 미만으로 정한 임대차는 그 기간을 2년으로 본다. 다만, 임차인은 2년 미만으로 정한 기간이 유효함을 주장할 수 있다.

② 임대차기간이 끝난 경우에도 임차인이 보증금을 반환받을 때까지는 임대차

관계가 존속되는 것으로 본다.

계약의 묵시적 갱신***

① 임대인이 임대차기간이 끝나기 6개월 전부터 2개월 전까지의 기간에 임차인에게 갱신거절의 통지를 하지 아니하거나 계약조건을 변경하지 아니하면 갱신하지 아니한다는 뜻의 통지를 하지 아니한 경우에는 그 기간이 끝난 때에 전 임대차와 동일한 조건으로 다시 임대차한 것으로 본다. 임차인이 임대차기간이 끝나기 2개월 전까지 통지하지 아니한 경우에도 또한 같다.

② 위의 경우 임대차의 존속기간은 2년으로 본다.

③ 2기의 차임액에 달하도록 연체하거나 그밖에 임차인으로서의 의무를 현저히 위반한 임차인에게는 계약의 묵시적 갱신이 허용되지 않는다.

④ 계약이 묵시적으로 갱신된 경우 임차인은 언제든지 임대인에게 계약해지를 통지할 수 있다.

⑤ 위의 계약해지는 임대인이 그 통지를 받은 날부터 3개월이 지나면 그 효력이 발생한다.

> **저자의 한마디**
>
> 주택임대차계약이 묵시적으로 갱신되면 존속기간은 2년으로 보지만, 임차인은 언제든지 계약해지를 할 수 있고, 계약해지의 효과는 임대인이 계약해지를 통지받은 날로부터 3개월이 지난 시점에 발생합니다.

개업공인중개사가 중개의뢰인에게 **임대차의 존속기간** 등과 관련하여 설명한 내용으로 틀린 것은?[25회]

① 민법상 임대차의 최단존속기간에 관한 규정은 없다.(○)
② 민법상 임대차계약의 갱신 횟수를 제한하는 규정은 없다.(○)
③ 주택임대차보호법상 임대차기간이 끝난 경우에도 임차인이 보증금을 반환받을 때까지 임대차관계가 존속되는 것으로 본다.(○)
④ 주택임대차보호법상 임대차의 최단존속기간은 2년이나, 임차인은 2년 미만으로 정한 기간이 유효함을 주장할 수 있다.(○)
⑤ 민법상 존속기간의 약정이 없는 토지임대차에서 임차인이 계약해지의 통고를 하면, 임대인이 해지통고를 받은 날부터 6월이 경과해야 해지의 효력이 발생한다.(×)

> ①② 현행민법에는 임대차의 최단존속기간이나 임대차계약의 갱신 횟수를 제한하는 규정이 없어요. ③ 4조2항 ④ 4조1항 ⑤ 민법에는 토지, 건물 기타 공작물에 대하여 임대인이 해지를 통고한 경우에는 6월, 임차인이 해지를 통고한 경우에는 1월이 경과해야 해지의 효력이 생깁니다.

> **저자의 한마디**
>
> ⑤ 민법상 존속기간의 약정이 없는 임대차계약에서는 임대인과 임차인 모두 언제든지 계약해지의 통고를 할 수 있지만, 계약해지의 효과가 발생하는 시점은 달라요. 임차인의 경우(1개월)가 임대인의 경우(6개월)보다 효과가 빨리 생긴답니다.

계약갱신요구권***

① 임대인은 임차인이 임대차기간이 끝나기 6개월 전부터 2개월 전까지의 기간에 계약갱신을 요구할 경우 정당한 사유 없이 거절하지 못한다.

다만, **다음 경우**에는 거절할 수 있다.

ㄱ. 임차인이 2기의 차임액에 해당하는 금액에 이르도록 차임을 연체한 사실이 있는 경우

ㄴ. 임차인이 거짓이나 그 밖의 부정한 방법으로 임차한 경우

ㄷ. 서로 합의하여 임대인이 임차인에게 상당한 보상을 제공한 경우

ㄹ. 임차인이 임대인의 동의 없이 목적 주택의 전부 또는 일부를 전대한 경우

ㅁ. 임차인이 임차한 주택의 전부 또는 일부를 고의나 중대한 과실로 파손한 경우

ㅂ. 임차한 주택의 전부 또는 일부가 멸실되어 임대차의 목적을 달성하지 못할 경우

ㅅ. 임대인이 **다음 사유**로 목적 주택의 전부 또는 대부분을 철거하거나 재건축하기 위하여 목적 주택의 점유를 회복할 필요가 있는 경우

• 임대차계약 체결 당시 공사시기 및 소요기간 등을 포함한 철거 또는 재건축 계획을 임차인에게 구체적으로 고지하고 그 계획에 따르는 경우

• 건물이 노후ㆍ훼손 또는 일부 멸실되는 등 안전사고의 우려가 있는 경우

• 다른 법령에 따라 철거 또는 재건축이 이루어지는 경우

ㅇ. 임대인(임대인의 직계존속·직계비속을 포함)이 목적 주택에 실제 거주하려는 경우

ㅈ. 그밖에 임차인이 임차인으로서의 의무를 현저히 위반하거나 임대차를 계속하기 어려운 중대한 사유가 있는 경우

② 임차인은 계약갱신요구권을 1회에 한하여 행사할 수 있다. 이 경우 갱신되는 임대차의 존속기간은 2년으로 본다.

③ 갱신되는 임대차는 전 임대차와 동일한 조건으로 다시 계약된 것으로 본다. 다만, 차임과 보증금은 20분의 1(5%)의 범위에서 증감할 수 있다.

④ 임대인(임대인의 직계존속·직계비속을 포함)이 목적 주택에 실제 거주하려는 사유로 갱신을 거절하였음에도 불구하고 갱신요구가 거절되지 아니하였더라면 갱신되었을 기간이 만료되기 전에 <u>정당한 사유 없이 제3자에게 목적 주택을 임대한 경우</u> 임대인은 갱신거절로 인하여 임차인이 입은 손해를 배상하여야 한다.

⑤ 손해배상액은 거절 당시 당사자 간에 손해배상액의 예정에 관한 합의가 이루어지지 않는 한 **다음 금액** 중 큰 금액으로 한다.

ㄱ. 갱신거절 당시 (환산)월차임의 3개월분에 해당하는 금액

ㄴ. 임대인이 제3자에게 임대하여 얻은 환산월차임과 갱신거절 당시 환산월차임 간 차액의 2년분에 해당하는 금액

ㄷ. 갱신거절로 인하여 임차인이 입은 손해액

개업공인중개사 甲의 중개로 乙과 丙은 丙 소유의 주택에 관하여 임대차계약(이하 계약이라 함)을 체결하려 한다. **주택임대차보호법**의 적용에 관한 甲의 설명으로 틀린 것은?(임차인 乙은 자연인임)[32회]

① 乙과 丙이 임대차기간을 2년 미만으로 정한다면 乙은 그 임대차기간이 유효함을 주장할 수 없다.(×)

② 계약이 묵시적으로 갱신되면 임대차의 존속기간은 2년으로 본다.(○)

③ 계약이 묵시적으로 갱신되면 乙은 언제든지 丙에게 계약해지를 통지할 수 있고, 丙이 그 통지를 받은 날부터 3개월이 지나면 해지의 효력이 발생한다.(○)

④ 乙이 丙에게 계약갱신요구권을 행사하여 계약이 갱신되면, 갱신되는 임대차의 존속기간은 2년으로 본다.(○)

⑤ 乙이 丙에게 계약갱신요구권을 행사하여 계약이 갱신된 경우 乙은 언제든지 丙에게 계약해지를 통지할 수 있다.(○)

> ① 임차인 을은 2년 미만 임대차기간의 유효함을 주장할 수 있어요.

차임이나 보증금의 증감청구권**

① 당사자는 약정한 차임이나 보증금이 임차주택에 관한 조세, 공과금, 그 밖의 부담의 증감이나 경제사정의 변동으로 인하여 적절하지 아니하게 된 때에는 장래에 대하여 그 증감을 청구할 수 있다. 이 경우 증액청구는 임대차계약 또는 약정한 차임이나 보증금의 증액이 있은 후 1년 이내에는 하지 못한다.

② 증액청구는 약정한 차임이나 보증금의 20분의 1(5%)의 금액을 초과하지 못한다. 다만, 특별시·광역시·특별자치시·도 및 특별자치도는 관할 구역 내의 지역별 임대차 시장 여건 등을 고려하여 증액청구의 상한을 조례로 달리 정할 수 있다.

③ 임차인이 증액비율을 초과하여 차임 또는 보증금을 지급하거나 월차임 산정률을 초과하여 차임을 지급한 경우에는 초과 지급된 차임 또는 보증금 상당 금액의 반환을 청구할 수 있다.

개업공인중개사가 중개의뢰인에게 주택임대차보호법 상 **계약갱신요구권**에 관하여 설명한 것으로 옳은 것은?[35회]

① 임차인은 최초의 임대차기간을 포함한 전체 임대차기간이 10년을 초과하지 아니하는 범위에서 계약갱신요구권을 행사할 수 있다.(×)

② 임차인뿐만 아니라 임대인도 계약갱신요구권을 행사할 수 있다.(×)

③ 임차인이 계약갱신요구권을 행사하여 임대차계약이 갱신된 경우 임차인은 언제든지 임대인에게 계약해지를 통지할 수 있다.(○)

④ 임차인이 계약갱신요구권을 행사하여 임대차계약이 갱신된 경우 임대인은 차임을 증액할 수 없다.(×)

⑤ 임차인이 계약갱신요구권을 행사하려는 경우 계약기간이 끝난 후 즉시 이를 행사하여야 한다.(×)

보증금 중 일정액의 보호(소액임차인의 최우선변제권)★★★

① 임차인은 보증금 중 일정액을 다른 담보물권자보다 우선하여 변제받을 권리(→최우선변제권)가 있다. 이 경우 임차인은 주택에 대한 경매신청의 등기 전에 대항력 요건을 갖추어야 한다.

② (최)우선변제를 받을 (소액)임차인 및 보증금 중 일정액의 범위와 기준은 주택임대차위원회의 심의를 거쳐 **다음**과 같이 정한다. 다만, 보증금 중 일정액의 범위와 기준은 주택가액(대지의 가액을 포함)의 2분의 1을 넘지 못한다.

지역	소액임차인의 범위	최우선변제액
서울특별시	1억5천만원 이하	5,000만원까지
과밀억제권역(서울특별시는 제외), 세종특별자치시, 용인/화성/김포시	1억3천만원 이하	4,300만원까지
광역시(과밀억제권역에 포함된 지역과 군 지역은 제외), 안산/광주/파주/이천/평택시	7,000만원 이하	2,300만원까지
그 밖의 지역	6,000만원 이하	2,000만원까지

③ 임차인의 보증금 중 일정액이 주택가액의 2분의 1을 초과하는 경우에는 주택가액의 2분의 1에 해당하는 금액까지만 우선변제권이 있다.

④ 하나의 주택에 임차인이 2명 이상이고, 그 각 보증금 중 일정액을 모두 합한 금액이 주택가액의 2분의 1을 초과하는 경우에는 그 각 보증금 중 일정액을 모두 합한 금액에 대한 각 임차인의 보증금 중 일정액의 비율로 그 주택가액의 2분의 1에 해당하는 금액을 분할한 금액을 각 임차인의 보증금 중 일정액으로 본다.

⑤ 하나의 주택에 임차인이 2명 이상이고 이들이 그 주택에서 가정공동생활을 하는 경우에는 이들을 1명의 임차인으로 보아 이들의 각 보증금을 합산한다.

개업공인중개사가 중개의뢰인에게 **주택임대차보호법**의 내용에 관하여 설명한 것으로 틀린 것은?(단, 임차인은 자연인임)[33회]

① 주택임대차보호법은 주거용 건물의 임대차에 적용되며, 그 임차주택의 일부가 주거 외의 목적으로 사용되는 경우에도 적용된다.(○)

② 임차인의 계약갱신요구권의 행사를 통해 갱신되는 임대차의 존속기간은 2년으로 본다.(○)

③ 임차인은 임차주택에 대한 경매신청의 등기 전에 대항요건을 갖추지 않은 경우에도 보증금 중 일정액에 대해서는 다른 담보물권자보다 우선하여 변제받을 권리가 있다.(×)

④ 임차인이 대항력을 갖춘 경우 임차주택의 양수인은 임대인의 지위를 승계한 것으로 본다.(○)

⑤ 임차권등기명령의 집행에 따른 임차권등기를 마친 임차인은 이후 대항요건을 상실하더라도 이미 취득한 대항력 또는 우선변제권을 상실하지 아니한다.(○)

> ③ 경매신청의 등기 전에 대항력을 갖추어야 최우선변제권이 인정됩니다.(8조1항) ① 2조 ② 6조의3 2항 ④ 3조4항 ⑤ 3조3 5항

주택임대차계약에 대하여 개업공인중개사가 중개의뢰인에게 설명한 내용으로 틀린 것을 모두 고른 것은?(다툼이 있으면 판례에 의함)[25회]

> ㄱ. 임차인이 주택의 인도를 받고 주민등록을 마친 날과 제3자의 저당권설정 등기일이 같은 날이면 임차인은 저당권의 실행으로 그 주택을 취득한 매수인에게 대항하지 못한다.(○)
> ㄴ. 임차인이 임차권등기를 통하여 대항력을 가지는 경우, 임차주택의 양수인은 임대인의 지위를 승계한 것으로 본다.(○)
> ㄷ. 소액임차인의 최우선변제권은 주택가액(대지가액 포함)의 3분의 1에 해당하는 금액까지만 인정된다.(×)
> ㄹ. 주택임대차계약이 묵시적으로 갱신된 경우, 임대인은 언제든지 임차인에게 계약해지를 통지할 수 있다.(×)

① ㄱ,ㄴ ② ㄴ,ㄹ ③ ㄷ,ㄹ ④ ㄱ,ㄴ,ㄷ ⑤ ㄱ,ㄷ,ㄹ

> ㄷ. 1/3이 아니라 1/2을 초과할 수 없어요. ㄹ. 임차인만 언제든지 계약해지를 통지할 수 있어요. 정답③

개업공인중개사가 **주택임대차보호법의 적용**에 관하여 설명한 내용으로 틀린 것을 모두 고른 것은?(다툼이 있으면 판례에 따름)[34회]

> ㄱ. 주택의 미등기 전세계약에 관하여는 주택임대차보호법을 준용한다.(○)
> ㄴ. 주거용 건물에 해당하는지 여부는 임대차목적물의 공부상의 표시만을 기준으로 정하여야 한다.(×)
> ㄷ. 임차권등기 없이 우선변제청구권이 인정되는 소액임차인의 소액보증금반환채권은 배당요구가 필요한 배당요구채권에 해당하지 않는다.(×)

① ㄱ ② ㄴ ③ ㄱ,ㄷ ④ ㄴ,ㄷ ⑤ ㄱ,ㄴ,ㄷ

> ㄱ. 채권적 전세는 주택임대차보호법의 적용을 받습니다. ㄴ. 공부상의 표시만을 기준으로 할 것이 아니라 그 실제 용도에 따라서 정해야 합니다.(판례) ㄷ. 임차권등기 없이 우선변제청구권이 인정되는 소액임차인의 소액보증금반환채권은 배당요구가 필요한 배당요구채권에 해당합니다.(판례) 정답④

주택 임차권의 승계*

저자의 한마디

임차인에게 그 주택에서 가정공동생활을 하던 상속인이 있다면 그 상속인에게 1순위로 승계됩니다. ①은 상속인이 없는 경우를, ②은 상속인이 있긴 하지만 가정공동생활을 하지 않은 경우를 규정하고 있는 거죠.

① 임차인이 상속인 없이 사망한 경우에는 그 주택에서 가정공동생활을 하던 사실상의 혼인 관계에 있는 자가 임차인의 권리와 의무를 승계한다.

② 임차인이 사망한 때에 사망 당시 상속인이 그 주택에서 가정공동생활을 하고 있지 아니한 경우에는 그 주택에서 가정공동생활을 하던 사실상의 혼인 관계에 있는 자와 2촌 이내의 친족이 공동으로 임차인의 권리와 의무를 승계한다.

③ 임차인이 사망한 후 1개월 이내에 임대인에게 승계 대상자가 반대의사를 표시한 경우에는 임차인의 권리와 의무를 승계하지 아니한다.

④ 임대차 관계에서 생긴 채권·채무는 임차인의 권리의무를 승계한 자에게 귀속된다.

甲은 2025.1.28. 자기소유의 X주택을 2년간 乙에게 임대하는 계약을 체결하였다. 개업공인중개사가 이 계약을 중개하면서 **주택임대차보호법**과 관련하여 설명한 내용으로 옳은 것은?[28회]

주택임대차분쟁조정위원회 심의·조정사항

① 차임 또는 보증금의 증감에 관한 분쟁
② 임대차 기간에 관한 분쟁
③ 보증금 또는 임차주택의 반환에 관한 분쟁
④. 임차주택의 유지·수선 의무에 관한 분쟁
⑤ 그밖에 대통령령으로 정하는 주택임대차에 관한 분쟁

① 乙은 공증인법에 따른 공증인으로부터 확정일자를 받을 수 없다.(×)

② 乙이 X주택의 일부를 주거 외 목적으로 사용하면 주택임대차보호법이 적용되지 않는다.(×)

③ 임대차계약이 묵시적으로 갱신된 경우, 甲은 언제든지 乙에게 계약해지를 통지할 수 있다.(×)

④ 임대차기간에 관한 분쟁이 발생한 경우, 甲은 주택임대차분쟁조정위원회에 조정을 신청할 수 없다.(×)

⑤ 경제사정의 변동으로 약정한 차임이 과도하게 되어 적절하지 않은 경우, 임대차기간 중 乙은 그 차임의 20분의 1의 금액을 초과하여 감액을 청구할 수 있다.(○)

① 공증인으로부터도 확정일자를 받을 수 있어요. ② 판례에 의하면, 주택 일부를 주거 외 목적으로 사용해도 주택임대차보호법이 적용됩니다. ③ 묵시적 갱신의 경우, 임차인(을)은 언제든지 임대인(갑)에게 계약해지를 통지할 수 있습니다. 거꾸로 되어 있어 틀렸어요. 빈출지문! ④ 임대차기간에 대한 분쟁에 대하여 조정 신청할 수 있습니다. ⑤ 감액청구는 5% 제한을 받지 않아요.

기타*

① 주택임대차보호법에 위반된 약정으로서 임차인에게 불리한 것은 그 효력이 없다.

② 주택임대차보호법은 일시사용하기 위한 임대차임이 명백한 경우에는 적용하지 아니한다.

③ 주택의 등기를 하지 아니한 전세계약에 관하여는 주택임대차보호법을 준용한다. 이 경우 전세금은 임대차의 보증금으로 본다.

④ 우선변제를 받을 임차인 및 보증금 중 일정액의 범위와 기준을 심의하기 위하여 법무부(국토교통부×)에 주택임대차위원회를 둔다.

개업공인중개사가 중개의뢰인에게 **주택임대차보호법**을 설명한 내용으로 틀린 것은?[29회]

① 임차인이 임차주택에 대하여 보증금반환청구소송의 확정판결에 따라 경매를 신청하는 경우 반대의무의 이행이나 이행의 제공을 집행개시의 요건으로 하지 아니한다.(○)

② 임차권등기명령의 집행에 따른 임차권등기가 끝난 주택을 그 이후에 임차한 임차인은 보증금 중 일정액을 다른 담보물권자보다 우선하여 변제받을 권리가 없다.(○)

③ 임대차계약을 체결하려는 자는 임차인의 동의를 받아 확정일자부여기관에 해당 주택의 확정일자 부여일 정보의 제공을 요청할 수 있다.(×)

④ 임차인이 상속인 없이 사망한 경우 그 주택에서 가정공동생활을 하던 사실상의 혼인 관계에 있는 자가 임차인의 권리와 의무를 승계한다.(○)

⑤ 주택의 등기를 하지 아니한 전세계약에 관하여는 주택임대차보호법을 준용한다.(○)

①② 빈출지문! ③ 임차인의 동의라뇨? 임대인(집주인)의 동의를 받아야죠.

적용범위*

① 상가건물임대차보호법은 상가건물의 임대차(임대차 목적물의 주된 부분을 영업용으로 사용하는 경우를 포함)에 대하여 적용한다.

다만, 상가건물임대차위원회의 심의를 거쳐 **다음 보증금액을 초과하는 임대차**에 대하여는 적용하지 않는다.

저자의 한마디

서울의 경우 (환산)보증금이 9억원을 초과하면, 원칙적으로 상가임대차법을 적용하지 않습니다. 특히, 약자보호를 위한 최단 존속기간, 우선변제권 규정은 적용대상이 아니에요.

서울특별시	9억원
과밀억제권역(서울특별시는 제외) 및 부산광역시	6억9천만원
광역시(과밀억제권역에 포함된 지역과 군지역, 부산광역시는 제외), 세종특별자치시, 파주시, 화성시, 안산시, 용인시, 김포시 및 광주시	5억4천만원
그 밖의 지역	3억7천만원

② **위의 보증금액**을 정할 때에는 해당 지역의 경제 여건 및 임대차 목적물의 규모 등을 고려하여 지역별로 구분하여 규정하되, 보증금 외에 차임이 있는 경우에는 그 차임액에 100을 곱하여 환산한 금액을 포함하여야 한다. (환산보증금=월차임액×100+보증금)

③ 대항력, 계약갱신요구권, 계약갱신의 특례, 권리금, 차임연체 및 해지, 계약갱신요구 등에 관한 임시 특례, 폐업으로 인한 임차인의 해지권, 표준계약서의 작성 규정은 보증금액을 초과하는 임대차에 대하여도 적용한다.

대항력*

① 임대차는 그 등기가 없는 경우에도 임차인이 건물의 인도와 사업자등록을 신청하면 그 다음 날 (0시)부터 제3자에 대하여 효력(=대항력)이 생긴다.

② 임차건물의 양수인은 임대인의 지위를 승계한 것으로 본다.

확정일자 부여*

저자의 한마디

주택임대차법의 확정일자 부여 기관은 여럿이지만, 상가임대차법의 확정일자 부여기관은 소재지 관할 세무서장 뿐입니다.

① 확정일자는 상가건물의 소재지 관할 세무서장이 부여한다.

② 관할 세무서장은 해당 상가건물의 소재지, 확정일자 부여일, 차임 및 보증금 등을 기재한 확정일자부를 작성하여야 한다. 이 경우 전산정보처리조직을 이용할 수 있다.

③ 상가건물의 임대차에 이해관계가 있는 자는 관할 세무서장에게 해당 상가

건물의 확정일자 부여일, 차임 및 보증금 등 정보의 제공을 요청할 수 있다. 이 경우 요청을 받은 관할 세무서장은 정당한 사유 없이 이를 거부할 수 없다.

④ 임대차계약을 체결하려는 자는 임대인의 동의를 받아 관할 세무서장에게 정보 제공을 요청할 수 있다.

보증금의 회수*

저자의 한마디

보증금 회수와 임차권등기명령 규정은 주택임대차법의 규정과 거의 같습니다.

① 임차인이 임차건물에 대하여 보증금반환청구소송의 확정판결, 그밖에 이에 준하는 집행권원에 의하여 <u>경매를 신청하는 경우</u>에는 반대의무의 이행이나 이행의 제공을 집행개시의 요건으로 하지 아니한다.

② 대항요건을 갖추고 관할 세무서장으로부터 임대차계약서상의 확정일자를 받은 임차인은 민사집행법에 따른 경매 또는 국세징수법에 따른 공매 시 임차건물(임대인 소유의 대지를 포함)의 환가대금에서 후순위 권리자나 그 밖의 채권자보다 우선하여 보증금을 변제받을 권리가 있다. (대항력+확정일자 ─ 우선변제권)

③ 임차인은 임차건물을 양수인에게 인도하지 아니하면 <u>보증금을 받을 수 없다</u>.

④ 임차권은 임차건물에 대하여 민사집행법에 따른 경매가 실시된 경우에는 그 임차건물이 매각되면 소멸한다. 다만, 보증금이 전액 변제되지 아니한 대항력이 있는 임차권은 소멸하지 않는다.

임차권등기명령**

① <u>임대차가 종료된 후 보증금이 반환되지 아니한 경우</u> 임차인은 <u>임차건물의 소재지를 관할</u>하는 지방법원, 지방법원지원 또는 시·군법원에 임차권등기명령을 신청할 수 있다.

② 임차권등기명령을 신청할 때에는 <u>신청 이유 및 임차권등기의 원인이 된 사실을 기재</u>하고, 소명하여야 한다.

③ <u>임차권등기명령신청을 기각하는 결정</u>에 대하여 임차인은 항고할 수 있다.

④ 임차권등기명령의 집행에 따른 임차권등기를 마치면 임차인은 대항력과 우선변제권을 취득한다. 다만, 임차인이 임차권등기 이전에 이미 대항력 또는 우선변제권을 취득한 경우에는 그 대항력 또는 우선변제권이 그대로 유지되며, 임차권등기 이후에는 대항요건을 상실하더라도 이미 취득한 대항력 또는 우선변제권을 상실하지 아니한다.

⑤ 임차권등기명령의 집행에 따른 임차권등기를 마친 건물을 그 이후에 임차한 임차인은 <u>우선변제를 받을 권리가 없다</u>.

⑥ 임차인은 임차권등기명령의 신청 및 그에 따른 임차권등기와 관련하여 든 비용을 <u>임대인에게 청구할 수 있다</u>.

임대차기간★★

① 기간을 정하지 아니하거나 기간을 1년 미만으로 정한 임대차는 그 기간을 1년으로 본다. 다만, 임차인은 1년 미만으로 정한 기간이 유효함을 주장할 수 있다.

② 임대차가 종료한 경우에도 임차인이 보증금을 돌려받을 때까지는 임대차 관계는 존속하는 것으로 본다.

계약갱신요구권과 계약의 묵시적 갱신★★★

① 임대인은 임차인이 임대차기간이 만료되기 6개월 전부터 1개월 전까지 사이에 계약갱신을 요구할 경우 정당한 사유 없이 거절하지 못한다.

다만, **다음 경우**에는 거절할 수 있다.

ㄱ. 임차인이 3기의 차임액에 해당하는 금액에 이르도록 차임을 연체한 사실이 있는 경우

ㄴ. 임차인이 거짓이나 그 밖의 부정한 방법으로 임차한 경우

ㄷ. 서로 합의하여 임대인이 임차인에게 상당한 보상을 제공한 경우

ㄹ. 임차인이 임대인의 동의 없이 목적 건물의 전부 또는 일부를 전대한 경우

ㅁ. 임차인이 임차한 건물의 전부 또는 일부를 고의나 중대한 과실로 파손한 경우

ㅂ. 임차한 건물의 전부 또는 일부가 멸실되어 임대차의 목적을 달성하지 못할 경우

ㅅ. 임대인이 **다음 사유**로 목적 건물의 전부 또는 대부분을 철거하거나 재건축하기 위하여 목적 건물의 점유를 회복할 필요가 있는 경우

• 임대차계약 체결 당시 공사시기 및 소요기간 등을 포함한 철거 또는 재건축 계획을 임차인에게 구체적으로 고지하고 그 계획에 따르는 경우

• 건물이 노후 · 훼손 또는 일부 멸실되는 등 안전사고의 우려가 있는 경우

• 다른 법령에 따라 철거 또는 재건축이 이루어지는 경우

ㅇ. 그밖에 임차인이 임차인으로서의 의무를 현저히 위반하거나 임대차를 계속하기 어려운 중대한 사유가 있는 경우

② 임차인의 계약갱신요구권은 최초의 임대차기간을 포함한 전체 임대차기간이 10년을 초과하지 아니하는 범위에서만 행사할 수 있다.

③ 갱신되는 임대차는 전 임대차와 동일한 조건으로 다시 계약된 것으로 본다.

④ 임대인이 기간 이내에 임차인에게 갱신 거절의 통지 또는 조건 변경의 통지를 하지 아니한 경우에는 그 기간이 만료된 때에 전 임대차와 동일한 조건으로 다시 임대차한 것으로 본다. 이 경우에 임대차의 존속기간은 1년으로 본다.(→계약의 묵시적 갱신)

⑤ 임차인은 언제든지 임대인에게 계약해지의 통고를 할 수 있고, 임대인이 통고를 받은 날부터 3개월이 지나면 효력이 발생한다.

저자의 한마디

상가임대차법의 갱신요구기간은 6개월 전부터 1개월 전까지 입니다. 반면, 주택임대차법은 6개월 전부터 2개월 전까지 입니다. 주의!

저자의 한마디

주택임대차법의 갱신요구권은 1회만 행사 가능했죠? 반면, **상가임대차법의 갱신요구권**은 횟수제한이 없는 대신 총임대차기간을 제한하고 있습니다. 최초임대차기간을 포함하여 10년까지만 허용됩니다.

⑥ 법정 보증금액을 초과하는 임대차의 계약갱신의 경우에는 당사자는 상가건물에 관한 조세, 공과금, 주변 상가건물의 차임 및 보증금, 그 밖의 부담이나 경제사정의 변동 등을 고려하여 차임과 보증금의 증감을 청구할 수 있다.(→계약갱신의 특례)

⑦ 임대인의 동의를 받고 전대차계약을 체결한 전차인은 임차인의 계약갱신요구권 행사기간 이내에 임차인을 대위하여 임대인에게 계약갱신요구권을 행사할 수 있다.(→적법전차인에게 임차인의 계약갱신요구권 대위 행사 허용)

개업공인중개사가 상가건물을 임차하려는 중개의뢰인 甲에게 **상가건물임대차보호법**의 내용에 관하여 설명한 것으로 틀린 것은?[35회]

① 甲이 건물을 인도 받고 부가가치세법에 따른 사업자 등록을 신청하면 그 다음 날부터 대항력이 생긴다.(○)

② 확정일자는 건물의 소재지 관할 세무서장이 부여한다.(○)

③ 임대차계약을 체결하려는 甲은 임대인의 동의를 받아 관할 세무서장에게 건물의 확정일자 부여일 등 관련 정보의 제공을 요청할 수 있다.(○)

④ 甲이 거짓이나 그 밖의 부정한 방법으로 임차한 경우 임대인은 甲의 계약갱신 요구를 거절할 수 있다.(○)

⑤ 건물의 경매 시 甲은 환가대금에서 우선변제권에 따른 보증금을 지급받은 이후에 건물을 양수인에게 인도하면 된다.(×)

> ① 3조1항 ② 4조1항 ③ 4조4항 ④ 10조1항2호 ⑤ 임차인 갑은 건물을 양수인에게 먼저 인도한 후 우선변제권에 따른 보증금을 지급받습니다.(5조3항)

개업공인중개사 甲의 중개로 乙은 丙소유의 서울특별시 소재 X상가건물에 대하여 보증금 10억원에 1년 기간으로 丙과 임대차계약을 체결하였다. 乙은 X건물을 인도받아 2025.3.10. 사업자등록을 신청하였으며 2025.3.13. 임대차계약서상의 확정일자를 받았다. 이 사례에서 **상가건물 임대차보호법령**의 적용에 관한 甲의 설명으로 틀린 것은?[31회]

① 乙은 2025.3.11. 대항력을 취득한다.(○)

② 乙은 2025.3.13. 보증금에 대한 우선변제권을 취득한다.(×)

③ 丙은 乙이 임대차기간 만료되기 6개월 전부터 1개월 전까지 사이에 계약 갱신을 요구할 경우, 정당한 사유 없이 거절하지 못한다.(○)

④ 乙의 계약갱신요구권은 최초의 임대차기간을 포함한 전체 임대차기간이 10년을 초과하지 아니하는 범위에서만 행사할 수 있다.(○)

⑤ 乙의 계약갱신요구권에 의하여 갱신되는 임대차는 전 임대차와 동일한 조건으로 다시 계약된 것으로 본다.(○)

> ① 3월10일에 사업자등록을 신청했으니까 3월11일 0시에 대항력을 취득합니다. ② 서울시에서 보증금이 9억원을 넘으면 상가임대차법이 적용되지 않습니다. 따라서 을에게는 우선변제권이 없어요. ③④⑤ 법정 보증금액을 초과해도 계약갱신요구는 할 수 있답니다.

저자의 한마디

② 보통의 경우에 임차인 을은 3.13에 우선변제권을 취득하지만, 서울에서 보증금 9억원을 초과하는 상가임대차계약을 하면 우선변제권이 인정되지 않아요. 우선변제권은 서울에서 9억원 미만의 계약에서만 인정됩니다.

차임 또는 보증금 증감청구권★★★

① 차임 또는 보증금이 임차건물에 관한 조세, 공과금, 그 밖의 부담의 증감이나 감염병의 예방 및 관리에 관한 법률에 따른 제1급감염병 등에 의한 경제사정의 변동으로 인하여 상당하지 아니하게 된 경우에는 당사자는 <u>장래의 차임 또는 보증금에 대하여 증감을 청구할 수 있다.</u> 그러나 차임 또는 보증금의 증액청구는 청구당시의 차임 또는 보증금의 100분의 5(5%)의 금액을 초과하지 못한다.

② 증액 청구는 임대차계약 또는 약정한 차임 등의 증액이 있은 후 1년 이내에는 하지 못한다.

③ 감염병의 예방 및 관리에 관한 법률에 따른 제1급감염병에 의한 경제사정의 변동으로 차임 등이 감액된 후 임대인이 증액을 청구하는 경우에는 증액된 차임 등이 감액 전 차임 등의 금액에 달할 때까지는 5%의 금액을 초과하여 증액할 수 있다.

개업공인중개사가 중개의뢰인에게 **상가건물임대차계약**에 관하여 설명한 내용으로 틀린 것은?[29회]

① 임차인은 임차권등기명령의 신청과 관련하여 든 비용을 임대인에게 청구할 수 없다.(×)

② 임대차계약의 당사자가 아닌 이해관계인은 관할 세무서장에게 임대인·임차인의 인적사항이 기재된 서면의 열람을 요청할 수 없다.(○)

③ 임대인의 동의를 받고 전대차계약을 체결한 전차인은 임차인의 계약갱신요구권 행사기간 이내에 임차인을 대위하여 임대인에게 계약갱신요구권을 행사할 수 있다.(○)

④ 임대차는 그 등기가 없는 경우에도 임차인이 건물의 인도와 법령에 따른 사업자등록을 신청하면 그 다음날부터 제3자에 대하여 효력이 생긴다.(○)

⑤ 차임이 경제사정의 침체로 상당하지 않게 된 경우 당사자는 장래의 차임 감액을 청구할 수 있다.(○)

> ① 임대인에게 청구할 수 있어요. ② 임대인·임차인의 인적사항은 임대차계약의 당사자만 요청할 수 있어요. ③ 빈출지문! ⑤ 코로나 때문에 차임 감액 청구가 많아졌죠.

권리금★★

1. 권리금의 정의

① 권리금이란 임대차 목적물인 상가건물에서 영업을 하는 자 또는 영업을 하려는 자가 영업시설·비품, 거래처, 신용, 영업상의 노하우, 상가건물의 위치에 따른 영업상의 이점 등 유형·무형의 재산적 가치의 양도 또는 이용대가로서 임대인, 임차인에게 <u>보증금과 차임 이외에 지급하는 금전 등의 대가</u>를 말한다.

② 권리금 계약이란 <u>신규임차인</u>이 되려는 자가 (기존)임차인에게 권리금을 지급하기로 하는 계약을 말한다.

2. 권리금 회수기회 보호

① 임대인은 임대차기간이 끝나기 6개월 전부터 임대차 종료 시까지 **다음 행위를 함으로써** 권리금 계약에 따라 임차인이 주선한 신규임차인이 되려는 자로부터 권리금을 지급받는 것을 방해하여서는 아니 된다. 다만, 계약갱신 요구를 거절할 수 있는 사유가 있는 경우에는 그러하지 아니하다.

ㄱ. 임차인이 주선한 신규임차인이 되려는 자에게 권리금을 요구하거나 임차인이 주선한 신규임차인이 되려는 자로부터 권리금을 수수하는 행위

ㄴ. 임차인이 주선한 신규임차인이 되려는 자로 하여금 임차인에게 권리금을 지급하지 못하게 하는 행위

ㄷ. 임차인이 주선한 신규임차인이 되려는 자에게 상가건물에 관한 조세, 공과금, 주변 상가건물의 차임 및 보증금, 그 밖의 부담에 따른 금액에 비추어 현저히 고액의 차임과 보증금을 요구하는 행위

ㄹ. 그밖에 정당한 사유 없이 임대인이 임차인이 주선한 신규임차인이 되려는 자와 임대차계약의 체결을 거절하는 행위

② **다음 경우에** 정당한 사유가 있는 것으로 본다.

ㄱ. 임차인이 주선한 신규임차인이 되려는 자가 보증금 또는 차임을 지급할 자력이 없는 경우

ㄴ. 임차인이 주선한 신규임차인이 되려는 자가 임차인으로서의 의무를 위반할 우려가 있거나 그밖에 임대차를 유지하기 어려운 상당한 사유가 있는 경우

ㄷ. 임대차 목적물인 상가건물을 1년 6개월 이상 영리목적으로 사용하지 아니한 경우

ㄹ. 임대인이 선택한 신규임차인이 임차인과 권리금 계약을 체결하고 그 권리금을 지급한 경우

③ 임대인이 권리금 수령 방해금지 규정을 위반하여 임차인에게 손해를 발생하게 한 때에는 그 손해를 배상할 책임이 있다. 이 경우 그 손해배상액은 신규임차인이 임차인에게 지급하기로 한 권리금과 임대차 종료 당시의 권리금 중 낮은 금액을 넘지 못한다.

④ 임대인에게 손해배상을 청구할 권리는 임대차가 종료한 날부터 3년 이내에 행사하지 아니하면 시효의 완성으로 소멸한다.

⑤ 임차인은 임대인에게 임차인이 주선한 신규임차인이 되려는 자의 보증금 및 차임을 지급할 자력 또는 그밖에 임차인으로서의 의무를 이행할 의사 및 능력에 관하여 자신이 알고 있는 정보를 제공하여야 한다.

⑥ 권리금 회수기회 보호 규정은 **다음의 경우에는** 적용하지 아니한다.

ㄱ. 임대차 목적물인 상가건물이 대규모점포 또는 준대규모점포의 일부인 경우 (다만, 전통시장 및 상점가 육성을 위한 특별법에 따른 전통시장은 제외)

ㄴ. 임대차 목적물인 상가건물이 국유재산 또는 공유재산인 경우

> **저자의 한마디**
>
> 권리금회수기회 보호규정은 약자를 위한 규정입니다. 따라서 대형마트에는 적용하지 않지만 전통시장에는 적용해요. 한편, 국공유재산에는 권리금이 없답니다.

3. 기타

① 국토교통부장관은 법무부장관과 협의를 거쳐 임차인과 신규임차인이 되려는 자의 권리금 계약 체결을 위한 표준권리금계약서를 정하여 그 사용을 권장할 수 있다.

② 국토교통부장관은 권리금에 대한 감정평가의 절차와 방법 등에 관한 기준을 고시할 수 있다.

보증금 중 일정액의 보호(소액임차인의 최우선변제권)★★★

① 임차인은 보증금 중 일정액을 다른 담보물권자보다 우선하여 변제받을 권리(﹒최우선변제권)가 있다. 이 경우 임차인은 건물에 대한 경매신청의 등기 전에 대항력 요건을 갖추어야 한다.

② (최)우선변제를 받을 (소액)임차인 및 보증금 중 일정액의 범위와 기준은 임대건물가액(임대인 소유의 대지가액을 포함)의 2분의 1 범위에서 해당 지역의 경제 여건, 보증금 및 차임 등을 고려하여 상가건물임대차위원회의 심의를 거쳐 다음과 같이 정한다.

지역	소액임차인의 범위	최우선변제액
서울특별시	6,500만원 이하	2,200만원까지
과밀억제권역(서울특별시는 제외)	5,500만원 이하	1,900만원까지
광역시(과밀억제권역에 포함된 지역과 군지역은 제외), 안산시, 용인시, 김포시 및 광주시	3,800만원 이하	1,300만원까지
그 밖의 지역	3,000만원 이하	1,000만원까지

저자의 한마디

주택임대차법이든 상가임대차법이든 서울시의 경우는 꼭 암기하세요. 출제위원이 서울 외의 지역에서 문제를 내는 것은 많이 부담스럽기 때문이죠.

저자의 한마디

④ 서울이니까 만약 을이 환산보증금 6천5백만원 이하로 상가계약한 소액임차인이라면 최대 2천2백만원까지 최우선변제(선순위 저당권자보다도 우선하여 변제)받을 수 있어요. 하지만 문제지문에서 환산보증금이 1억5천만원이므로 을은 소액임차인이 아니에요. 따라서 을이 선순위 저당권자보다 우선변제 받을 일은 없죠.

개업공인중개사가 선순위 저당권이 설정되어 있는 서울시 소재 상가건물(**상가건물임대차보호법**이 적용됨)에 대해 임대차기간 2025.10.1.부터 1년, 보증금 5천만원, 월차임 100만원으로 임대차를 중개하면서 임대인 甲과 임차인 乙에게 설명한 내용으로 옳은 것은?[30회]

① 乙의 연체차임액이 200만원에 이르는 경우 甲은 계약을 해지할 수 있다.(×)

② 차임 또는 보증금의 감액이 있은 후 1년 이내에는 다시 감액을 하지 못한다.(×)

③ 甲이 2025.4.1.부터 2025.8.31. 사이에 乙에게 갱신거절 또는 조건 변경의 통지를 하지 않은 경우, 2025.10.1. 임대차계약이 해지된 것으로 본다.(×)

④ 상가건물에 대한 경매개시 결정등기 전에 乙이 건물의 인도와 부가가치세법에 따른 사업자등록을 신청한 때에는, 보증금 5천만원을 선순위 저당권자보다 우선변제 받을 수 있다.(×)

⑤ 乙이 임대차의 등기 및 사업자등록을 마치지 못한 상태에서 2025.1.5. 甲이 상가건물을 丙에게 매도한 경우, 丙의 상가건물 인도청구에 대하여 乙은 대항할 수 없다.(○)

> ① 상가의 경우 연체차임액이 3기에 달해야 계약을 해지할 수 있어요. 따라서 300만원 이죠. ② 감액에는 제한이 없어요. ③ 계약이 해지되는 것이 아니라 전 임대차와 동일한 조건으로 다시 임대차하는 것으로 봅니다. ④ 서울시에서 환산보증금이 1억5천만원(= 100만원×100+5천만원)이면 소액임차인이 아닙니다. 따라서 선순위 저당권자보다 우선변제 받을 수 없어요. ⑤ 을에게 대항력이 없으니까!

개업공인중개사가 보증금 5천만원, 월차임 1백만원으로 하여 **상가건물임대차 보호법**이 적용되는 상가건물의 임대차를 중개하면서 임차인에게 설명한 내용으로 옳은 것은?[27회]

① 임차인의 계약갱신요구권은 전체 임대차기간이 2년을 초과하지 아니하는 범위에서만 행사할 수 있다.(×)

② 임대인의 차임증액청구가 인정되더라도 10만원까지만 인정된다.(×)

③ 임차인의 차임연체액이 2백만원에 이르는 경우 임대인은 계약을 해지할 수 있다.(×)

④ 상가건물이 서울특별시에 있을 경우 그 건물의 경매 시 임차인은 2천5백 만원을 다른 담보권자보다 우선하여 변제받을 수 있다.(×)

⑤ 임차인이 임대인의 동의 없이 건물의 전부를 전대한 경우 임대인은 임차인 의 계약갱신요구를 거절할 수 있다.(○)

> ① 2년이 아니라 10년 ② 5%가 상한이니까 5만원(=1백만원×5%)까지 인정됩니다. ③ 2백만원이 아니라 3백만원 ④ 환산보증금이 1억5천만원(=1백만원×100+5천만원)이니까 최우선변제권이 인정되는 소액임차가 아닙니다. ⑤ 무단전대의 경우에 임대인은 계약갱신 요구를 거절할 수 있어요.

기타★★

① 임차인의 차임연체액이 3기의 차임액에 달하는 때에는 임대인은 계약을 해지할 수 있다.

② 임차인은 감염병의 예방 및 관리에 관한 법률에 따른 집합 제한 또는 금지 조치(운영시간을 제한한 조치를 포함)를 총 3개월 이상 받음으로써 발생한 경제사정의 중대한 변동으로 폐업한 경우에는 임대차계약을 해지할 수 있다. 이에 따른 해지는 임대인이 계약해지의 통고를 받은 날부터 3개월이 지나면 효력이 발생한다.

③ 상가건물 임대차에 관한 **다음 사항**을 심의하기 위하여 법무부(국토교통부×) 에 상가건물 임대차위원회를 둔다.

ㄱ. 상가임대차법의 적용대상이 되는 보증금액

ㄴ. 우선변제를 받을 임차인 및 보증금 중 일정액의 범위와 기준

임대인의 계약해지 요건
① 주택임대차법 : 2기 연체
② 상가임대차법 : 3기 연체

③ 상가임대차법의 규정에 위반된 약정으로서 임차인에게 불리한 것은 효력이 없다.

④ 상가임대차법은 일시사용을 위한 임대차임이 명백한 경우에는 적용하지 아니한다.

⑤ 목적건물을 등기하지 아니한 전세계약에 관하여 이 법을 준용한다. 이 경우 전세금은 임대차의 보증금으로 본다.

⑥ 법무부장관은 국토교통부장관과 협의를 거쳐 보증금, 차임액, 임대차기간, 수선비 분담 등의 내용이 기재된 상가건물임대차표준계약서를 정하여 그 사용을 권장할 수 있다.

개업공인중개사가 중개의뢰인에게 **상가건물임대차보호법**에 대해 설명한 내용으로 틀린 것은?[26회]

① 권리금계약이란 신규임차인이 되려는 자가 임차인에게 권리금을 지급하기로 하는 계약을 말한다.(○)

② 임차인의 차임연체액이 3기의 차임액에 달하는 때에는 임대인은 계약을 해지할 수 있다.(○)

③ 국토교통부장관은 권리금에 대한 감정평가의 절차와 방법 등에 관한 기준을 고시할 수 있다.(○)

④ 국토교통부장관은 권리금 계약을 체결하기 위한 표준권리금계약서를 정하여 그 사용을 권장할 수 있다.(○)

⑤ 보증금이 전액 변제되지 아니한 대항력이 있는 임차권은 임차건물에 대하여 민사집행법에 따른 경매가 실시된 경우에 그 임차건물이 매각되면 소멸한다.(×)

⑤ 보증금이 전액 변제되지 아니한 대항력이 있는 임차권은 경매로 임차건물이 매각되어도 소멸되지 않습니다.

저자의 한마디

서울에서 환산보증금이 9억원을 초과하면 원칙적으로 상가임대차법을 적용하지 않지만, 대항력, 계약갱신요구권, 계약갱신의 특례, 권리금회수기회보호, 3기 차임연체시 계약해지, 폐업으로 인한 임차인의 해지권, 표준계약서 사용권장 규정은 적용합니다.

甲과 乙은 2025.1.25. 서울특별시 소재 甲소유 X상가건물에 대하여 보증금 5억원, 월차임 500만원으로 하는 임대차계약을 체결한 후, 乙은 X건물을 인도받고 사업자등록을 신청하였다. 이 사안에서 개업공인중개사가 **상가건물임대차보호법**의 적용과 관련하여 설명한 내용으로 틀린 것을 모두 고른 것은?(일시사용을 위한 임대차계약은 고려하지 않음)[28회]

ㄱ. 甲과 乙이 계약기간을 정하지 않은 경우 그 기간을 1년으로 본다.(×)
ㄴ. 甲으로부터 X건물을 양수한 丙은 甲의 지위를 승계한 것으로 본다.(○)
ㄷ. 乙의 차임연체액이 2기의 차임액에 달하는 경우 甲은 임대차계약을 해지할 수 있다.(×)
ㄹ. 乙은 사업자등록 신청 후 X건물에 대하여 저당권을 취득한 丁보다 경매절차에서 우선하여 보증금을 변제받을 권리가 있다.(×)

① ㄷ ② ㄱ,ㄹ ③ ㄴ,ㄷ ④ ㄱ,ㄷ,ㄹ ⑤ ㄴ,ㄷ,ㄹ

먼저 환산보증금을 계산하니 10억원(=500만원×100+5억원)이네요. 서울시에서는 환산보증금이 9억원을 초과하는 경우에 원칙적으로 상가임대차법을 적용하지 않습니다. ㄱ. 최단존속기간은 적용하지 않아요. ㄴ. 임대인 지위승계 규정은 적용. ㄷ. 2기가 아니라 3기 ㄹ. 약자를 위한 규정인 우선변제권도 적용하지 않아요. 정답④

개업공인중개사가 중개의뢰인에게 **상가건물임대차보호법**의 내용에 관하여 설명한 것으로 옳은 것을 모두 고른 것은?[33회]

> ㄱ. 대통령령으로 정하는 보증금액을 초과하는 임대차인 경우에도 상가건물 임대차보호법상 권리금에 관한 규정이 적용된다.(○)
> ㄴ. 임차인이 2기의 차임액에 해당하는 금액에 이르도록 차임을 연체한 사실이 있는 경우, 임대인은 임차인의 계약갱신요구를 거절할 수 있다.(×)
> ㄷ. 임대인의 동의를 받고 전대차계약을 체결한 전차인은 임차인의 계약갱신요구권 행사 기간 이내에 임차인을 대위하여 임대인에게 계약갱신요구권을 행사할 수 있다.(○)

① ㄱ   ② ㄴ   ③ ㄱ,ㄷ   ④ ㄴ,ㄷ   ⑤ ㄱ,ㄴ,ㄷ

ㄱ. 대통령령으로 정하는 보증금액을 초과하더라도 권리금에 관한 규정은 적용됩니다. ㄴ. 상가임대차에서는 2기가 아니라 3기를 연체해야 계약갱신요구를 거절할 수 있어요. ㄷ. 적법 전차인은 임차인을 대위하여 계약갱신요구권을 행사할 수 있어요. 정답③

03 부동산실명법 관련 중개실무★★★★

명의신탁의 개념과 대상★★★★

1. 명의신탁의 개념

명의신탁은 실권리자(신탁자)가 대내적으로는 부동산에 관한 물권을 보유하고, 등기는 타인(수탁자)의 명의로 하는 것을 말한다.

저자의 한마디

부동산 실권리자명의 등기에 관한 법률(약칭, 부동산실명법)은 이런 명의신탁을 금지하는 법입니다.

2. 명의신탁의 대상

① 누구든지 부동산에 관한 (모든) 물권을 명의신탁약정에 따라 명의수탁자의 명의로 등기하여서는 아니 된다.

② **다음 경우**는 (명의신탁에서) 제외한다.

ㄱ. 채무의 변제를 담보하기 위하여 채권자가 부동산에 관한 물권을 이전받거나 가등기하는 경우(→양도담보나 가등기담보)

ㄴ. 부동산의 위치와 면적을 특정하여 2인 이상이 구분소유하기로 하는 약정을 하고 그 구분소유자의 공유로 등기하는 경우(→상호명의신탁, 구분소유적 공유)

ㄷ. 신탁법 또는 자본시장과 금융투자업에 관한 법률에 따른 신탁재산인 사실을 등기한 경우(→신탁법에 의한 신탁등기)

명의신탁이 아닌 것
1. 양도담보, 가등기담보
2. 상호명의신탁
3. 신탁법에 의한 신탁

명의신탁약정의 일반적인 효력★★★

① 명의신탁약정은 무효로 한다.

② 명의신탁약정에 따른 등기로 이루어진 부동산에 관한 물권변동은 무효로 한다. 다만, 부동산에 관한 물권을 취득하기 위한 계약에서 명의수탁자가 어느 한쪽 당사자(=매수인)가 되고 상대방 당사자(=매도인)는 명의신탁약정이 있다는 사실을 알지 못한 경우(→계약명의신탁의 경우)에는 그러하지 아니하다.(→계약명의신탁에서 매도인이 선의라면 물권변동은 유효)

③ 위의 무효는 (선의·악의를 불문하고) 제3자에게 대항하지 못한다.

명의신탁의 종류★★★★

명의신탁의 종류
1. 2자간 명의신탁
2. 중간생략형 명의신탁
3. 계약명의신탁

1. 2자간 명의신탁

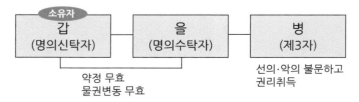

① 명의신탁자 갑과 명의수탁자 을사이의 명의신탁약정은 무효이고, 이에 따른 물권변동(소유권이전)도 무효이다.

② 명의신탁은 반사회(103조 위반)행위가 아니어서 불법원인급여에 해당하지 않는다. 따라서 명의신탁자 갑은 진정명의회복을 이유로 명의수탁자 을에게 소유권이전등기를 청구할 수 있다.

③ 한편, 명의신탁자 갑은 명의신탁약정 해지를 이유로 명의수탁자 을에게 소유권이전등기를 청구할 수는 없다. 계약 해지는 유효한 약정을 전제로 하는 건데, 명의신탁약정은 처음부터 무효라서 해지할 여지가 없기 때문이다.

④ 만약 명의수탁자 을이 제3자 병에게 부동산을 처분한 경우, 병은 악의라도 소유권을 취득한다.

2. 중간생략형 명의신탁(3자간 등기명의신탁)

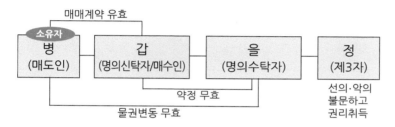

① 중간생략형 명의신탁은 중간생략등기와 유사하다. 명의신탁자 갑이 매도인 병과 부동산매매계약을 체결하고, 소유권등기는 명의신탁자 갑을 생략하고 바로 명의수탁자 을에게 이전시킨다.

② 중간생략형 명의신탁의 경우, 매도인 병과 명의신탁자 갑의 매매계약은 유효하다.

③ 하지만, 명의신탁자 갑과 명의수탁자 을의 명의신탁약정은 무효이다. 또한 매도인 병에서 명의수탁인 을로의 물권변동(소유권이전)도 무효이다. 따라서 부동산의 소유자는 여전히 매도인 병이다.

④ 이때 매도인 병은 진정명의회복을 이유로 명의수탁자 을에게 소유권이전등기를 청구할 수 있고, 을 명의의 등기를 말소 청구할 수도 있다.

⑤ 한편 명의신탁자 갑은 매도인 병을 대위하여 명의수탁자 을 명의의 등기를 말소 청구할 수 있을 뿐이지, 직접 말소 청구할 수는 없다.

⑥ 또한 갑은 부당이득반환을 이유로 을에게 소유권이전등기를 청구할 수 없다. 병과 갑의 매매계약은 유효이므로 갑은 여전히 병에 대한 등기청구권을 행사할 수 있기 때문이다.

⑦ 갑은 명의신탁약정의 해지를 원인으로 을에게 소유권이전등기를 청구할 수 없다.

⑧ 명의수탁자 을이 자발적으로 명의신탁자 갑에게 소유권이전등기를 경료하면, 이것은 실체관계에 부합하는 등기로 유효하다.

⑨ 만약 명의수탁자 을이 제3자 정에게 부동산을 처분한 경우, 정은 악의라도 소유권을 취득한다.

2025. 10. 1. 甲과 乙은 甲 소유의 X토지에 관해 매매계약을 체결하였다. 乙과 丙은 농지법상 농지소유제한을 회피할 목적으로 **명의신탁**약정을 하였다. 그 후 甲은 乙의 요구에 따라 丙 명의로 소유권이전등기를 마쳐주었다. 그 사정을 아는 개업공인중개사가 X토지의 매수의뢰인에게 설명한 내용으로 옳은 것을 모두 고른 것은?(다툼이 있으면 판례에 따름)[32회]

> ㄱ. 甲이 丙 명의로 마쳐준 소유권이전등기는 유효하다.(×)
> ㄴ. 乙은 丙을 상대로 매매대금 상당의 부당이득반환청구권을 행사할 수 있다.(×)
> ㄷ. 乙은 甲을 대위하여 丙 명의의 소유권이전등기의 말소를 청구할 수 있다.(○)

① ㄱ ② ㄴ ③ ㄷ ④ ㄱ,ㄴ ⑤ ㄴ,ㄹ

중간생략형 명의신탁이죠? ㄱ. 소유권이전등기는 무효 ㄴ. 병은 등기만 이전받았을 뿐 매매대금 상당의 부당이득을 취하지 않았어요. 따라서 을은 병에게 부당이득을 반환하라고 할 수 없죠. 정답③

甲은 乙과 乙소유의 X부동산의 매매계약을 채결하고, 친구 丙과의 **명의신탁**약정에 따라 乙로부터 바로 丙 명의로 소유권이전등기를 하였다. 이와 관련하여 개업공인중개사가 甲과 丙에게 설명한 내용으로 옳은 것을 모두 고른 것은?(다툼이 있으면 판례에 따름)[30회]

> ㄱ. 甲과 丙간의 약정이 조세포탈, 강제집행의 면탈 또는 법령상 제한의 회피를 목적으로 하지 않은 경우 명의신탁약정 및 그 등기는 유효하다.(×)
> ㄴ. 丙이 X부동산을 제3자에게 처분한 경우 丙은 甲과의 관계에서 횡령죄가 성립하지 않는다.(○)
> ㄷ. 甲과 乙사이의 매매계약은 유효하므로 甲은 乙을 상대로 소유권이전등기를 청구할 수 있다.(○)
> ㄹ. 丙이 소유권을 취득하고 甲은 丙에게 대금 상당의 부당이득반환청구권을 행사할 수 있다.(×)

① ㄱ,ㄷ ② ㄱ,ㄹ ③ ㄴ,ㄷ ④ ㄱ,ㄴ,ㄹ ⑤ ㄴ,ㄷ,ㄹ

이 문제도 3자간 등기명의신탁 문제네요. ㄱ. 갑과 병은 친구사이니까 조세포탈, 강제집행의 면탈 또는 법령상 제한의 회피를 목적으로 하지 않더라도 명의신탁약정 및 그 등기는 무효입니다. ㄴ. 판례에 의하면, 횡령죄가 성립하지 않습니다. ㄷ. 甲과 乙사이의 매매계약은 유효하므로 甲은 乙을 상대로 소유권이전등기를 청구할 수 있다.(○) ㄹ. 을이 여전히 소유자이고, 갑은 병에게 부당이득반환청구권을 행사할 수 없어요. 정답③

甲은 乙과 乙소유 부동산의 매매계약을 체결하면서 세금을 줄이기 위해 甲과 丙간의 **명의신탁**약정에 따라 丙명의로 소유권이전등기를 하기로 하였다. 丙에게 이전등기가 이루어질 경우에 대하여 개업공인중개사가 甲과 乙에게 설명한 내용으로 옳은 것은?(다툼이 있으면 판례에 따름)[27회]

① 계약명의신탁에 해당한다.(×) ② 丙 명의의 등기는 유효하다.(×)
③ 丙 명의로 등기가 이루어지면 소유권은 甲에게 귀속된다.(×)

저자의 한마디

문제지문에 "ㅇㅇ의 명의로 소유권이전등기를 했다."라는 문구가 나오면, 이건 3자간 등기명의신탁문제입니다. 말 그대로 등기만 명의신탁한 거죠. 모양새가 중간생략등기를 닮아 중간생략형 명의신탁이라고도 해요.

저자의 한마디

조세포탈, 강제집행의 면탈 또는 법령상 제한의 회피를 목적으로 하지 않는 한 명의신탁 규정을 적용하지 않는 것은 종중, 배우자, 종교단체의 경우입니다. 친구 사이에는 당연히 적용합니다. ㄱ은 수험생들에게 혼동을 주려고 만들어 낸 지문이죠.

④ 甲은 매매계약에 기하여 乙에게 소유권이전등기를 청구할 수 있다.(○)

⑤ 丙이 소유권을 취득하고 甲은 丙에게 대금 상당의 부당이득반환청구권을 행사할 수 있다.(×)

> ① 계약명의신탁이 아니라 중간생략형 명의신탁에 해당합니다. ②③ 병 명의의 등기는 무효, 따라서 병 명의로 등기가 이루어지더라도 소유권은 매도인 을에게 자동복귀합니다. ④ 갑과 을의 매매계약은 유효니까! ⑤ 을이 여전히 소유자이고, 갑은 병에게 부당이득반환청구권을 행사할 수 없습니다.

甲이 乙로부터 乙 소유의 X주택을 2020.1. 매수하면서 그 소유권이전등기는 자신의 친구인 丙에게로 해 줄 것을 요구하였다(이에 대한 丙의 동의가 있었음). 乙로부터 X주택의 소유권이전등기를 받은 丙은 甲의 허락을 얻지 않고 X주택을 丁에게 임대하였고, 丁은 X주택을 인도받은 후 주민등록을 이전하였다. 그런데 丁은 임대차계약 체결 당시에 甲의 허락이 없었음을 알고 있었다. 이에 대하여 개업공인중개사가 丁에게 설명한 내용으로 틀린 것은?(다툼이 있으면 판례에 따름)[35회]

① 丙은 X주택의 소유권을 취득할 수 없다.(○)

② 乙은 丙을 상대로 진정명의 회복을 위한 소유권이전등기를 청구할 수 있다.(○)

③ 甲은 乙과의 매매계약을 기초로 乙에게 X주택의 소유권이전등기를 청구할 수 있다.(○)

④ 丁은 甲 또는 乙에 대하여 임차권을 주장할 수 있다.(○)

⑤ 丙은 丁을 상대로 임대차계약의 무효를 주장할 수 없지만, 甲은 그 계약의 무효를 주장할 수 있다.(×)

> 을이 매도인, 갑이 신탁자, 병이 명의수탁자인 중간생략형 명의신탁입니다. ①② 매도인 을이 여전히 소유권자니까. ③ 갑과 을 사이의 매매계약은 유효하니까. ④⑤ 제3자 정은 선악을 불문하고 권리를 취득하니까.

3. 계약명의신탁

계약명의신탁은 명의신탁자 갑의 자금제공으로, 매도인 병과 명의수탁자 을이 매매계약을 체결하고 을에게 소유권이전등기를 경료하는 것을 말한다. 계약명의신탁은 <u>매도인 병이 명의신탁사실에 대해 선의냐 악의냐에 따라서 효과가 다르다.</u>

(1) 매도인 병이 선의인 경우

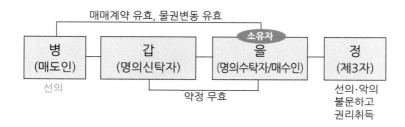

① 이 경우 명의신탁자 갑과 명의수탁자 을의 명의신탁약정은 무효이다. 하지만 매도인 병과 명의수탁자 을의 매매계약은 유효이고, 이를 원인으로 하는 소유권이전등기도 유효합니다. 따라서 부동산의 소유자는 명의수탁자 을이다.

② 명의신탁자 갑은 명의수탁자 을에게 제공한 매수자금을 부당이득으로 반환 청구할 수는 있지만 부동산자체를 반환 청구할 수는 없다.

③ 명의수탁자 을이 자발적으로 명의신탁자 갑에게 소유권이전등기를 경료 하면, 이것은 매수자금 반환대신 부동산 대물변제가 되어 유효하다.

④ 명의신탁자 갑은 부동산에 대해 유치권을 행사할 수 없다. 부당이득반환 청구권과 부동산은 견련성이 없기 때문이다.

⑤ 갑은 명의신탁약정의 해지를 원인으로 을에게 소유권이전등기를 청구할 수 없다.

(2) 매도인 병이 악의인 경우

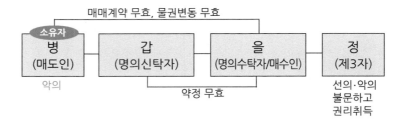

① 이 경우 계약명의신탁은 명의신탁약정뿐만 아니라 매매계약, 물권변동이 모두 무효이다. 따라서 부동산 소유자는 여전히 매도인 병이다.

② 이때 매도인 병의 매매대금반환의무와 명의수탁인 을의 등기말소의무는 동시이행의 관계에 있다.

甲과 친구 乙은 乙을 명의수탁자로 하는 **계약명의신탁**약정을 하였고, 이에 따라 乙은 2025.10.17. 丙소유 X토지를 매수하여 乙명의로 등기하였다. 이 사안에서 개업공인중개사가 **부동산 실권리자명의 등기에 관한 법률**의 적용과 관련하여 설명한 내용으로 옳은 것을 모두 고른 것은?(다툼이 있으면 판례에 따름)[28회]

ㄱ. 甲과 乙의 위 약정은 무효이다.(○)
ㄴ. 甲과 乙의 위 약정을 丙이 알지 못한 경우라면 그 약정은 유효하다.(×)
ㄷ. 甲과 乙의 위 약정을 丙이 알지 못한 경우, 甲은 X토지의 소유권을 취득한다.(×)
ㄹ. 甲과 乙의 위 약정을 丙이 안 경우, 乙로부터 X토지를 매수하여 등기한 丁은 그 소유권을 취득하지 못한다.(×)

---

① ㄱ ② ㄹ ③ ㄱ, ㄴ ④ ㄴ, ㄷ ⑤ ㄴ, ㄷ, ㄹ

ㄱ, ㄴ. 명의신탁약정은 매도인 병의 선악을 불문하고 무효입니다. ㄷ. 매도인 병이 선의라면 을이 소유권을 취득합니다. ㄹ. 매도인 병이 악의라면, 약정과 물권변동이 모두 무효입니다. 따라서 소유자는 여전히 병입니다. 하지만 정은 선악을 불문하고 소유권을 취득하게 됩니다. 정답①

2025. 10. 7. 甲은 친구 乙과 X부동산에 대하여 乙을 명의수탁자로 하는 **명의신탁 약정**을 체결하였다. 개업공인중개사가 이에 관하여 설명한 내용으로 옳은 것을 모두 고른 것은?(다툼이 있으면 판례에 따름)[34회]

> ㄱ. 甲과 乙 사이의 명의신탁약정은 무효이다.(○)
> ㄴ. X부동산의 소유자가 甲이라면, 명의신탁약정에 기하여 甲에서 乙로 소유권이전등기가 마쳐졌다는 이유만으로 당연히 불법원인급여에 해당한다고 볼 수 없다.(○)
> ㄷ. X부동산의 소유자가 丙이고 계약명의신탁이라면, 丙이 그 약정을 알았더라도 丙 으로부터 소유권이전등기를 마친 乙은 유효하게 소유권을 취득한다.(×)

① ㄱ ② ㄴ ③ ㄷ ④ ㄱ,ㄴ ⑤ ㄱ,ㄴ,ㄷ

A주식회사는 공장부지를 확보하기 위하여 그 직원 甲과 **명의신탁**약정을 맺고, 甲은 2025.6.19. 개업공인중개사 乙의 중개로 丙소유 X토지를 매수하여 2025.8.20. 甲 명의로 등기하였다. 이에 관한 설명으로 틀린 것은?(다툼이 있으면 판례에 따름)[31회]

① A와 甲사이의 명의신탁약정은 丙의 선의, 악의를 묻지 아니하고 무효이다.(○)
② 丙이 甲에게 소유권이전등기를 할 때 비로소 A와 甲 사이의 명의신탁약정 사실을 알게 된 경우 X토지의 소유자는 丙이다.(×)
③ A는 甲에게 X토지의 소유권이전등기를 청구할 수 없다.(○)
④ 甲이 X토지를 丁에게 처분하고 소유권이전등기를 한 경우 丁은 유효하게 소유권을 취득한다.(○)
⑤ A와 甲의 명의신탁 약정을 丙이 알지 못한 경우, 甲은 X토지의 소유권을 취득한다.(○)

명의신탁 비적용 특례★★

다음 경우로서 조세 포탈, 강제집행의 면탈 또는 법령상 제한의 회피를 목적으로 하지 아니하는 경우에는 명의신탁 규정을 적용하지 아니한다.

① 종중이 보유한 부동산에 관한 물권을 종중(종중과 그 대표자를 같이 표시하여 등기한 경우를 포함) 외의 자의 명의로 등기한 경우
② 배우자 명의로 부동산에 관한 물권을 등기한 경우(법률혼 배우자만 해당)
③ 종교단체의 명의로 그 산하 조직이 보유한 부동산에 관한 물권을 등기한 경우

개업공인중개사가 중개의뢰인에게 **부동산 실권리자명의 등기에 관한 법률**의 내용에 관하여 설명한 것으로 옳은 것을 모두 고른 것은?(다툼이 있으면 판례에 따름)^{33회}

ㄱ. 부동산의 위치와 면적을 특정하여 2인 이상이 구분소유하기로 하는 약정을 하고 그 구분소유자의 공유로 등기한 경우, 그 등기는 부동산 실권리자명의 등기에 관한 법률 위반으로 무효이다.(×)
ㄴ. 배우자 명의로 부동산에 관한 물권을 등기한 경우 조세 포탈, 강제집행의 면탈 또는 법령상 제한의 회피를 목적으로 하지 아니하는 경우 그 등기는 유효하다.(○)
ㄷ. 명의신탁자가 계약의 당사자가 되는 3자간 등기명의신탁이 무효인 경우 명의신탁자는 매도인을 대위하여 명의수탁자 명의의 등기의 말소를 청구할 수 있다.(○)

① ㄱ ② ㄴ ③ ㄱ,ㄷ ④ ㄴ,ㄷ ⑤ ㄱ,ㄴ,ㄷ

ㄱ. 상호명의신탁(구분소유적 공유)은 부동산실명법에서 금지하는 명의신탁에 해당하지 않아요. 따라서 약정과 등기 모두 유효합니다.(2조1호나목) ㄴ. 8조2호 ㄷ. 중간생략형 명의신탁의 경우 소유자는 여전히 매도인이므로 명의신탁자는 매도인을 대위하여 명의수탁자에게 넘어간 등기의 말소를 청구할 수 있습니다. 정답④

04 농지법 관련 중개실무**

농지소유 제한 및 상한**

1. 농지소유 제한

① 농지는 자기의 농업경영에 이용하거나 이용할 자가 아니면 소유하지 못한다. (→경자유전의 원칙)

② 자기의 농업경영에 이용하거나 이용할 자가 아니더라도 **다음에 해당하는 경우**에는 농지를 소유할 수 있다. 다만, 소유 농지는 농업경영에 이용되도록 하여야 한다(ㄱ, ㄴ은 제외)

ㄱ. 초·중등교육법 및 고등교육법에 따른 학교, 농림축산식품부령으로 정하는 공공단체·농업연구기관·농업생산자단체 또는 종묘나 그 밖의 농업 기자재 생산자가 그 목적사업을 수행하기 위하여 필요한 시험지·연구지·실습지·종묘생산지 또는 과수 인공수분용 꽃가루 생산지로 쓰기 위하여 농지를 취득하여 소유하는 경우

ㄴ. 주말·체험영농을 하려고 농업진흥지역 외의 농지를 소유하는 경우

ㄷ. 국가나 지방자치단체가 농지를 소유하는 경우

ㄹ. 상속(유증을 포함)으로 농지를 취득하여 소유하는 경우

ㅁ. 8년 이상 농업경영을 하던 사람이 이농한 후에도 이농 당시 소유하고 있던 농지를 계속 소유하는 경우

ㅂ. 담보농지를 취득하여 소유하는 경우(유동화전문회사등이 저당권자로부터 농지를 취득하는 경우를 포함)

ㅅ. 농지전용허가를 받거나 농지전용신고를 한 자가 그 농지를 소유하는 경우

ㅇ. 농지전용협의를 마친 농지를 소유하는 경우

ㅈ. 한국농어촌공사 및 농지관리기금법에 따른 농지의 개발사업지구에 있는 농지로서 1천500㎡ 미만의 농지(도·농간의 교류촉진을 위한 농원부지와 농어촌 관광휴양지에 포함된 농지)나 농어촌정비법에 따른 농지를 취득하여 소유하는 경우

ㅊ. 농업진흥지역 밖의 농지 중 최상단부부터 최하단부까지의 평균경사율이 15% 이상인 농지로서 영농여건불리농지를 소유하는 경우

ㅋ. **다음**에 해당하는 경우

- 한국농어촌공사가 농지를 취득하여 소유하는 경우
- 농어촌정비법에 따라 농지를 취득하여 소유하는 경우
- 매립농지를 취득하여 소유하는 경우
- 토지수용으로 농지를 취득하여 소유하는 경우

저자의 한마디

비농업인이 예외적으로 농지를 소유하는 경우(②)에도 해당 농지가 농업경영에 이용되어야 함을 명확히하고 있습니다. 다만, ㄱ과 ㄴ은 이미 농업경영 외의 목적(연구,체험)을 명시하고 있기 때문에 제외되는 것이죠.

- 농림축산식품부장관과 협의를 마치고 공익사업을 위한 토지 등의 취득 및 보상에 관한 법률(→토지보상법)에 따라 농지를 취득하여 소유하는 경우
- 공공토지비축심의위원회가 비축이 필요하다고 인정하는 토지로서 계획관리지역과 자연녹지지역 안의 농지를 한국토지주택공사가 취득하여 소유하는 경우(이 경우 그 취득한 농지를 전용하기 전까지는 한국농어촌공사에 지체 없이 위탁 하여 임대하거나 무상사용하게 하여야 함)

③ 농지를 임대하거나 무상사용하게 하는 경우에는 그 기간 동안 농지를 계속 소유할 수 있다.

④ 이 법에서 허용된 경우 외에는 농지 소유에 관한 특례를 정할 수 없다.

2. 농지소유 상한

① 상속으로 농지를 취득한 사람으로서 농업경영을 하지 아니하는 사람은 그 상속 농지 중에서 총 1만㎡ 까지만 소유할 수 있다.

② 8년 이상 농업경영을 한 후 이농한 사람은 이농 당시 소유 농지 중에서 총 1만㎡ 까지만 소유할 수 있다.

③ 주말·체험영농을 하려는 사람은 총 1천㎡ 미만의 농지를 소유할 수 있다. 이 경우 면적 계산은 그 세대원 전부가 소유하는 총 면적으로 한다.

④ 농지를 임대하거나 무상사용하게 하는 경우에는 그 기간 동안 소유 상한을 초과하는 농지를 계속 소유할 수 있다.

농지소유 상한
- 상속 1만㎡
- 8년 농업경영 후 이농 1만㎡
- 주말·체험영농 1천㎡

농지취득자격증명 발급과 농지 위탁운영★★

1. 농지취득자격증명의 발급

① 농지를 취득하려는 자는 농지 소재지를 관할하는 시장, 구청장, 읍장 또는 면장(→시·구·읍·면의 장)에게서 농지취득자격증명을 발급받아야 한다.

다만, **다음 경우**에는 **농지취득자격증명**을 발급받지 아니하고 농지를 취득할 수 있다.

ㄱ. 국가나 지방자치단체가 농지를 소유하는 경우

ㄴ. 상속(유증을 포함)으로 농지를 취득하여 소유하는 경우

ㄷ. 담보농지를 취득하여 소유하는 경우(유동화전문회사등이 저당권자로부터 농지를 취득하는 경우를 포함)

ㄹ. 농지전용협의를 마친 농지를 소유하는 경우

ㅁ. **다음**에 해당하는 경우

- 한국농어촌공사가 농지를 취득하여 소유하는 경우
- 농어촌정비법에 따라 농지를 취득하여 소유하는 경우
- 매립농지를 취득하여 소유하는 경우

- 토지수용으로 농지를 취득하여 소유하는 경우
- 농림축산식품부장관과 협의를 마치고 공익사업을 위한 토지 등의 취득 및 보상에 관한 법률(`토지보상법`)에 따라 농지를 취득하여 소유하는 경우

ㅂ. 농업법인의 합병으로 농지를 취득하는 경우

ㅅ. 공유 농지의 분할이나 시효의 완성으로 농지를 취득하는 경우

ㅇ. 농지이용증진사업 시행계획에 따라 농지를 취득하는 경우

② 농취증을 발급받으려는 자는 **다음 사항**이 모두 포함된 농업경영계획서 또는 주말·체험영농계획서를 작성하고 농림축산식품부령으로 정하는 서류를 첨부하여 농지 소재지를 관할하는 시·구·읍·면의 장에게 발급신청을 하여야 한다.

ㄱ. 취득 대상 농지의 면적(공유로 취득하려는 경우 공유 지분의 비율 및 각자가 취득하려는 농지의 위치도 함께 표시)

ㄴ. 취득 대상 농지에서 농업경영을 하는 데에 필요한 노동력 및 농업 기계·장비·시설의 확보 방안

ㄷ. 소유 농지의 이용 실태(농지 소유자에게만 해당)

ㄹ. 농지취득자격증명을 발급받으려는 자의 직업·영농경력·영농거리

다만, **다음에 따라 농지를 취득하는 자**는 농업경영계획서 또는 주말·체험영농계획서를 작성하지 아니하고 농림축산식품부령으로 정하는 서류를 첨부하지 아니하여도 발급신청을 할 수 있다.

ㄱ. 초·중등교육법 및 고등교육법에 따른 학교, 농림축산식품부령으로 정하는 공공단체·농업연구기관·농업생산자단체 또는 종묘나 그 밖의 농업 기자재 생산자가 그 목적사업을 수행하기 위하여 필요한 시험지·연구지·실습지·종묘생산지 또는 과수 인공수분용 꽃가루 생산지로 쓰기 위하여 농지를 취득하여 소유하는 경우

ㄴ. 농지전용허가를 받거나 농지전용신고를 한 자가 그 농지를 소유하는 경우

ㄷ. 한국농어촌공사 및 농지관리기금법에 따른 농지의 개발사업지구에 있는 농지로서 1천500㎡ 미만의 농지(도·농간의 교류촉진을 위한 농원부지와 농어촌관광휴양지에 포함된 농지)나 농어촌정비법에 따른 농지를 취득하여 소유하는 경우

ㄹ. 공공토지비축심의위원회가 비축이 필요하다고 인정하는 토지로서 계획관리지역과 자연녹지지역 안의 농지를 한국토지주택공사가 취득하여 소유하는 경우 (이 경우 그 취득한 농지를 전용하기 전까지는 한국농어촌공사에 지체 없이 위탁하여 임대하거나 무상사용하게 하여야 함)

ㅁ. 농업진흥지역 밖의 농지 중 최상단부부터 최하단부까지의 평균경사율이 15% 이상인 농지로서 영농여건불리농지를 소유하는 경우

③ 시·구·읍·면의 장은 농지 투기가 성행하거나 성행할 우려가 있는 지역의 농지를 취득하려는 자 등이 농지취득자격증명 발급을 신청한 경우 농지위원회의 심의를

저자의 한마디

상속이나 합병은 포괄승계이므로 별도로 농취증 발급이 필요 없는 것이죠.

저자의 한마디

주말·체험영농은 2021년 개정으로 주말·체험영농계획서를 작성하여 농취증 발급신청을 하는 것으로 변경되었습니다.

저자의 한마디

농업경영계획서를 작성하지 않고 농취증 발급신청을 할 수 있는 **5가지 경우**를 살펴볼까요? **ㄱ~ㄹ의 경우**는 계획서 없이도 목적을 알 수 있고, **ㅁ의 경우**는 영농여건이 불리해서 계획서 작성이 곤란한 경우네요. 그래서 계획서 작성이 면제되는군요.

거쳐야 한다.

④ 시·구·읍·면의 장은 농지취득자격증명의 발급 신청을 받은 때에는 그 신청을 받은 날부터 7일(농업경영계획서 또는 주말·체험영농계획서를 작성하지 아니하고 농지취득자격증명의 발급신청을 할 수 있는 경우에는 4일, 농지위원회의 심의 대상의 경우에는 14일) 이내에 신청인에게 농지취득자격증명을 발급하여야 한다.

⑤ 농지취득자격증명을 발급받아 농지를 취득하는 자가 그 소유권에 관한 등기를 신청할 때에는 농지취득자격증명을 첨부하여야 한다.

⑥ 시·구·읍·면의 장은 제출되는 농업경영계획서 또는 주말·체험영농계획서를 10년간 보존하여야 한다. 농업 경영계획서 또는 주말·체험영농계획서 외의 농지취득자격증명 신청서류의 보존기간도 10년으로 한다.

⑦ 농지취득자격증명의 발급제한

ㄱ. 시·구·읍·면의 장은 농지취득자격증명을 발급받으려는 자가 농업경영계획서 또는 주말·체험영농계획서에 포함하여야 할 사항을 기재하지 아니하거나 첨부하여야 할 서류를 제출하지 아니한 경우 농지취득자격증명을 발급하여서는 아니 된다.

ㄴ. 시·구·읍·면의 장은 1필지를 공유로 취득하려는 자가 시·군·구의 조례로 정한 수를 초과한 경우에는 농지취득자격증명을 발급하지 아니할 수 있다.

ㄷ. 시·구·읍·면의 장은 농어업경영체 육성 및 지원에 관한 법률에 따른 실태조사 등에 따라 영농조합법인 또는 농업회사법인이 같은 법에 따른 해산명령 청구 요건에 해당하는 것으로 인정하는 경우에는 농지취득자격증명을 발급하지 아니할 수 있다.

2. 농지의 위탁경영

농지위탁경영할 수 있는 경우, 반드시 기억하세요.

농지 소유자가 소유 농지를 위탁경영할 수 있는 경우

① 병역법에 따라 징집 또는 소집된 경우

② 3개월 이상 국외여행(국내여행×) 중인 경우

③ 농업법인이 청산 중인 경우

④ 질병, 취학, 선거에 따른 공직 취임으로 자경할 수 없는 경우

⑤ 부상으로 3월 이상의 치료가 필요하여 자경할 수 없는 경우

⑥ 교도소·구치소 또는 보호감호시설에 수용 중이어서 자경할 수 없는 경우

⑦ 임신 중이거나 분만 후 6개월 미만이어서 자경할 수 없는 경우

⑧ 농지이용증진사업 시행계획에 따라 위탁경영하는 경우

⑨ 농업인이 자기 노동력이 부족하여 농작업의 일부를 위탁하는 경우

농업경영에 이용하지 아니하는 농지 등의 처분 등**

1. 농업경영에 이용하지 아니하는 농지 등의 처분

① 농지 소유자는 **다음**에 해당하게 되면 그 사유가 발생한 날부터 1년 이내에 해당 농지를 그 사유가 발생한 날 당시 세대를 같이하는 세대원이 아닌 자, 그 밖에 농림축산식품부령으로 정하는 자에게 처분하여야 한다.

ㄱ. 초·중등교육법 및 고등교육법에 따른 학교, 농림축산식품부령으로 정하는 공공단체·농업연구기관·농업생산자단체 또는 종묘나 그 밖의 농업 기자재 생산자가 그 목적사업을 수행하기 위하여 필요한 시험지·연구지·실습지·종묘생산지 또는 과수 인공수분용 꽃가루 생산지로 쓰기 위하여 농지를 취득한 자가 그 농지를 해당 목적사업에 이용하지 아니하게 되었다고 시장·군수 또는 구청장이 인정한 경우

ㄴ. 주말·체험영농을 하려고 농지를 취득한 자가 **다음의 정당한 사유**(→처분 의무면제사유) 없이 그 농지를 주말·체험영농에 이용하지 아니하게 되었다고 시장·군수 또는 구청장이 인정한 경우

ㄷ. 상속으로 농지를 취득하여 소유한 자가 농지를 임대하거나 한국농어촌공사에 위탁하여 임대하는 등 정당한 사유 없이 자기의 농업경영에 이용하지 아니하거나 이용하지 아니하게 되었다고 시장·군수 또는 구청장이 인정한 경우

ㄹ. 8년 이상 이상 농업경영을 하던 사람이 이농한 후에도 이농 당시 소유하고 있던 농지를 계속 소유하는 경우 농지를 임대하거나 한국농어촌공사에 위탁하여 임대하는 등 정당한 사유 없이 자기의 농업경영에 이용하지 아니하거나 이용하지 아니하게 되었다고 시장·군수 또는 구청장이 인정한 경우

ㅁ. 소유 농지를 자연재해·농지개량·질병 등 정당한 사유 없이 자기의 농업 경영에 이용하지 아니하거나 이용하지 아니하게 되었다고 시장·군수 또는 구청장이 인정한 경우

ㅂ. 농지를 소유하고 있는 농업회사법인이 요건(→업무집행권을 가진 자 중 3분의 1 이상이 농업인)에 맞지 아니하게 된 후 3개월이 지난 경우

ㅅ. 농지전용허가를 받거나 농지전용신고를 한 자가 농지를 취득한 날부터 2년 이내에 그 목적사업에 착수하지 아니한 경우

ㅇ. 농림축산식품부장관과 협의를 마치고 토지보상법에 따라 농지를 취득하여 소유하는 경우에 협의를 마치지 아니하고 농지를 소유한 경우

ㅈ. 공공토지비축심의위원회가 비축이 필요하다고 인정하는 토지로서 계획관리 지역과 자연녹지지역 안의 농지를 한국토지주택공사가 취득하여 소유하는 경우에 소유한 농지를 한국농어촌공사에 지체 없이 위탁하지 아니한 경우

ㅊ. 농지소유 상한을 초과하여 농지를 소유한 것이 판명된 경우(→농지소유 상한을 초과하는 면적에 해당하는 농지만 처분)

ㅋ. 자연재해·농지개량·질병 등 정당한 사유 없이 <u>농업경영계획서 또는 주말</u>
<u>·체험영농계획서 내용을 이행하지 아니하였다</u>고 시장·군수 또는 구청장이
인정한 경우

처분의무면제사유, 기억해!

✚ 정당한 사유(=처분의무 면제사유)

- 소유농지를 임대 또는 무상사용하게 하는 경우
- 임대인의 지위를 승계한 양수인이 그 임대차 잔여기간 동안 계속하여 임대하는 경우
- 자연재해, 징집 또는 소집, 질병 또는 취학, 선거에 따른 공직취임 등으로 인하여 휴경하는 경우
- 농산물의 생산조정 또는 출하조절, 농지개량 또는 영농준비를 위하여 휴경하는 경우
- 연작으로 인한 피해가 예상되는 재배작물의 경작이나 재배 전후에 피해예방을 위하여 필요한 기간 동안 휴경하는 경우
- 부상으로 3월 이상의 치료가 필요한 경우
- 임신 중이거나 분만 후 6개월 미만인 경우
- 3월 이상 국외여행을 하는 경우
- 교도소·구치소 또는 보호감호시설에 수용 중인 경우
- 농업법인이 청산 중인 경우
- 가축사육시설이 폐쇄되거나 가축의 사육이 제한되어 해당 축사에서 가축을 사육 하지 못하게 된 경우
- 곤충의 사육 및 유통이 제한되거나 폐기 명령을 받은 경우
- 소유농지가 공원자연보존지구로 지정된 경우

② 시장·군수 또는 구청장은 농지의 처분의무가 생긴 농지의 소유자에게 처분
대상 농지, 처분의무 기간 등을 구체적으로 밝혀 그 농지를 처분하여야 함을
알려야 한다.(→처분의무 발생의 통지)

2. 처분명령과 매수 청구

① 시장·군수 또는 구청장은 **다음에 해당하는 농지소유자에게** 6개월 이내에 그
농지를 처분할 것을 명할 수 있다.(→처분명령)

ㄱ. <u>거짓이나 그 밖의 부정한 방법으로 농지취득자격증명을 발급받아 농지를</u>
<u>소유한 것</u>으로 시장·군수 또는 구청장이 인정한 경우

ㄴ. <u>처분의무 기간에 처분 대상 농지를 처분하지 아니한 경우</u>

ㄷ. <u>농업법인이 농어업경영체 육성 및 지원에 관한 법률을 위반하여 부동산업을</u>
<u>영위한 것</u>으로 시장·군수 또는 구청장이 인정한 경우

② 농지 소유자는 처분명령을 받으면 한국농어촌공사에 그 농지의 매수를 청구
할 수 있다.

③ 한국농어촌공사는 매수 청구를 받으면 공시지가를 기준으로 해당 농지를
매수할 수 있다. 이 경우 인근 지역의 실제 거래 가격이 공시지가보다 낮으면
실제 거래 가격을 기준으로 매수할 수 있다.

3. 처분명령의 유예

① 시장·군수 또는 구청장은 처분의무기간에 처분대상 농지를 처분하지 아니한 농지 소유자가 **다음**에 해당하면 처분의무 기간이 지난 날부터 3년간 처분명령을 직권으로 유예할 수 있다.

ㄱ. 해당 농지를 자기의 농업경영에 이용하는 경우

ㄴ. 한국농어촌공사나 그밖에 대통령령으로 정하는 자와 해당 농지의 매도위탁 계약을 체결한 경우

② 시장·군수 또는 구청장은 처분명령을 유예 받은 농지 소유자가 처분명령 유예 기간에 **위의 유예사유**에 해당하지 아니하게 되면 지체 없이 그 유예한 처분 명령을 하여야 한다.

③ 농지 소유자가 처분명령을 유예 받은 후 유예한 처분명령을 받지 아니하고 그 유예 기간이 지난 경우에는 처분의무에 대하여 처분명령이 유예된 농지의 그 처분의무만 없어진 것(→처분의무의 소멸)으로 본다.

4. 이행강제금

① 시장·군수 또는 구청장은 정당한 사유 없이 지정기간까지 그 처분명령을 이행하지 아니한 자 또는 원상회복 명령의 이행에 필요한 상당한 기간을 정하였음에도 그 기한까지 원상회복을 아니한 자에게 감정평가법인등이 감정평가한 감정가격 또는 개별공시지가 중 더 높은 가액의 100분의 25에 해당하는 이행강제금을 부과한다.

② 시장·군수 또는 구청장은 이행강제금을 부과하기 전에 이행강제금을 부과·징수한다는 뜻을 미리 문서로 알려야 한다.

③ 시장·군수 또는 구청장은 이행강제금을 부과하는 경우 이행강제금의 금액, 부과사유, 납부기한, 수납기관, 이의제기 방법, 이의제기 기관 등을 명시한 문서로 하여야 한다.

④ 시장·군수 또는 구청장은 최초로 처분명령을 한 날을 기준으로 하여 그 처분 명령이 이행될 때까지 이행강제금을 매년 1회 부과·징수할 수 있다.

⑤ 시장·군수 또는 구청장은 처분명령을 받은 자가 처분명령을 이행하면 새로운 이행강제금의 부과는 즉시 중지하되, 이미 부과된 이행강제금은 징수 하여야 한다.

⑥ 이행강제금 부과처분에 불복하는 자는 그 처분을 고지받은 날부터 30일 이내 에 시장·군수 또는 구청장에게 이의를 제기할 수 있다.

⑦ 이행강제금 부과처분을 받은 자가 이의를 제기하면 시장·군수 또는 구청장 은 지체 없이 관할 법원에 그 사실을 통보하여야 하며, 그 통보를 받은 관할 법원 은 비송사건절차법에 따른 과태료 재판에 준하여 재판을 한다.

농지의 임대차***

1. 농지의 임대차 또는 사용대차

① **다음의 경우에만** 농지를 임대하거나 무상사용하게 할 수 있다.

ㄱ. **다음 농지를 임대하거나 무상사용하게 하는 경우**

자기의 농업경영에 이용하지 않는데도 예외적으로 농지를 소유할 수 있는 경우 중에서 1) 학교 등이 목적사업을 수행하기 위하여 소유하는 경우와 2) 주말·체험영농을 하려고 소유하는 경우를 제외한 나머지의 경우

ㄴ. 농지이용증진사업 시행계획에 따라 농지를 임대하거나 무상사용하게 하는 경우

ㄷ. 질병, 징집, 취학, 선거에 따른 공직취임, 그밖에 부득이한 사유로 인하여 일시적으로 농업경영에 종사하지 아니하게 된 자가 소유하고 있는 농지를 임대하거나 무상사용하게 하는 경우

ㄹ. 60세 이상인 사람으로서 대통령령으로 정하는 사람이 소유하고 있는 농지 중에서 자기의 농업경영에 이용한 기간이 5년이 넘은 농지를 임대하거나 무상사용하게 하는 경우

ㅁ. 개인이 소유하고 있는 농지 중 3년 이상 소유한 농지를 주말·체험영농을 하려는 자에게 임대하거나 무상사용하게 하는 경우, 또는 주말·체험영농을 하려는 자에게 임대하는 것을 업으로 하는 자에게 임대하거나 무상사용하게 하는 경우

ㅂ. 농업법인이 소유하고 있는 농지를 주말·체험영농을 하려는 자에게 임대하거나 무상사용하게 하는 경우

ㅅ. 개인이 소유하고 있는 농지 중 3년 이상 소유한 농지를 한국농어촌공사 등에게 위탁하여 임대하거나 무상사용하게 하는 경우

ㅇ. **다음 농지를** 한국농어촌공사나 그밖에 대통령령으로 정하는 자에게 위탁하여 임대하거나 무상사용하게 하는 경우

- 상속으로 농지를 취득한 사람으로서 농업경영을 하지 아니하는 사람이 소유 상한을 초과하여 소유하고 있는 농지

- 8년 이상 농업경영을 한 후 이농한 사람이 소유 상한을 초과하여 소유하고 있는 농지

ㅈ. 농지 규모화, 농작물 수급 안정 등을 목적으로 한 사업을 추진하기 위하여 필요한 자경 농지를 임대하거나 무상사용하게 하는 경우

ㅊ. 자경 농지를 농림축산식품부장관이 정하는 이모작을 위하여 8개월 이내로 임대하거나 무상사용하게 하는 경우

② 농지를 임차하거나 사용대차한 임차인 또는 사용대차인이 그 농지를 정당한 사유 없이 농업경영에 사용하지 아니할 때에는 시장·군수·구청장이 임대차 또는 사용대차의 종료를 명할 수 있다.

임대차기간은 3년 이상!
ㅊ 빼고~

쉽파겸

2. 임대차 · 사용대차 계약 방법과 확인

① 임대차계약과 사용대차계약은 서면계약을 원칙으로 한다.(농업경영을 하려는 자에게 임대 또는 무상사용하게 하는 경우만 해당)

② 임대차계약은 그 등기가 없는 경우에도 임차인이 농지소재지를 관할하는 시·구·읍·면의 장의 확인을 받고, 해당 농지를 인도받은 경우에는 그 다음 날부터 제3자에 대하여 효력이 생긴다.

③ 시·구·읍·면의 장은 농지임대차계약 확인대장을 갖추어 두고, 임대차계약증서를 소지한 임대인 또는 임차인의 확인 신청이 있는 때에는 임대차계약을 확인한 후 대장에 그 내용을 기록하여야 한다.

3. 임대차 기간

① 임대차 기간은 3년 이상으로 하여야 한다. 다만, 다년생식물 재배지 등 대통령령으로 정하는 농지의 경우에는 5년 이상으로 하여야 한다.(자경 농지를 이모작을 위하여 8개월 이내로 임대하는 경우는 제외)

② 임대차 기간을 정하지 아니하거나 3년 미만으로 정한 경우에는 3년으로 약정된 것으로 본다. 다만, 임차인은 3년 미만으로 정한 임대차 기간이 유효함을 주장할 수 있다.

③ 임대인은 **다음의 불가피한 사유가 있는 경우**에는 임대차 기간을 3년 미만으로 정할 수 있다.

ㄱ. 질병, 징집, 취학의 경우 ㄴ. 선거에 의한 공직에 취임하는 경우

ㄷ. 부상으로 3개월 이상의 치료가 필요한 경우

ㄹ. 교도소 · 구치소 또는 보호감호시설에 수용 중인 경우

ㅁ. 농업법인이 청산 중인 경우

ㅂ. 농지전용허가를 받았거나 농지전용신고를 하였으나 농지전용목적사업에 착수하지 않은 경우

④ 위의 임대차 기간은 임대차계약을 연장 또는 갱신하거나 재계약을 체결하는 경우에도 동일하게 적용한다.

4. 임대차계약에 관한 조정

① 임대차계약의 당사자는 임대차 기간, 임차료 등 임대차계약에 관하여 서로 협의가 이루어지지 아니한 경우에는 농지소재지를 관할하는 시장 · 군수 또는 자치구구청장에게 조정을 신청할 수 있다.

② 시장·군수 또는 자치구구청장은 조정의 신청이 있으면 지체 없이 농지임대차 조정위원회를 구성하여 조정절차를 개시하여야 한다.

③ 농지임대차조정위원회에서 작성한 조정안을 임대차계약 당사자가 수락한 때에는 이를 해당 임대차의 당사자 간에 체결된 계약의 내용으로 본다.

④ 농지임대차조정위원회는 위원장 1명을 포함한 3명의 위원으로 구성하며, 위원장은 부시장·부군수 또는 자치구의 부구청장이 되고, 위원은 시·군·구 농업·농촌및식품산업정책심의회의 위원으로서 조정의 이해당사자와 관련이 없는 사람 중에서 시장·군수 또는 자치구구청장이 위촉한다.

5. 기타

① 묵시의 갱신

임대인이 임대차 기간이 끝나기 3개월 전까지 임차인에게 임대차계약을 갱신하지 아니한다는 뜻이나 임대차계약 조건을 변경한다는 뜻을 통지하지 아니하면 그 임대차 기간이 끝난 때에 이전의 임대차계약과 같은 조건으로 다시 임대차계약을 한 것으로 본다.

② 임대인의 지위 승계

임대 농지의 양수인은 이 법에 따른 임대인의 지위를 승계한 것으로 본다.

③ 강행규정

이 법에 위반된 약정으로서 임차인에게 불리한 것은 그 효력이 없다.

④ 국유농지와 공유농지의 임대차 특례

국유재산과 공유재산인 농지에 대하여는 제24조(임대차·사용대차 계약 방법과 확인), 제24조의2(임대차 기간), 제24조의3(임대차계약에 관한 조정 등), 제25조(묵시의 갱신), 제26조(임대인의 지위 승계) 및 제26조의2(강행규정)를 적용하지 아니한다.

농지를 매수하고자 하는 의뢰인(법인 제외)에게 개업공인중개사가 설명한 내용으로 틀린 것은?[22회]

① 주말·체험영농의 목적으로 농지를 소유하는 경우 세대원 전부가 소유하는 총면적이 1천제곱미터 미만이어야 한다.(○)
② 주말·체험영농의 목적인 경우에도 농지취득자격증명을 발급받아야 한다.(○)
③ 농지임대가 예외적으로 허용되어 농업경영을 하려는 자에게 임대하는 경우 그 임대차계약은 서면계약을 원칙으로 한다.(○)
④ 임대농지를 양수한 자는 농지법에 따른 임대인의 지위를 승계한 것으로 본다.(○)
⑤ 5년간 농업경영을 하다가 이농하는 경우 총 1만제곱미터까지만 소유할 수 있다.(×)

⑤ 5년이 아니라 8년입니다.

개업공인중개사가 **농지**를 매수하려는 의뢰인에게 설명한 내용 중 옳은 것은? (다툼이 있으면 판례에 의함)[23회]

① 농지에도 전세권을 설정할 수 있다.(×)

② 농지전용협의를 마친 농지를 매수하는 경우에도 농지취득자격증명이 필요하다.(×)

③ 경매로 농지를 매수하려면 매수신청 시 농지취득자격증명을 함께 제출해야 한다.(×)

④ 시·구·읍·면의 장은 제출되는 농업경영계획서를 5년간 보존하여야 한다.(×)

⑤ 농지취득자격증명은 농지취득의 원인이 되는 법률행위의 효력발생요건 이 아니다.(○)

① 농지에도 전세권을 설정할 수 없어요.(민법 303조2항) ② 농지전용협의를 마친 농지를 매수할 때는 농지취득자격증명이 필요 없어요. ③ 매수신청 시가 아니라 매각결정기일까지 농지취득자격증명을 제출하면 됩니다. ④ 5년이 아니라 10년

개업공인중개사가 중개의뢰인에게 **농지법상 농지의 임대차**에 대해 설명한 내용 으로 틀린 것은?[26회]

① 선거에 따른 공직취임으로 인하여 일시적으로 농업경영에 종사하지 아니 하게 된 자가 소유하고 있는 농지는 임대할 수 있다.(○)

② 농업경영을 하려는 자에게 농지를 임대하는 임대차계약은 서면계약을 원칙으로 한다.(○)

③ 농지이용증진사업 시행계획에 따라 농지를 임대하는 경우 임대차기간은 5년 이상으로 해야 한다.(×)

④ 농지 임대차계약의 당사자는 임차료에 관하여 협의가 이루어지지 아니한 경우 농지소재지를 관할하는 시장·군수 또는 자치구구청장에게 조정을 신청할 수 있다.(○)

⑤ 임대 농지의 양수인은 농지법에 따른 임대인의 지위를 승계한 것으로 본다.(○)

① 23조1항3호 ② 24조1항 ③ 5년이 아니라 3년(23조1항2호) ④ 24조의3 1항 ⑤ 26조

개업공인중개사가 **농지**를 취득하려는 중개의뢰인에게 설명한 내용으로 틀린 것은?[27회]

① 주말·체험영농을 위해 농지를 소유하는 경우 한 세대의 부부가 각각 1천㎡ 미만으로 소유할 수 있다.(×)

② 농업경영을 하려는 자에게 농지를 임대하는 임대차계약은 서면계약을 원칙으로 한다.(○)

③ 농업법인의 합병으로 농지를 취득하는 경우 농지취득자격증명을 발급받지 않고 농지를 취득할 수 있다.(○)

④ 징집으로 인하여 농지를 임대하면서 임대차기간을 정하지 않은 경우 3년 으로 약정된 것으로 본다.(○)

⑤ 농지전용허가를 받아 농지를 소유하는 자가 취득한 날부터 2년 이내에 그 목적사업에 착수하지 않으면 해당농지를 처분할 의무가 있다.(○)

① 세대원 전부(부부)가 합해서 1천㎡ 미만을 소유할 수 있어요. ② 빈출지문! ③ 합병은 포괄승계니까. ④ 다만, 징집의 경우 임대인이 3년 미만으로 임대차기간을 정할 수는 있죠.

개업공인중개사가 **농지법**에 대하여 중개의뢰인에게 설명한 내용으로 틀린 것은? (다툼이 있으면 판례에 따름)[29회]

① 경매로 농지를 매수하려면 매수신청 시에 농지취득자격증명서를 제출해야 한다.(×)

② 개인이 소유하는 임대 농지의 양수인은 농지법에 따른 임대인의 지위를 승계한 것으로 본다.(○)

③ 농지전용협의를 마친 농지를 취득하려는 자는 농지취득자격증명을 발급 받을 필요가 없다.(○)

④ 농지를 취득하려는 자가 농지에 대한 매매계약을 체결하는 등으로 농지에 관한 소유권이전등기청구권을 취득하였다면, 농지취득자격증명 발급 신청권을 보유하게 된다.(○)

⑤ 주말·체험영농을 목적으로 농지를 소유하려면 세대원 전부가 소유하는 총 면적이 1천제곱미터 미만이어야 한다.(○)

① 매수신청 시가 아니라 <u>매각결정기일까지</u> 농지취득자격증명서를 제출해야 합니다. 판례에 의하면, 매각결정기일까지 농취증을 제출하지 않으면 매각불허가사유에 해당한다고 합니다. ④ 판례

용어정의★

1. **매장** : 시신(임신 4개월 이후에 죽은 태아를 포함)이나 유골을 땅에 묻어 장사하는 것

2. **화장** : 시신이나 유골을 불에 태워 장사하는 것

3. **자연장** : 화장한 유골의 골분을 수목 · 화초 · 잔디 등의 밑이나 주변에 묻거나 해양 등의 구역에 뿌려 장사하는 것

4. **개장** : 매장한 시신이나 유골을 다른 분묘 또는 봉안시설에 옮기거나 화장 또는 자연장하는 것

5. **봉안** : 유골을 봉안시설에 안치하는 것

6. **분묘** : 시신이나 유골을 매장하는 시설

7. **묘지** : 분묘를 설치하는 구역

8. **화장시설** : 시신이나 유골을 화장하기 위한 화장로 시설

9. **봉안시설** : 유골을 안치(매장은 제외)하는 **다음 시설**

① 분묘의 형태로 된 봉안묘

② 건축법 상 봉안당

③ 탑의 형태로 된 봉안탑

④ 벽과 담의 형태로 된 봉안담

10. **자연장지** : 자연장으로 장사할 수 있는 구역

11. **수목장림** : 산림에 조성하는 자연장지

12. **장사시설** : 묘지 · 화장시설 · 봉안시설 · 자연장지 및 장례식장

13. **연고자**

사망한 자와 **다음 관계**에 있는 자를 말하며, 연고자의 권리·의무는 **다음 순서**로 행사한다. 다만, 순위가 같은 자녀 또는 직계비속이 2명 이상이면 최근친의 연장자가 우선 순위를 갖는다.

① 배우자 ② 자녀 ③ 부모 ④ 자녀 외의 직계비속

⑤ 부모 외의 직계존속 ⑥ 형제 · 자매

⑦ 사망하기 전에 치료·보호 또는 관리하고 있었던 행정기관 또는 치료·보호 기관의 장

⑧ 위에 해당하지 아니하는 자로서 시신이나 유골을 사실상 관리하는 자

매장·화장·개장 및 자연장의 방법★★

1. 매장 및 화장의 시기

사망 또는 사산한 때부터 24시간이 지난 후가 아니면 매장 또는 화장을 하지 못한다. 다만, 다른 법률에 특별한 규정이 있거나 임신 7개월이 되기 전에 죽은 태아, 그밖에 대통령령으로 정하는 시신의 경우에는 그러하지 아니하다.

2. 매장 및 화장의 장소

① 누구든지 공설 또는 사설 묘지 외의 구역에 매장을 하여서는 아니 된다.

② 누구든지 화장시설 외의 시설 또는 장소에서 화장을 하여서는 아니된다. 다만, 보건위생상의 위해가 없는 경우에는 그러하지 아니하다.

3. 매장·화장 및 개장의 신고

① 매장을 한 자는 매장 후 30일 이내에 매장지를 관할하는 특별자치시장·특별자치도지사·시장·군수·구청장(시장등)에게 신고하여야 한다.

② 화장을 하려는 자는 화장시설을 관할하는 시장등에게 신고하여야 한다.

③ 개장을 하려는 자는 **다음 구분**에 따라 시신 또는 유골의 현존지 또는 개장지를 관할하는 시장등에게 각각 신고하여야 한다.

ㄱ. 매장한 시신 또는 유골을 다른 분묘로 옮기거나 화장하는 경우 : 시신 또는 유골의 현존지와 개장지

ㄴ. 매장한 시신 또는 유골을 봉안하거나 자연장하는 경우 : 시신 또는 유골의 현존지

ㄷ. 봉안한 유골을 다른 분묘로 옮기는 경우 : 개장지

④ 공설묘지·공설화장시설·공설봉안시설 또는 공설자연장지를 이용하는 경우에는 해당 공설묘지·공설화장시설·공설봉안시설 또는 공설자연장지를 설치·조성 또는 관리하는 시·도지사 또는 시장·군수·구청장에게 위의 규정에 따른 신고를 하여야 한다.

분묘가 있는 곳에 신고!

4. 자연장의 방법

① 자연장을 하는 자는 화장한 유골을 묻거나 뿌리기에 적합하도록 분골하여야 한다.

② 유골을 분골하여 용기에 담아 묻는 경우 그 용기는 생화학적으로 분해가 가능한 것이어야 한다.

5. 묘지의 일제 조사

보건복지부장관, 시·도지사 또는 시장·군수·구청장은 묘지 등 수급계획의 수립 또는 무연분묘의 정리 등을 위하여 필요하다고 인정하면 일정한 기간 및 구역을 정하여 분묘에 대한 일제 조사를 할 수 있다.

6. 무연고 시신 등의 처리

① 시장등은 관할 구역 안에 있는 시신으로서 연고자가 없거나 연고자를 알 수 없는 시신에 대해서는 조례로 정하는 바에 따라 장례의식을 행한 후 일정 기간 매장하거나 화장하여 봉안하여야 한다. 다만, 다른 법률에 특별한 규정이 있는 경우에는 그러하지 아니하다.

② 시장등은 무연고 시신 등을 처리한 때에는 지체 없이 공고하여야 하며, 공고한 사항을 10년 이상 보존하여야 한다.

③ 시장등이 무연고 시신 등을 처리하는 경우 장례의식 등 최소한의 존엄이 보장되도록 국가나 지방자치단체가 장례비용 등을 지원할 수 있다.

묘지 · 화장시설 · 봉안시설 · 자연장지★★★

1. 공설묘지 등의 설치

① 시 · 도지사 및 시장 · 군수 · 구청장은 공설묘지 · 공설화장시설 · 공설봉안시설 및 공설자연장지를 설치 · 조성 및 관리하여야 한다.

② 시 · 도지사 또는 시장 · 군수 · 구청장은 공설묘지 · 공설화장시설 · 공설봉안시설 및 공설자연장지의 전부 또는 일부를 다른 시 · 도지사 또는 시장 · 군수 · 구청장과 공동으로 설치 · 조성 및 관리할 수 있다.

③ 산림청장 또는 다른 중앙행정기관의 장은 국유림 등 국유지에 수목장림이나 그 밖의 자연장지를 조성 · 관리할 수 있다.

④ 산림청장, 다른 중앙행정기관의 장 또는 지방자치단체의 장이 수목장림이나 그 밖의 자연장지를 조성한 때에는 그 명칭, 위치, 지번, 면적 등의 사항을 고시하여야 한다.

2. 사설묘지의 설치

① 국가, 시 · 도지사 또는 시장 · 군수 · 구청장이 아닌 자는 **다음 구분**에 따른 묘지(→사설묘지)를 설치 · 관리할 수 있다.

ㄱ. 개인묘지 : 1기의 분묘 또는 해당 분묘에 매장된 자와 배우자 관계였던 자의 분묘를 같은 구역 안에 설치하는 묘지

ㄴ. 가족묘지 : 민법에 따라 친족관계였던 자의 분묘를 같은 구역 안에 설치하는 묘지

ㄷ. 종중·문중묘지 : 종중이나 문중 구성원의 분묘를 같은 구역 안에 설치하는 묘지

ㄹ. 법인묘지 : 법인이 불특정 다수인의 분묘를 같은 구역 안에 설치하는 묘지

② 개인묘지를 설치한 자는 묘지를 설치한 후 30일 이내에 해당 묘지를 관할하는 시장등에게 신고하여야 한다. 신고한 사항 중 대통령령으로 정하는 사항을 변경한 경우에도 또한 같다.

③ 시장등은 신고 또는 변경신고를 받은 경우 그 내용을 검토하여 이 법에 적합하면 신고를 수리하여야 한다.

④ 가족묘지, 종중·문중묘지 또는 법인묘지를 설치·관리하려는 자는 해당 묘지를 관할하는 시장등의 허가를 받아야 한다. 허가받은 사항 중 대통령령으로 정하는 사항을 변경하려는 경우에도 또한 같다.

⑤ 시장등은 묘지의 설치·관리를 목적으로 민법에 따라 설립된 재단법인에 한정하여 법인묘지의 설치·관리를 허가할 수 있다.

3. 사설묘지의 설치기준 : 시행령[별표2]

(1) 개인묘지

① 분묘의 형태는 봉분, 평분 또는 평장으로 하되, 봉분의 높이는 지면으로부터 1미터, 평분의 높이는 50센티미터 이하여야 한다.

② 개인묘지는 지형·배수·토양 등을 고려하여 붕괴·침수의 우려가 없는 곳에 설치하여야 한다.

③ 석축과 인입도로의 계단을 설치할 때에는 붕괴의 우려가 없도록 하여야 하고, 개인묘지의 신고 면적 안에서 설치하여야 한다.

④ 개인묘지는 다음 장소에 설치하여야 한다. 다만, 토지나 지형의 상황으로 보아 시설의 기능이나 이용 등에 지장이 없는 경우로서 시장등이 인정하는 경우에는 그러하지 아니하다.

ㄱ. 도로, 철도의 선로, 하천구역 또는 그 예정지역으로부터 200미터 이상 떨어진 곳

ㄴ. 20호 이상의 인가밀집지역, 학교, 그밖에 공중이 수시로 집합하는 시설 또는 장소로부터 300미터 이상 떨어진 곳

(2) 가족묘지

① 가족묘지는 가족당 1개소로 제한하되, 그 면적은 100제곱미터 이하여야 한다.

② 분묘의 형태는 봉분, 평분 또는 평장으로 하되, 봉분의 높이는 지면으로부터 1미터, 평분의 높이는 50센티미터 이하여야 한다.

③ 가족묘지는 지형·배수·토양 등을 고려하여 붕괴·침수의 우려가 없는 곳에 설치하여야 한다.

④ 석축과 인입도로의 계단 등은 붕괴의 우려가 없어야 하며, 가족묘지의 허가 면적 안에서 설치하여야 한다.

⑤ 가족묘지 중 분묘가 설치되지 아니한 지역은 잔디·화초·수목 등으로 녹화하여야 한다.

개인묘지 면적은 30 m² 이하

⑥ 가족묘지는 **다음 장소**에 설치하여야 한다. 다만, 토지나 지형의 상황으로 보아 시설의 기능이나 이용 등에 지장이 없는 경우로서 시장등이 인정하는 경우에는 그러하지 아니하다.

ㄱ. 도로, 철도의 선로, 하천구역 또는 그 예정지역으로부터 200미터 이상 떨어진 곳

ㄴ. 20호 이상의 인가밀집지역, 학교, 그밖에 공중이 수시로 집합하는 시설 또는 장소로부터 300미터 이상 떨어진 곳

(3) 종중·문중묘지

① 종중·문중묘지는 종중 또는 문중별로 각각 1개소에 한정하여 설치할 수 있으며, 그 면적은 1천제곱미터 이하여야 한다.

② 분묘의 형태는 봉분, 평분 또는 평장으로 하되, 봉분의 높이는 지면으로부터 1미터 이하, 평분의 높이는 50센티미터 이하여야 한다.

③ 종중·문중묘지는 지형·배수·토양 등을 고려하여 붕괴·침수의 우려가 없는 곳에 설치하여야 한다.

④ 석축과 인입도로의 계단 등은 붕괴의 우려가 없어야 하며, 종중·문중묘지의 허가 면적 안에서 설치하여야 한다.

⑤ 종중·문중묘지 중 분묘가 설치되지 아니한 지역은 잔디·화초·수목 등으로 녹화하여야 한다.

⑥ 종중·문중묘지는 **다음 장소**에 설치하여야 한다. 다만, 토지나 지형의 상황으로 보아 시설의 기능이나 이용 등에 지장이 없는 경우로서 시장등이 인정하는 경우에는 그러하지 아니하다.

ㄱ. 도로, 철도의 선로, 하천구역 또는 그 예정지역으로부터 300미터 이상 떨어진 곳

ㄴ. 20호 이상의 인가밀집지역, 학교, 그밖에 공중이 수시로 집합하는 시설 또는 장소로부터 500미터 이상 떨어진 곳

(4) 법인묘지

① 법인묘지의 면적은 10만 제곱미터 이상으로 한다.

② 분묘의 형태는 봉분, 평분 또는 평장으로 하되, 봉분의 높이는 지면으로부터 1미터 이하, 평분의 높이는 50센티미터 이하여야 한다.

③ 법인묘지는 지형·배수·토양 등을 고려하여 붕괴·침수의 우려가 없는 곳에 설치하여야 한다.

④ 법인묘지에는 폭 5미터 이상의 도로와 그 도로로부터 각 분묘로 통하는 충분한 진출입로를 설치하고, 주차장을 마련하여야 한다.

⑤ 묘지구역의 계곡이나 30도 이상의 급경사지역 및 배수로의 하단 부분에는 토사의 유출 및 유출 속도를 줄일 수 있는 침사지 또는 물 저장고를 설치하여야 한다.

⑥ 법인묘지의 허가 면적 중 주차장·관리시설 등 부대시설을 제외한 면적의 100분의 20(20%) 이상을 녹지 공간으로 확보하여야 한다. 다만, 잔디로 조성된 평분인 경우에는 100분의 10(10%) 이상을 녹지공간으로 확보하여야 한다.

⑦ 법인묘지는 다음 장소에 설치하여야 한다. 다만, 토지나 지형의 상황으로 보아 위 시설의 기능이나 이용 등에 지장이 없는 경우로서 시장등이 인정하는 경우에는 그러하지 아니하다.

ㄱ. 도로, 철도의 선로, 하천구역 또는 그 예정지역으로부터 300미터 이상 떨어진 곳

ㄴ. 20호 이상의 인가밀집지역, 학교, 그밖에 공중이 수시로 집합하는 시설 또는 장소로부터 500미터 이상 떨어진 곳

저자의 한마디

법인묘지는 타 묘지와는 달리 도로진출입로, 주차장, 침사지 또는 물 저장고 등 필요시설이 많답니다.

	개인묘지	가족묘지	종중·문중묘지	법인묘지
면적	30㎡이하	100㎡이하	1,000㎡이하	10만㎡이상
분묘의 형태	봉분, 평분 또는 평장			
봉분·평분의 높이	봉분-1m 이하, 평분-50㎝ 이하			
이격거리	200m(도로)-300m(인가)		300m(도로)-500m(인가)	
녹화	-	분묘 미설치지역에 잔디·화초·수목		20%이상 (잔디평분 10%)

개업공인중개사가 **묘지**를 설치하고자 토지를 매수하려는 중개의뢰인에게 장사 등에 관한 법령에 관하여 설명한 내용으로 틀린 것은?[34회]

① 가족묘지는 가족당 1개소로 제한하되, 그 면적은 100제곱미터 이하여야 한다.(○)

② 개인묘지란 1기의 분묘 또는 해당 분묘에 매장된 자와 배우자 관계였던 자의 분묘를 같은 구역 안에 설치하는 묘지를 말한다.(○)

③ 법인묘지에는 폭 4미터 이상의 도로와 그 도로로부터 각 분묘로 통하는 충분한 진출입로를 설치하여야 한다.(×)

④ 화장한 유골을 매장하는 경우 매장 깊이는 지면으로부터 30센티미터 이상이어야 한다.(○)

⑤ 민법에 따라 설립된 사단법인은 법인묘지의 설치 허가를 받을 수 없다.(○)

① 시행령[별표2] ② 14조1항1호 ③ 4미터가 아니고 5미터(시행령[별표2]) ④ 시행령7조1호나목
⑤ 재단법인만 허가를 받을 수 있어요.(14조5항)

4. 사설화장시설과 사설봉안시설의 설치

① 시·도지사 또는 시장·군수·구청장이 아닌 자가 화장시설(─사설화장 시설) 또는 봉안시설(─사설봉안시설)을 설치·관리하려는 경우에는 그 사설화장시설 또는 사설봉안시설을 관할하는 시장등에게 신고하여야 한다. 신고한 사항 중 대통령령으로 정하는 사항을 변경하려는 경우에도 또한 같다.

② 시장등은 신고 또는 변경신고를 받은 경우 그 내용을 검토하여 이 법에 적합하면 신고를 수리하여야 한다.

③ 사설봉안시설의 시공자는 봉안시설 신고 여부를 확인하여야 한다.

④ 유골 500구 이상을 안치할 수 있는 사설봉안시설을 설치·관리하려는 자는 민법에 따라 봉안시설의 설치·관리를 목적으로 하는 재단법인을 설립하여야 한다. 다만, 대통령령으로 정하는 공공법인 또는 종교단체에서 설치·관리하는 경우이거나 민법에 따라 친족관계였던 자 또는 종중·문중의 구성원 관계였던 자의 유골만을 안치하는 시설을 설치·관리하는 경우에는 그러하지 아니하다.

⑤ 사설화장시설 또는 사설봉안시설을 설치·관리하는 자는 화장 또는 봉안에 관한 상황을 기록·보관하여야 한다.

5. 사설자연장지의 조성

① 국가, 시·도지사 또는 시장·군수·구청장이 아닌 자는 다음 구분에 따라 수목장림이나 그 밖의 자연장지(─사설자연장지)를 조성할 수 있다.

ㄱ. 개인 · 가족자연장지

면적이 100제곱미터 미만인 것으로서 1구의 유골을 자연장하거나 민법에 따라 친족관계였던 자의 유골을 같은 구역 안에 자연장할 수 있는 구역

ㄴ. 종중 · 문중자연장지

종중이나 문중 구성원의 유골을 같은 구역 안에 자연장할 수 있는 구역

ㄷ. 법인등자연장지

법인이나 종교단체가 불특정 다수인의 유골을 같은 구역 안에 자연장할 수 있는 구역

② 개인자연장지를 조성한 자는 자연장지의 조성을 마친 후 30일 이내에 관할 시장등에게 신고하여야 한다. 신고한 사항 중 대통령령으로 정하는 사항을 변경하는 경우에도 또한 같다.

③ 가족자연장지 또는 종중 · 문중자연장지를 조성하려는 자는 관할 시장등에게 신고하여야 한다. 신고한 사항 중 대통령령으로 정하는 사항을 변경하는 경우에도 또한 같다.

④ 시장등은 신고 또는 변경신고를 받은 경우 그 내용을 검토하여 이 법에 적합하면 신고를 수리하여야 한다.

⑤ 법인등자연장지를 조성하려는 자는 시장등의 허가를 받아야 한다. 허가받은 사항을 변경하고자 하는 경우에도 또한 같다.

⑥ 시장등은 **다음에 해당하는 자**에 한하여 법인등자연장지의 조성을 허가할수 있다.

ㄱ. 자연장지의 조성·관리를 목적으로 민법에 따라 설립된 재단법인

ㄴ. 대통령령으로 정하는 공공법인 또는 종교단체

⑦ 사설자연장지를 조성·관리하는 자는 자연장에 관한 상황을 기록·보관하여야 한다.

⑧ 자연장지에는 사망자 및 연고자의 이름 등을 기록한 표지와 편의시설 <u>외의</u> <u>시설을 설치하여서는 아니 된다.</u>

개업공인중개사가 **분묘**가 있는 토지에 관하여 중개의뢰인에게 설명한 내용으로 틀린 것은?(다툼이 있으면 판례에 의함)[24회]

① 문중자연장지를 조성하려는 자는 관할 시장등의 허가를 받아야 한다.(×)

② 남편의 분묘구역 내에 처의 분묘를 추가로 설치한 경우, 추가설치 후 30일 이내에 해당 묘지의 관할 시장등에게 신고해야 한다.(○)

③ 분묘기지권은 분묘의 수호와 봉사에 필요한 범위 내에서 타인의 토지를 사용할 수 있는 권리이다.(○)

④ 분묘기지권은 특별한 사정이 없는 한, 분묘의 수호와 봉사가 계속되고 그 분묘가 존속하는 동안 인정된다.(○)

⑤ 가족묘지의 면적은 100㎡ 이하여야 한다.(○)

① 문중자연장지를 조성하려는 자는 신고하면 됩니다. 법인등자연장지만 허가대상이죠.

> **저자의 한마디**
> 자연장지는 법인만 허가사항이고, 묘지는 개인묘지만 신고대상입니다. 혼동하지 마세요!

6. 묘지 등의 설치 제한

다음 지역에는 묘지·화장시설·봉안시설 또는 자연장지를 설치·조성할 수 없다.

① 녹지지역 중 묘지·화장시설·봉안시설·자연장지의 설치·조성이 제한되는 지역

② 수도법에 따른 상수원보호구역(기존의 사원 경내에 설치하는 봉안시설 또는 대통령령으로 정하는 지역주민이 설치하거나 조성하는 일정규모 미만의 개인, 가족 및 종중·문중의 봉안시설 또는 자연장지인 경우에는 설치가능)

③ 문화유산법에 따른 보호구역(10만㎡ 미만의 자연장지로서 국가유산청장의 허가를 받은 경우에는 설치가능)

④ 그밖에 대통령령으로 정하는 지역

7. 분묘 등의 점유면적

① 공설묘지, 가족묘지, 종중·문중묘지 또는 법인묘지 안의 <u>분묘 1기 및 그 분묘의 상석·비석 등 시설물을 설치하는 구역의 면적은</u> 10제곱미터(합장하는 경우에는 15제곱미터)를 초과하여서는 아니 된다.

② 개인묘지는 30제곱미터를 초과하여서는 아니 된다.

③ 봉안시설 중 봉안묘의 높이는 70센티미터, 봉안묘의 1기당 면적은 2제곱미터를 초과하여서는 아니 된다.

8. 분묘의 설치기간

① 공설묘지 및 사설묘지에 설치된 분묘의 설치기간은 30년으로 한다.

② 설치기간이 지난 분묘의 연고자가 시·도지사, 시장·군수·구청장 또는 법인묘지의 설치·관리를 허가받은 자에게 그 설치기간의 연장을 신청하는 경우에는 1회에 한하여 그 설치기간을 30년으로 하여 연장하여야 한다.

③ 설치기간을 계산할 때 합장 분묘인 경우에는 합장된 날을 기준으로 계산한다.

④ 시·도지사 또는 시장·군수·구청장은 관할 구역 안의 묘지 수급을 위하여 필요하다고 인정되면 조례로 정하는 바에 따라 5년 이상 30년 미만의 기간 안에서 분묘 설치기간의 연장 기간을 단축할 수 있다.

설치기간은 30년+30년
(최대 60년))

9. 설치기간이 종료된 분묘의 처리

① 설치기간이 끝난 분묘의 연고자는 설치기간이 끝난 날부터 1년 이내에 해당 분묘에 설치된 시설물을 철거하고 매장된 유골을 화장하거나 봉안하여야 한다.

② 공설묘지 또는 사설묘지의 설치자는 연고자가 철거 및 화장·봉안을 하지 아니한 때에는 해당 분묘에 설치된 시설물을 철거하고 매장된 유골을 화장하여 일정 기간 봉안할 수 있다.

③ 공설묘지 또는 사설묘지의 설치자는 위의 조치를 하려면 미리 기간을 정하여 해당 분묘의 연고자에게 알려야 한다. 다만, 연고자를 알 수 없으면 그 뜻을 공고하여야 한다.

개업공인중개사가 **장사 등에 관한 법률**에 대해 중개의뢰인에게 설명한 것으로 틀린 것은?[27회]

① 개인묘지는 20㎡를 초과해서는 안 된다.(×)

② 매장을 한 자는 매장 후 30일 이내에 매장지를 관할하는 시장등에게 신고해야 한다.(○)

③ 가족묘지란 민법에 따라 친족관계였던 자의 분묘를 같은 구역 안에 설치하는 묘지를 말한다.(○)

④ 시장등은 묘지의 설치·관리를 목적으로 민법에 따라 설립된 재단법인에 한정하여 법인묘지의 설치·관리를 허가할 수 있다.(○)

⑤ 설치기간이 끝난 분묘의 연고자는 설치기간이 끝난 날부터 1년 이내에 해당 분묘에 설치된 시설물을 철거하고 매장된 유골을 화장하거나 봉안해야 한다.(○)

① 20㎡가 아니라 30㎡

토지를 매수하여 사설묘지를 설치하려는 중개의뢰인에게 개업공인중개사가 **장사 등에 관한 법령**에 관하여 설명한 내용으로 옳은 것은?[35회]

① 개인묘지를 설치하려면 그 묘지를 설치하기 전에 해당 묘지를 관할하는 시장등에게 신고해야 한다.(×)

② 가족묘지를 설치하려면 해당 묘지를 관할하는 시장등의 허가를 받아야 한다.(○)

③ 개인묘지나 가족묘지의 면적은 제한을 받지만, 분묘의 형태나 봉분의 높이는 제한을 받지 않는다.(×)

④ 분묘의 설치기간은 원칙적으로 30년이지만, 개인묘지의 경우에는 3회에 한하여 그 기간을 연장할 수 있다.(×)

⑤ 설치기간이 끝난 분묘의 연고자는 그 끝난 날부터 1개월 이내에 해당 분묘에 설치된 시설물을 철거하고 매장된 유골을 화장하거나 봉안해야 한다.(×)

> ① 개인묘지는 설치 전이 아니라 설치한 후 30일 이내에 신고합니다.(14조2항) ② 가족묘지 등은 사전 허가를 받아야 해요.(14조4항) ③ 면적뿐만 아니라 분묘의 형태나 봉분의 높이 제한도 받아요.(시행령 별표2) ④ 3회가 아니라 1회에 한하여 연장할 수 있어요.(19조1~2항) ⑤ 1개월이 아니라 1년 이내입니다. 1개월은 너무 짧지 않나요?

10. 묘지의 사전 매매 등의 금지

공설묘지를 설치·관리하는 시·도지사와 시장·군수·구청장 또는 사설묘지를 설치·관리하는 자는 매장될 자가 사망하기 전에는 묘지의 매매·양도·임대·사용계약 등을 할 수 없다.

다만, 다음 경우에는 사전 매매 등을 할 수 있다.

① 70세 이상인 자의 묘지용으로 사용하기 위한 경우

② 뇌사자의 묘지용으로 사용하기 위한 경우

③ 질병 등으로 6개월 이내에 사망이 예측되는 자의 묘지용으로 사용하기 위한 경우(의사의 진단서를 첨부한 경우만 해당)

④ 합장을 하기 위한 경우(매장된 자의 배우자에 한정)

⑤ 공설묘지의 수급을 위하여 지방자치단체의 조례로 정하는 경우

무연분묘의 처리★★★

1. 타인의 토지 등에 설치된 분묘 등의 처리

① 토지 소유자(점유자나 그 밖의 관리인을 포함), 묘지 설치자 또는 연고자는 **다음 분묘**에 대하여 그 분묘를 관할하는 시장등의 허가를 받아 분묘에 매장된 시신 또는 유골을 개장할 수 있다.

ㄱ. 토지 소유자의 승낙 없이 해당 토지에 설치한 분묘

ㄴ. 묘지 설치자 또는 연고자의 승낙 없이 해당 묘지에 설치한 분묘

② 토지 소유자, 묘지 설치자 또는 연고자는 개장을 하려면 미리 3개월 이상의 기간을 정하여 그 뜻을 해당 분묘의 설치자 또는 연고자에게 알려야 한다. 다만, 해당 분묘의 연고자를 알 수 없으면 그 뜻을 공고하여야 하며, 공고기간 종료 후에도 분묘의 연고자를 알 수 없는 경우에는 화장한 후에 유골을 일정 기간 봉안하였다가 처리하여야 하고, 이 사실을 관할 시장등에게 신고하여야 한다.

③ ①에 해당하는 분묘의 연고자는 해당 토지 소유자, 묘지 설치자 또는 연고자에게 토지 사용권이나 그밖에 분묘의 보존을 위한 권리를 주장할 수 없다.(분묘기지권 시효취득 제한)

④ 토지 소유자 또는 자연장지 조성자의 승낙 없이 다른 사람 소유의 토지 또는 자연장지에 자연장을 한 자 또는 그 연고자는 당해 토지 소유자 또는 자연장지 조성자에 대하여 토지사용권이나 그밖에 자연장의 보존을 위한 권리를 주장할 수 없다.

2. 무연분묘의 처리

① 시·도지사 또는 시장·군수·구청장은 일제 조사 결과 연고자가 없는 분묘(무연분묘)에 매장된 시신 또는 유골을 화장하여 일정 기간 봉안할 수 있다.

② 시·도지사 또는 시장·군수·구청장은 조치를 하려면 그 뜻을 미리 공고 하여야 한다.

③ 시·도지사 또는 시장·군수·구청장은 봉안한 유골의 연고자가 확인을 요구하면 그 요구에 따라야 한다.

개업공인중개사가 토지를 중개하면서 **분묘기지권**에 대해 설명한 내용으로 틀린 것을 모두 고른 것은?(다툼이 있으면 판례에 의함)[25회]

> ㄱ. 장래의 묘소(가묘)는 분묘에 해당하지 않는다.(○)
> ㄴ. 분묘의 특성상, 타인의 승낙 없이 분묘를 설치한 경우에도 즉시 분묘기지권을 취득한다.(×)
> ㄷ. 평장되어 있어 객관적으로 인식할 수 있는 외형을 갖추고 있지 아니한 경우, 분묘기지권이 인정되지 아니한다.(○)
> ㄹ. 분묘기지권의 효력이 미치는 범위는 분묘의 기지 자체에 한정된다.(×)

① ㄱ,ㄷ ② ㄴ,ㄹ ③ ㄷ,ㄹ ④ ㄱ,ㄴ,ㄷ ⑤ ㄱ,ㄴ,ㄹ

ㄱ,ㄷ. 판례 ㄴ. 타인의 승낙 없이 분묘를 설치한 경우에는 20년간 평온·공연하게 분묘의 기지를 점유한 때에 분묘기지권을 취득합니다. ㄹ. 분묘의 기지 자체뿐만 아니라 분묘기지 주위의 공지를 포함한 지역까지 미칩니다. 정답②

저자의 한마디

분묘(기지권)과 관련하여 매우 중요한 판례들이 반복출제되고 있습니다. 언제든지 다시 출제될 수 있으니 출제된 판례는 반드시 기억하시기 바랍니다.

개업공인중개사가 **분묘가 있는 토지**에 관하여 중개의뢰인에게 설명한 내용으로 틀린 것은?(다툼이 있으면 판례에 따름)[29회]

① 분묘기지권이 성립하기 위해서는 그 내부에 시신이 안장되어 있고, 봉분 등 외부에서 분묘의 존재를 인식할 수 있는 형태를 갖추고 있어야 한다.(○)

② 분묘기지권이 인정되는 분묘가 멸실되었더라도 유골이 존재하여 분묘의 원상회복이 가능하고 일시적인 멸실에 불과하다면 분묘기지권은 소멸하지 않는다.(○)

③ 장사 등에 관한 법률의 시행에 따라 그 시행일 이전의 분묘기지권은 존립 근거를 상실하고, 그 이후에 설치된 분묘에는 분묘기지권이 인정되지 않는다.(×)

④ 분묘기지권은 분묘의 기지 자체뿐만 아니라 분묘의 설치 목적인 분묘의 수호와 제사에 필요한 범위 내에서 분묘 기지 주위의 공지를 포함한 지역까지 미친다.(○)

⑤ 분묘기지권은 권리자가 의무자에 대하여 그 권리를 포기하는 의사표시를 하는 외에 점유까지도 포기해야만 그 권리가 소멸하는 것은 아니다.(○)

③ 판례에 의하면, 장사법 시행일 이전의 분묘기지권은 존립합니다. 빈출지문! ①②④⑤ 판례

개업공인중개사가 **묘소**가 설치되어 있는 임야를 중개하면서 중개의뢰인에게 설명한 내용으로 틀린 것은?(다툼이 있으면 판례에 따름)[30회]

① 분묘가 1995년에 설치되었다 하더라도 장사 등에 관한 법률이 2001년에 시행되었기 때문에 분묘기지권을 시효취득할 수 없다.(×)

② 암장되어 있어 객관적으로 인식할 수 있는 외형을 갖추고 있지 않은 묘소에는 분묘기지권이 인정되지 않는다.(○)

③ 아직 사망하지 않은 사람을 위한 장래의 묘소인 경우 분묘기지권이 인정되지 않는다.(○)

④ 분묘기지권이 시효취득된 경우 특별한 사정이 없는 한 시효취득자는 지료를 지급할 필요가 없다.(×)

⑤ 분묘기지권의 효력이 미치는 지역의 범위 내라고 할지라도 기존의 분묘 외에 새로운 분묘를 신설할 권능은 포함되지 않는다.(○)

① 장사법 시행 전에 설치된 묘지에는 이 법이 적용되지 않으므로 분묘기지권을 시효취득할 수 있습니다. ④ 분묘기지권이 시효로 취득된 경우에도 지료를 지급해야 하는 것으로 판례가 변경되었습니다.(2021년) 30회에는 맞는 지문이었지만 지금은 틀린 지문이죠. ②③⑤ 판례

분묘가 있는 토지에 관하여 개업공인중개사가 중개의뢰인에게 설명한 내용으로 틀린 것은?(다툼이 있으면 판례에 따름)[32회]

① 분묘기지권은 등기사항증명서를 통해 확인할 수 없다.(○)

② 분묘기지권은 분묘의 설치 목적인 분묘의 수호와 제사에 필요한 범위 내에서 분묘기지 주위의 공지를 포함한 지역에까지 미친다.(○)

③ 분묘기지권이 인정되는 경우 분묘가 멸실되었더라도 유골이 존재하여 분묘의 원상회복이 가능하고 일시적인 멸실에 불과하다면 분묘기지권은 소멸하지 않는다.(○)

④ 분묘기지권에는 그 효력이 미치는 범위 안에서 새로운 분묘를 설치할 권능은 포함되지 않는다.(○)

⑤ 甲이 자기 소유 토지에 분묘를 설치한 후 그 토지를 乙에게 양도하면서 분묘를 이장하겠다는 특약을 하지 않음으로써 甲이 분묘기지권을 취득한 경우, 특별한 사정이 없는 한 甲은 분묘의 기지에 대한 토지사용의 대가로서 지료를 지급할 의무가 없다.(×)

⑤ 이른 바 양도형 분묘기지권으로 판례(2021년)는 이 경우에 지료를 지급할 의무가 있다고 판시하고 있습니다.

개업공인중개사가 분묘가 있는 토지를 매수하려는 의뢰인에게 **분묘기지권**에 관해 설명한 것으로 옳은 것은?(다툼이 있으면 판례에 따름)[33회]

① 분묘기지권의 존속기간은 지상권의 존속기간에 대한 규정이 유추적용되어 30년으로 인정된다.(×)

② 장사 등에 관한 법률이 시행되기 전에 설치된 분묘의 경우 그 법의 시행 후에는 분묘기지권의 시효취득이 인정되지 않는다.(×)

③ 자기 소유 토지에 분묘를 설치한 사람이 분묘이장의 특약 없이 토지를 양도함으로써 분묘기지권을 취득한 경우, 특별한 사정이 없는 한 분묘기지권이 성립한 때부터 지료지급의무가 있다.(○)

④ 분묘기지권을 시효로 취득한 사람은 토지소유자의 지료지급청구가 있어도 지료지급의무가 없다.(×)

⑤ 분묘가 멸실된 경우 유골이 존재하여 분묘의 원상회복이 가능한 일시적인 멸실에 불과하여도 분묘기지권은 소멸한다.(×)

① 분묘기지권의 존속기간은 민법의 지상권 규정에 따를 것이 아니라, 당사자 사이에 특약이 있으면 특약에 따르고, 특약이 없으면 분묘의 수호와 봉사를 계속하는 한 그 분묘가 존속하고 있는 동안 분묘기지권은 존속합니다.(판례) ② 장사법 시행(2001.1.13) 전에 설치된 분묘에도 장사법 시행 후에 분묘기지권의 시효취득이 인정됩니다.(판례) ③ 분묘기지권성립 시부터 지료지급의무가 있습니다.(판례) ④ 분묘기지권을 시효로 취득한 사람은 토지소유자의 지료지급청구가 있으면 청구한 날부터 지료지급의무가 있습니다.(판례) ⑤ 분묘가 멸실된 경우 유골이 존재하여 분묘의 원상회복이 가능한 일시적인 멸실에 불과하다면 분묘기지권은 소멸하지 않습니다.(판례)

개업공인중개사가 중개의뢰인에게 **분묘가 있는 토지**에 관하여 설명한 내용으로 틀린 것을 모두 고른 것은?(다툼이 있으면 판례에 따름)[34회]

ㄱ. 토지 소유자의 승낙에 의하여 성립하는 분묘기지권의 경우 성립 당시 토지 소유자와 분묘의 수호·관리자가 지료 지급의무의 존부에 관하여 약정을 하였다면 그 약정의 효력은 분묘기지의 승계인에게 미치지 않는다.(×)

ㄴ. 분묘기지권은 지상권 유사의 관습상 물권이다.(○)

ㄷ. 장사 등에 관한 법률 시행일(2001. 1. 13.)이후 토지 소유자의 승낙 없이 설치한 분묘에 대해서 분묘기지권의 시효취득을 주장할 수 있다.(×)

① ㄱ ② ㄷ ③ ㄱ,ㄷ ④ ㄴ,ㄷ ⑤ ㄱ,ㄴ,ㄷ

ㄱ. 지료지급 약정의 효력은 분묘기지의 승계인에게 미칩니다.(판례) ㄴ. 분묘기지권은 지상권 유사의 관습상 물권 ㄷ. 장사법 시행일 이후에는 토지 소유자의 승낙 없이 설치한 분묘에 대해서 분묘기지권의 시효취득을 주장할 수 없어요.(27조3항, 부칙〈법률제8489호〉2조2항) 정답③

개업공인중개사가 토지를 매수하려는 중개의뢰인에게 **분묘기지권**에 관하여 설명한 내용으로 옳은 것을 모두 고른 것은?(다툼이 있으면 판례에 따름)[35회]

> ㄱ. 분묘기지권을 시효취득한 사람은 시효취득한 때부터 지료를 지급할 의무가 발생한다.(×)
> ㄴ. 특별한 사정이 없는 한 분묘기지권자가 분묘의 수호와 봉사를 계속하는 한 그 분묘가 존속하는 동안은 분묘기지권이 존속한다.(○)
> ㄷ. 분묘기지권을 취득한 자는 그 분묘기지권의 등기 없이도 그 분묘가 설치된 토지의 매수인에게 대항할 수 있다.(○)

① ㄴ　② ㄱ,ㄴ　③ ㄱ,ㄷ　④ ㄴ,ㄷ　⑤ ㄱ,ㄴ,ㄷ

ㄱ. 시효취득한 때가 아니라 토지소유자가 지료를 청구할 때부터 지료지급의무가 발생해요.(판례) ㄴ. 판례 ㄷ. 판례 정답③

06 매수신청대리인등록규칙 관련 중개실무★★★

매수신청대리권의 범위★★

법원에 매수신청대리인으로 등록된 개업공인중개사가 매수신청대리의 위임을 받은 경우 **다음 행위**를 (대리)할 수 있다.

① 매수신청 보증의 제공 ② 입찰표의 작성 및 제출

③ 차순위매수신고 ④ 매수신청의 보증을 돌려 줄 것을 신청하는 행위

⑤ 공유자의 우선매수신고

⑥ 구 임대주택법 상 임대주택 임차인의 임대주택 우선매수신고

⑦ 공유자 또는 임대주택 임차인의 우선매수신고에 따라 차순위매수신고인으로 보게 되는 경우 그 차순위매수신고인의 지위를 포기하는 행위

공인중개사의 매수신청대리인 등록 등에 관한 규칙상 매수신청대리인으로 등록된 개업공인중개사가 매수신청 대리의 위임을 받아 할 수 없는 행위는?[24회]

① 입찰표의 작성 및 제출(○) ② 매각기일변경신청(×)

③ 민사집행법에 따른 차순위매수신고(○)

④ 민사집행법에 따른 매수신청 보증의 제공(○)

⑤ 민사집행법에 따른 공유자의 우선매수신고(○)

> ② 매각기일변경신청은 대리할 수 없어요.

매수신청대리의 대상물★★

① 토지 ② 건물 그 밖의 토지의 정착물 ③ 입목 ④ 공장재단, 광업재단

매수신청대리인 등록 및 등록요건★★

중개대상물과 동일!

① 매수신청대리인이 되고자 하는 개업공인중개사는 중개사무소(법인인 개업공인중개사의 경우에는 주된 중개사무소)가 있는 곳을 관할하는 지방법원의 장에게 매수신청대리인 등록을 하여야 한다.

② 공인중개사가 매수신청대리인으로 등록하기 위한 요건은 **다음**과 같다.

ㄱ. 개업공인중개사이거나 법인인 개업공인중개사일 것

ㄴ. 부동산경매에 관한 실무교육을 이수하였을 것

ㄷ. 보증보험 또는 공제에 가입하였거나 공탁을 하였을 것

254

등록의 결격사유**

다음에 해당하는 자는 매수신청대리인 등록을 할 수 없다.

① 매수신청대리인 등록이 취소된 후 3년이 지나지 아니한 자(중개업의 폐업신고 또는 매수신청대리업의 폐업신고로 인한 등록 취소의 경우에는 결격사유에 해당하지 않음)

② 민사집행절차에서의 매각에 관하여 형법에 규정된 죄로 유죄판결을 받고 그 판결확정일부터 2년이 지나지 아니한 자

③ 매수신청대리업무정지처분을 받고 폐업신고를 한 자로서 업무정지기간이 경과되지 아니한 자

④ 매수신청대리업무정지처분을 받은 개업공인중개사인 법인의 업무정지의 사유가 발생한 당시의 사원 또는 임원이었던 자로서 당해 개업공인중개사에 대한 업무정지기간이 경과되지 아니한 자

⑤ 위에 해당하는 자가 사원 또는 임원으로 있는 법인인 개업공인중개사

등록증의 교부와 게시**

① 매수신청대리인 등록신청을 받은 지방법원장은 14일 이내에 개업공인중개사의 종별(개업공인중개사 또는 법인인 개업공인중개사)에 따라 구분하여 등록을 하여야 한다.

② 등록증을 교부받은 자가 등록증을 잃어버리거나 못쓰게 된 경우와 등록증의 기재사항의 변경으로 인하여 다시 등록증을 교부받고자 하는 경우에는 재교부를 신청할 수 있다.

③ 개업공인중개사는 **다음 사항**을 당해 중개사무소 안의 보기 쉬운 곳에 게시 하여야 한다.

ㄱ. 등록증

ㄴ. 매수신청대리 등 보수표

ㄷ. 보증의 설정을 증명할 수 있는 서류

실무교육**

① 매수신청대리인 등록을 하고자 하는 개업공인중개사(법인인 개업공인중개사의 경우에는 공인중개사인 대표자)는 등록신청일 전 1년 이내에 법원행정처장이 지정하는 교육기관에서 부동산 경매에 관한 실무교육을 이수하여야 한다. 다만, 폐업신고 후 1년 이내에 다시 등록신청을 하고자 하는 자는 실무교육을 이수하지 않아도 된다.

② 실무교육에는 평가가 포함되어야 하며, 교육시간, 교육과목 및 교육기관 지정에 관한 사항은 **다음**과 같다.

ㄱ. 교육시간은 32시간 이상 44시간 이내로 한다.

ㄴ. 실무교육은 직업윤리, 민사소송법, 민사집행법, 경매실무 등 필수과목 및 교육기관이 자체적으로 정한 부동산경매 관련과목의 수강과 교육과목별 평가로 한다.

ㄷ. 실무교육에 필요한 전문인력 및 교육시설을 갖추고 객관적 평가기준을 마련한 **다음 기관 또는 단체**는 법원행정처장에게 그 지정승인을 요청할 수 있다.

• 대학 또는 전문대학으로서 부동산관련학과가 개설된 학교 • 공인중개사협회

손해배상책임의 보장★★

① 매수신청대리인이 된 개업공인중개사는 매수신청대리를 함에 있어서 고의 또는 과실로 인하여 위임인에게 재산상 손해를 발생하게 한 때에는 그 손해를 배상할 책임이 있다.

② 매수신청대리인이 되고자 하는 개업공인중개사는 손해배상책임을 보장하기 위하여 보증보험 또는 협회의 공제에 가입하거나 공탁을 하여야 한다.

③ 공탁한 공탁금은 매수신청대리인이 된 개업공인중개사가 폐업, 사망 또는 해산한 날부터 3년 이내에는 이를 회수할 수 없다.

④ 매수신청의 위임을 받은 개업공인중개사는 매수신청인에게 손해배상책임의 보장에 관한 **다음 사항**을 설명하고 관계증서의 사본을 교부하거나 관계증서에 관한 전자문서를 제공하여야 한다.

ㄱ. 보장금액 ㄴ. 보장기간

ㄷ. 보증보험회사, 공제사업을 행하는 자, 공탁기관 및 그 소재지

⑤ 개업공인중개사가 손해배상책임을 보장하기 위한 보증을 설정하여야 하는 금액은 **다음**과 같다.

ㄱ. 법인인 개업공인중개사 : 4억원 이상(분사무소를 두는 경우에는 분사무소마다 2억원 이상을 추가로 설정)

ㄴ. 개업공인중개사 : 2억원 이상

공제사업★★

① 공인중개사협회는 개업공인중개사의 손해배상책임을 보장하기 위하여 공제사업을 할 수 있다.

② 협회는 공제사업을 하고자 하는 때에는 공제규정을 제정하여 법원행정처장의 승인을 얻어야 한다. 공제규정을 변경하고자 하는 때에도 또한 같다.

③ 공제규정에는 공제사업의 범위, 공제계약의 내용, 공제금, 공제료, 회계기준 및 책임준비금의 적립비율 등 공제사업의 운용에 관하여 필요한 사항을 정하여야 한다.

④ 협회는 공제사업을 다른 회계와 구분하여 별도의 회계로 관리하여야 하며,

책임준비금을 다른 용도로 사용하고자 하는 경우에는 법원행정처장의 승인을 얻어야 한다.

⑤ 협회는 매년도의 공제사업 운용실적을 일간신문 또는 협회보 등을 통하여 공제계약자에게 공시하여야 한다.

⑥ 법원행정처장은 협회가 이 규칙 및 공제규정을 준수하지 아니하여 공제사업의 건전성을 해할 우려가 있다고 인정되는 경우에는 이에 대한 시정을 명할 수 있다.

⑦ 금융위원회의 설치 등에 관한 법률에 따른 금융감독원의 원장은 법원행정처장으로부터 요청이 있는 경우에는 협회의 공제사업에 관하여 검사를 할 수 있다.

휴업 또는 폐업의 신고★★

① 매수신청대리인은 매수신청대리업을 휴업(3월을 초과하는 경우), 폐업 또는 휴업한 매수신청대리업을 재개하고자 하는 때에는 감독법원에 그 사실을 미리 신고하여야 한다. 휴업기간을 변경하고자 하는 때에도 같다.

② 휴업은 6월을 초과할 수 없다.

대리행위의 방식★★

① 개업공인중개사는 대리행위를 하는 경우 각 대리행위마다 대리권을 증명하는 문서(본인의 인감증명서가 첨부된 위임장과 대리인등록증 사본 등)를 제출하여야 한다. 다만, 같은 날 같은 장소에서 대리행위를 동시에 하는 경우에는 하나의 서면으로 갈음할 수 있다.

② 법인인 개업공인중개사의 경우에는 위의 문서 이외에 대표자의 자격을 증명하는 문서를 제출하여야 한다.

③ 개업공인중개사는 대리행위를 함에 있어서 매각장소 또는 집행법원에 직접 출석하여야 한다.

공인중개사의 매수신청대리인 등록 등에 관한 규칙에 따른 개업공인중개사의 **매수신청대리**에 관한 설명으로 옳은 것은?(다툼이 있으면 판례에 따름)[34회]

① 미등기건물은 매수신청대리의 대상물이 될 수 없다.(×)

② 공유자의 우선매수신고에 따라 차순위 매수신고인으로 보게 되는 경우 그 차순위 매수신고인의 지위를 포기하는 행위는 매수신청대리권의 범위에 속하지 않는다.(×)

③ 소속공인중개사도 매수신청대리인으로 등록할 수 있다.(×)

④ 매수신청대리인이 되려면 관할 지방자치단체의 장에게 매수신청대리인 등록을 하여야 한다.(×)

⑤ 개업공인중개사는 매수신청대리행위를 함에 있어서 매각장소 또는 집행법원에 직접 출석하여야 한다.(○)

공인중개사의 매수신청대리인 등록 등에 관한 규칙의 내용으로 옳은 것은?^{27회}

① 중개사무소의 개설등록을 하지 않은 공인중개사라도 매수신청대리인으로 등록할 수 있다.(×)

② 매수신청대리인으로 등록된 개업공인중개사는 매수신청대리행위를 함에 있어 매각장소 또는 집행법원에 중개보조원을 대리출석하게 할 수 있다. (×)

③ 매수신청대리인이 되고자 하는 법인인 개업공인중개사는 주된 중개사무소 가 있는 곳을 관할하는 지방법원장에게 매수신청대리인 등록을 해야 한다. (○)

④ 매수신청대리인으로 등록된 개업공인중개사는 매수신청대리의 위임을 받은 경우 법원의 부당한 매각허가결정에 대하여 항고할 수 있다.(×)

⑤ 매수신청대리인으로 등록된 개업공인중개사는 본인의 인감증명서가 첨부된 위임장과 매수신청대리인등록증 사본을 한번 제출하면 그 다음날부터는 대리행위마다 대리권을 증명할 필요가 없다.(×)

사건카드의 작성·보존*

① 개업공인중개사는 매수신청대리 사건카드를 비치하고, 사건을 위임받은 때에는 사건카드에 위임받은 순서에 따라 일련번호, 경매사건번호, 위임받은 연월일, 보수액과 위임인의 주소·성명 기타 필요한 사항을 기재하고, 서명날인 한 후 5년간 이를 보존하여야 한다.

② 서명날인에는 등록인장을 사용하여야 한다.

매수신청대리 대상물의 확인·설명*

① 개업공인중개사가 매수신청대리를 위임받은 경우 매수신청대리 대상물의 권리관계, 경제적 가치, 매수인이 부담하여야 할 사항 등에 대하여 위임인에게 성실·정확하게 설명하고 등기사항증명서 등 설명의 근거자료를 제시하여야 한다.

② 개업공인중개사는 위임계약을 체결한 경우 확인·설명 사항을 서면으로 작성 하여 서명날인한 후 위임인에게 교부하고, 그 사본을 사건카드에 철하여 5년간 보존하여야 한다.

③ 서명날인에는 등록인장을 사용하여야 한다.

보수, 영수증*

① 개업공인중개사는 매수신청대리에 관하여 위임인으로부터 보수표의 범위 안에서 소정의 보수를 받는다. 이때 보수 이외의 명목으로 돈 또는 물건을 받거나 예규에서 정한 보수 이상을 받아서는 아니된다.

② 개업공인중개사는 보수표와 보수에 대하여 이를 위임인에게 위임계약 전에 설명하여야 한다.

③ 개업공인중개사는 보수를 받은 경우 영수증을 작성하여 서명날인한 후 위임인에게 교부하여야 한다.

④ 서명날인에는 등록인장을 사용하여야 한다.

⑤ 보수의 지급시기는 매수신청인과 매수신청대리인의 약정에 따르며, 약정이 없을 때에는 매각대금의 지급기한일로 한다.

매수신청대리인으로 등록한 개업공인중개사 甲이 매수신청대리 위임인 乙에게 **공인중개사의 매수신청대리인 등록 등에 관한 규칙**에 관하여 설명한 내용으로 틀린 것은?(단, 위임에 관하여 특별한 정함이 없음)[32회]

① 甲의 매수신고액이 차순위이고 최고가매수신고액에 그 보증액을 뺀 금액을 넘는 때에만 甲은 차순위 매수신고를 할 수 있다.(○)
② 甲은 乙을 대리하여 입찰표를 작성·제출할 수 있다.(○)
③ 甲의 입찰로 乙이 최고가매수신고인이나 차순위 매수고인이 되지 않은 경우, 甲은 민사집행법에 따라 매수신청의 보증을 돌려 줄 것을 신청할 수 있다.(○)
④ 乙의 甲에 대한 보수의 지급시기는 당사자 간 약정이 없으면 매각허가결정일로 한다.(×)
⑤ 甲은 기일입찰의 방법에 의한 매각기일에 매수신청 대리행위를 할 때 집행법원이 정한 매각 장소 또는 집행법원에 직접 출석해야 한다.(○)

> ① 민사집행법에 나오는 내용이죠. 나중에 배워요. ④ 매각허가결정일이 아니라 매각대금의 지급기한일입니다. 빈출지문!

의무, 금지행위**

① 개업공인중개사는 신의와 성실로써 공정하게 매수신청대리업무를 수행하여야 한다.

② 개업공인중개사는 다른 법률에서 특별한 규정이 있는 경우를 제외하고는 그 업무상 알게 된 비밀을 누설하여서는 아니된다. 개업공인중개사가 그 업무를 떠난 경우에도 같다.

③ 개업공인중개사는 매각절차의 적정과 매각장소의 질서유지를 위하여 민사집행법의 규정 및 집행관의 조치에 따라야 한다.

④ 개업공인중개사는 **다음 경우**에는 그 사유가 발생한 날로부터 10일 이내에 지방법원장에게 그 사실을 신고하여야 한다.

ㄱ. 중개사무소를 이전한 경우 ㄴ. 중개업을 휴업 또는 폐업한 경우

ㄷ. 공인중개사 자격이 취소된 경우 ㄹ. 공인중개사 자격이 정지된 경우

ㅁ. 중개사무소 개설등록이 취소된 경우 ㅂ. 중개업무가 정지된 경우

ㅅ. 분사무소를 설치한 경우

개업공인중개사 甲은 공인중개사의 매수신청대리인 등록 등에 관한 규칙에 따라 매수신청대리인으로 등록한 후 乙과 **매수신청대리**에 관한 위임계약을 체결하였다. 이에 관한 설명으로 옳은 것은?[35회]

① 甲이 법인이고 분사무소를 1개 둔 경우 매수신청대리에 따른 손해배상책임을 보장하기 위하여 설정해야 하는 보증의 금액은 6억원 이상이다.(○)

② 甲은 매수신청대리 사건카드에 乙에게서 위임받은 사건에 관한 사항을 기재하고 서명날인 한 후 이를 3년간 보존해야 한다.(×)

③ 甲은 매수신청대리 대상물에 대한 확인·설명 사항을 서면으로 작성하여 사건카드에 철하여 3년간 보존해야 하며 乙에게 교부할 필요는 없다.(×)

④ 등기사항증명서는 甲이 乙에게 제시할 수 있는 매수신청대리 대상물에 대한 설명의 근거자료에 해당하지 않는다.(×)

⑤ 甲이 중개사무소를 이전한 경우 14일 이내에 乙에게 통지하고 지방법원장에게 그 사실을 신고해야 한다.(×)

> ① 법인인 개공은 4억 원 이상, 분사무소를 두는 경우 분사무소마다 2억 원 이상을 추가로 설정, 따라서 6억 원 이상이네요.(13조1항1호) ② 3년이 아니라 5년간 보존(15조1항) ③ 3년이 아니라 5년간 보존해야 하며, 을에게 교부해야 해요.(16조2항) ④ 등기사항증명서는 설명의 근거자료에 해당합니다.(16조1항) ⑤ 14일이 아니라 10일 이내에 신고해야 합니다.(18조4항1호)

⑤ 개업공인중개사는 **다음 행위**를 하여서는 아니된다.(금지행위)

ㄱ. 이중으로 매수신청대리인 등록신청을 하는 행위

ㄴ. 매수신청대리인이 된 사건에 있어서 매수신청인으로서 매수신청을 하는 행위

ㄷ. 동일 부동산에 대하여 이해관계가 다른 2인 이상의 대리인이 되는 행위

ㄹ. 명의대여를 하거나 등록증을 대여 또는 양도하는 행위

ㅁ. 다른 개업공인중개사의 명의를 사용하는 행위

ㅂ. 형법에 규정된 경매·입찰방해죄에 해당하는 행위

ㅅ. 사건카드 또는 확인·설명서에 허위기재하거나 필수적 기재사항을 누락하는 행위

ㅇ. 그밖에 다른 법령에 따라 금지되는 행위

공인중개사의 매수신청대리인 등록 등에 관한 규칙상 매수신청대리업무를 수행하는 개업공인중개사의 **금지행위**에 해당하지 않는 것은?[24회]

① 명의를 대여하는 행위(○) ② 매수신청대리인 등록증을 대여하는 행위(○)

③ 다른 개업공인중개사의 명의를 사용하는 행위(○)

④ 이중으로 매수신청대리인 등록신청을 하는 행위(○)

⑤ 임대주택법에 따른 임차인의 임대주택 우선매수신고를 하는 행위(×)

⑤ 매수신청대리권의 범위에 해당하는 행위입니다. 금지행위에 해당하지 않아요.

협회·개업공인중개사 등의 감독*

① 법원행정처장은 매수신청대리업무에 관하여 협회를 감독한다.

② 지방법원장은 매수신청대리업무에 관하여 관할 안에 있는 협회의 시·도지부와 매수신청대리인 등록을 한 개업공인중개사를 감독한다.

③ 지방법원장은 매수신청대리업무에 대한 감독의 사무를 지원장과 협회의 시·도지부에 위탁할 수 있고, 이를 위탁받은 지원장과 협회의 시·도지부는 그 실시 결과를 지체 없이 지방법원장에게 보고하여야 한다.

④ 지방법원장은 법규를 위반하였다고 인정되는 개업공인중개사에 대하여 해당 법규에 따른 상당한 처분을 하여야 한다.

⑤ 협회는 등록관청으로부터 중개사무소의 개설등록, 휴업·폐업의 신고, 자격의 취소, 자격의 정지, 등록의 취소, 업무의 정지 등에 관한 사항을 통보받은 후 10일 이내에 법원행정처장에게 통지하여야 한다.

행정처분***

1. 등록취소

① 지방법원장은 **다음에 해당하는 경우**에는 매수신청대리인 등록을 <u>취소하여야 한다.</u>(↘절대적 등록취소사유)

ㄱ. 중개사무소 개설등록 결격사유에 해당하는 경우

ㄴ. 중개사무소 폐업신고를 한 경우

ㄷ. 공인중개사 자격이 취소된 경우

ㄹ. 중개사무소 개설등록이 취소된 경우

ㅁ. 매수신청대리 등록당시 등록요건을 갖추지 않았던 경우

ㅂ. 매수신청대리 등록당시 결격사유가 있었던 경우

② 지방법원장은 **다음에 해당하는 경우**에는 매수신청대리인 등록을 <u>취소할 수 있다.</u>(↘임의적 등록취소사유)

ㄱ. 매수신청대리 등록 후 등록요건을 갖추지 못하게 된 경우

ㄴ. 매수신청대리 등록 후 결격사유가 있게 된 경우

ㄷ. 사건카드를 작성하지 아니하거나 보존하지 아니한 경우

ㄹ. 확인·설명서를 교부하지 아니하거나 보존하지 아니한 경우

ㅁ. 보수 이외의 명목으로 돈 또는 물건을 받은 경우, 예규에서 정한 보수를 초과하여 받은 경우, 보수의 영수증을 교부하지 아니한 경우

ㅂ. 비밀준수의무, 집행관의 명령에 따를 의무, 매수신청대리 금지행위 규정을 위반한 경우

ㅅ. 감독상의 명령이나 중개사무소의 출입, 조사 또는 검사에 대하여 기피, 거부 또는 방해하거나 거짓으로 보고 또는 제출한 경우

ㅇ. 최근 1년 이내에 이 규칙에 따라 2회 이상 업무정지처분을 받고 다시 업무 정지처분에 해당하는 행위를 한 경우

③ 매수신청대리인 등록이 취소된 자는 등록증을 관할 지방법원장에게 반납 하여야 한다.

개업공인중개사 甲은 공인중개사의 매수신청대리인 등록 등에 관한 규칙에 따라 **매수신청대리인**으로 등록하였다. 이에 관한 설명으로 옳은 것을 모두 고른 것은?[33회]

> ㄱ. 甲은 공장 및 광업재단저당법에 따른 광업재단에 대한 매수신청대리를 할 수 있다.(○)
> ㄴ. 甲의 중개사무소 개설등록이 취소된 경우 시·도지사는 매수신청대리인 등록을 취소 해야한다.(×)
> ㄷ. 중개사무소 폐업신고로 甲의 매수신청대리인 등록이 취소된 경우 3년이 지나지 아니하면 甲은 다시 매수신청대리인 등록을 할 수 없다.(×)

① ㄱ ② ㄴ ③ ㄱ,ㄷ ④ ㄴ,ㄷ ⑤ ㄱ,ㄴ,ㄷ

> ㄱ. 광업재단은 매수신청대리가 가능해요. ㄴ. 중개사무소 개설등록이 취소되면 매수신청 대리인 등록도 취소되어야 합니다.(절대적등록취소사유) 하지만 매수신청대리인 등록취소는 시·도지사가 아니라 지방법원장이 한답니다. ㄷ. 중개사무소 폐업으로 매수신청대리인 등록이 취소된 경우에는 3년의 기간제한을 받지 않아요. 정답①

2. 업무정지

① 지방법원장은 개업공인중개사(이 경우 분사무소를 포함)가 **다음에 해당하는 경우**에는 기간을 정하여 매수신청대리업무를 정지하는 처분을 하여야 한다. (→절대적 업무정지사유)

ㄱ. 중개사무소를 휴업하였을 경우

ㄴ. 공인중개사 자격을 정지당한 경우

ㄷ. 개업공인중개사가 업무의 정지를 당한 경우

ㄹ. 매수신청대리의 임의적 등록취소사유에 해당하는 경우(1-②-ㅅ.감독상의 명령이나 중개사무소의 출입, 조사 또는 검사에 대하여 기피, 거부 또는 방해 하거나 거짓으로 보고 또는 제출한 경우는 제외)

② 지방법원장은 매수신청대리인 등록을 한 개업공인중개사(이 경우 분사무소 를 포함)가 **다음에 해당하는 경우**에는 기간을 정하여 매수신청대리업무의 정지를 명할 수 있다.(→임의적 업무정지사유)

ㄱ. 다음 경우

- 다른 사람의 매수신청을 방해한 사람
- 부당하게 다른 사람과 담합하거나 그밖에 매각의 적정한 실시를 방해한 사람
- 위의 행위를 교사한 사람

ㄴ. 매수신청대리 등록증 등을 게시하지 아니한 경우

ㄷ. 사건카드, 매수신청대리 확인·설명서 및 수수료 영수증에 등록인장을 사용하지 않은 경우

ㄹ. 사무소 이전 등의 신고를 하지 아니한 경우

ㅁ. 감독상의 명령이나 중개사무소의 출입, 조사 또는 검사에 대하여 기피, 거부 또는 방해하거나 거짓으로 보고 또는 제출한 경우

ㅂ. 사무소 명칭이나 간판에 법원의 명칭이나 휘장 등을 표시하였을 경우

ㅅ. 그밖에 이 규칙에 따른 명령이나 처분에 위반한 경우

③ 업무정지기간은 1월 이상 2년 이하로 한다.

공인중개사의 매수신청대리인 등록 등에 관한 규칙에 따라 丙은 매수신청대리인으로 등록하였다. 이에 관한 설명으로 틀린 것은?[31회]

① 丙이 매수신청대리의 위임을 받은 경우 민사집행법의 규정에 따라 차순위 매수신고를 할 수 있다.(○)

② 丙은 매수신청대리권의 범위에 해당하는 대리행위를 할 때 매각장소 또는 집행법원에 직접 출석해야 한다.(○)

③ 매수신청대리 보수의 지급시기는 丙과 매수신청인의 약정이 없을 때에는 매각대금의 지급기한일로 한다.(○)

④ 丙이 중개사무소를 이전한 경우 그 날부터 10일 이내에 관할 지방법원장에게 그 사실을 신고하여야 한다.(○)

⑤ 丙이 매수신청대리 업무의 정지처분을 받을 수 있는 기간은 1월 이상 6월 이하이다.(×)

①②③ 빈출지문! ⑤ 1월 이상 2년 이하입니다.

공인중개사의 매수신청대리인 등록 등에 관한 규칙에 따라 매수신청대리인으로 등록한 甲에 관한 설명으로 틀린 것은?[29회]

① 甲은 공인중개사인 개업공인중개사이거나 법인인 개업공인중개사이다.(○)

② 매수신청대리의 위임을 받은 甲은 민사집행법에 따른 공유자의 우선매수 신고를 할 수 있다.(○)

③ 폐업신고를 하여 매수신청대리인 등록이 취소된 후 3년이 지나지 않은 甲은 매수신청대리인 등록을 할 수 없다.(×)

④ 甲의 공인중개사 자격이 취소된 경우 지방법원장은 매수신청대리인 등록을 취소해야 한다.(○)

⑤ 甲은 매수신청대리권의 범위에 해당하는 대리행위를 할 때 매각장소 또는 집행법원에 직접 출석해야 한다.(○)

③ 폐업신고를 하여 매수신청대리인 등록이 취소된 경우에는 3년의 기간제한을 받지 않고 매수신청대리인 등록을 할 수 있답니다. ⑤ 빈출지문!

甲은 매수신청대리인으로 등록한 개업공인중개사 乙에게 민사집행법에 의한 경매대상 부동산에 대한 **매수신청대리**의 위임을 하였다. 이에 관한 설명으로 틀린 것은?[28회]

① 보수의 지급시기에 관하여 甲과 乙의 약정이 없을 때에는 매각대금의 지급 기한일로 한다.(○)

② 乙은 민사집행법에 따른 차순위매수신고를 할 수 있다.(○)

③ 乙은 매수신청대리인 등록증을 자신의 중개사무소 안의 보기 쉬운 곳에 게시해야 한다.(○)

④ 乙이 중개업을 휴업한 경우 관할 지방법원장은 乙의 매수신청대리인 등록을 취소해야 한다.(×)

⑤ 乙은 매수신청대리 사건카드에 중개행위에 사용하기 위해 등록한 인장을 사용하여 서명날인해야 한다.(○)

①②③ 빈출지문! ④ 휴업한 경우에는 매수신청대리업무를 정지시켜야 합니다. 휴업인데 등록취소하면 너무 심하죠!

명칭의 표시★★★

① 매수신청대리인 등록을 한 개업공인중개사는 그 사무소의 명칭이나 간판에 고유한 지명 등 법원행정처장이 인정하는 특별한 경우를 제외하고는 법원의 명칭이나 휘장 등을 표시하여서는 아니된다.

② 개업공인중개사는 매수신청대리인 등록이 취소된 때에는 사무실 내·외부에 매수신청대리업무에 관한 표시 등을 제거하여야 하며, 업무정지처분을 받은 때에는 업무정지사실을 당해 중개사사무소의 출입문에 표시하여야 한다.

공인중개사의 매수신청대리인 등록 등에 관한 규칙의 내용으로 틀린 것은?[25회]

① 공인중개사는 중개사무소 개설등록을 하지 않으면 매수신청대리인 등록을 할 수 없다.(○)

② 개업공인중개사가 매수신청대리를 위임받은 경우 당해 매수신청대리 대상물의 경제적 가치에 대하여는 위임인에게 설명하지 않아도 된다.(×)

③ 개업공인중개사는 매수신청대리에 관한 수수료 표와 수수료에 대하여 위임인에게 위임계약 전에 설명해야 한다.(○)

④ 개업공인중개사는 매수신청대리행위를 함에 있어서 매각장소 또는 집행법원에 직접 출석해야 한다.(○)

⑤ 개업공인중개사가 매수신청대리 업무정지처분을 받은 때에는 업무정지 사실을 당해 중개사사무소의 출입문에 표시해야 한다.(○)

①④ 빈출지문! ② 경제적 가치에 대해서도 설명해야합니다. ④ 빈출지문!

공인중개사의 매수신청대리인 등록 등에 관한 규칙의 내용으로 틀린 것은?[26회]

① 개업공인중개사의 중개업 폐업신고에 따라 매수신청대리인 등록이 취소된 경우는 그 등록이 취소된 후 3년이 지나지 않더라도 등록의 결격사유에 해당하지 않는다.(○)

② 개업공인중개사는 매수신청대리인이 된 사건에 있어서 매수신청인으로서 매수신청을 하는 행위를 해서는 아니된다.(○)

③ 개업공인중개사는 매수신청대리에 관하여 위임인으로부터 수수료를 받은 경우, 그 영수증에는 중개행위에 사용하기 위해 등록한 인장을 사용해야 한다.(○)

④ 소속공인중개사는 매수신청대리인 등록을 할 수 있다.(×)

⑤ 매수신청대리인 등록을 한 개업공인중개사는 법원행정처장이 인정하는 특별한 경우 그 사무소의 간판에 법원의 휘장 등을 표시할 수 있다.(○)

① 빈출지문! ④ 소공은 매수신청대리인 등록을 할 수 없어요. 개인이나 법인인 개공만 가능해요. ⑤ 원칙적으로 표시할 수 없지만 특별히 인정하는 경우엔 가능해요.

민사집행법(경매) 관련 중개실무***

경매개시결정**

1. 경매개시결정

① 경매절차를 개시하는 결정에는 동시에 그 부동산의 압류를 명하여야 한다.

② 압류는 부동산에 대한 채무자의 관리·이용에 영향을 미치지 아니한다.

③ 경매절차를 개시하는 결정을 한 뒤에는 법원은 직권으로 또는 이해관계인의 신청에 따라 부동산에 대한 침해행위를 방지하기 위하여 필요한 조치를 할 수 있다.

④ 압류는 채무자에게 그 결정이 송달된 때 또는 경매개시결정의 등기가 된 때에 효력이 생긴다.

⑤ 건물에 대한 경매개시결정이 있는 때에 그 건물의 소유를 목적으로 하는 지상권 또는 임차권에 관하여 채무자가 지료나 차임을 지급하지 아니하는 때에는 압류채권자는 법원의 허가를 받아 채무자를 대신하여 미지급된 지료 또는 차임을 변제할 수 있다.

⑥ 허가를 받아 지급한 지료 또는 차임은 집행비용으로 한다.

⑦ 강제경매신청을 기각하거나 각하하는 재판에 대하여는 즉시항고를 할 수 있다.

2. 경매개시결정에 대한 이의신청

① 이해관계인은 매각대금이 모두 지급될 때까지 법원에 경매개시결정에 대한 이의신청을 할 수 있다.

② 이의신청을 받은 법원은 잠정처분에 준하는 결정을 할 수 있다.

③ 이의신청에 관한 재판에 대하여 이해관계인은 즉시항고를 할 수 있다.

3. 압류의 경합

① 강제경매절차 또는 담보권 실행을 위한 (임의)경매절차를 개시하는 결정을 한 부동산에 대하여 다른 강제경매의 신청이 있는 때에는 법원은 다시 경매개시결정을 하고, 먼저 경매개시결정을 한 집행절차에 따라 경매한다.

② 먼저 경매개시결정을 한 경매신청이 취하되거나 그 절차가 취소된 때에는 법원은 뒤의 경매개시결정에 따라 절차를 계속 진행하여야 한다.

③ 뒤의 경매개시결정이 배당요구의 종기 이후의 신청에 의한 것인 때에는 집행법원은 새로이 배당요구를 할 수 있는 종기를 정하여야 한다. 이 경우 이미 배당요구 또는 채권신고를 한 사람에 대하여는 고지 또는 최고를 하지 아니한다.

④ 위의 신청에 대한 재판에 대하여는 즉시항고를 할 수 있다.

4. 제3자와 압류의 효력

① 제3자는 권리를 취득할 때에 경매신청 또는 압류가 있다는 것을 알았을 경우에는 압류에 대항하지 못한다.

② 부동산이 압류채권을 위하여 의무를 진 경우에는 압류한 뒤 소유권을 취득한 제3자가 소유권을 취득할 때에 경매신청 또는 압류가 있다는 것을 알지 못하였더라도 경매절차를 계속하여 진행하여야 한다.

5. 경매신청의 취하

① 경매신청이 취하되면 압류의 효력은 소멸된다.

② 매수신고가 있은 뒤 경매신청을 취하하는 경우에는 최고가매수신고인 또는 매수인과 차순위매수신고인의 동의를 받아야 그 효력이 생긴다.

6. 경매취소

① 부동산이 없어지거나 매각 등으로 말미암아 권리를 이전할 수 없는 사정이 명백하게 된 때에는 법원은 강제경매의 절차를 취소하여야 한다.
② 위의 취소결정에 대하여는 즉시항고를 할 수 있다.

배당요구의 종기결정**

1. 배당요구의 종기결정 및 공고

① 경매개시결정에 따른 압류의 효력이 생긴 때에는 집행법원은 절차에 필요한 기간을 고려하여 배당요구를 할 수 있는 종기를 첫 매각기일 이전으로 정한다.

② 배당요구의 종기가 정하여진 때에는 법원은 경매개시결정을 한 취지 및 배당요구의 종기를 공고하고, 전세권자 및 법원에 알려진 채권자에게 이를 고지하여야 한다.

③ 배당요구의 종기결정 및 공고는 경매개시결정에 따른 압류의 효력이 생긴 때부터 1주 이내에 하여야 한다.

④ 법원사무관등은 1) 첫 경매개시결정등기전에 등기된 가압류채권자, 2) 저당권·전세권, 그 밖의 우선변제청구권으로서 첫 경매개시결정등기전에 등기되었고 매각으로 소멸하는 것을 가진 채권자, 3) 조세, 그 밖의 공과금을 주관하는 공공기관에 대하여 채권의 유무, 그 원인 및 액수(원금·이자·비용, 그 밖의 부대채권을 포함)를 배당요구의 종기까지 법원에 신고하도록 최고하여야 한다.

⑤ 1) 첫 경매개시결정등기전에 등기된 가압류채권자와 2) 저당권·전세권, 그 밖의 우선변제청구권으로서 첫 경매개시결정등기전에 등기되었고 매각으로 소멸하는 것을 가진 채권자가 최고에 대한 신고를 하지 아니한 때에는 그 채권자의 채권액은 등기사항증명서 등 집행기록에 있는 서류와 증빙에 따라 계산한다. 이 경우 다시 채권액을 추가하지 못한다.

⑥ 법원은 특별히 필요하다고 인정하는 경우에는 배당요구의 종기를 연기할 수 있다.

2. 배당요구

① 1) 집행력 있는 정본을 가진 채권자, 2) 경매개시결정이 등기된 뒤에 가압류를 한 채권자, 3) 민법·상법, 그 밖의 법률에 의하여 우선변제청구권이 있는 채권자는 배당요구를 할 수 있다.

② 배당요구에 따라 매수인이 인수하여야 할 부담이 바뀌는 경우 배당요구를 한 채권자는 배당요구의 종기가 지난 뒤에 이를 철회하지 못한다.

③ 배당요구는 채권(이자, 비용, 그 밖의 부대채권을 포함)의 원인과 액수를 적은 서면으로 하여야 한다.

④ 배당요구서에는 집행력 있는 정본 또는 그 사본, 그밖에 배당요구의 자격을 소명하는 서면을 붙여야 한다.

개업공인중개사가 민사집행법에 따른 **강제경매**에 관하여 중개의뢰인에게 설명한 내용으로 틀린 것은?[35회]

① 법원이 경매절차를 개시하는 결정을 할 때에는 동시에 그 부동산의 압류를 명하여야 한다.(○)

② 압류는 부동산에 대한 채무자의 관리·이용에 영향을 미치지 아니한다.(○)

③ 제3자는 권리를 취득할 때에 경매신청 또는 압류가 있다는 것을 알았을 경우에도 압류에 대항할 수 있다.(×)

④ 경매개시결정이 등기된 뒤에 가압류를 한 채권자는 배당요구를 할 수 있다.(○)

⑤ 이해관계인은 매각대금이 모두 지급될 때까지 법원에 경매개시결정에 대한 이의신청을 할 수 있다.(○)

> ① 경매개시결정하면 압류의 효력이 발생해요.(83조1항) ② 경매개시결정에도 채무자는 부동산을 계속 관리·이용할 수 있어요.(83조2항) ③ 악의의 제3자는 압류에 대항할 수 없습니다.(92조1항) ④ 88조1항 ⑤ 낙찰자가 소유권을 취득하기 전까지 이의신청 가능해요.(86조1항)

3. 경매절차의 이해관계인

① 압류채권자와 집행력 있는 정본에 의하여 배당을 요구한 채권자

② 채무자 및 소유자

③ 등기부에 기입된 부동산 위의 권리자

④ 부동산 위의 권리자로서 그 권리를 증명한 사람

4. 인수주의와 잉여주의

① 압류채권자의 채권에 우선하는 채권에 관한 부동산의 부담을 매수인에게 인수(→인수주의)하게 하거나, 매각대금으로 그 부담을 변제하는데 부족하지 아니하다(→잉여주의)는 것이 인정된 경우가 아니면 그 부동산을 매각하지 못한다.

② 매각부동산 위의 모든 저당권은 매각으로 소멸된다.

③ 지상권·지역권·전세권 및 등기된 임차권은 저당권·압류채권·가압류 채권에 대항할 수 없는 경우에는 매각으로 소멸된다.

④ 위의 경우 외의 지상권 · 지역권 · 전세권 및 등기된 임차권은 매수인이 인수한다. 다만, 그중 전세권의 경우에는 전세권자가 배당요구를 하면 매각으로 소멸된다.

⑤ 매수인은 유치권자에게 그 유치권으로 담보하는 채권을 변제할 책임이 있다.

매수신청대리인으로 등록한 개업공인중개사가 X부동산에 대한 민사집행법상 **경매**절차에서 매수신청대리의 위임인에게 설명한 내용으로 틀린 것은?(다툼이 있으면 판례에 따름)[34회]

① 최선순위의 전세권자는 배당요구 없이도 우선변제를 받을 수 있으며, 이 때 전세권은 매각으로 소멸한다.(×)

② X부동산에 대한 경매개시결정의 기입등기 전에 유치권을 취득한 자는 경매절차의 매수인에게 자기의 유치권으로 대항할 수 있다.(○)

③ 최선순위의 지상권은 경매절차의 매수인이 인수한다.(○)

④ 후순위 저당권자의 신청에 의한 경매라 하여도 선순위저당권자의 저당권은 매각으로 소멸한다.(○)

⑤ 집행법원은 배당요구의 종기를 첫 매각기일 이전으로 정한다.(○)

① (말소기준권리보다 앞선) 최선순위의 전세권은 원칙적으로 매수인이 인수해야 합니다. 단, 예외적으로 최선순위의 전세권자가 배당요구를 하면 우선변제를 받을 수 있게 되는 것이죠. 즉, 배당요구 없이도 우선변제 받을 수 있는 것이 아닙니다. ② 경매개시결정의 기입등기 전에 유치권을 취득해야 대항할 수 있어요. ③ 최선순위의 지상권은 원칙적으로 매수인이 인수해야 합니다. ④ 모든 저당권은 매각으로 소멸합니다. ⑤ 84조1항

매각준비**

1. 최저매각가격의 결정과 매각물건명세서 작성

① 법원은 감정인에게 부동산을 평가하게 하고 그 평가액을 참작하여 최저매각가격을 정하여야 한다.

② 법원은 **다음 사항**을 적은 매각물건명세서를 작성하여야 한다.

ㄱ. 부동산의 표시

ㄴ. 부동산의 점유자와 점유의 권원, 점유할 수 있는 기간, 차임 또는 보증금에 관한 관계인의 진술

ㄷ. 등기된 부동산에 대한 권리 또는 가처분으로서 매각으로 효력을 잃지 아니하는 것

ㄹ. 매각에 따라 설정된 것으로 보게 되는 지상권의 개요

③ 법원은 매각물건명세서 · 현황조사보고서 및 평가서의 사본을 법원에 비치하여 누구든지 볼 수 있도록 하여야 한다.

저자의 한마디

경매가 실시되면 저당권·압류채권·가압류채권은 말소기준권리가 됩니다. 지상권·전세권·등기된 임차권이 이러한 말소기준권리보다 먼저 설정되었으면 매수인에게 인수되고, 나중에 설정되었으면 소멸합니다. 단, 전세권권은 인수되는 경우라도 배당요구를 하게 되면 배당받고 소멸하죠.

2. 일괄매각

(1) 일괄매각결정

① 법원은 여러 개의 부동산의 위치·형태·이용관계 등을 고려하여 이를 일괄 매수하게 하는 것이 알맞다고 인정하는 경우에는 직권으로 또는 이해관계인의 신청에 따라 일괄매각하도록 결정할 수 있다.

② 법원은 부동산을 매각할 경우에 그 위치·형태·이용관계 등을 고려하여 다른 종류의 재산(금전채권을 제외)을 그 부동산과 함께 일괄매수하게 하는 것이 알맞다고 인정하는 때에는 직권으로 또는 이해관계인의 신청에 따라 일괄 매각하도록 결정할 수 있다.

③ 일괄매각결정은 그 목적물에 대한 매각기일 이전까지 할 수 있다.

(2) 일괄매각사건의 병합

① 법원은 각각 경매신청된 여러 개의 재산 또는 다른 법원이나 집행관에 계속된 경매사건의 목적물에 대하여 일괄매각결정을 할 수 있다.

② 다른 법원이나 집행관에 계속된 경매사건의 목적물의 경우에 그 다른 법원 또는 집행관은 그 목적물에 대한 경매사건을 일괄매각결정을 한 법원에 이송 한다.

③ 위의 경우에 법원은 그 경매사건들을 병합한다.

(3) 일괄매각절차

① 일괄매각결정에 따른 매각절차는 규정에 따라 행한다. 다만, 부동산 외의 재산의 압류는 그 재산의 종류에 따라 해당되는 규정에서 정하는 방법으로 행하고, 그 중에서 집행관의 압류에 따르는 재산의 압류는 집행법원이 집행관에게 이를 압류하도록 명하는 방법으로 행한다.

② 매각절차에서 각 재산의 대금액을 특정할 필요가 있는 경우에는 각 재산에 대한 최저매각가격의 비율을 정하여야 하며, 각 재산의 대금액은 총대금액을 각 재산의 최저매각가격비율에 따라 나눈 금액으로 한다. 각 재산이 부담할 집행비용액을 특정할 필요가 있는 경우에도 또한 같다.

③ 여러 개의 재산을 일괄매각하는 경우에 그 가운데 일부의 매각대금으로 모든 채권자의 채권액과 강제집행비용을 변제하기에 충분하면 다른 재산의 매각을 허가하지 아니한다. 다만, 1) 토지와 그 위의 건물을 일괄매각하는 경우나 2) 재산을 분리하여 매각하면 그 경제적 효용이 현저하게 떨어지는 경우 또는 3) 채무자의 동의가 있는 경우에는 그러하지 아니하다.

④ 위의 경우에 채무자는 그 재산 가운데 매각할 것을 지정할 수 있다.

3. 남을 가망이 없을 경우의 경매취소

① 법원은 최저매각가격으로 압류채권자의 채권에 우선하는 부동산의 모든 부담과 절차비용을 변제하면 남을 것이 없겠다고 인정한 때에는 압류 채권자에게 이를 통지하여야 한다.

② 압류채권자가 통지를 받은 날부터 1주 이내에 위의 부담과 비용을 변제하고 남을 만한 가격을 정하여 그 가격에 맞는 매수신고가 없을 때에는 자기가 그 가격으로 매수하겠다고 신청하면서 충분한 보증을 제공하지 아니하면, 법원은 경매절차를 취소하여야 한다.

③ 위의 취소 결정에 대하여는 즉시항고를 할 수 있다.

4. 강제경매의 매각방법

① 부동산의 매각은 집행법원이 정한 매각방법에 따른다.

② 부동산의 매각은 매각기일에 하는 호가경매, 매각기일에 입찰 및 개찰하게 하는 기일입찰 또는 입찰기간 이내에 입찰하게 하여 매각기일에 개찰하는 기간입찰의 세가지 방법으로 한다.

5. 매각기일과 매각결정기일 등의 지정

① 법원은 1) 최저매각가격으로 부담과 비용을 변제하고도 남을 것이 있다고 인정하거나 2) 압류채권자가 신청을 하고 충분한 보증을 제공한 때에는 직권으로 매각기일과 매각결정기일을 정하여 공고한다.

② 법원은 매각기일과 매각결정기일을 이해관계인에게 통지하여야 한다.

매각기일**

1. 매각기일의 공고내용

매각기일의 공고내용에는 **다음 사항**을 적어야 한다.

① 부동산의 표시

② 강제집행으로 매각한다는 취지와 그 매각방법

③ 부동산의 점유자, 점유의 권원, 점유하여 사용할 수 있는 기간, 차임 또는 보증금약정 및 그 액수

④ 매각기일의 일시 · 장소, 매각기일을 진행할 집행관의 성명 및 기간입찰의 방법으로 매각할 경우에는 입찰기간 · 장소

⑤ 최저매각가격

⑥ 매각결정기일의 일시 · 장소

⑦ 매각물건명세서 · 현황조사보고서 및 평가서의 사본을 매각기일 전에 법원에 비치하여 누구든지 볼 수 있도록 제공한다는 취지

⑧ 등기부에 기입할 필요가 없는 부동산에 대한 권리를 가진 사람은 채권을 신고하여야 한다는 취지

⑨ 이해관계인은 매각기일에 출석할 수 있다는 취지

> **저자의 한마디**
>
> 매각기일은 입찰하는 날입니다. 이날 최고가매수신고인이 결정되죠. 한편, 매각결정기일은 매각기일로부터 1주일 이내에 (이의가 없는 한) 매각을 허가하는 날입니다. 최고가매수신고인이 이 날 비로소 매수인이 되는 거죠.

2. 매각장소

매각기일은 법원 안에서 진행하여야 한다. 다만, 집행관은 법원의 허가를 얻어 다른 장소에서 매각기일을 진행할 수 있다.

3. 매각장소의 질서유지

집행관은 **다음에 해당한다고 인정되는 사람**에 대하여 매각장소에 들어오지 못하도록 하거나 매각장소에서 내보내거나 매수의 신청을 하지 못하도록 할 수 있다.

① 다른 사람의 매수신청을 방해한 사람

② 부당하게 다른 사람과 담합하거나 그밖에 매각의 적정한 실시를 방해한 사람

③ 위의 행위(①,②)를 교사한 사람

④ 민사집행절차에서의 매각에 관하여 형법에 규정된 죄로 유죄판결을 받고 그 판결확정일부터 2년이 지나지 아니한 사람

저자의 한마디

④는 매수신청대리인 등록의 결격사유 중 하나였죠? 이렇게 연관지어 공부하면 좋습니다.

4. 매수신청 금지 및 제한

① **다음 사람**은 매수신청을 할 수 없다.

ㄱ. 채무자 ㄴ. 매각절차에 관여한 집행관

ㄷ. 매각 부동산을 평가한 감정인(감정평가법인이 감정인인 때에는 그 감정평가법인 또는 소속 감정평가사)

② 법원은 법령의 규정에 따라 취득이 제한되는 부동산에 관하여는 매수신청을 할 수 있는 사람을 정하여진 자격을 갖춘 사람으로 제한하는 결정을 할 수 있다.

5. 매각조건의 변경

(1) 합의에 의한 매각조건의 변경

① 최저매각가격 외의 매각조건은 법원이 이해관계인의 합의에 따라 바꿀 수 있다.

② 이해관계인은 배당요구의 종기까지 매각조건 변경의 합의를 할 수 있다.

(2) 직권에 의한 매각조건의 변경

① 거래의 실상을 반영하거나 경매절차를 효율적으로 진행하기 위하여 필요한 경우에 법원은 배당요구의 종기까지 매각조건을 바꾸거나 새로운 매각조건을 설정할 수 있다.

② 이해관계인은 위의 재판에 대하여 즉시항고를 할 수 있다.

매각조건 변경은
배당요구 종기까지!

6. 매각기일의 진행

집행관은 기일입찰 또는 호가경매의 방법에 의한 매각기일에는 매각물건명세서·현황조사보고서 및 평가서의 사본을 볼 수 있게 하고, 특별한 매각조건이 있는 때에는 이를 고지하며, 법원이 정한 매각방법에 따라 매수가격을 신고하도록 최고하여야 한다.

7. 매수신청의 보증

① 기일입찰에서 매수신청의 보증금액은 최저매각가격의 10분의 1로 한다.

② 법원은 상당하다고 인정하는 때에는 보증금액을 달리 정할 수 있다.

8. 최고가매수신고인 등의 결정

① 최고가매수신고를 한 사람이 둘 이상인 때에는 집행관은 그 사람들에게 다시 입찰하게 하여 최고가매수신고인을 정한다. 이 경우 입찰자는 전의 입찰가격에 못 미치는 가격으로는 입찰할 수 없다.

② 다시 입찰하는 경우에 입찰자 모두가 입찰에 응하지 아니하거나(전의 입찰가격에 못 미치는 가격으로 입찰한 경우에는 입찰에 응하지 아니한 것으로 봄) 두 사람 이상이 다시 최고의 가격으로 입찰한 때에는 추첨으로 최고가매수신고인을 정한다.

③ 추첨을 하는 경우 입찰자가 출석하지 아니하거나 추첨을 하지 아니하는 때에는 집행관은 법원사무관등 적당하다고 인정하는 사람으로 하여금 대신 추첨하게 할 수 있다.

9. 차순위매수신고

① 최고가매수신고인 외의 매수신고인은 매각기일을 마칠 때까지 집행관에게 최고가매수신고인이 대금지급기한까지 그 의무를 이행하지 아니하면 자기의 매수신고에 대하여 매각을 허가하여 달라는 취지의 신고(→차순위매수신고)를 할 수 있다.

② 차순위매수신고는 그 신고액이 최고가매수신고액에서 그 보증액을 뺀 금액을 넘는 때에만 할 수 있다.

다음 (   )에 들어갈 금액으로 옳은 것은?[27회]

> 법원에 매수신청대리인으로 등록된 개업공인중개사 甲은 乙로부터 매수신청대리의 위임을 받았다. 甲은 법원에서 정한 최저매각가격 2억원의 부동산입찰(보증금액은 최저매각가격의 10분의 1)에 참여하였다. 최고가매수신고인의 신고액이 2억5천만원인 경우, 甲이 乙의 차순위매수신고를 대리하려면 그 신고액이 (   )원을 넘어야 한다.

① 2천만   ② 2억   ③ 2억2천만   ④ 2억2천5백만   ⑤ 2억3천만

최고가매수신고액(2억5천만원)에서 입찰보증금(2천만원=2억원×10%)을 뺀 금액이죠?
정답⑤

10. 기간입찰과 호가경매

① 기간입찰에서 입찰기간은 1주 이상 1월 이하의 범위 안에서 정하고, 매각기일은 입찰기간이 끝난 후 1주 안의 날로 정하여야 한다.

② 기간입찰에서 입찰은 입찰표를 넣고 봉함을 한 봉투의 겉면에 매각기일을 적어 집행관에게 제출하거나 그 봉투를 등기우편으로 부치는 방법으로 한다.

③ 부동산의 매각을 위한 호가경매는 호가경매기일에 매수신청의 액을 서로 올려가는 방법으로 한다.

④ 매수신청을 한 사람은 더 높은 액의 매수신청이 있을 때까지 신청액에 구속된다.

⑤ 집행관은 매수신청의 액 가운데 최고의 것을 3회 부른 후 그 신청을 한 사람을 최고가매수신고인으로 정하며, 그 이름과 매수신청의 액을 고지하여야 한다.

11. 매각기일의 종결

① 집행관은 최고가매수신고인의 성명과 그 가격을 부르고 차순위매수신고를 최고한 뒤, 적법한 차순위매수신고가 있으면 차순위매수신고인을 정하여 그 성명과 가격을 부른 다음 매각기일을 종결한다고 고지하여야 한다.

② 차순위매수신고를 한 사람이 둘 이상인 때에는 신고한 매수가격이 높은 사람을 차순위매수신고인으로 정한다. 신고한 매수가격이 같은 때에는 추첨으로 차순위매수신고인을 정한다.

③ 최고가매수신고인과 차순위매수신고인을 제외한 다른 매수신고인은 고지에 따라 매수의 책임을 벗게 되고, 즉시 매수신청의 보증을 돌려 줄 것을 신청할 수 있다.

④ 기일입찰 또는 호가경매의 방법에 의한 매각기일에서 매각기일을 마감할 때까지 허가할 매수가격의 신고가 없는 때에는 집행관은 즉시 매각기일의 마감을 취소하고 같은 방법으로 매수가격을 신고하도록 최고할 수 있다.

⑤ 위의 최고에 대하여 매수가격의 신고가 없어 매각기일을 마감하는 때에는 매각기일의 마감을 다시 취소하지 못한다.

12. 매각기일조서

① 매각기일조서에는 다음 사항을 적어야 한다.

ㄱ. 부동산의 표시

ㄴ. 압류채권자의 표시

ㄷ. 매각물건명세서·현황조사보고서 및 평가서의 사본을 볼 수 있게 한 일

ㄹ. 특별한 매각조건이 있는 때에는 이를 고지한 일

ㅁ. 매수가격의 신고를 최고한 일

ㅂ. 모든 매수신고가격과 그 신고인의 성명·주소 또는 허가할 매수가격의 신고가 없는 일

ㅅ. 매각기일을 마감할 때까지 허가할 매수가격의 신고가 없어 매각기일의 마감을 취소하고 다시 매수가격의 신고를 최고한 일

ㅇ. 최종적으로 매각기일의 종결을 고지한 일시

ㅈ. 매수하기 위하여 보증을 제공한 일 또는 보증을 제공하지 아니하므로 그 매수를 허가하지 아니한 일

ㅊ. 최고가매수신고인과 차순위매수신고인의 성명과 그 가격을 부른 일

② 최고가매수신고인 및 차순위매수신고인과 출석한 이해관계인은 조서에 서명날인하여야 한다. 그들이 서명날인할 수 없을 때에는 집행관이 그 사유를 적어야 한다.

③ 집행관이 매수신청의 보증을 돌려 준 때에는 영수증을 받아 조서에 붙여야 한다.

④ 집행관은 매각기일조서와 매수신청의 보증으로 받아 돌려주지 아니한 것을 매각기일부터 3일 이내에 법원사무관등에게 인도하여야 한다.

13. 최고가매수신고인 등의 송달영수인신고

① 최고가매수신고인과 차순위매수신고인은 대한민국 안에 주소·거소와 사무소가 없는 때에는 대한민국 안에 송달이나 통지를 받을 장소와 영수인을 정하여 법원에 신고하여야 한다.

② 최고가매수신고인이나 차순위매수신고인이 위의 신고를 하지 아니한 때에는 법원은 그에 대한 송달이나 통지를 하지 아니할 수 있다.

③ 위의 신고는 집행관에게 말로 할 수 있다. 이 경우 집행관은 조서에 이를 적어야 한다.

14. 새 매각기일

허가할 매수가격의 신고가 없이 매각기일이 최종적으로 마감된 때에는 법원은 최저매각가격을 상당히 낮추고 새 매각기일을 정하여야 한다. 그 기일에 허가할 매수가격의 신고가 없는 때에도 또한 같다.

매각결정기일★★

1. 매각결정기일
① 매각결정기일은 매각기일부터 1주 이내로 정하여야 한다.
② 매각결정절차는 법원 안에서 진행하여야 한다.
③ 법원은 매각결정기일에 출석한 이해관계인에게 매각허가에 관한 의견을 진술하게 하여야 한다.
④ 매각허가에 관한 이의는 매각허가가 있을 때까지 신청하여야 한다. 이미 신청한 이의에 대한 진술도 또한 같다.
⑤ 매각을 허가하거나 허가하지 아니하는 결정은 선고한 때에 고지의 효력이 생긴다.

2. 매각허가에 대한 이의신청
(1) 이의신청사유

① 강제집행을 허가할 수 없거나 집행을 계속 진행할 수 없을 때
② 최고가매수신고인이 부동산을 매수할 능력이나 자격이 없는 때
③ 부동산을 매수할 자격이 없는 사람이 최고가매수신고인을 내세워 매수신고를 한 때
④ 최고가매수신고인, 그 대리인 또는 최고가매수신고인을 내세워 매수신고를 한 사람이 다음에 해당되는 때

ㄱ. 다른 사람의 매수신청을 방해한 사람

ㄴ. 부당하게 다른 사람과 담합하거나 그밖에 매각의 적정한 실시를 방해한 사람

ㄷ. 위의 행위를 교사한 사람

ㄹ. 민사집행절차에서의 매각에 관하여 형법에 규정된 죄로 유죄판결을 받고 그 판결확정일부터 2년이 지나지 아니한 사람

⑤ 최저매각가격의 결정, 일괄매각의 결정 또는 매각물건명세서의 작성에 중대한 흠이 있는 때

⑥ 천재지변, 그밖에 자기가 책임을 질 수 없는 사유로 부동산이 현저하게 훼손된 사실 또는 부동산에 관한 중대한 권리관계가 변동된 사실이 경매절차의 진행 중에 밝혀진 때

⑦ 경매절차에 그 밖의 중대한 잘못이 있는 때

(2) 이의신청의 제한

이의는 다른 이해관계인의 권리에 관한 이유로 신청하지 못한다.

3. 매각의 불허

① 법원은 이의신청이 정당하다고 인정한 때에는 매각을 허가하지 아니한다.

② 매각허가에 대한 이의신청사유가 있는 때에는 직권으로 매각을 허가하지 아니한다. 다만, 1) 최고가매수신고인이 부동산을 매수할 능력이나 자격이 없는 때와 2) 부동산을 매수할 자격이 없는 사람이 최고가매수신고인을 내세워 매수신고를 한 때에는 능력 또는 자격의 흠이 제거되지 아니한 때에 한한다.

4. 과잉매각되는 경우의 매각불허가

① 여러 개의 부동산을 매각하는 경우에 한 개의 부동산의 매각대금으로 모든 채권자의 채권액과 강제집행비용을 변제하기에 충분하면 다른 부동산의 매각을 허가하지 아니한다. 다만, 1) 토지와 그 위의 건물을 일괄매각하는 경우나 2) 재산을 분리하여 매각하면 그 경제적 효용이 현저하게 떨어지는 경우 또는 3) 채무자의 동의가 있는 경우에는 그러하지 아니하다.

② 위의 경우에 채무자는 그 부동산 가운데 매각할 것을 지정할 수 있다.

5. 매각을 허가하지 아니할 경우의 새 매각기일

① 매각을 허가하지 아니하고 다시 매각을 명하는 때에는 직권으로 새 매각기일을 정하여야 한다.

② 천재지변, 그밖에 자기가 책임을 질 수 없는 사유로 부동산이 현저하게 훼손된 사실 또는 부동산에 관한 중대한 권리관계가 변동된 사실이 경매절차의 진행 중에 밝혀진 사유로 새 매각기일을 열게 된 때에는 위의 매각준비절차를 준용한다.

6. 매각허가여부의 결정선고

① 매각을 허가하거나 허가하지 아니하는 결정은 선고하여야 한다.

② 매각허가결정에는 매각한 부동산, 매수인과 매각가격을 적고 특별한 매각조건으로 매각한 때에는 그 조건을 적어야 한다.

③ 위의 결정은 확정되어야 효력을 가진다.

7. 매각허가결정의 취소신청

① 천재지변, 그밖에 자기가 책임을 질 수 없는 사유로 부동산이 현저하게 훼손된 사실 또는 부동산에 관한 중대한 권리관계가 변동된 사실이 매각허가 결정의 확정 뒤에 밝혀진 경우에는 매수인은 대금을 낼 때까지 매각허가결정의 취소신청을 할 수 있다.

② 위의 신청에 관한 결정에 대하여는 즉시항고를 할 수 있다.

8. 이해관계인 등의 즉시항고

① 이해관계인은 매각허가여부의 결정에 따라 손해를 볼 경우에만 그 결정에 대하여 즉시항고를 할 수 있다.

② 매각허가에 정당한 이유가 없거나 결정에 적은 것 외의 조건으로 허가하여야 한다고 주장하는 매수인 또는 매각허가를 주장하는 매수신고인도 즉시항고를 할 수 있다.

③ 위의 경우에 매각허가를 주장하는 매수신고인은 그 신청한 가격에 대하여 구속을 받는다.

9. 매각허가여부에 대한 항고

① 매각허가결정에 대한 항고는 이 법에 규정한 매각허가에 대한 이의신청사유가 있다거나, 그 결정절차에 중대한 잘못이 있다는 것을 이유로 드는 때에만 할 수 있다.

② 매각허가결정에 대하여 항고를 하고자 하는 사람은 보증으로 매각대금 (최저매각가격×)의 10분의 1에 해당하는 금전 또는 법원이 인정한 유가증권을 공탁하여야 한다.

③ 항고를 제기하면서 항고장에 위의 보증을 제공하였음을 증명하는 서류를 붙이지 아니한 때에는 원심법원은 항고장을 받은 날부터 1주 이내에 결정으로 이를 각하하여야 한다.

④ 위의 결정에 대하여는 즉시항고를 할 수 있다.

⑤ 채무자 및 소유자가 한 항고가 기각된 때에는 항고인은 보증으로 제공한 금전이나 유가증권을 돌려 줄 것을 요구하지 못한다.

⑥ 채무자 및 소유자 외의 사람이 한 항고가 기각된 때에는 항고인은 보증으로 제공한 금전이나, 유가증권을 현금화한 금액 가운데 항고를 한 날부터

항고기각결정이 확정된 날까지의 매각대금에 대한 이자(연12%)에 대하여는 돌려 줄 것을 요구할 수 없다. 다만, 보증으로 제공한 유가증권을 현금화하기 전에 위의 금액을 항고인이 지급한 때에는 그 유가증권을 돌려 줄 것을 요구할 수 있다.

10. 항고심의 절차 등

① 항고법원은 필요한 경우에 반대진술을 하게 하기 위하여 항고인의 상대방을 정할 수 있다.

② 한 개의 결정에 대한 여러 개의 항고는 병합한다.

③ 항고법원이 집행법원의 결정을 취소하는 경우에 그 매각허가여부의 결정은 집행법원이 한다.

11. 매각을 허가하지 아니하는 결정의 효력

매각을 허가하지 아니한 결정이 확정된 때에는 매수인과 매각허가를 주장한 매수신고인은 매수에 관한 책임이 면제된다.

12. 차순위매수신고인에 대한 매각허가여부결정

① 차순위매수신고인이 있는 경우에 매수인이 대금지급기한까지 그 의무를 이행하지 아니한 때에는 차순위매수신고인에게 매각을 허가할 것인지를 결정하여야 한다.

② 차순위매수신고인에 대한 매각허가결정이 있는 때에는 매수인은 매수신청의 보증을 돌려 줄 것을 요구하지 못한다.

13. 재매각

① 1) 매수인이 대금지급기한까지 그 의무를 완전히 이행하지 아니하였고, 2) 차순위매수신고인이 없는 때에는 법원은 직권으로 부동산의 재매각을 명하여야 한다.

② 재매각절차에도 종전에 정한 최저매각가격, 그 밖의 매각조건을 적용한다.

③ 매수인이 재매각기일의 3일 이전까지 대금, 그 지급기한이 지난 뒤부터 지급일 까지의 대금에 대한 지연이자(연12%)와 절차비용을 지급한 때에는 재매각절차를 취소하여야 한다. 이 경우 차순위매수신고인이 매각허가결정을 받았던 때에는 위 금액을 먼저 지급한 매수인이 매매목적물의 권리를 취득한다.

④ 재매각절차에서는 전의 매수인은 매수신청을 할 수 없으며 매수신청의 보증을 돌려 줄 것을 요구하지 못한다.

14. 공유물지분에 대한 경매

① 공유물지분을 경매하는 경우에는 채권자의 채권을 위하여 채무자의 지분에 대한 경매개시결정이 있음을 등기부에 기입하고 다른 공유자에게 그 경매개시 결정이 있다는 것을 통지하여야 한다. 다만, 상당한 이유가 있는 때에는 통지 하지 아니할 수 있다.

② 최저매각가격은 공유물 전부의 평가액을 기본으로 채무자의 지분에 관하여 정하여야 한다. 다만, 그와 같은 방법으로 정확한 가치를 평가하기 어렵거나 그 평가에 부당하게 많은 비용이 드는 등 특별한 사정이 있는 경우에는 그러하지 아니하다.

15. 공유자의 우선매수권

① 공유자는 매각기일까지 보증을 제공하고 최고매수신고가격과 같은 가격으로 채무자의 지분을 우선매수하겠다는 신고를 할 수 있다. 우선매수의 신고는 집행관이 매각기일을 종결한다는 고지를 하기 전까지 할 수 있다.

② 법원은 최고가매수신고가 있더라도 그 공유자에게 매각을 허가하여야 한다.

③ 여러 사람의 공유자가 우선매수하겠다는 신고를 하고 절차를 마친 때에는 특별한 협의가 없으면 공유지분의 비율에 따라 채무자의 지분을 매수하게 한다.

④ 공유자가 신고를 하였으나 다른 매수신고인이 없는 때에는 최저매각가격을 최고가매수신고가격으로 본다.

⑤ 공유자가 우선매수신고를 한 경우에는 최고가매수신고인을 차순위매수신고인으로 본다. 이 경우 그 매수신고인은 집행관이 매각기일을 종결한다는 고지를 하기 전까지 차순위매수신고인의 지위를 포기할 수 있다.

16. 경매개시결정등기의 말소

① 경매신청이 매각허가 없이 마쳐진 때에는 법원사무관등은 기입을 말소하도록 등기관에게 촉탁하여야 한다.

② 말소등기의 촉탁에 관한 비용은 경매를 신청한 채권자가 부담한다.

개업공인중개사가 중개의뢰인에게 민사집행법에 따른 부동산의 경매에 관하여 설명한 내용으로 틀린 것은?[28회]

① 부동산의 매각은 호가경매, 기일입찰 또는 기간입찰의 세 가지 방법 중 집행법원이 정한 방법에 따른다.(○)

② 강제경매신청을 기각하거나 각하하는 재판에 대하여는 즉시항고를 할 수 있다.(○)

③ 경매개시결정을 한 부동산에 대하여 다른 강제경매의 신청이 있는 때에는 법원은 뒤의 경매신청을 각하해야 한다.(×)

④ 경매신청이 취하되면 압류의 효력은 소멸된다.(○)

⑤ 매각허가결정에 대하여 항고를 하고자 하는 사람은 보증으로 매각대금의 10분의 1에 해당하는 금전 또는 법원이 인정한 유가증권을 공탁해야 한다.(○)

③ 뒤의 경매신청을 각하하는 것이 아니라 다시 경매개시결정을 하고, 먼저 경매개시결정을 한 집행절차에 따라 경매를 합니다. ⑤ 최저매각대금의 10%가 아니고, 매각대금의 10%입니다.

대금납부★★★

1. 대금의 지급

① 매각허가결정이 확정되면 법원은 대금의 지급기한을 정하고, 이를 매수인과 차순위매수신고인에게 통지하여야 한다.

② 대금지급기한은 매각허가결정이 확정된 날부터 1월 안의 날로 정하여야 한다. 매수인은 대금지급기한까지 매각대금을 지급하여야 한다.

③ 매수신청의 보증으로 금전이 제공된 경우에 그 금전은 매각대금에 넣는다.

④ 매수신청의 보증으로 금전 외의 것이 제공된 경우로서 매수인이 매각대금 중 보증액을 뺀 나머지 금액만을 낸 때에는, 법원은 보증을 현금화하여 그 비용을 뺀 금액을 보증액에 해당하는 매각대금 및 이에 대한 지연이자에 충당하고, 모자라는 금액이 있으면 다시 대금지급기한을 정하여 매수인으로 하여금 내게 한다.

⑥ 차순위매수신고인은 매수인이 대금을 모두 지급한 때 매수의 책임을 벗게 되고 즉시 매수신청의 보증을 돌려 줄 것을 요구할 수 있다.

2. 특별한 지급방법

① 매수인은 매각조건에 따라 부동산의 부담을 인수하는 외에 배당표의 실시에 관하여 매각대금의 한도에서 관계채권자의 승낙이 있으면 대금의 지급에 갈음하여 채무를 인수할 수 있다.

② 채권자가 매수인인 경우에는 매각결정기일이 끝날 때까지 법원에 신고하고 배당받아야 할 금액을 제외한 대금을 배당기일에 낼 수 있다.

③ 매수인이 인수한 채무나 배당받아야 할 금액에 대하여 이의가 제기된 때에는 매수인은 배당기일이 끝날 때까지 이에 해당하는 대금을 내야 한다.

3. 소유권의 취득시기

매수인은 매각대금을 다 낸 때에 매각의 목적인 권리를 취득한다.

4. 부동산의 인도명령

① 법원은 매수인이 대금을 낸 뒤 6월 이내에 신청하면 채무자·소유자 또는 부동산 점유자에 대하여 부동산을 매수인에게 인도하도록 명할 수 있다. 다만, 점유자가 매수인에게 대항할 수 있는 권원에 의하여 점유하고 있는 것으로 인정되는 경우에는 그러하지 아니하다.

② 법원은 매수인 또는 채권자가 신청하면 매각허가가 결정된 뒤 인도할 때까지 관리인에게 부동산을 관리하게 할 것을 명할 수 있다.

③ 부동산의 관리를 위하여 필요하면 법원은 매수인 또는 채권자의 신청에 따라 담보를 제공하게 하거나 제공하게 하지 아니하고 인도명령에 준하는 명령을 할 수 있다.

④ 법원이 채무자 및 소유자 외의 점유자에 대하여 인도명령을 하려면 그 점유자를 심문하여야 한다. 다만, 그 점유자가 매수인에게 대항할 수 있는 권원에 의하여 점유하고 있지 아니함이 명백한 때 또는 이미 그 점유자를 심문한 때에는 그러하지 아니하다.

⑤ 위의 신청에 관한 결정에 대하여는 즉시항고를 할 수 있다.

⑥ 채무자·소유자 또는 점유자가 인도명령에 따르지 아니할 때에는 매수인 또는 채권자는 집행관에게 그 집행을 위임할 수 있다.

5. 매각대금 지급 뒤의 조치

① 매각대금이 지급되면 법원사무관등은 매각허가결정의 등본을 붙여 **다음 등기**를 촉탁하여야 한다.

ㄱ. 매수인 앞으로 소유권을 이전하는 등기

ㄴ. 매수인이 인수하지 아니한 부동산의 부담에 관한 기입을 말소하는 등기

ㄷ. 경매개시결정등기를 말소하는 등기

② 매각대금을 지급할 때까지 매수인과 부동산을 담보로 제공받으려고 하는 사람이 공동으로 신청한 경우, 위의 촉탁은 등기신청의 대리를 업으로 할 수 있는 사람으로서 신청인이 지정하는 사람에게 촉탁서를 교부하여 등기소에 제출하도록 하는 방법으로 하여야 한다. 이 경우 신청인이 지정하는 사람은 지체 없이 그 촉탁서를 등기소에 제출하여야 한다.

③ 등기에 드는 비용은 매수인이 부담한다.

개업공인중개사가 중개의뢰인에게 **민사집행법에 따른 부동산경매**에 관하여 설명한 내용으로 옳은 것을 모두 고른 것은?[29회]

> ㄱ. 차순위매수신고는 그 신고액이 최고가매수신고액에서 그 보증액을 뺀 금액을 넘지 않는 때에만 할 수 있다.(×)
> ㄴ. 매각허가결정이 확정되어 대금지급기한의 통지를 받으면 매수인은 그 기한까지 매각대금을 지급해야 한다.(○)
> ㄷ. 매수인은 매각대금을 다 낸 후 소유권이전등기를 촉탁한 때 매각의 목적인 권리를 취득한다.(×)
> ㄹ. 매각부동산의 후순위저당권자가 경매신청을 하여 매각되어도 선순위저당권은 매각으로 소멸되지 않는다.(×)

① ㄱ　② ㄴ　③ ㄱ,ㄷ　④ ㄴ,ㄹ　⑤ ㄷ,ㄹ

ㄱ. 최고가매수신고액에서 보증액을 뺀 금액을 넘는 때에만 할 수 있죠. ㄷ. 매각대금을 완납하면 소유권을 취득합니다. ㄹ. 저당권은 경매로 모두 소멸합니다. 정답②

개업공인중개사가 **민사집행법에 따른 경매**에 대해 의뢰인에게 설명한 내용으로 옳은 것은?[26회]

① 기일입찰에서 매수신청인은 보증으로 매수가격의 10분의 1에 해당하는 금액을 집행관에게 제공해야 한다.(×)

② 매각허가결정이 확정되면 법원은 대금지급기일을 정하여 매수인에게 통지해야 하고 매수인은 그 대금지급기일에 매각대금을 지급해야 한다.(×)

③ 민법·상법 그 밖의 법률에 의하여 우선변제청구권이 있는 채권자는 매각결정기일까지 배당요구를 할 수 있다.(×)

④ 매수인은 매각부동산 위의 유치권자에게 그 유치권으로 담보하는 채권을 변제할 책임이 없다.(×)

⑤ 매각부동산 위의 전세권은 저당권에 대항할 수 있는 경우라도 전세권자가 배당요구를 하면 매각으로 소멸된다.(○)

① 매수가격의 10%가 아니라 최저매각가격의 10%를 보증으로 제공합니다. ② 대금지급기일이 아니라 대금지급기한을 정하여 매수인에게 통지해야 하고, 매수인은 그 대금지급기일이 아니라 대금지급기한 내에 매각대금을 지급해야 합니다. ③ 매각결정기일이 아니라 배당요구 종기까지 배당요구를 할 수 있어요. ④ 매수인은 매각부동산 위의 유치권자에게 그 유치권으로 담보하는 채권을 변제할 책임이 있습니다.(91조5항)

매수신청대리인으로 등록한 개업공인중개사가 매수신청대리 위임인에게 **민사집행법에 따른 부동산경매**에 관하여 설명한 내용으로 틀린 것은?[31회]

① 매수인은 매각대상 부동산에 경매개시결정의 기입등기가 마쳐진 후 유치권을 취득한 자에게 그 유치권으로 담보하는 채권을 변제할 책임이 있다.(×)

② 차순위매수신고는 그 신고액이 최고가매수신고액에서 그 보증액을 뺀 금액을 넘는 때에만 할 수 있다.(○)

③ 매수인은 매각대금을 다 낸 때에 매각의 목적인 권리를 취득한다.(○)

④ 재매각절차에서는 전의 매수인은 매수신청을 할 수 없으며 매수신청의 보증을 돌려 줄 것을 요구하지 못한다.(○)

⑤ 후순위 저당권자가 경매신청을 하였더라도 매각부동산 위의 모든 저당권은 매각으로 소멸된다.(○)

① 판례에 의하면, 경매개시결정의 기입등기가 마쳐진 후에 유치권을 취득한 자에게는 채권을 변제할 책임이 없습니다. ②⑤ 빈출지문!

법원은 X부동산에 대하여 담보권 실행을 위한 경매절차를 개시하는 결정을 내렸고, 최저매각가격을 1억원으로 정하였다. 기일입찰로 진행되는 이 경매에서 **매수신청**을 하고자 하는 중개의뢰인 甲에게 개업공인중개사가 설명한 내용으로 옳은 것은?[30회]

① 甲이 1억2천만원에 매수신청을 하려는 경우, 법원에서 달리 정함이 없으면 1천2백만원을 보증금액으로 제공하여야 한다.(×)

② 최고가매수신고를 한 사람이 2명인 때에는 법원은 그 2명뿐만 아니라 모든 사람에게 다시 입찰하게 하여야 한다.(×)

③ 甲이 다른 사람과 동일한 금액으로 최고가매수신고를 하여 다시 입찰하는 경우, 전의 입찰가격에 못 미치는 가격으로 입찰하여 매수할 수 있다.(×)

④ 1억5천만원의 최고가매수신고인이 있는 경우, 법원에서 보증금액을 달리 정하지 않았다면 甲이 차순위매수신고를 하기 위해서는 신고액이 1억4천만원을 넘어야 한다.(○)

⑤ 甲이 차순위매수신고인인 경우 매각기일이 종결되면 즉시 매수신청의 보증을 돌려줄 것을 신청할 수 있다.(×)

> ① 최저매각가격의 10%, 즉 1천만원을 보증금액으로 제공해야 합니다. ② 최고가매수신고를 한 2명만 다시 입찰하게 합니다. ③ 전의 입찰가격에 못 미치는 가격으로 입찰하여 매수할 수 없어요. ④ 최고가매수신고액(1억5천만원)에서 보증액(1천만원)을 뺀 금액을 넘어야 하니까! ⑤ 최고가매수인이 매각대금을 기한 내에 납부한 후에야 즉시 매수신청의 보증을 돌려달라고 할 수 있습니다.

매각대금의 배당★★★

1. 매각대금의 배당

① 매각대금이 지급되면 법원은 배당절차를 밟아야 한다.

② 매각대금으로 배당에 참가한 모든 채권자를 만족하게 할 수 없는 때에는 법원은 민법·상법, 그 밖의 법률에 의한 우선순위에 따라 배당하여야 한다.

2. 배당기일

매수인이 매각대금을 지급하면 법원은 배당에 관한 진술 및 배당을 실시할 기일을 정하고 이해관계인과 배당을 요구한 채권자에게 이를 통지하여야 한다. 다만, 채무자가 외국에 있거나 있는 곳이 분명하지 아니한 때에는 통지하지 아니한다.

3. 배당할 금액

① 대금

② 대금지급기한이 지난 뒤부터 대금의 지급·충당까지의 지연이자

③ 채무자 및 소유자가 한 항고가 기각된 때에 항고인이 보증으로 제공한 금전이나 유가증권

④ 채무자 및 소유자 외의 사람이 한 항고가 기각된 때에 항고인이 돌려 줄 것을 요구하지 못하는 금액 또는 보증으로 제공한 유가증권을 현금화하기 전에 위의 금액을 항고인이 지급한 때에 그 금액

⑤ 재매각절차에서는 전의 매수인이 돌려줄 것을 요구할 수 없는 보증

4. 배당받을 채권자의 범위

① 배당요구의 종기까지 경매신청을 한 압류채권자

② 배당요구의 종기까지 배당요구를 한 채권자

③ 첫 경매개시결정등기 전에 등기된 가압류채권자

④ 저당권·전세권, 그 밖의 우선변제청구권으로서 첫 경매개시결정등기 전에 등기되었고 매각으로 소멸하는 것을 가진 채권자

5. 배당표

(1) 배당표의 확정

① 법원은 채권자와 채무자에게 보여 주기 위하여 배당기일의 3일전에 배당표원안을 작성하여 법원에 비치하여야 한다.

② 법원은 출석한 이해관계인과 배당을 요구한 채권자를 심문하여 배당표를 확정하여야 한다.

(2) 배당표에 대한 이의

① 기일에 출석한 채무자는 채권자의 채권 또는 그 채권의 순위에 대하여 이의할 수 있다.

② 채무자는 법원에 배당표원안이 비치된 이후 배당기일이 끝날 때까지 채권자의 채권 또는 그 채권의 순위에 대하여 서면으로 이의할 수 있다.

③ 기일에 출석한 채권자는 자기의 이해에 관계되는 범위 안에서는 다른 채권자를 상대로 그의 채권 또는 그 채권의 순위에 대하여 이의할 수 있다.

(3) 이의의 완결

① 이의에 관계된 채권자는 이에 대하여 진술하여야 한다.

② 관계인이 이의를 정당하다고 인정하거나 다른 방법으로 합의한 때에는 이에 따라 배당표를 경정하여 배당을 실시하여야 한다.

③ 이의가 완결되지 아니한 때에는 이의가 없는 부분에 한하여 배당을 실시 하여야 한다.

(4) 불출석한 채권자

① 기일에 출석하지 아니한 채권자는 배당표와 같이 배당을 실시하는 데에 동의한 것으로 본다.

② 기일에 출석하지 아니한 채권자가 다른 채권자가 제기한 이의에 관계된 때에는 그 채권자는 이의를 정당하다고 인정하지 아니한 것으로 본다.

甲소유의 X주택에 대하여 임차인 乙이 주택의 인도를 받고 2025.6.3. 10:00에 확정일자를 받으면서 주민등록을 마쳤다. 그런데 甲의 채권자 丙이 같은 날 16:00에, 다른 채권자 丁은 다음날 16:00에 X주택에 대해 근저당권설정등기를 마쳤다. 임차인 乙에게 개업공인중개사가 설명한 내용으로 옳은 것은?(다툼이 있으면 판례에 따름)^{30회}

① 丁이 근저당권을 실행하여 X주택이 경매로 매각된 경우, 乙은 매수인에 대하여 임차권으로 대항할 수 있다.(×)

② 丙 또는 丁 누구든 근저당권을 실행하여 X주택이 경매로 매각된 경우, 매각으로 인하여 乙의 임차권은 소멸한다.(○)

③ 乙은 X주택의 경매시 경매법원에 배당요구를 하면 丙과 丁보다 우선하여 보증금 전액을 배당받을 수 있다.(×)

④ X주택이 경매로 매각된 후 乙이 우선변제권 행사로 보증금을 반환받기 위해서는 X주택을 먼저 법원에 인도하여야 한다.(×)

⑤ X주택에 대해 乙이 집행권원을 얻어 강제경매를 신청하였더라도 우선변제권을 인정받기 위해서는 배당요구의 종기까지 별도로 배당요구를 하여야 한다.(×)

을의 대항력은 6월 4일 0시에 발생하고, 우선변제권도 6월 4일에 생깁니다. 우선변제권은 대항력에 확정일자까지 모두 갖추어야 하니까요. 따라서 을의 임차권은 병의 근저당권보다는 늦지만 정의 근저당권보다는 앞섭니다. 즉, 병-을-정의 순서가 되고, 이때 말소기준권리는 병의 저당권입니다. ① 을의 임차권은 말소기준권리인 병의 저당권보다 늦기 때문에 경매로 소멸합니다. 즉, 매수인에게 대항할 수 없죠. ② 병과 정 누가 경매를 실행하든 을의 임차권은 소멸합니다. 말소기준권리보다 늦으니까요. ③ 병보다 우선 배당받을 수는 없지만, 정보다는 우선 배당받을 수 있네요. 따라서 틀린 지문이죠. ④ X주택을 법원이 아니라 매수인에게 인도해야죠. ⑤ 임차인 을이 강제경매를 신청하면 별도로 배당요구를 하지 않아도 배당받을 수 있어요.

2025년 공인중개사 2차 시험 대비

쉽따 공인중개사법령 및 실무

1판 1쇄   2025년 4월 1일

———

지은이   이동우
표지그림   박미희 (그 시간_캔버스에 아크릴_2025)

———

펴낸이   이지씨씨
출판신고   제 505-2020-000001호
주소   경주시 소티남길 7 1층
전화번호   070-7311-2330
홈페이지   blog.naver.com/easycc
인터넷매장   smartstore.naver.com/easycc
이메일   easycc@naver.com
인쇄   (주)열림씨앤피

———

ISBN   979-11-93972-07-6 13360